EXCEPTIONAL CHILDREN COUNSELING

특수아 상담 제2판

이지연 한수진 공저

YANGSEOWON
양서원

머리말

특수아 중 정서·행동상의 문제로 가정과 학교 그리고 사회생활의 한 가지 이상의 영역에서 부적응적인 행동을 보이는 아동, 청소년은 특수아 상담의 중요한 대상이 되고 있다. 특수아는 점차 늘어나고 있는 추세로 특수아에 대한 이해와 관심, 개입방법에 대한 연구와 논의는 계속되고 있다.

이 책은 상담심리학과 특수교육학을 배경으로 한 두 저자가 다학문적 접근을 통해 특수아에 대한 이해를 높이고자 저술한 책이다. 기존 특수아 상담 책과 구별되는 점은 임상심리학과 발달심리학, 상담심리학, 특수교육학적 입장에서 최근 개정된 DSM-5의 내용과 상담 실무에서 볼 수 있는 사례에 기반한 관점으로 특수아를 이해하고 있다는 것이다.

저자들은 특수학교와 일반학교에서 상담자와 담임교사의 역할을 동시에 해야 하는 많은 교사들을 위한 구체적인 지침을 제공하려고 노력하였다. 그리고 학교 현장에서 접하게 되는 특수아들을 중심으로 효율적으로 개입할 수 있도록 특수아의 정의, 발생원인, 특성, 상담 실제 등을 체계적으로 제시했다. 또한 특수아와 함께 동반되는 가족, 비장애 형제자매, 학부모 상담에서 유의할 점 등과 이들을 이해할 수 있는 배경 지식을 가지고 현장에서 교사들이 보다 효율적으로 개입할 수 있도록 조력하고자 하였다. 독자들은 이 책을 통해 특수아의 특성을 이해하고, 더 나아가 특수아를 둘러싼 공유 환경과 비공유 환경을 조절함으로써 특수아가 가지고 있는 발달상의 문제를 최소화할 뿐 아니라 지혜로운 해결책을 만들어 나갈 수 있을 것이다.

이 책이 나오는 동안 많은 사람들의 도움이 있었다. 전반적인 자료를 수집하고 문서 작업을 돕고, 책의 체계를 갖추는 데 도움을 준 이시원 선생님, 원고 수정과 책의 완성도를 위해 애써주신 양서원 직원에게 감사 드린다. 그리고 늘 세부적인 사항부터 전반적 작업에 이르기까지 도움을 주신 박철용 회장님, 정영훈 부장님에게도 감사 인사를 드린다.

이 순간에도 한 아이라도 놓치지 않고 최선을 다해 상담과 지도를 하려는 많은 숨은 특수아 상담자와 교사에게 작은 보탬이 되기를 바라며...

2025년 8월

저자 일동

차 례

Chapter **09**

정서 · 행동 장애 상담

Chapter **10**

주의력결핍 과잉행동장애 상담

Chapter **11**

적대적 반항성장애 상담

Chapter 15

불안장애 상담

Chapter **16**

틱장애 상담

Chapter 01

특수아 상담

1. 특수아
2. 특수아 분류
3. 특수아 상담

1 특수아

특수아(exceptional children)라고 하면 흔히 법이 정한 장애아동 및 특수교육대상자를 말한다. 하지만 법에서 정한 장애아동의 범주에는 해당되지 않지만 일상의 과제를 순조롭게 수행하기 어려운 장애 위험군 아동 혹은 준장애아동도 법정 장애아동과 마찬가지로 여러 형태의 특수교육이 요구된다. 특수교육학에서 주로 사용되는 특수아의 정의는 자신의 잠재력을 개발하고자 특수교육 및 그와 관련된 서비스를 필요로 하는 아동을 의미한다. 즉, 정신적 특성, 감각 능력, 신경근육이나 신체적인 특성, 사회적 · 정서적 특성, 의사소통 능력과 같은 특정 영역에서 대부분의 다른 아동들과는 다르거나, 복합적인 장애로 인해 교수방법을 수정하거나 특수성을 가지고 특수교육 서비스가 필요한 아동을 말하며, 현재 이런 아동들은 일반학교의 특수학급에 배치되어 있다.

이와 같이 특수성(exceptionality)이라는 용어를 신체적, 정신적 혹은 행동적 수행이 평균에서 이탈되어 개인의 욕구를 충족시키기 위한 부가적인 지원이 필요한 상태를 말할 때 사용하는 것이라고 본다면 특수아의 영역에 장애를 지닌 아동뿐 아니라 수행 능력이 너무 뛰어나 교육과정이나 교수방법을 수정할 필요가 있는 영재아까지 포함해야 할 것이다. 따라서 특수아란 지적장애아동, 학습장애아동, 정서 및 행동장애아동, 지체장애아동, 감각장애아동 및 영재아동을 포함하는 포괄적인 용어이다(송미경 외, 2009).

2007년 「장애인 등에 대한 특수교육법」이 새롭게 제정되면서 기존의 시각장애, 청각장애, 지적장애, 학습장애, 건강장애 외에 정서장애에 포함되어 있던 자폐장애를 '자폐 범주성 장애'로 따로 분류하였으며, 새로이 발달지체를 포함시키고 있다. 또한 지체부자유를 '지체장애'로, 정서장애(자폐성 포함)를 '정서 · 행동장애'로, 언어장애를 '의사소통장애'로 변경하여 특수교육의 최신 동향을 반영하는 용어로 명칭을 바꾸고 있다. 이러한 변화는 법률 수혜 대상자를 장애인뿐만 아니라 장애 발생 가능성이 높은 사람(발달지체 등)으로까지 확대하고 고등교육기관 및 평생교육시설을 이용하거나 이용하고자 하는 장애 성인들도 법률 수혜 대상자에 포함시키기 위함이다. 이러한 노력을 통해 특수교육대상자의 요구를 최대한 반영하고 국가 및 지방자치단체가 특수교육 서비스를 위한 지원을 강화하며 특수교육의 기회를 확대하여 특수교육의 내실화를 위한 제도를 마련함으로써 보다 안정적이고 적극적인 특수교육 정책으로 발전시키게 될 것이다. 특수교육의 이러한 변화는 앞으로 분류 대상에서 제외되어 서비스를 제대로 받지 못하던 많은 장애아동들에게 보다 실제적인 지원을 제공하게 될 것이다. 이 책에서 특수아는 특수교육대상자를 총칭하여 사용하기로 한다.

최근에는 유보통합이 되면서 특수교육대상자가 될 가능성이 높은 아동인 장애 위험 아동에게도 특수교육 서비스를 제공하고 있으며 이러한 경우 상담의 필요성이 매우 높다. 장애 위험 아동이란 현재 장애아동으로 진단되지는 않았지만 장애를 보일 가능성이 평균보다 훨씬 높은 아동을 의미한다. 이 용어는 출생 시 혹은 가정환경 등으로 말미암아 나중에 발달장애를 보일 수 있는 영유아나 취학 전 아동에게 특히 많이 적용된다. 또한 이 용어는 일반학급에서 학습 문제를 나타내어 학업 실패의 위험이 있거나 특수교육대상자가 될 가능성이 높은 학생에게도 해당된다(Heward, 2006).

표 1-1 특수아에 대한 정의

학자 및 법률	정의
Kirk & Gallagher (1986)	정신적 특성, 감각능력, 의사소통능력, 행동 및 정서발달, 신체특성 등에서 비장애아동과 차이가 있는 아동
특수교육진흥법 (2001)	장애가 있는 사람 중 특수교육이 필요하다고 진단, 평가된 아동
Hardman, Drew & Egan(2002)	정신지체아동(지적장애아동), 학습장애아동, 정서 및 행동장애아동, 지체장애아동, 감각장애아동 및 영재아동을 포함하는 포괄적인 용어
Hallahan & Kauffman (2003)	타고난 잠재능력을 충분히 실현하려면 특수교육 및 관련서비스가 필요한 아동
Heward (2006)	신체 속성이나 학습능력이 비장애아동과 달리 개별화된 특수교육 프로그램 및 관련 서비스가 필요한 아동
김동일 외 (2016)	장애아동과 장애아동의 범주에는 해당되지 않지만 일상의 과제를 순조롭게 수행하기 어려운 준장애아동, 영재아동

2 특수아 분류

장애의 의미는 기능, 능력 그리고 사회성 측면으로 나눠 볼 수 있다. 기능장애(impairment)는 의학적인 개념으로 신체기능이 일시적 혹은 영구적으로 손상된 상태를 의미하며, 주로 감각장애 영역에서 사용된다. 예를 들면, 청각장애(hearing impairment), 시각장애(visual impairment) 등이 여기에 해당한다. 능력장애(disability)는 능력 부족의 개념으로 일상생활의 불능 상태를 의미하며, 학습장애(learning disability)에서 사용된다. 앞서 설명한 기능장애가 곧 능력장애로 이어지는 것은 아니다. 여기에서 교육, 재활 그리고 사회적 역할의 중요성이 대두된다고 할 수 있다. 사회적 장애(handicap)는 사회적 측면에서 인간에게 주어지는 주관적 차원의 장애로, 사회환경의 열악함이나 사회 전반의 이해 또는 원조 부족 등으로 불편, 부자유, 불이익을 겪는 것을 의미한다. 장애인들이 그 장애로 인해 사회로부터 편견 등을 겪게 되는 사회적 결과가 여기에 해당한다. 따라서 사회·문화적 배경, 사회적 책임의 증가가 요구된다.

표 1-2 장애 관련 용어들의 비교

용어	정의
장애 (disorder)	정신적, 신체적 및 심리적 과정의 역기능을 말하며, 정상적인 기능을 방해하는 것
기능장애 (impairment)	어떤 원인에 의한 신체구조와 조직기능의 비정상성
능력장애 (disability)	신체적 기능의 상실로 인해 시각, 청각, 이동 등에서 한 가지 이상의 능력이 저하되어 어려움이 있는 상태
사회장애 (handicap)	기능장애나 능력장애가 원인이 되어 개인이 불이익을 당하게 되는 상태로 개인과 환경과의 상호작용에서 오는 것

출처: 윤치연 외(2006). 특수아 상담 및 치료교육 프로그램. 서울: 학지사.

장애를 분류하면 정신장애, 신체장애, 발달장애, 정서장애로 나눌 수 있다. 정신장애란 만성 정신분열증이나 우울증, 불안증과 같은 정신의학 분류에서 장애로 취급하고 있는 만성적 부적응 행동을 말하는데, 이로 인해 독립적으로 일상생활하기가 어려워진다. 신체장애란 지체장애, 시각장애, 청각장애, 언어장애 등을 말하며, 발달장애란 지적장애, 자폐성장애 등을 말한다. 여기서 특수아 상담의 대상에는 정신장애와 법정장애아동이 아닌 장애 위험군 아동(준장애아동)도 포함되어 있다고 보아야 한다(이 책에서는 특수아로 모두 용어를 통일하였다). 특수아 중 정서·행동상의 문제로 가정과 학교 그리고 사회생활 중 한 가지 이상의 영역에서 부적응적인 행동을 보이는 9세 이상의 아동, 청소년도 특수아 상담의 중요한 대상으로 취급된다.

특수교육법에 의하면 '특수교육대상자'란 교육장 또는 교육감에 의해 시각장애와 청각장애, 지적장애, 지체장애, 정서·행동장애, 자폐성장애(이와 관련된 장애를 포함), 의사소통장애, 학습장애, 건강장애, 발달지체, 그리고 그 밖에 대통령령으로 정하는 장애 가운데 어느 하나에 해당하는 사람 중 특수교육을 필요로 하는 사람으로 진단·평가되고 선정된 사람을 말한다.

학문적으로 특수교육은 '특수교육을 요구하는 학생을 위해 특별히 설계된 교수-학습체계'로 정의할 수 있다. 즉, 특수교육대상 학생이 가지고 있는 독특한 교육적 요구를 충족함으로써 교육적 성취를 실현하기 위하여 특별한 자료, 교수 기술, 시설 및 설비 등을 필요로 하는 학생을 위한 교육을 의미하게 된다. 여기서 말하는 특수교육대상자는 특정 영역에서 대부분의 학생과 다른 학생을 말하는 것이다. 모든 장애학생을 특수교육대상자로 인정하는 것이 아니라 특별한 교육을 필요로 하는 학생으로 한정하는 것이다.

특수교육법에 따른 특수교육대상자 분류체계와 장애인복지법에 의한 장애 분류는 차이가 있다. 정서·행동장애, 학습장애, 발달지체는 특수교육에만 존재하며, 의사소통장애와 언어장애의 경우는 동일한 영역임에도 각기 다른 명칭이 사용되고 있다. 한편 미국의 장애인아동교육향상법(2004)은 13개 영역으로 좀 더 세분화된 분류에 따르는 등 우리나라와 다소 차이가 있다. 농-맹 이중감각장애와 외상성 뇌손상, 중복장애가 포함되어 있으며, 청각기능과 관련하여 농(deafness)과 청각장애(hearing impairment)로 구분하고 있다. 2007년 특수교육법의 개정으로 발달지체를 도입하여 장애위험(at-risk)이 있는 영유아도 지원 대상에 포함할 수 있도록 되었다. 즉 발달지체는 독립된 장애유형은 아니고, 장애범주의 징후가 뚜렷이 나타나지 않으나 장애위험이 있는 장애영유아를 특수교육대상자로 선정하여 조기교육 기회를 제공하기 위해 포함된 것이다. 발달지체는 여타의 장애명과 대등하거나 또 다른 장애영역으로 이해되어서는 아니 되며, '발달상의 지체로 인하여 특수교육의 적격성을 인정받아야 하는 어린 아동에게 사용하는 용어'(이소현 외, 2011)로 인식되어야 할 것이다.

표 1-3 특수교육 관련법의 특수교육대상

<table>
<tr><th colspan="2">구분</th><th>「장애인 등에 대한
특수교육법」(2016)</th><th>「장애인복지법 시행령」
(2007)</th></tr>
<tr><td rowspan="6">신체적장애</td><td rowspan="5">외부기관장애</td><td>시각장애</td><td>시각장애</td></tr>
<tr><td>청각장애</td><td>청각장애</td></tr>
<tr><td rowspan="2">지체장애</td><td>지체장애</td></tr>
<tr><td>뇌병변 장애</td></tr>
<tr><td>의사소통장애</td><td>언어장애</td></tr>
<tr><td>내부기관장애</td><td>건강장애</td><td>신장장애
심장장애
호흡기장애
간 장애
장루장애 및 요루장애
안면장애
뇌전증(간질)</td></tr>
<tr><td rowspan="3">정신적장애</td><td rowspan="2">발달장애</td><td>지적장애</td><td>지적장애</td></tr>
<tr><td>자폐성장애</td><td>자폐성장애</td></tr>
<tr><td>정신장애</td><td>정서 · 행동장애</td><td>정신장애</td></tr>
<tr><td colspan="2" rowspan="3">기타</td><td>학습장애</td><td>-</td></tr>
<tr><td>발달지체</td><td>-</td></tr>
<tr><td>그 밖의 대통령령이 정하는
장애(영재아)</td><td>-</td></tr>
<tr><td colspan="2"></td><td>11개 영역</td><td>15개 영역</td></tr>
</table>

출처: 이지연, 한수진(2025). 특수교육학개론. 경기: 양서원.

2024년 특수교육 통계 자료를 살펴보면 특수교육대상자는 115,610명으로 지적장애 57,883명(50.1%), 자폐성장애 22,194명(19.2%), 발달지체 14,301명(12.4%), 지체장애 9,263명(8.0%)의 순으로 나타나고 있다. 2019년부터 점차 지체장애는 줄어들고 발달

표 1-4 2024년 특수교육 주요 현황

<table>
<tr><th colspan="3" rowspan="2">배치별</th><th rowspan="2">특수학교</th><th colspan="2">일반학교</th><th rowspan="2">특수교육
지원센터</th><th rowspan="2">계</th></tr>
<tr><th>특수학급</th><th>일반학급
(전일제 통합학급)</th></tr>
<tr><td colspan="3">특수교육대상자 수</td><td>30,027</td><td>65,966</td><td>19,254</td><td>363</td><td>115,610</td></tr>
<tr><td rowspan="18">학생 수</td><td rowspan="11">장애 영역별</td><td>시각장애</td><td>1,025</td><td>213</td><td>459</td><td>1</td><td>1,698</td></tr>
<tr><td>청각장애</td><td>535</td><td>666</td><td>1,630</td><td>11</td><td>2,842</td></tr>
<tr><td>지적장애</td><td>14,777</td><td>37,299</td><td>5,798</td><td>9</td><td>57,883</td></tr>
<tr><td>지체장애</td><td>3,784</td><td>3,097</td><td>2,308</td><td>74</td><td>9,263</td></tr>
<tr><td>정서・행동장애</td><td>73</td><td>1,154</td><td>558</td><td>-</td><td>1,785</td></tr>
<tr><td>자폐성장애</td><td>8,742</td><td>11,876</td><td>1,574</td><td>2</td><td>22,194</td></tr>
<tr><td>의사소통장애</td><td>201</td><td>1,405</td><td>994</td><td>-</td><td>2,600</td></tr>
<tr><td>학습장애</td><td>6</td><td>632</td><td>427</td><td>-</td><td>1,065</td></tr>
<tr><td>건강장애</td><td>12</td><td>100</td><td>1,867</td><td>-</td><td>1,979</td></tr>
<tr><td>발달지체</td><td>872</td><td>9,524</td><td>3,639</td><td>266</td><td>14,301</td></tr>
<tr><td>계</td><td>30,027</td><td>65,966</td><td>19,254</td><td>363</td><td>115,610</td></tr>
<tr><td rowspan="7">학교별</td><td>장애영아</td><td>107</td><td>-</td><td>-</td><td>363</td><td>470</td></tr>
<tr><td>유치원</td><td>905</td><td>5,803</td><td>2,038</td><td>-</td><td>8,746</td></tr>
<tr><td>초등학교</td><td>10,316</td><td>35,042</td><td>8,925</td><td>-</td><td>54,283</td></tr>
<tr><td>중학교</td><td>6,904</td><td>13,778</td><td>4,331</td><td>-</td><td>25,013</td></tr>
<tr><td>고등학교</td><td>6,895</td><td>11,185</td><td>3,960</td><td>-</td><td>22,040</td></tr>
<tr><td>전공과</td><td>4,900</td><td>158</td><td>-</td><td>-</td><td>5,058</td></tr>
<tr><td>계</td><td>30,027</td><td>65,966</td><td>19,254</td><td>363</td><td>115,610</td></tr>
<tr><td colspan="3" rowspan="2">학교 및 센터 수</td><td rowspan="2">195</td><td>12,166</td><td>197</td><td rowspan="2">12,558</td><td rowspan="2">11,689</td></tr>
<tr><td colspan="2">9,512</td></tr>
<tr><td colspan="3">학급 수</td><td>5,582</td><td>13,931</td><td>18,255</td><td>69</td><td>37,837</td></tr>
<tr><td colspan="3">특수학교(급) 교원 수</td><td>10,441</td><td>14,904</td><td>-</td><td>1,739</td><td>27,084</td></tr>
<tr><td colspan="3">특수교육 보조인력 수</td><td>5,355</td><td>11,001</td><td>369</td><td>-</td><td>16,725</td></tr>
</table>

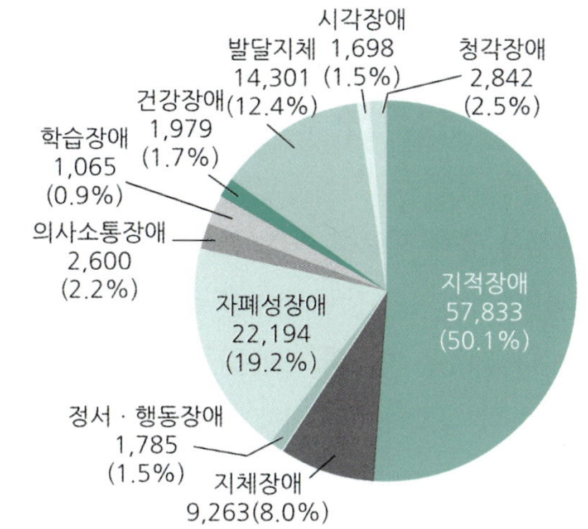

그림 1-1 2024년 장애별 특수교육대상자 현황

출처: 2024년 특수교육통계 자료

지체가 늘어나는 실정이다. 이는 의학 발달로 인한 신체적인 장애의 위험은 줄어들고 있지만, 발달과 관련된 부분에 대한 어려움은 좀 더 일찍 발견하여 조기중재하려는 경향이 보인다고 할 수 있다.

3 특수아 상담

1) 상담

상담이 무엇인지를 이해하지 않고서는 특수아 상담을 이해하고 실천하기가 어렵다. 상담을 명료하게 이해하는 정도에 따라 상담을 실천하는 방식이나 능력이 달라질 것이기 때문이다. 상담은 내담자의 정서적 불편감 혹은 고통에서 비롯되며 정서적 고통은 상담자와 내담자가 마음을 나누게 되는 과정이다. 상담자는 내담자가 정서적 고통을 호소할 때 그것을 내담자의 마음으로 들어가는 관문으로 생각하기 때문에 내담자의 표현에 관심을 집중한다. 그것과 관련된 경험과 의미의 표현을 촉진하기 위해 공감과 탐색적 질문을 한다. 현재 혹은 과거와 관련된 경험을 이야기함으로써 내담자는 물론 상담자도 정서적 고통을 더 충분히, 명료하게, 깊이 표현하고 이해할 수 있게 된다. 이 과정에서 공감과 존중, 발산 효과가 커지며, 점차 감정이 진정되고 이성의 기능이 활성화된다.

상담은 이와 같은 과정을 통해 새로운 자기이해와 타인이해를 촉진함으로써 자신의 가치나 자기 삶의 의미, 타인의 입장과 방식을 존중할 수 있게 한다. 내담자가 호소하는 정서적 불편감이나 고통은 자기와 타인을 지각하는 방식과 밀접한 관련이 있다. 자신과 타인에 대하여 더 성숙하게 이해함으로써 내담자는 삶에 대하여 더 포괄적이고 성숙한 조망을 가지게 되며, 자신의 삶에 대한 긍정적인 수용과 감사, 나아가 타인과 함께 이루어 가는 공동체 생활에 대한 관심과 헌신의 마음이 발달할 수 있다.

김병석(2015)은 상담은 대화를 통해 내담자가 직면하고 있는 정서적인 어려움에 대한 표현을 이해하고 관련된 경험과 의미를 더 풍부하고 깊이 탐색함으로써 내담자의 자기이해와 타인이해 그리고 감정조절능력의 신장을 돕고, 조망능력을 확장하여 자기와 타인에 대한 수용과 새로운 이해의 발달을 촉진하고 그 결과, 삶에 대하여 더 보편적이고 객관적인 태도의 발달을 촉진하여 보다 긍정적이고 적극적으로 개인적 삶을 살 수 있게 하며 동시에 공동체 생활에 참여하고 기여할 수 있게 하는 심리적·사회적·영적 서비스 활동이라고 정의하였다.

상담이 아주 효과적으로 진행된다면 내담자는 자기와 타인의 생명의 가치와 삶의 의미에 대한 객관적 혹은 보편적인 이해를 하게 됨으로써 어린 시절의 부정적 경험조차 수용할 수 있고, 나아가 개인의 특수한 경험의 영향을 초월할 수 있다. 그 결과, 감사하는 마음으로 삶을 즐겁게 누리고 나누는 영성적인 발달을 이룰 수 있다(김동일 외, 2017).

상담은 도움을 필요로 하는 사람이 전문적 훈련을 받은 사람과의 일대일 대면관계에서 생활과제의 해결과 사고, 행동 및 감정 측면의 인간적 성장을 위해 노력하는 학습과정(이장호, 1982)이라고 정의할 수 있다. 즉, 상담은 현실적인 문제를 해결하는 데 도움을 주고 내담자가 잘 적응할 수 있도록 인도해 주는 것뿐만 아니라 그러한 개개인의 문제해결과정을 통해 자기 스스로 판단하고 해결할 수 있는 능력을 준비하여

주는 과정이다(김영숙 외, 2002). 이런 점에서 특수아 상담의 목표는 일반 상담의 목표와 크게 다르지 않고 특수아 상담의 원리 역시 기본적인 상담 원리로부터 출발한다.

2) 특수아 상담

특수아 상담을 정확히 정의하는 것은 간단하지 않지만, 여기서는 특수교육대상자를 상담하는 것을 말한다. 특수교육자나 상담자는 장애인이 살아가면서 경험하는 내적 · 외적 일들이 비장애인이 경험하는 일들과 그리 다르지 않으며, 단지 성장과 성숙에 차이를 보인다고 할 수 있다. 그렇다면 상담에 있어 장애인과의 관계도 마찬가지일 것이다. 상담자는 전문가로서 특수아 내담자와 맺는 관계에서 전문적 관계여야 한다. 즉, 장애인 내담자의 문제에 따라 개개인에게 도움이 되는 관계를 형성하고 유지해야 한다. 흔하게 알려진 대로 적극적 보호와 연민, 동정은 효과적인 관계를 유지하는 데 도움이 되지 않는다.

상담의 과정에서도 초기, 중기, 종결기에 걸친 장애인과의 상담 과제는 비장애인과의 상담 과제와 마찬가지이다. 초기 평가와 라포의 형성, 문제의 규정과 역동의 평가, 구조화 등이 특수아와의 상담에서도 적절하게 이루어져야 함은 말할 나위도 없다. 지금까지 비장애인이나 특수교육자들은 특수아에게 상담이 적용될 수 있는지에 대해 의심하며 다음과 같은 이유를 들고 있다. 첫째, 비장애아동과 같은 방식으로 특수아를 상담하기에는 언어능력이 충분한 사람을 대상으로 한다는 통념 때문에 지적장애아, 자폐성장애아, 학습장애아, 지체장애아 등에게는 상담이 적용되기가 어렵다고 생각하는 경향이 있다. 특수아를 위해 상담자는 필요에 따라 언어의 수준을 조정하거나 감정을 알아차리고 조절하는 일 또는 생활능력을 작게 나누어 가르치는 일(과제분석) 등 상담을 다양한 형태로 실천해야 한다. 둘째, 상담을 지적인 내용을 충고하거나 가르치는 것으로 이해할 때 특수아 상담은 가능하지도 않고 효과도 없는 일로 생각하게 된다. 그러나 특수아에게 가르치는 일, 자조능력을 가르치거나 자기교시를 가르치는 일도 상담자가 할 일이다. 하지만, 상담자는 내담자의 감정을 알아차리고 내담자가 하는 행동의 의미를 이해하여 의사소통을 하고 용기를 북돋우기도 하며, 때로는 함께 필요한 행동을 연습하기도 해야 한다. 무엇보다도 중요한 과제는 특수아인 내담자를 이해하는 일이다. 비장애아동을 상담할 때와 마찬가지로 상담자는 특수아가 어떤 행동과 표정 혹은 말로 어떤 메시지를 전달하려고 하는지 정확히 공감하고 특수아가 살고 있는 상황에서 어떤 경험을 하고 있는지를 파악해야 한다. 마지막으로 특수아 내담자가 자기가 할 수 있는 대안적 행동이나 자기가 지닌 자원을 활용할 수 있도록 안내하여야 한다.

특수아를 다루는 상담자는 부모 및 특수교사와 협동적으로 일하는 것이 좋다. 특수아는 비장애아동에 비해 그들의 보호와 도움을 필요로 하며, 또한 그들의 영향을 비장애아동보다 더 많이 받기 때문에 아동의 문제를 개선하거나 해결하기 위해 부모 및 특수교사와 협동적으로 노력하는 일은 필수적이라고 할 수 있다. 이에 더하여 특수아는 흔히 다양한 치료교육을 받기 때문에 치료교육을 맡고 있는 사람들과의 협력도 이들의 재활능력을 촉진시키는 데 필수적이다. 따라서 특수아 상담자는 일반상담자보다 더 적극적이고 포괄적인 방식으로 문제에 접근해야 한다. 그러나 특수아의 사회·심리적 경험이나 그것을 표현하는 방식은 비장애아동과 다를 바가 없음을 잊지 말아야 한다. 특수아 상담과 비장애아동 상담의 차이는 상담의 원리에 있다기보다 상담의 방법 혹은 도구의 차이에 있다고 보아야 한다.

3) 특수아 상담의 원리

특수아 상담의 기본 원리는 기본적으로 상담의 원리로부터 출발한다. 여기에 어려운 문제를 안고 있는 특수아를 더욱 마음속 깊이 사랑하고 존경하는 마음과 공감적 이해와 수용, 진솔성, 무조건 긍정적인 관심과 배려로 그들의 말을 경청하고 그들의 심신을 보듬어 소중히 상담에 임해야 한다.

김영숙과 윤여홍(2002)이 제시한 특수아 상담의 원리를 정리하면 다음과 같다.

첫째, 일반 상담의 원리와 방법을 기본으로 한다.

둘째, 특수아 개인 문제의 종류와 심각성에 따라 개별적인 방법으로 접근해야 한다.

셋째, 특수아 상담은 여러 영역의 전문가에 의한 종합적인 평가 결과에 기초한 상담이어야 한다.

넷째, 장애아의 경우, 특수아 상담은 특수교육과 병행하고 통합해서 이루어져야 한다.

다섯째, 특수아 상담은 과학적이고 전문적인 일로서, 특수아 상담의 목적에 따라 다양하면서도 체계화된 프로그램을 실시하고 활용해야 한다.

여섯째, 특수아 상담은 아동과 가정 및 학교, 지역사회와의 연계를 필요로 한다.

일곱째, 특수아 상담은 특수한 영역에서 담당하는 전문가에 의해 이루어져야 한다.

4) 특수아의 상담 욕구

일반학급에 통합되었거나 다른 장소에서 교육을 받고 있는 대부분의 장애학생들은 그들의 장애에 성공적으로 적응하였고, 오직 아동기와 청소년기의 정상발달에 대한 상담이 요구될 뿐이다. 그러나 어떤 아동들은 다른 사람의 반응뿐만 아니라 그들의 신체상 또는 일반적인 자아개념에 대한 장애의 영향으로 상처를 받았다. 대다수 장애인들은 역동적이고, 변동이 심하고, 종종 장기간 지속되는 적응과정을 통해 진전된다. 그래서 이 기간 동안 상담은 절대적으로 중요한 것이다(Livneh & Sherwood, 1991).

비록 많은 선천적 장애인들이 적응기간 동안 상처를 입지 않지만, 그럼에도 불구하고 그들의 장애의 수용은 일반적으로 가족 구성원들의 또래, 사회의 반응과 연결되어 있다. 심리적 건강을 위해 장애인들을 그들의 장애를 어느 정도 전체 가운데 일부로 보는 관점이 있어야 한다. 장애라는 현상을 확장하여 자신의 전체 자아개념을 압도하도록 굴복하는 데 위험이 있는 것이다. 이것이 발생할 때 장애인들은 자신을 전체적으로 장애가 있는 것으로 보게 되며, 무력한 것으로 보고, 불필요하게 다른 사람에게 심리적으로 의존하는 것으로 보게 된다. 개인은 냉담하고 우울하게 되며, 독립심과 생산성을 추구하는 동기를 상실한다.

연속선의 다른 끝에서 모든 사람과 같이 되도록 노력하는 사람이 있다. 그들 자신의 차이가 있는 측면을 계속 부정하면 자신의 삶을 보다 쉽게 하는 데 도움이 되는 대치 전략의 개발 능력 또는 의지가 없게 된다. 장애를 계속 부정하게 되면 좌절과 화로 진행된다. 어느 쪽의 반응이든 특수아들은 신체상, 자아개념, 가치구조에서 어려움을 경험하게 될 가능성이 많다. 신체적 · 정서적 · 정신적 자아감을 재평가하는 과정은 오직 하나이다. 지원적인 상담가는 이러한 과정을 촉진시키며 특수아의 상담은 그들의 장애에 적응하는 데 사용된 방법과 적응과정의 상대적인 성공에 따라 달라진다.

5) 특수아 상담자

특수아 상담자는 마음이 건강하고 몸이 건강한 사람이다. 상담의 과정에서 필요한 특징을 중심으로 마음의 건강을 간단히 기술하면 다음과 같다. 전문상담자에게 가장 우선되는 능력은 내담자와의 관계를 건강하게 유지하는 능력이다. 이를 위해 필요한 능력 혹은 태도는 자신과 내담자를 분리하는 능력이다. 흔히 상담자는 자기도 모르는 사이에 내담자의 삶과 자신의 삶을 동일시하여 내담자의 처지, 감정, 생각 그리고 행동가능성을 자신의 것과 혼동한다. 그 결과, 내담자로 인해 화가 나기도 하고, 내담자를 열정적으로 가르치기도 하며, 슬픔이나 연민 혹은 애정에 사로잡히기도 한다. 이런 혼란된 태도 때문에 내담자의 문제나 그것이 지속되는 이유, 내담자의 가능성, 현재 내담자가 하는 노력 등을 인식하기 어렵고 심지어는 내담자의 문제를 악화시키기도 한다. 이와 관련하여 상담자는 내담자를 통합적 안목으로 볼 수 있어야 한다. 다시 말하면, 내담자를 전체적으로 이해해야 한다. 내담자가 보이는 문제나 약점으로 내담자를 전적으로 부적응이라거나 자생력이 결여된 환자와 같은 존재로 보지 말아야 한다. 대신에 내담자의 문제나 약점을 그가 현재 택한 적응 방식으로 이해하고 그 방식을 택한 내담자의 적극적인 모습과 풍부한 자원을 의식할 수 있어야 한다. 내담자의 변별적이고 통합적으로 이해하는 능력은 상담자 자신에 대한 수용과 삶의 다양성에 대한 열린 마음에서 발달한다. 상담자는 자기를 지배하는 가치관을 이해할 뿐만 아니라 다른 가치관에 대해서도 열린 태도를 지니고 있어야 한다(김동일 외, 2016).

특수아 상담 전문가는 몇 가지 기본적인 이해를 가질 필요가 있다. 첫째, 장애아동의 교육권과 통합교육의 개념을 설명하는 법률에 익숙해져야 한다. 둘째, 자신의 역할에서 생활지도의 역사를 조사하고, 장애아동과 함께 활동하는 상담가의 훈련, 경험, 기능에 적합한 역할을 형성해야 한다(조용태, 2006).

상담이 내담자를 위한 활동이라는 입장을 받아들인다면 어떤 목적으로든 상담자는 내담자와 사사로운 관계를 맺거나 유지하지 말아야 한다. 상담자도 내담자와 마찬가지로 여러 가지 개인적 욕구를 지니고 있으며 일상생활에서 그것들이 적당히 충족되지 못할 경우 상담자는 내담자와의 관계를 통해 그것들을 충족하게 될 수 있다. 상담자에게서 자주 관찰되는 욕구는 인정과 존경 그리고 친밀 혹은 성적 욕구다. 내담자 또한 의존, 인정의 욕구를 지니고 있다. 욕구의 종류와 강도에 따라 상담자-내담자 관계의 유형이 만들어진다. 내담자의 성장에 도움이 되거나 해가 되지 않기 위해서 상담자는 자신의 욕구에 대한 이해와 내담자의 욕구가 관계에서 나타나는 모습을 파악할 필요가 있다.

특수아에 대한 태도는 통합교육환경에서 성공하기 위한 아동의 노력에 크게 영향을 받는다. 개인상담과 집단상담, 교사 자문, 진로계획, 부모와의 활동, 많은 다른 생활지도기능과 같은 특수아에게 이익이 되도록 상담가가 수행하는 모든 활동은 건강과 비편견적 태도를 개발하는 데 기초가 되어야 한다. 그러나 상담가가 다른 사람의 태도를 아는 것이나 자긍심을 파괴하는 데 위협이 될 수 있는 감정과 행동에 대처하도록 장애아동을 돕는 것만으로는 충분하지 않다.

특수아를 위한 상담가의 일차적인 역할은 학교의 교직원과 아동들에게 직접 중재를 통해 긍정적 태도를 촉진하도록 하는 것이다. 만약 상담가가 이 목적의 달성에 성공하였다면, 장애아동들은 세상에 대한 보다 긍정적인 감각을 가지고 통합된다. 긍정적인 태도를 가진 교사들은 자신의 교실에 특수아가 오는 것을 환영할 것이며, 비장애아동과 공통적인 특성이 많은 독특한 개인이라는 것을 이해하게 될 것이다. 명칭에 근거한 차별적인 수행 기대는 차이의 지각 때문에 존재하는 것이 아니라 개선된 태도로 사라지는 것이다. 학교에서 비장애아동들은 그들의 특수아 또래를 피하지도 보호하지도 않는다. 알 수 없는 위험과 관련된 두려움, 염려, 불편함만큼 교사로서 차이의 개념도 서서히 없어진다. 교사와 또래들이 장애를 가진 개인이라기보다 한 개인으로 보고 다룸으로써 장애아동들 스스로 자기확신과 자긍심이 고양되었다. 그들은 방관자이기보다 참여자로서 모든 교육적 측면에의 참여가 자유롭다는 것을 느끼게 되었다. 건전한 자긍심과 함께, 그들은 개별적인 교과 기대를 충족하고, 적절한 사회적 기능과 대인관계를 개발하고, 다른 사람의 기대에 의해 미리 결정되기보다 그들 자신의 강점과 흥미에 따라 미래를 내다볼 수 있을 것이다.

상담가에게 긍정적인 태도의 개발이 항상 쉬운 것은 아니지만, 그것이 생산적이고 보상이 되는 것은 보장된다. 오래된 두려움은 버리고 환영하는 태도를 개발하는 아동과 교사를 보는 기회 그 자체가 보상이 된다. 태도도 프로그램에 포함된 활동과 상호교환은 전문가를 돕는 데 일정한 흥분과 호소가 된다. 창의적인 프로그램 계획을 위한 기회는 한계가 없다. 다행스럽게도 태도를 변화시키는 활동과 연습은 약간의 재정적 지원이나 특별한 훈련으로 성취될 수 있는데, 상담가에게 요구되는 일차적인 조건은 실행과 에너지이다.

6) 특수아 상담방법

특수아를 상담할 때에는 개인, 부모 그리고 교사를 함께 고려하여야 한다. 특수아동의 자아개념 형성과 유지·변화에 주변의 중요 타인들이 미치는 영향이 비장애아동보다 더 크다는 점을 생각하면, 부모와 교사에게 아동의 문제나 의사소통 양식, 상담방법을 이해시키고 그들이 아동과 건강한 관계를 맺으며 적절히 개입할 수 있도록 조력하는 일은 특수아 상담의 필수 요소라고 할 수 있다. 이와 더불어 특수아를 다루는 상담자는 내담자가 가정생활, 학교생활, 또래와의 관계 혹은 사회생활을 적응적으로 유지하기 위해서 갖출 필요가 있는 조건에 대해 충실하게 평가할 수 있어야 한다. 이 과제를 수행하기 위해 상담자는 사회복지사, 교사와 부모, 의사와 면접을 하고 또래를 관찰하는 것은 물론 가정을 방문하여 가정의 경제적·심리적 형편을 확인하여야 한다. 그리고 상담자는 교사, 부모, 기타 관계자와 함께 사례평가회의를 개최하여 아동의 문제에 대한 정의와 개입의 영역 개입방법을 합의·공유하고 역할을 나누어야 하며, 이 모든 과정을 상담자는 조정하고 관리하여야 한다. 특수상담 과정에서 상담의 과제를 크게 라포의 형성, 문제의 규정과 역동의 확인, 구조화, 목표 수립으로 나누고 각 과제를 해결하기 위해 필요한 기법들이 있다.

특수아 상담은 개인을 대상으로, 집단을 대상으로, 가족을 대상으로 제공할 수 있으며, 장애인과 부모의 심리적 과정과 대응방법에 대한 심리적 지식을 제공하는 심리교육으로 제공할 수 있다. 이것은 비장애인을 대상으로 하는 일반상담의 양식과 같다. 한편, 특수아 상담에서는 상담자 개인에 의한 노력도 중요하지만 관련 전문가와 가족 그리고 관련 지원기관의 자원과 능력을 효과적으로 활용하는 팀 접근을 비장애인을 위한 상담보다는 훨씬 더 적극적으로 활용할 필요가 있다.

특수아 상담은 좀 더 넓은 의미에서 교사가 동시에 상담자의 역할을 담당하기도 한다. 특수아와 다른 사람과의 관계를 개선시켜 주고 이들의 말을 들어주고 현재와 미래의 목표를 세우도록 도와주며 긍정적인 자아개념과 신념을 갖도록 지원해 주어야 한다. 특히 상담이 신비한 공식을 요구하는 것은 아니지만 상담자는 모든 사람이 독특하고 자신의 잠재력을 개발할 수 있는 성장가능성이 있다는 철학을 지니고 있어야 한다(윤치연 외, 2006).

7) 특수아 상담의 유형

특수아 상담의 유형은 상담의 목적, 구성원, 내용 등에 따라 여러 가지로 구분할 수 있으나, 서로 중복되는 부분이 많다. 첫째, 상담의 목적에 따라 크게 치료상담과 발달상담으로 구분할 수 있다. 치료 상담은 특수아가 직면한 문제 상황에 적극 개입해서 이들이 직면하는 여러 가지의 문제를 해결하도록 도와주는 상담을 의미한다. 그러나 발달상담은 이들의 교육적 성장을 도와줄 수 있는 학교 환경을 형성하는 일로서 이들의 정서적 · 인지적 욕구를 이해하고 부모와의 연계를 통해 이루어지는 활동이라 할 수 있다. 즉, 치료상담이 발달 상담보다는 상담자의 시간과 에너지가 더 많이 들어가고 더 적극적이며, 직접적으로 문제 상황에 개입하는 상담이라 할 수 있다. 또 치료상담은 발달상담보다 전문성이 요구되며, 이들의 문제해결, 증상 해소, 고통 감소 및 현실 적응을 도와주는 것을 주목적으로 하고 있다. 반면에 발달 상담은 기본적인 인간 성장 발달의 내면적 욕구를 채워 주고 적응 능력을 향상시키며, 자신의 스트레스나 갈등에 직면해서 적절히 해결해 나갈 수 있는 내적인 힘을 기르는 것을 주목적으로 하고 있다. 여기에는 사회성 훈련, 도덕발달, 자아개념 및 자존감 향상, 의사소통 및 자기주장훈련, 리더십 향상, 학습동기 및 진로탐색 등이 포함된다.

둘째, 구성원에 따라 개인상담과 집단상담으로 구분할 수 있는데, 특수아에게는 대부분 개인상담이 많이 이루어진다. 특수아는 개인의 성장배경, 문제의 개인적 특성, 심리적 어려움, 실패자나 약자라는 의식, 정상이 아니라는 생각 등을 이유로 집단에서 자신의 의견과 느낌을 공개적으로 노출시키며 말하기를 주저하고 꺼려할 수 있다. 그러나 집단상담이 도움이 되는 경우도 있다. 집단상담에 참여하면서 나만이 어려움을 겪는 것이 아님을 알고 오히려 친숙해지며 서로를 더 이해하고 위로할 수 있고, 지금까지 다른 사람의 도움을 받는 존재라는 생각을 갖고 있지만 집단 속에서는 자신이 다른 사람에게 도움이 될 수 있다는 경험을 하게 된다. 이러한 경험을 통해 이들은 스스로 힘을 얻고 자신감을 갖게 될 수 있고 타인의 감정과 생각을 존중하게 되고 인간관계 및 사회적 활동에 더 깊은 관심을 갖게 될 수 있다. 또 자신의 행동을 집단 구성원 속에서 현실적이고 객관적으로 점검하도록 도와준다. 개인상담과 집단

표 1-5 특수아 상담의 유형

구분	유형	내용
상담의 목적	치료상담	특수아가 직면한 문제상황에 적극적이고 직접적으로 개입해서 문제해결, 증상 해소, 고통 감소 및 현실 적응을 도와줌.
	발달상담	특수아의 교육적 성장을 도와줄 수 있는 학교환경을 조성하는 일로서 정서적·인지적 욕구를 이해하고 부모와의 연계를 통해 이루어짐.
상담의 구성원	개인상담	개인적으로 이루어짐.
	집단상담	여러 명의 집단으로 이루어짐.
상담내용	교육상담	학업기술훈련을 통해 주로 학업문제를 해결하도록 도와줌.
	치료상담	특정한 증상, 만성적인 문제가 반복적으로 발생할 경우 이를 제거하도록 도와줌.
	지지상담	정서적 지지와 격려, 수용 등을 통해 자신의 감정을 정리하고 현실적으로 적응하도록 도와줌.
	문제해결 상담	적응문제, 의사결정, 진로선택 등 현실적인 문제를 해결하도록 도와줌.

출처: 김영숙 외(2002). 교사와 부모를 위한 특수아상담의 이해. 경기: 교육과학사.

상담을 선택할 때는 이들의 특성과 문제점, 연령, 지적 특성, 정서적 특성, 행동 양상, 치료 동기, 의사전달 가능성 등을 고려하여야 한다. 치료상담의 경우는 문제의 정도에 따라 저항, 방어 등을 고려할 때 개인상담이 더 효과적일 수 있지만 반대로 발달상담의 경우에는 집단상담이 더 효과적일 수 있다. 그러나 필요에 따라서는 개인상담과 발달상담을 병행하거나 순차적으로 보완하여 적절하게 사용하는 것이 바람직한 방법이 된다.

셋째, 상담내용에 따라 교육상담, 치료상담, 지지상담 및 문제해결상담으로 구분할 수 있다. 교육상담은 문제해결능력을 향상시키기 위하여 특정한 기술, 자기표현훈련, 역할연습, 시범, 모델, 관찰 및 연습 등을 지도하고 가르치는 상담으로, 특히 학업에 문제가 있는 경우는 학업기술훈련을 통해 학업문제를 해결하도록 도와준다. 치료상담은 특정한 증상을 앓거나 일정기간 지속되어 온 만성적인 문제가 반복적으로 발생할 경우에 해당하는 상담이다. 지지상담은 표현하거나 수용하기 어려웠던 감정을 표현할 기회를 주고 감정을 정리하고 현실적으로 적응하도록 도와주는 것을 목적으로 한다. 문제해결상담은 적응문제, 의사결정, 진로선택, 생활고충 등 이들이 학교, 가정 및 사회환경에서 겪는 현실적인 문제를 해결하도록 도와주며, 여기에는 적절한 정보를 제공하는 것도 포함된다(윤여홍, 2000).

8) 특수아 상담에서 상담가의 과제

특수아 상담에서 상담가의 자세를 조용태(2006)는 다음과 같이 12가지를 제시하였다.

- 아동의 구체적인 특수성과 이 특수성에 동반되는 독특한 사회적 문제, 학습문제, 행동문제를 이해하려는 활동을 해야 한다.
- 자아개념을 향상시키는 상담을 해야 한다.
- 특수성에 적응하는 것을 촉진시켜야 한다.
- 특수아와 함께 활동하는 다른 전문가나 기관의 서비스를 조정해야 한다.
- 아동의 특수성, 강점과 한계, 특별한 문제를 이해하도록 아동의 삶에 있어서 의미 있는 사람(특히 부모나 교사)을 도와야 한다.

- 효과적이고 독립적인 생활 기능을 개발하도록 지원해야 한다.
- 여가 기능과 취미를 가지도록 격려해야 한다.
- 개인적 기능과 사회적 기능을 지도해야 한다.
- 아동에게 필요한 교육적 보조물과 장비를 가능한 한 확보하고 교육 계획을 지원해야 한다.
- 부모를 상담해야 한다.
- 전문가와 의뢰 기관의 지식을 획득하고, 이들과 관계를 가지고 활동해야 한다.
- 먼저 아동이 인간이라는 것을 인식해야 한다.

Chapter **02**

특수교육 관련법

1 장애인 등에 대한 특수교육법

1) 제정배경[1)]

1977년 12월 31일 법률 제3053호로 제정 · 공포된 「특수교육진흥법」은 우리나라 장애인 교육을 공적으로 보장하기 시작하였고, 전국 시 · 도에 공립 특수학교 및 특수학급이 설치되는 등 특수교육 발전의 기틀을 마련하는 법적 근거가 되었다. 그 후 「특수교육진흥법」은 9차례에 걸친 개정이 이루어졌는데, 그중 1994년 전면 개정에서는 통합교육 및 개별화교육 등 새로운 교육사조의 도입, 장애학생의 적절한 선정 · 배치 등 절차적 권리 강화를 위한 특수교육운영위원회의 도입 등 획기적인 조치를 포함하게 되었다.

2006년 4월 20일 장애인의 날을 맞이하여 장애인 관련 정책의 전반적인 문제점을 검토하고 특단의 대책을 마련하라는 대통령 지시에 따라 2007년부터 2010년까지 추진할 '장애인 지원 종합대책'을 마련하고, 2006년 9월 4일 관계부처 합동으로 발표하여 장애인 정책에 대한 정부의 확고한 의지를 표명하였다.

이러한 주변 상황의 변화와 최근 특수교육의 세계 동향 등을 반영하기 위해 당시 교육인적자원부에서는 2005년도에 수행한 관련 정책연구 결과를 토대로 2006년 6월 초 개정(안)을 마련하게 되었다. 그리고 그간 '특수교육 기회 확대 정책'을 '특수교육의 내실화 정책'으로 정책의 전반적인 방향을 전환하여, 보다 안정적이고 적극적인 특수교육 정책으로 정착 · 발전시켜 나갈 수 있도록 「특수교육진흥법」 전부 개정을 추진하게 되었다. 이에 대한 국회 교육위원회의 대안으로 「장애인 등에 대한 특수교육법」이 마련되어 2007년 4월 30일 국회 본회의를 통과하였고, 5월 25일 법률 제8483호로 공포되었다.

이상과 같은 과정을 거쳐 「교육기본법」 제18조에 따라 국가 및 지방자치단체가 장애인 및 특별한 교육적 요구가 있는 사람에게 통합된 환경을 제공하고 생애주기에 따라 장애유형 · 장애 정도의 특성을 고려한 교육을 실시하여 이들의 자아실현과 사

1) 이 내용은 교육과학기술부(2008)의 재정배경 부분을 주로 인용함

회통합을 하는 데 기여하는 것을 목적으로 「특수교육진흥법」을 폐지하고 「장애인 등에 대한 특수교육법」을 새롭게 제정하였다. 또한 국가 및 지방자치단체가 장애인 등 특수교육대상자에게 고등학교까지 의무교육을 실시하고, 영유아 때부터 장애의 유형과 정도를 고려한 특수교육 및 특수교육 관련서비스를 제공하는 등의 내용으로 「장애인 등에 대한 특수교육법」이 제정(법률 제8483호, 2007.05.25. 공포. 2008. 5. 26. 시행)됨에 따라 법률에서 위임한 사항과 그 시행에 필요한 사항을 동법 시행령에서 규정하게 되었다. 지금의 「장애인 등에 대한 특수교육법」은 여러 번 개정하여 마지막으로 2024년 12월 20일 일부개정을 하여 2025년 6월 21일 시행되었다.

2) 주요 내용

「장애인 등에 대한 특수교육법」(이하 「특수교육법」)의 주요 내용은 크게 「장애인 등에 대한 특수교육법」의 체계, 교육기회의 확대, 특수교육 전달체계의 확립, 특수교육의 질 제고, 특수교육 복지지원 확대, 학생과 보호자의 권리보장 차원에서 검토해 볼 수 있다.

(1) 「장애인 등에 대한 특수교육법」의 체계

이 법은 「교육기본법」 제18조에 따라 국가 및 지방자치단체가 장애인 및 특별한 교육적 요구가 있는 사람에게 통합된 교육환경을 제공하고 생애주기에 따라 장애유형 · 장애 정도의 특성을 고려한 교육을 실시하여 이들의 자아실현과 사회통합을 하는 데 기여하고자 법적 · 제도적 기반을 마련하려는 것으로, 총 6장 38개 조문의 본칙으로 구성되어 있다.

(2) 교육기회의 확대

기존에는 8개 장애유형에 해당되는 자 중 특수교육을 필요로 하는 사람을 교육지원대상자로 규정하고 있으나, 「특수교육법」에서는 발달지체와 자폐성장애를 신설하여 전체 10개의 장애유형으로 그 유형을 확대하여, 현재 장애를 가지지 않았어도 장애발생 가능성이 높거나, 장애가 의심되는 자가 특수교육을 필요로 하면 특수교육을 지원할 수 있도록 규정하였다. 또한 기존의 8개 장애유형 중 언어장애와 정서장애는 최근의 변화된 상황을 고려하여 각각 의사소통장애와 정서 · 행동장애로 확대 · 변경되었다.

그리고 학령기 아동 중 특수교육 요구 아동뿐만 아니라, 그 이외의 장애영아, 장애대학생, 장애성인 등도 교육지원 대상으로 포함시켰다. 장애학생의 교육기회 확대를 위하여 무상 · 의무교육의 연한을 기존에 만 3세부터 만 17세까지였던 것을 만 0세부터 만 18세(19세까지 가능)까지로 확대하였고, 연령별이 아닌 교육과정별로 영아기 과정과 전공과 과정을 무상교육으로 규정하였으며, 유치원 과정과 고등학교 과정을 의무교육으로 규정하여, 무상 · 의무교육의 연한 또한 확대하였다.

표 2-1 무상 · 의무교육 연한 변화

구분	기준	「특수교육법」	비고
영아기 과정(만 0~2세)	없음	무상	변경
유치원 과정(만 3세~학령 전)	무상	의무	변경
초 · 중학교 과정(만 7~14세)	의무	의무	동일
고등학교 과정(만 15~17세)	무상	의무	변경
전공과 과정(만 18세 이상)	없음	무상	변경

전공과 설치 대상 교육기관을 기존의 특수학교에서 특수교육기관으로 확대함으로써 전공과를 특수학교뿐만 아니라 일반학교, 위탁교육 기관(법률 제20565호, 2024.12.20. 일부개정), 특수교육지원센터 등 지역에서 가까운 교육기관에서 설치할 수 있도록 하여, 일반학교 졸업생들도 이용할 수 있도록 하였다. 또한 전공과를 이수한 특수교육대상자는 「학점인정 등에 관한 법률」(법률 제13229호, 2015. 9. 28, 일부개정)에 따라 학점인정을 받을 수 있도록 조치하여, 이후 학사학위 취득에 도움이 되도록 하였다.

전공과 이후의 교육을 위해 특수교육기관 및 일반학교 등에 장애인을 위한 평생교육과정을 설치할 수 있도록 하고, 일반 평생교육시설 및 평생교육단체가 별도의 장애인 평생교육과정을 운영할 수 있도록 하여, 특수교육대상자들을 위한 평생교육의 기회를 확대하였다. 그리고 학령기를 놓쳐 교육받지 못한 성인장애인들을 위하여 일반 평생교육시설과는 별도로 학교 형태의 장애인평생교육시설을 설치할 수 있도록 하였다.

(3) 특수교육 전달체계의 확립

「특수교육법」에서는 조기발견, 「특수교육법」 및 선정·배치체계의 확립을 위한 변화가 있었다. 조기발견 체계의 문제점을 개선하기 위하여 제14조를 통해 조기발견을 위한 홍보를 의무화하고, 선별검사를 무상으로 실시하도록 하였으며, 조기발견에 필요한 세부적인 절차를 제시하였다. 그리고 이를 위한 별도의 진단·평가팀 운영에 대한 근거를 마련하였다. 기존의 특수교육대상자의 진단·평가는 사실상 각급 학교의 특수교육교원에 의해서만 수행되어 왔다. 물론 일부 시·도에서는 특수교육운영위원회에 진단평가소위원회를 구성하여 진단·평가업무를 특수교육교원과 다양한 전문인력이 함께 진행하도록 조치하였으나, 이 또한 형식적 모습에 불과하였다.

「특수교육법」에서는 이런 문제에 적극적으로 대응하기 위하여 「특수교육법」 제11조(특수교육지원센터의 설치·운영), 제14조(장애의 조기발견 등), 제15조(특수교육대상자의 선정) 및 제16조(특수교육대상자의 선정절차 및 교육지원 내용의 결정)에 제시된 진단·평가업무를 담당하도록 규정하고 있다.

보호자의 의견 수렴 근거도 명확히 마련하였다. 기존에 특수교육대상자 여부만을 선정하여 보호자에게 통지하였던 것을, 교육지원 내용에 대한 최종의견도 보호자에게 함께 통지하도록 규정하였고, 각급 학교의 장이 진단·평가를 의뢰할 때에는 보호자의 사전 동의를 받을 수 있도록 하였다. 그리고 진단·평가의 과정에서 부모 등 보호자의 의견진술 기회를 보장하도록 규정하고, 특수교육대상자를 배치할 때에는 보호자의 의견을 수렴하도록 하였다.

또한, 시·군·구 단위의 특수교육지원센터에 대한 설치기준 및 역할 등을 구체적으로 명시하여, 특수교육지원센터가 보다 편리하게 접근할 수 있는 지역 내 특수교육 전달체계 중 하나가 될 수 있도록 하였다. 그리고 특수교육지원센터의 역할을 진단·평가, 교수-학습 지원, 순회교육 지원, 진로 및 직업교육 지원 등 교육 현장을 체계적으로 지원할 수 있는 것으로 명료화하였다.

특수교육대상자들의 고등교육 현실을 개선·보완하기 위하여 장애학생 수가 대통령령이 정하는 바 10명 이상이 되면 장애학생지원센터를 설치하도록 의무화하였고, 9명 이하가 되면 지원부서 또는 전담직원을 배치하도록 하였다.

(4) 특수교육의 질 제고

「특수교육법」에서는 특수교육의 질 제고를 위하여 학급당 학생 수 기준을 법률로 명시하였다. 학급당 학생 수 기준 변경 현황은 〈표 2-2〉와 같다. 현행 「특수교육법」에서는 유치원 4명, 초등학교 6명, 중학교 6명, 고등학교 7명을 학급당 학생 정원으로 하고 있다. 2024년 국회에 발의된 내용으로는 초등학교 4명, 고등학교 6명으로 줄이는 방안이다. 따라서 유·초는 4명, 중·고는 6명을 법정 기준으로 하는 방안이다.

표 2-2 학급당 학생 수 기준 변화

구분		기존	「특수교육법」
법적 근거		법 제15조 제3항 및 법에 근거한 시행령 제13조의2 제1항	제27조 제1항
기준 적용 대상		일반학교의 특수학급	일반학교의 특수학급 및 특수학교의 학급
설치 기준	유치원 과정	1인 이상 12인 이하 - 1학급 12인 초과 - 2학급 이상 (각 과정 공통)	1인 이상 4인 이하 - 1학급 4인 초과 - 2학급 이상
	초등학교 과정		1인 이상 6인 이하 - 1학급 6인 초과 - 2학급 이상
	중학교 과정		1인 이상 6인 이하 - 1학급 6인 초과 - 2학급 이상
	고등학교 과정		1인 이상 7인 이하 - 1학급 7인 초과 - 2학급 이상

통합교육의 법률적 개념을 정립하기 위하여 '제2조 6호 "통합교육"이라 함은 특수교육대상자가 일반학교에서 장애유형·장애 정도에 따라 차별을 받지 아니하고 또래와 함께 개개인의 교육적 요구에 적합한 교육을 받는 것을 말한다.'라는 구체적인 내

용을 명문화하였다. 그리고 개별화교육의 내실화를 위하여 제22조에 개별화교육 관련 규정을 포함시켰다. 구체적인 규정 내용은 〈표 2-3〉과 같다.

표 2-3 개별화교육 관련 규정

개별화교육 지원팀의 구성	• 보호자, 특수교육교원, 일반교육교원, 진로 및 직업교육 담당교원, 특수교육 관련 서비스 담당인력 등으로 구성(제1항) • 개별화교육 지원팀은 매 학기마다 개별화교육 계획을 작성해야 함(제2항) • 특수교육교원이 개별화교육 지원팀의 업무를 지원하고 조정함(제3항)
개별화교육 계획의 운영	• 개별화교육 지원계획의 수립 및 실시 등에 관한 사항은 시행규칙으로 위임
개별화교육 계획의 법적 문서화	• 개별화교육 계획 작성을 의무적으로 규정(제2항) • 특수교육대상자의 전학 또는 상급학교 진학 시 개별화교육 계획을 송부(제3항)
IEP에 대한 불복신청	• 개별화교육 지원팀에의 보호자 참여를 배제한 경우 차별행위로 규정(제4조 제2항 3호), 이 경우 보호자가 특수교육운영회에 심사청구를 할 수 있도록 함(제36조 제1항). 또한 이러한 차별행위를 한 자에 대하여 제38조의2에 따라 300만 원 이하의 벌칙 부과

그리고 진로 및 직업교육의 내실화를 위하여 진로 및 직업교육 관련 규정을 포함시켰다. 구체적인 규정 내용은 〈표 2-4〉와 같다.

표 2-4 직업교육 관련 규정

구분	「특수교육법」
개념 정의	'진로 및 직업교육'이라 함은 특수교육대상자의 학교에서 사회 등으로의 원활한 이동을 위하여 관련 기관의 협력을 통하여 직업재활훈련 · 자립생활훈련 등을 실시하는 것을 말한다(제2조 제9호).
대상 범위	• 직업재활훈련 : 직업평가, 직업교육, 고용지원, 사후관리(추수지도) • 자립생활훈련 : 일상생활적응훈련, 사회적응훈련 등 자립생활기술훈련(제23조 제1항)
협력 체계	• 효과적인 진로 및 직업교육 실시를 위하여 대통령령으로 정하는 관련기관협의체 구성 명시 - 관련기관 : 특수교육기관, 한국장애인고용공단지부 등 해당 지역의 장애인 고용 관련 기관, 직업재활시설, 장애인복지관, 산업체 등 망라

(5) 특수교육 복지지원 확대

「특수교육법」에서는 특수교육 복지지원 확대를 위하여 가족지원, 치료지원, 보조인력지원, 학습보조기기 및 보조공학기기 지원, 통학지원 등 관련 서비스 지원 규정을 마련하였다. 그리고 유치원 종일반 지원을 위한 규정을 마련하여 특수학교 유치부, 유치원 과정만 운영하는 특수학교, 일반유치원 등에도 특수교육대상자로 선정된 영유아를 대상으로 방과후 과정을 운영할 수 있도록 하였고, 방과후 과정 운영을 담당할 인력을 학급당 1인 이상 추가로 배치할 수 있도록 규정하였다.

또한 대학의 장애학생을 위한 지원규정을 마련하여, 대학에 입학한 장애학생과 그 보호자는 새 법률에 따른 각종 지원조치를 제공해 줄 것을 서면으로 제출할 수 있도록 하고, 대학의 장은 각종 학습보조기기 및 보조공학기기 등의 물적 지원, 교육보조인력 등의 인적 지원, 취학편의 지원, 정보접근 지원, 편의시설 설치 지원 등에 대해 2주일 이내에 지원 여부 및 사유를 신청자에게 서면으로 통지하도록 하였다. 이를 통해 장애학생들이 대학에 들어가기 전에 필요한 교육지원에 관한 사항을 대학과 사전에 협의하고, 대학이 충분한 교육지원을 할 수 있도록 하였다.

(6) 학생과 보호자의 권리보장

「특수교육법」에서는 학생과 보호자의 권리를 명확히 보장하기 위하여 〈표 2-5〉와 같이 차별행위의 유형을 구체적으로 명시하였다.

표 2-5 「특수교육법」에서 규정하고 있는 차별행위의 대상

- 장애를 이유로 입학의 지원을 거부하거나, 입학전형 합격자의 입학을 거부하는 행위
- 제28조에 따른 특수교육 관련 서비스 제공에서의 차별
- 수업 참여 배제 및 교내외 활동 참여의 배제
- 개별화교육 지원팀에의 참여 등 보호자 참여에서의 차별
- 대학의 입학전형절차에서 장애를 이유로 별도의 면접이나 신체검사를 요구하는 등 입학전형 과정에서의 차별

그리고 기존의 법률에서 규정하고 있는 심사청구 대상을 확대하여 학생 및 보호자가 교육 현장으로부터 그 권리를 구제받을 수 있도록 하였다.

표 2-6 심사청구 관련 규정사항

구분	「특수교육법」
심사청구 대상	• 특수교육대상자의 선정 • 특수교육대상자의 지정 · 배치 • 특수교육대상자에게 통지된 교육지원에 관한 결정사항 • 제4조에 규정하는 각종 차별행위에 관한 사항
심사청구 방식	• 유 · 초 · 중: 시 · 군 · 구 특수교육운영위원회에 심사청구 • 고 · 특수학교: 시 · 도 특수교육운영위원회에 심사청구
심사기간	• 30일 이내에 심사하여 결정하고 청구인에게 통보
결정된 사항에 대한 이의신청	• 90일 이내에 행정심판 제기 가능
공평한 청문의 기회	• 의견 진술의 기회 제공 • 의견 청취

(7) 「장애인 등에 대한 특수교육법」의 주요 변경 내용[2)]

「장애인 등에 대한 특수교육법」은 기존의 「특수교육진흥법」에서 커다란 진보를 이룬 법안으로서 주요 변경 내용은 <표 2-7>과 같다.

표 2-7 「장애인 등에 대한 특수교육법」의 주요 변경 내용

항목	기존 「특수교육진흥법」	제정 「장애인 등에 대한 특수교육법」	비교검토
법률의 명칭	「특수교육진흥법」	「장애인 등에 대한 특수교육법」	• 법률 수혜 대상자를 '장애인 등'으로 명시 • 교육지원의 방법을 '특수교육'으로 명시 • '진흥'을 삭제하여, 이 법률이 본격적인 특수교육을 지원하기 위한 법률임을 명시
법률 수혜 대상자	장애를 가진 자 중 특수교육을 필요로 하는 사람	장애를 가진 사람 및 장애발생 가능성이 높은 사람 중 특수교육을 필요로 하는 사람 + 고등교육 및 평생교육 해당 교육기	• 법률 수혜 대상자를 장애인뿐만 아니라 장애발생 가능성이 높은 사람(발달지체 등)까지 확대 • 고등교육기관 및 평생교육시설

2) 이 내용은 전국장애인교육권연대(2007)의 내용을 주로 인용함

항목	기존 「특수교육진흥법」		제정 「장애인 등에 대한 특수교육법」	비교검토
			관 또는 시설을 이용하(고자 하)는 장애인	을 이용하거나 이용하고자 하는 장애성인도 법률 수혜 대상자에 포함
개념 규정	특수교육	교과교육 및 치료교육, 직업교육	교육과정 및 관련 서비스	• 기존의 치료교육과 직업교육을 특수교육에서 분리하고 교육과정 및 특수교육 관련서비스를 특수교육의 범위로 재설정
	직업교육	없음	'진로 및 직업교육'이라 함은 특수교육대상자의 학교에서 사회 등으로의 원활한 이동을 위하여 관련 기관의 협력을 통해 직업재활훈련 및 자립생활훈련 등을 실시하는 것	• 직업교육의 개념을 '진로 및 직업교육'으로 명칭을 변경하고, 하위영역에 전문기술교육 등 직업 중심의 교육(훈련)이외에도 자립생활교육(훈련) 등도 포함시킴 • 전환서비스의 개념을 '진로 및 직업 교육' 개념에 일부 포함시킴
	치료교육	• '치료교육이라 함은 장애로 인하여 발생한 결함을 보충함과 동시에 생활기능을 회복시켜 주는 심리치료·언어치료·물리치료·작업치료·보행훈련·청능훈련 및 생활적응 훈련 등의 교육활동을 말한다.	삭제	• 치료교육을 삭제하여 치료교육 중 훈련영역은 특수교육과 통합하고, 치료서비스 분야는 치료지원으로 분리, 독립시킴 • 치료교육과 치료서비스 간의 혼란 및 치료교육과 특수교육 간의 혼란 해소
	특수교육 관련서비스	없음	• 가족지원, 치료지원, 보조인력·보조공학기기 지원, 학습보조기기지원, 통학지원, 정보접근지원 등까지 포함	• 치료지원을 비롯한 다양한 교육복지 지원 사항을 관련 서비스 범위에 포함시킴

항목		기존 「특수교육진흥법」	제정 「장애인 등에 대한 특수교육법」	비교검토
무상, 의무교육 범위		영아: 없음 → 무상 유치원 과정: 무상 → 무 초 · 중학교 과정: 의무 → 의무(변동 없음) 고등학교 과정: 무상 → 의무 전공과: 없음 → 무상		• 유치원 및 고등학교 교육을 의무교육으로 규정 • 영아 및 전공과 과정의 경우 무상교육으로 규정 • 무상 · 의무교육의 연한을 대폭 확대하여 교육기회 보장
생애 주기별 교육 지원 규정	영아 지원	없음	• 특수교육교원 및 관련서비스 담당인력이 순회교육 제공, 특수학교 유치부 및 영아반 과정을 통한 지원	• 영아에 대한 구체적인 교육지원 방법을 법률로 명시
	유아 교육	구체적인 지원 규정 없음	• 초 · 중등교육에 준하는 교육지원 규정 • 종일반을 운영하는 유치원에 대한 지원 규정	• 조기특수교육을 위한 구체적인 교육지원 방법을 법률로 명시
	초 · 중등 교육	• 특수교육, 통합교육, 개별화교육, 진로교육, 직업교육, 치료교육 등을 제공 • 단, 구체적 지원 방법은 시행령/시행규칙으로 위임하거나, 명시되어 있지 않음	• 학교급별에 따라 초등의 경우 통합교육을, 중등의 경우 진로 및 직업교육을 중시하고, 이를 체계적으로 제공 • 통합교육에 필요한 구체적인 지원방법 명시 • 개별화교육 지원팀에서 결정한 개별화교육 지원계획에 따라 교육계획을 수립하고 시행하도록 강제 • 특수교육 관련서비스에 대한 구체적 지원방법 명시(세부사항은 시행령으로 위임) • 전공과의 경우 특수학교 이외의 곳에도 설치 가능하도록 하고, 전문기술교육 이외에도 사회적응교육 등 자립생활교육과정도 제공하도록 함	• 통합교육에 필요한 구체적 지원방법을 명시하고, 진로 및 직업교육 지원을 확대함으로써 교육기회 확대는 물론이고 생애주기에 적합한 다양한 교육지원을 제공받을 수 있도록 함 • 개별화교육 지원규정을 구체적으로 명시함으로써, 보호자와 교사 등과의 협력을 통해 교육지원 계획을 수립하고 실천하도록 함 • 특수교육 관련서비스와 같은 다양한 교육복지 지원규정 신설(가족지원, 치료지원, 보조인력지원, 통학지원, 보조공학기기지원, 생활지원, 정보접근지원 등까지 망라) • 전공과의 활용 가능성 확대 및 지원 강화

항목	기존 「특수교육진흥법」	제정 「장애인 등에 대한 특수교육법」	비교검토
고등교육	없음	• 대학 내 특별지원위원회 및 장애학생지원센터 설치 • 각종 편의제공 의무화 • 학칙규정 의무화 • 심사청구 권리 보장	• 장애학생의 수학편의에 필요한 다양한 교육지원 사항을 명시하고, 이를 지원할 수 있는 기구도 설치할 수 있도록 하여 장애학생의 교육권과 학습권을 보장함
평생교육	없음	• 일반 평생교육시설(단체)에 장애인을 위한 평생교육과정 설치 • 학교 형태의 장애인평생교육시설 설치	• 기존의 평생교육시설 등에 대해 장애인이 접근 가능하도록 하기 위한 방법을 제시 • 교육받지 못한 장애인을 위해 별도의 장애인평생교육시설을 설치 · 운영하도록 하여, 장애인의 평생교육 권리 보장
특수교육 대상자 선정 절차	• 보호자가 진단평가 의뢰 → 시 · 군 · 구(시 · 도) 특수교육운영위원회가 진단평가 → 교육장(교육감)이 대상자 선정통보	• 보호자 및 각급학교의 장이 진단 평가 의뢰 → 시 · 군 · 구 특수교육지원센터에서 대상자 선정 및 대상자의 교육지원 내용 등에 대한 진단평가 → 시 · 군 · 구(시 · 도) 특수교육운영위원회에서 심사 → 교육장(교육감)이 대상자 선정 여부 및 대상자의 교육지원 내용에 대한 심사결과를 보호자에게 통지	• 보호자에게 대상자 선정 여부 및 대상자에게 필요한 교육지원 내용에 대해서도 통지하도록 함 • 이를 기초로 보호자 및 각급학교에서 대상자에 대한 구체적인 교육지원 대책을 마련할 수 있도록 함 • 또한 개별화교육 지원계획 수립 시 기초 자료로 활용하도록 함
특수교육 지원센터	없음	• 시 · 군 · 구 단위로 설치하되 지역 주민과 접근이 용이한 곳에 설치	• 특수교육지원센터 설치규정 마련 • 특수교육 전달체계 구축
학급 설치 규정	• 시행령으로 위임 (기존의 1학급 설치기준: 1인 이상 12인 이하) - 시 · 도 교육청별로 2학급의 설치기준을 4~6인 등으로 별도규정하고 있음	• 법률상에 제시 - 유치원: 4인 - 초등학교: 6인 - 중학교: 6인 - 고등학교: 7인	• 학급설치기준을 법률에 명시하고, 학급당 학생 수 기준을 하향 조정하여 보다 질 높은 교육환경 조성 가능

항목	기존 「특수교육진흥법」	제정 「장애인 등에 대한 특수교육법」	비교검토
교원 배치 규정	• 없음 (초중등교육법 시행령에 특수학교 교원에 한해서만 배치기준이 명시되어 있음)	• 시행령으로 위임 [특수학급 및 특수학교 교원(특수교육 교원)의 배치기준을 시행령으로 위임하도록 규정]	• 특수학교뿐만 아니라 특수학급에 대한 특수교육교원의 배치기준을 시행령을 통하여 구체적으로 마련하도록 함
절차상의 보호 조치	• 특수교육대상자의 선정 및 학교 배치 등의 사항에 한해서만 심사청구 가능[시·군·구(시·도) 특수교육운영위원회에서 담당]	• 대상자 선정 및 학교 배치 이외에도, 각종 차별행위 등에 대해서도 심사청구 가능[시·군·구(시·도) 특수교육운영위원회에서 담당] • 대학 등에서도 특별지원위원회를 통하여 심사청구 가능	• 심사청구 범위 확대를 통한 학생 및 보호자의 권리 보장 강화

2 장애아동복지지원법

1) 제정배경[3)]

장애아동은 아동이자 장애인이라는 이중적인 사회적 약자의 입장에 있어서 복지정책의 최우선 대상이 되어야 하지만, 비장애아동 중심의 「아동복지법」과 성인기 장애인 중심의 「장애인복지법」 사이에서 소외되어 그들이 가지고 있는 독특한 복지적 요구와 권리가 법적으로 제대로 보호받지 못하고 있었다. 장애아동 복지지원을 위하여 보건복지부에서 장애아동 수당 지급, 교육비지원, 보육지원, 의료비지원, 재활보조기구지원, 재활치료 서비스, 활동보조지원, 장애아가족 양육지원 등을 시행하고 있으나 보육지원을 제외하고는 기초생활수급가정과 차상위 계층의 저소득 장애아동 가정을 대상으로 선별적 지원이 이루어지고 있는 상황이다. 이로 인해 장애아동의 복지문제는 부모에게 전가되어 가족해체의 문제에까지 이르고 있었고, 이런 장애아동의 다양한 복지문제를 체계적으로 해결하기 위하여 「장애아동복지지원법」이 제정될 필

3) 이 내용은 이승기 외(2011)의 내용을 주로 인용함

요성이 제기되었다. 이런 필요성에 따라 2007년도부터 「장애영유아보육법」 제정활동이 시작되었고, 2009년도에는 장애아동복지지원법제정공대위가 출범하여 입법활동을 하게 되었으며, 2011년 6월 29일 임시국회에서 법안이 통과하여 2011년 8월 4일 「장애아동복지지원법」이 제정되었다.

이렇게 제정된 「장애아동복지지원법」은 보건복지부에서 「장애인복지법」 제18조와 제35조를 근거로 2008년부터 장애아동 재활치료 서비스 사업을 시행하고 있으나 일정한 소득기준 이하의 저소득층만을 대상으로 하고 있으며, 물리치료나 직업치료는 의사의 지도를 받아야 하는 의료행위라는 이유로 제외되고 있어서 정작 가장 필요한 재활치료를 보건복지부에서 제공하는 재활치료 바우처로는 이용할 수 없고, 국가 차원의 자격관리가 미흡하고, 미등록 사설치료실이 대다수로 치료실에 대한 설치 기준 및 관리·감독체계가 마련되어 있지 않은 상태다. 한편, 「장애인 등에 대한 특수교육법」의 적용을 받는 유아특수학교에서는 장애유아 4명당 1명의 특수교사가 배치되는 것에 비해 「영유아보육법」의 적용을 받는 어린이집에서는 장애유아 9명당 1명의 특수교사가 배치되므로 유아특수학교와 어린이집 사이에 교육차별이 생기고 있으며, 보건복지부가 인정한 재활보조기구 품목 중 건강보험의 지원을 받는 품목은 약 18% 정도로 재활치료비가 많이 소요되어 장애아동 가족의 경제적 부담이 과중하고 심한 경우 가족의 해체로까지 나타나고 있는 상황이다. 이와 같이 현재 보건복지부가 장애아동의 복지를 위해 진행하고 있는 사업은 보육사업을 제외하고는 근본적으로 장애아동에 대한 보편적 복지가 아니라 저소득층 장애아동에 대한 선별적 복지의 성격이 강하고, 기존의 장애인복지정책도 주로 성인기 장애인을 중심으로 수립되는 경향이 있다. 더욱이 복지지원 전달체계나 연계 협력체계가 미비하여 분절된 복지서비스가 이루어지고 있어서 장애아동과 그 가족에 대한 종합적인 지원 대책을 수립하기 위하여 이 법이 제정되었음을 밝히고 있다.

2) 주요 내용

「장애아동복지지원법」의 주요 내용은 크게 「장애아동복지지원법」의 체계, 장애아동의 권리와 국가와 지방자치단체의 의무, 장애아동 복지지원 전달체계–장애아동지원센터의 설립, 복지지원의 신청 및 복지지원 대상자 선정, 복지지원의 내용, 복지지원 제공기관 및 직무 차원에서 검토해 볼 수 있다.

(1) 「장애아동복지지원법」의 체계

이 법은 국가와 지방자치단체가 장애아동의 특별한 복지적 욕구에 적합한 지원을 통합적으로 제공함으로써 장애아동이 안정된 가정생활 속에서 건강하게 성장하고 사회에 활발하게 참여할 수 있도록 하며, 장애아동 가족의 부담을 줄이는 데 이바지하는 목적을 달성하기 위하여 법적·제도적 기반을 마련하려는 것으로, 총 7장 41개 조문의 본칙으로 구성되어 있다.

표 2-8 「장애아동복지지원법」의 체계

장	조(제목)
제1장 총칙	제1조 (목적) / 제2조 (정의) / 제3조 (기본이념) 제4조 (장애아동의 권리) / 제5조 (다른 법률과의 관계)
제2장 국가와 지방자치단체의 임무	제6조 (국가와 지방자치단체의 임무) / 제7조 (장애아동 복지지원의 심의) / 제8조 (중앙장애아동지원센터) / 제9조 (지역장애아동지원센터) 제10조 (관계 기관 또는 단체와의 연계·협력) / 제11조 (장애아동 복지지원 실태조사)
제3장 복지지원 대상자 선정 및 복지지원 제공의 절차	제12조 (장애의 조기발견) / 제13조 (복지지원의 신청) / 제14조 (복지지원 대상자 선정) / 제15조 (금융정보 등의 제공) / 제16조 (복지지원 제공기관의 연계) / 제17조 (개인별지원계획의 수립) / 제18조 (장애아동과 그 가족의 개인정보보호)
제4장 복지지원의 내용	제19조 (의료비지원) / 제20조 (보조기구지원) / 제21조 (발달재활서비스지원) / 제22조 (보육지원) / 제23조 (가족지원) / 제24조 (돌봄 및 일시적 휴식지원 서비스지원) / 제25조 (지역사회 전환 서비스지원) / 제26조 (문화·예술 등 복지지원) / 제27조 (취약가정 복지지원 우선제공) / 제28조 (복지지원의 제공) / 제29조 (복지지원 비용의 환수)
제5장 복지지원 제공기관 등	제30조 (복지지원 제공기관) / 제31조 (복지지원 제공기관의 직무) 제32조 (장애영유아 어린이집) / 제33조 (발달재활서비스 제공기관의 정보제공)
제6장 보칙	제34조 (지도와 감독) / 제35조 (보고와 검사) / 제36조 (청문) 제37조 (위임 및 위탁) / 제38조 (이의신청)
제7장 벌칙	제39조 (벌칙) [변경] / 제40조 (양벌규정) / 제41조 (과태료)

(2) 장애아동의 권리와 국가와 지방자치단체의 의무

장애아동의 구체적인 권리로 생활영역에서의 보호와 지원을 규정하고 있다. 장애아동은 모든 형태의 학대 및 유기 · 착취 · 감금 · 폭력 등으로부터 보호받고, 부모에 의하여 양육되고, 안정된 가정환경에서 자라나야 한다. 인성 및 정신적 · 신체적 능력을 최대한 계발하기 위하여 적절한 교육을 제공받아야 한다. 가능한 최상의 건강상태를 유지하고 행복한 일상생활을 영위하기 위한 의료적 · 복지적 지원을 받아야 한다. 휴식과 여가를 즐기고 놀이와 문화예술 활동에 참여할 수 있는 기회를 제공받아야 한다. 장애아동은 의사소통 능력, 자기결정 능력 및 자기권리 옹호능력을 향상시키기 위한 교육 및 훈련 기회를 제공받아야 한다(법 제4조).

장애아동에 대한 보호를 권리성을 인정하는 차원을 넘어서 장애아동과 그 가족을 위한 복지지원대책 강구, 장애아동을 위한 복지지원 사업의 연구 · 개발, 장애의 조기 발견을 위한 홍보, 복지지원 전달체계의 구축, 복지지원 이용권의 수급 및 이용에 대한 관리 감독 등을 국가와 지방자치단체의 의무로 정하여 보호의 영역을 확대하였다(법 제6조).

(3) 장애아동 복지지원 전달체계 : 장애아동지원센터의 설립

중앙과 지역에 장애아동지원센터를 설립하도록 함으로써 장애아동에 대한 복지지원이 통합적으로 이루어질 수 있도록 하고 있으며, 장애아동지원센터는 보건복지부장관, 시장 · 군수 · 구청장이 설립하여 운영하거나 공공기관에 위탁하여 운영할 수 있도록 하여, 장애아동에 대한 지원이 국가적인 차원에서 이루어질 수 있도록 하고 있다.

중앙장애아동지원센터는 장애아동의 복지지원에 관한 조사 · 연구, 지역장애아동지원센터에 대한 평가 및 운영지원, 장애아동의 복지지원 정책에 관한 정보 및 자료 제공, 장애아동의 장애유형별 지원 프로그램의 개발, 가족지원업무 수행기관에 대한 운영지원 및 평가, 지역장애아동지원센터와 복지지원을 제공하는 기관 등 복지지원 관련 기관에 대한 정보의 수집 및 제공 등 장애아동 지원에 관한 전반적인 체계 형성 및 모니터링 역할을 한다(법 제8조).

지역장애아동지원센터는 장애의 조기발견을 위한 홍보, 장애아동의 복지지원 사업에 관한 정보 및 자료 제공, 장애아동과 그 가족에 대한 복지지원 제공기관의 연계, 장애아동의 사례관리, 장애아동 및 그 가족을 지원하기 위한 가족상담 및 교육의 실시 등 장애아동 지원에 관한 구체적인 서비스 제공을 위한 역할을 수행한다(법 제9조).

(4) 복지지원의 신청 및 복지지원 대상자 선정

장애아동 및 그 보호자는 시장 · 군수 · 구청장에게 이 법에서 정하는 복지지원을 신청할 수 있고, 신청을 받은 시장 · 군수 · 구청장은 관련 법령에서 정하는 바에 따라 소득 · 재산, 장애 정도, 가구 특성 등을 고려하여 복지지원 대상자 여부를 심사하여 30일 이내에 복지지원 대상자로의 선정 여부, 복지지원의 내용 및 복지지원 이용권의 금액 등을 결정하여 복지지원 신청자에게 즉시 알려 주어야 한다. 복지지원은 개별 복지지원의 목적에 따라 장애아동과 그 가족에게 현금이나 현물로 제공한다. 이 경우 현물은 복지지원 이용권으로 제공할 수 있다. 또한 신청자를 복지지원 대상자로 선정하고자 하는 경우 장애아동과 그 가구원에 대한 금융정보, 신용정보 및 보험정보를 요청할 수 있다(법 제13조, 제14조, 제15조).

시장 · 군수 · 구청장은 장애아동에게 적합한 복지지원을 제공하기 위하여 개인별 지원계획을 수립할 수 있으며, 시장 · 군수 · 구청장은 복지지원 대상자로 선정한 장애아동과 그 가족에게 복지지원 제공기관을 연계하여야 한다. 또한 복지지원 대상자로 선정하고, 복지지원을 하면서 알게 된 정보에 대해서는 장애아동과 그 가족에 대한 정보의 수집과 관리에 있어 개인정보가 분실 · 도난 · 유출 · 변조 또는 훼손되지 아니하도록 필요한 조치를 하여야 하며, 보호자의 동의 없이 누설하거나 권한 없이 처리하거나 다른 사람이 이용하도록 제공하는 등 부당한 목적으로 사용하여서는 아니 된다(법 제17조, 제18조).

(5) 복지지원의 내용

이 법의 장애아동 복지지원의 내용에는 의료비지원, 보조기구지원, 발달재활서비스지원, 보육지원, 가족지원, 돌봄 및 일시적인 휴식지원 서비스지원, 지역사회 전환

서비스지원, 문화·예술 등 복지지원 등이 있다. 장애아동의 복지문제와 관련된 모든 지원의 조항을 하나의 법률 속에 포함함으로써 장애아동에 대한 우리 사회의 복지적 지원이 전체적으로 어떤 내용으로 구성되어 있는지를 파악할 수 있다. 복지지원 내용과 관련하여 모든 장애아동이 동일한 서비스 요구를 갖고 있지 않기 때문에 생애주기적 특성, 소득수준별 특성, 장애 정도를 고려하여 차등적으로 적정한 서비스를 제공할 수 있도록 하고 있다.

① **의료비지원**(법 제19조)

국가와 지방자치단체로 하여금 장애아동의 의료적 욕구에 따라 적절한 의료비를 지원할 수 있도록 규정하고 있다.

② **보조기구지원**(법 제20조)

국가와 지방자치단체가 장애아동의 학습과 일상생활 활동에 필요한 보조기구를 교부·대여 또는 수리하거나 구입 또는 수리에 필요한 비용을 지급할 수 있도록 규정한다.

③ **발달재활서비스지원**(법 제21조)

국가와 지방자치단체는 장애아동의 인지, 의사소통, 적응행동, 감각·운동 등의 기능 향상과 행동발달을 위하여 적절한 발달재활서비스를 지원할 수 있고, 발달재활서비스를 지원할 때에는 장애아동의 장애유형·장애 정도와 그 가족의 경제적 능력 등을 고려하여 지원할 대상과 내용을 결정할 수 있다. 또한 지방자치단체는 발달재활서비스의 제공경험 및 전문성, 서비스 내용의 적정성 등을 고려하여 발달재활서비스 제공기관을 지정하여 운영할 수 있다.

④ **보육지원**(법 제22조)

국가와 지방자치단체는 「영유아보육법」 제27조에 따른 어린이집 이용대상이 되는 장애아동에 대하여 보육료 등을 지원하고, 「영유아보육법」 제10조에 따른 어린이집 또는 「유아교육법」 제2조 제2호에 따른 유치원을 이용하지 아니하는 장애영유아에게 「영유아보육법」 제34조의2에 따라 양육수당을 지급할 수 있다. 뿐만 아니라 보육과 관련하여 이 법에서는 제32조에 따라 장애영유아어린이집을 지정할 수 있도록 하고 있다. 시장·군수·구청장은 「영유아보육법」 제30조의 어린이집 평가인증, 「장애인·노인·임산부 등의 편의증진보장에 관한 법률」에 따른 편의시설, 보건복지부령으로 정하는 설치기준의 요건을 갖추어 신청을 하는 경우 「영유아보육법」 제10조에 따른 어린이집을 장애영유아를 위한 어린이집으로 지정할 수 있다. 이렇게 지정된 장애영유아를 위한 어린이집은 장애영유아에 대한 체계적인 보육지원과 원활한 취학을 위한 보육계획을 수립·실시하여야 하며, 대통령령으로 정하는 자격을 가진 특수교사와 장애영유아를 위한 보육교사 등을 배치하여야 한다.

⑤ **가족지원**(법 제23조)

이 법은 장애아동 본인에 대한 지원뿐만 아니라 국가와 지방자치단체로 하여금 장애아동의 가족이 장애아동에게 적합한 양육방법을 습득하고 가족의 역량을 키울 수 있도록 가족상담·교육 등의 가족지원을 제공하도록 하고 있다.

⑥ **돌봄 및 일시적 휴식지원 서비스지원**(법 제24조)

장애아동 가족의 일상적인 양육부담을 경감하고 보호자의 정상적인 사회활동을 돕기 위하여 돌봄 및 일시적 휴식지원 서비스를 제공할 수 있도록 규정하고 있다. 장애아동의 경우 비장애아동에 비하여 정신적·경제적인 부담 등으로 부모를 비롯한 가족이 매우 힘든 상황에 처할 수 있다. 이는 가족해체 등 사회문제를 야기하여 결국에는 국가의 사회적 비용의 과다발생이 우려되는 측면이 있음을 고려할 때 이런 서비스의 중요성은 더욱 강조될 필요가 있다.

⑦ **지역사회 전환 서비스지원**(법 제25조)

이 규정은 새롭게 규정된 것으로 국가와 지방자치단체는 장애아동이 18세가 되거나 「초·중등교육법」 제2조의 고등학교와 이에 준하는 각종 학교 또는 「장애인 등에 대한 특수교육법」 제24조의 전공과를 졸업한 후 주거·직업체험 등의 지역사회 전환서비스를 제공하도록 노력하여야 한다. 현재 장애인복지가 자립생활을 지향한다는 점에서 지역사회 전환 서비스는 매년 일정시간의 직업 및 주거체험의 기회를 무상으로 제공함으로써 사회참여를 위한 적응훈련과정이 이루어질 수 있을 것으로 기대된다.

⑧ **문화·예술 등 복지지원**(법 제26조)

국가와 지방자치단체는 이 법에서 정한 복지지원 외에 문화·예술·스포츠·교육·주거 등의 영역에서 장애아동에게 필요한 서비스가 지원되도록 최대한 노력하여야 한다.

(6) 복지지원 제공기관 및 직무

장애인복지시설, 아동복지시설, 건강가정지원센터, 발달재활서비스 제공기관, 가족지원업무 수행기관, 장애영유아를 위한 어린이집과 그 밖에 보건복지부장관 또는 지방자치단체의 장이 필요하다고 인정하는 기관 또는 단체를 복지지원 제공기관으로 정하고 있다(법 제30조).

복지지원 제공기관은 장애아동의 연령 및 장애유형에 적합한 프로그램을 계획하고 실시하여야 하고, 복지지원 제공기관의 장이 시장·군수·구청장 또는 지역센터로부터 복지지원 제공의뢰를 받은 때에는 정당한 사유가 없는 한 지체 없이 복지지원을 제공하여야 한다. 보건복지부장관과 지방자치단체의 장은 복지지원 제공기관에 대한 지도감독, 보고검사를 할 수 있다(법 제31조).

3 장애인차별금지 및 권리구제 등에 관한 법률

1) 제정배경

「장애인차별금지 및 권리구제 등에 관한 법률」(이하 「장애인차별금지법」) 제정 운동의 가장 큰 배경은 우리 사회의 심각한 장애인 차별의 현실이다. 상대적으로 소수이자, 육체적·사회적·경제적 약자인 장애인은 비장애인·남성 중심으로 형성된 우리 사회구조에서 소외되고 차별받을 수밖에 없는 위치에 놓여 있다. 한국보건사회연구원(2017)의 실태조사에 따르면 장애 인구는 2000년 215만 명(전 국민의 4.59%)에서 2017년

273만 명(전 국민의 5.59%)으로 증가세를 보이고 있으며, 장애여성 및 노령 장애인의 비중 증가와 중증장애인 수의 증가 등 장애인구 구조도 변화하고 있다. 이와 함께 장애인의 사회참여 욕구도 급속히 증가하여 교육권, 이동권, 정보접근권 등 각종 권리의 보장 요구와 자립생활운동의 확산 등 새로운 변화가 급속하게 진행되고 있다.

이러한 환경변화에도 우리 사회는 아직도 장애를 사유로 한 차별이 관행적으로 지속되고 있으며, 복지시설 등에서의 장애인 폭행, 감금 등의 사례도 빈번히 제기되는 등 심각한 인권 침해가 지속되고 있다. 장애인에 대한 차별은 생존, 노동, 교육, 소비자 생활, 공공시설 및 건축물의 이용 및 접근, 대중교통 및 교통시설의 이용 및 접근, 정보통신의 이용 및 의사소통, 여성장애인 및 모성, 형사절차, 생활시설 등 모든 일상과 사회생활에서 발생하고 있고, 학교, 직장은 물론 장애인 시설 및 가정에서도 일상화되고 있다.

「장애인차별금지법」 제정의 의미는 다음과 같다(박종운, 2007).

첫째, 장애인에 대한 차별금지와 차별에 대한 구제가 제도화되었다는 점이다. 물론 이전에도 지금은 폐지된 「남녀차별금지 및 권리에 관한 법률」 등이 있었지만, 구제제도 등에서는 「장애인차별금지법」이 훨씬 강력하다. 기존의 「장애인복지법」에도 차별금지에 관한 내용이 있었고, 「장애인 · 노인 · 임산부 등의 편의증진 보장에 관한 법률」에도 접근권이 명시되어 있었지만, 차별금지에 대한 세부 내용이 없었으며, 차별을 받았거나 접근권을 침해당했을 경우의 구제수단이 없었기에 명목뿐인 조항에 불과했다. 따라서 「장애인차별금지법」이야말로 장애인 차별에 대한 우리나라 최초의 제대로 된 법률이며, 장애인 차별에 대한 권리구제를 명시한 법률이다.

둘째, 장애인차별금지가 공론화되었다는 점이다. 장애인을 차별하지 않는다고 하면서도 일상생활에서는 수많은 차별이 일어났으며, 장애인은 차별을 당해도 차별에 항거하지 못하고 억울함을 누른 채 살아갈 수밖에 없었다. 그러나 「장애인차별금지법」이 제정됨으로써 이러한 우리 사회의 차별에 대해 이야기할 수 있게 되었으며, 장애인을 차별해서는 안 된다는 사실을 공론화할 수 있게 되었다. 장애인 차별이라는 화두가 비로소 우리 사회 한가운데 던져진 것이다.

셋째, 당사자의 목소리를 담아낸 법률이라는 점이다. 장애 관련 법률은 대부분 전문가들에 의해 만들어진 법이다. 물론 「이동편의증진법」 역시 당사자에 의해 만들어진 법률안을 건설교통부가 대부분 수용한 예이기는 하지만, 수많은 장애인단체와 개인이 협력하여 법률안을 만들고, 그것을 제정까지 이끌어 낸 것은 「장애인차별금지법」의 성과라고 할 수 있다. 특히 장애인의 목소리를 담기 위해 각 영역별로 모임을 갖고, 현장에서의 차별사례를 수집하고, 이를 법안으로 완성해 간 과정은 「장애인차별금지법」이 단순히 장애인이 참여한 것이 아니라 장애인이 의해 완성된 법률이라는 의미를 더한다.

넷째, 우리 사회의 차별의식과 시민의식을 성숙시키게 되었다는 점이다. 장애인에 대한 차별금지와 예방은 장애인의 문제로 끝나지 않는다. 장애인에 대한 차별의 철폐는 성, 인종, 연령, 외모, 지역 등에 대한 차별의 철폐로 이어질 것이다. 그리고 우리 사회에서 장애인에 대한 차별을 예방하며 금지하기 위한 법률을 제정했다는 것은 우리 사회의 차별의식이 한 단계 높아진 것이며, 장애인에 대한 차별철폐를 통해 국민의 차별감수성 역시 더욱 높아질 것이다. 또한 차별에 대해 무관심하고 차별에 예민하지 않았던 우리의 차별의식을 일깨우는 경종이 될 것이다. 「장애인차별금지법」이 차별을 금지하고 구제하는 개별법으로 제정됨으로써 이제 다른 영역에 있어서의 차별도 개별법으로 제정될 수 있는 길이 열렸다. 물론 국가인권위원회에서 「차별금지법」을 제정하여 19개 영역의 모든 차별을 금지하려 하고 있지만, 인권위의 「차별금지법」은 기본법적인 성격을 가지기 쉬우며, 필요에 따라 「장애인차별금지법」처럼 개별법을 통해 구체적으로 차별을 금지하고 구제하는 법률이 제정될 가능성도 남아 있다.

2) 주요 내용

「장애인차별금지법」의 주요 내용은 크게 「장애인차별금지법」의 체계, 차별금지, 장애여성 및 장애아동, 장애인차별시정기구 및 권리구제, 손해배상 및 입증책임 차원에서 검토하여 볼 수 있다.

(1) 「장애인차별금지법」의 체계

이 법은 모든 생활영역에서 장애를 이유로 한 차별을 금지하고 장애를 이유로 차별받은 사람의 권익을 효과적으로 구제함으로써 장애인의 안전한 사회참여와 평등권 실현을 통하여 인간으로서의 존엄과 가치를 구현하는 목적을 달성하기 위하여 법적·제도적 기반을 마련하려는 것으로, 총 6장 50개 조문의 본칙으로 구성되어 있다.

표 2-9 「장애인차별금지법」의 체계

장	조(제목)	
제1장 총칙	제1조 (목적) / 제2조 (장애와 장애인) / 제3조 (정의) / 제4조 (차별행위) / 제5조 (차별판단) / 제6조 (차별금지) / 제7조 (자기결정권 및 선택권) / 제8조 (국가 및 지방자치단체의 의무) / 제9조 (다른 법률과의 관계)	
제2장 차별금지	제1절 고용	제10조 (차별금지) / 제11조 (정당한 편의제공 의무) / 제12조 (의학적 검사의 금지)
	제2절 교육	제13조 (차별금지) / 제14조 (정당한 편의제공 의무)
	제3절 재화와 용역의 제공 및 이용	제15조 (재화·용역 등의 제공에 있어서의 차별금지) / 제16조 (토지 및 건물의 매매·임대 등에 있어서의 차별금지) / 제17조 (금융상품 및 서비스 제공에 있어서의 차별금지) / 제18조 (시설물 접근·이용의 차별금지) / 제19조 (이동 및 교통수단 등에서의 차별금지) / 제20조 (정보접근에서의 차별금지) / 제21조 (정보통신·의사소통 등에서의 정당한 편의제공의무) / 제22조 (개인정보보호) / 제23조 (정보접근·의사소통에서의 국가 및 지방자치단체의 의무) / 제24조 (문화·예술활동의 차별금지) / 제24조의2 (관광활동의 차별금지) / 제25조 (체육활동의 차별금지)
	제4절 사법·행정절차 및 서비스와 참정권	제26조 (사법·행정절차 및 서비스 제공에 있어서의 차별금지) / 제27조 (참정권)
	제5절 모·부성권, 성 등	제28조 (모·부성권의 차별금지) / 제29조 (성에서의 차별금지)
	제6절 가족·가정·복지시설, 건강권 등	제30조 (가족·가정·복지시설 등에서의 차별금지) / 제31조 (건강권에서의 차별금지) / 제32조 (괴롭힘 등의 금지)

장	조(제목)
제3장 장애여성 및 장애아동 등	제33조 (장애여성에 대한 차별금지) / 제34조 (장애여성에 대한 차별금지를 위한 국가 및 지방자치단체의 의무) / 제35조 (장애아동에 대한 차별금지) / 제36조 (장애아동에 대한 차별금지를 위한 국가 및 지방자치단체의 의무) / 제37조 (정신적 장애를 가진 사람에 대한 차별금지 등)
제4장 장애인차별시정기구 및 권리구제 등	제38조 (진정) / 제39조 (직권조사) / 제40조 (장애인차별시정소위원회) 제41조 (준용규정) / 제42조 (권고의 통보) / 제43조 (시정명령) / 제44조 (시정명령의 확정) / 제45조 (시정명령 이행상황의 제출요구 등)
제5장 손해배상, 입증책임 등	제46조 (손해배상) / 제47조 (입증책임의 배분) / 제48조 (법원의 구제조치)
제6장 벌칙	제49조 (차별행위) / 제50조 (과태료)

(2) 차별금지

「장애인차별금지법」에서는 차별을 고용, 교육, 재화와 용역의 제공 및 이용, 사법 · 행정절차 및 서비스와 참정권, 모 · 부성권 · 성 등, 가족 · 가정 · 복지시설 · 건강권 · 괴롭힘 등 총 6개의 절로 나누어 규정하고 있다. 이는 기존의 어떠한 차별 관련 법보다 적용의 영역이 넓고, 생활상의 다양한 영역에서 장애인 차별의 유형과 성격에 기반을 두어 차별금지 사항을 매우 구체적으로 제시하고 있다.

고용에 대해서는 모집 · 채용, 임금 및 복리후생, 교육 · 배치 · 승진 · 전보, 정년 · 퇴직 · 해고에 있어서의 차별금지, 노동조합 가입과 조합원의 권리 및 활동에 있어서의 차별금지, 사용에 대한 정당한 편의제공 의무를 부과, 장애인의 의사에 반한 직무배치금지, 의학적 검사의 금지 등을 규정하고 있다. 고용의 전 단계에서의 차별금지뿐만 아니라 노동조합 관련 사항도 포함하여 장애인의 노동권 보장과 관련된 전반적인 사항을 다루고 있으며, 채용 이전에 장애인 여부를 조사하기 위한 의학적 검사의 금지는 장애인 차별의 특수성을 반영한 조항으로써 그동안 기업에서 관행적으로 행해지던 채용 전 신체검사에 대한 시정의 계기가 될 것이다. 정당한 편의제공 의무를 명시한 것은 매우 의미가 있다고 할 수 있으나, 정당한 편의의 구체적인 내용이나 적용대상 사업장의 단계적 범위 등에 대해서는 시행령에서 규정하고 있다.

교육에 대해서는 장애인의 입학지원 및 입학거부 금지, 전학 강요 및 거절 금지,

「특수교육법」 제17조의 준수 의무, 정당한 편의제공 요청 거절 금지, 모든 교내외 활동에서 장애인의 참여 제한 · 배제 · 거부 금지 등 교육책임자에 대한 정당한 편의제공 의무 부과 등을 규정하고 있다.

교육상 장애인 차별유형을 구체적으로 적시하고 교육책임자에 대하여 정당한 편의제공 의무까지 부과하고 있지만, 정당한 편의제공 적용대상의 단계적 범위 및 편의의 내용에 대해서는 고용 영역에서도 마찬가지로 시행령에 위임하고 있다.

재화 · 용역 등의 제공, 토지 및 건물의 매매 · 임대 등, 금융상품 및 서비스 제공, 시설물 접근 · 이용, 이동 및 교통수단 등, 정보접근, 문화 · 예술활동, 체육활동에 있어서의 차별금지, 정보통신 · 의사소통에서의 정당한 편의제공 의무, 개인정보 보호, 정보접근 · 의사소통에서의 국가 및 지방자치단체의 의무 등을 규정하고 있다. 정당한 편의제공 적용대상 시설물의 단계적 범위 및 지원 등에 관한 사항, 보행 및 이동을 위한 정당한 편의 등과 관련해서는 시행령에 위임하고 있으며, 시행령에서는 「장애인 · 노인 · 임산부 등의 편의증진보장에 관한 법률」과 「교통약자의 이동편의증진법」을 준용하고 있다.

또한 사법 · 행정절차 및 서비스 제공에서의 차별금지, 정당한 편의제공 의무, 서식의 제작 및 제공 등 정당한 편의제공 요구 거부 금지, 형사절차에서 보호자, 변호인, 통역인, 진술보조인 등의 조력신청 시 정당한 사유 없는 거부금지 및 미보장 상황에서의 진술로 인한 형사상 불이익 예방 조치, 인식구금 · 구속 상태에서의 정당한 편의 및 적극적 조치제공 의무, 참정권 보장 및 정당한 편의제공 의무 등을 규정하고 있다.

마지막으로, 임신, 출산, 양육 등 모 · 부성권에 있어서의 차별금지, 입양자격 제한 금지, 임신 · 출산 · 양육 등의 실질적인 평등 보장을 위한 서비스 등의 제공 및 지원책 마련, 성적자기결정권, 성생활 향유 기회 제한이나 박탈금지, 성을 향유할 권리 보장을 위한 지원책 강구 및 편견 등을 없애기 위한 홍보 · 교육의무 등을 규정하고 있다. 또한 가족 · 가정 및 복지시설 등의 구성원에 대하여 장애인의 의사에 반한 과중한 역할 강요나 의사결정과정에서의 배제 금지, 장애인의 외모나 신체공개 금지, 교육권, 재산권 행사, 사회활동 참여, 이동 및 거주의 자유권 제한 · 박탈 · 구속 · 배제 금지, 자녀양육권과 친권 지정 및 면접교섭권에 있어서의 차별 금지, 시설입소를 조건으로 한 친권포기각서 요구나 면접권 및 외부 소통권 제한 금지, 보건·의료에서의 차별금지, 집단따돌림, 모욕감을 주거나 비하를 유발하는 언어적 표현이나 행동금지, 유기·학대·금전적 착취금지 등이 규정되어 있다. 모·부성권·성, 가정, 복지시설과 같이 기존에 다른 법률에서 차별의 영역으로 다루지 않는 영역까지 확대함으로써, 일상생활에서 장애인 차별이 발생하는 모든 유형을 포괄하도록 하고 있다. 특히 복지시설에서의 인권침해에 대하여 적극적인 시정조치를 할 수 있는 법적 근거를 마련하고, 적용 또한 미인가시설로까지 확대할 수 있도록 한 것은 상당히 고무적이라 할 수 있다. 아울러 괴롭힘을 '차별'로 해결할 수 있도록 한 것은 차별의 개념 확장과 관련해서도 큰 의미가 있다고 볼 수 있다.

(3) 장애여성 및 장애아동

「장애인차별금지법」의 제3장에서는 장애여성, 장애아동, 정신적 장애를 가진 사람에 대한 차별금지 사항을 구체적으로 적시하고 있다. 즉, 장애여성과 장애아동에 대한 차별을 별도로 다루어 이중차별의 해결을 적극적으로 제기하고 있고, 장애인 중에서도 특별한 처우가 필요한 정신장애인에 대한 차별금지를 별도로 규정한다는 점에서 의미가 깊다고 할 수 있다. 장애여성과 관련하여 정당한 편의제공 의무 사업장의 범위와 법률에 명시되지 않은 그 밖의 필요한 정당한 편의제공의 내용에 대해서는 시행령에 위임하고 있다.

(4) 장애인차별시정기구 및 권리구제

차별행위에 대한 조사와 구제 업무를 전담하는 장애인차별시정소위원회를 인권위원회에 두되, 위원회의 구성·업무 및 운영 등에 관하여 필요한 사항은 인권위원회 규칙으로 정하도록 하고 있다. 법 제정 당시 장애인들은 독립적인 장애인차별시정기구를 요구하였으나, 효율성, 판단의 일관성, 복합차별에 대한 효과적인 대응 등을 고려하여 인권위원회를 차별시정기구로 정하였다. 인권위원회는 「국가인권위원회법」에서 포괄적으로 규정한 차별금지 조항과 더불어서 제시하는 구체적인 차별의 판단기준에 근거하여 차별 여부를 명확히 판단할 수 있게 되었다. 인권위원회는 권고를 한 경우 그 내용을 법무부장관에게 통보하고, 법무부장관을 권고를 받은 자가 정당한 사유 없이 인권위원회의 권고를 불이행하고, 피해자가 다수이거나 반복적 차별행위에 대한 권고 불이행, 피해자에게 불이익을 주기 위한 고의적 불이행 등의 경우 시정명령을 발동할 수 있도록 하고 있다. 즉, 인권위원회에는 차별행위에 대한 시정권고권을 주고, 그러한 시정권고가 받아들여지지 않을 경우 법무부가 필요한 시정명령권을 갖도록 하는 구조로 이루어져 있다.

(5) 손해배상 및 입증책임

「장애인차별금지법」에서는 손해발생은 인정되나 피해자가 재산상 손해를 입증할 수 없을 경우에 차별행위자가 얻은 재산상 이익을 피해자의 재산상 손해액으로 추정할 수 있도록 하고, 재산상 손해액의 입증이 곤란한 경우에는 변론 전체의 취지와 증거조사의 결과에 기초하여 상당한 손해액을 인정할 수 있도록 하고 있다. 즉, 상대방 이익의 손해 추정 규정은 손해의 존재 및 손해액을 피해자에게 입증하도록 하지 않음으로써 차별의 피해자에게 입증 부담을 줄일 수 있도록 하고 있다.

또한 입증책임의 배분을 위하여 차별행위 사실은 피해자가 입증하도록 하고, 장애를 이유로 한 차별이 아니거나 정당한 사유가 있었다는 점은 차별 행위자가 입증하도록 하고 있다. 차별을 한 자에게 정보가 편재되어 있고 피해자가 증거에 접근하는 것이 제한되어 있는 현실과 간접차별의 증가 등을 고려할 때, 차별 피해자가 차별을 입증하는 것은 현실적으로 어렵고, 이로 인하여 효과적인 피해구제가 힘들기 때문에 차별 전문가들은 차별분쟁에 있어 입증책임의 전환을 제기해 왔다. 이러한 맥락에서 입증책임의 배분은 장애인 당사자가 소송단계에서 불이익을 받지 않도록 하는 조치가 될 것으로 판단된다.

법원의 구제조치를 위하여 「장애인차별금지법」에는 소송 제기 전이나 소송 제기 중이라도 임시로 차별행위를 중지시킬 수 있는 임시 구제조치, 차별적 행위의 중지, 임금 등 근로조건의 개선, 시정을 위한 적극적 조치 등의 판결, 적극적 조치가 필요하다고 판단되는 경우 이행기간을 명시하고 이를 이행하지 아니하는 때에는 늦어진 기간에 따라 법으로 구제를 할 수 있도록 한 것으로, 특히 피해자가 증명보다는 입증의 정도가 낮은 소명만으로 제소 전이나 후에 법원의 적절한 임시조치 명령을 통하여 본안 판결 전이라도 임시적인 구제를 받을 수 있도록 하고 있다.

4 발달장애인 권리보장 및 지원에 관한 법률

1) 제정배경[4)]

「발달장애인 권리보장 및 지원에 관한 법률」(이하 「발달장애인법」)이라는 법안의 명칭에서 알 수 있듯이 이 법안은 발달장애인에 대한 인권보호와 복지지원의 두 축을 중심으로 하여, 성인기 발달장애인의 지역사회에서의 자기주도적 참여와 권리를 보장하고, 최소한의 인간다운 생활을 유지할 수 있도록 지원하는 것을 주요 목표로 삼고 있다.

비록 발달장애인이 보건복지부(2018)에 발표한 장애등록 현황에서 전체 등록 장애인이 22만 3천 명(9.0%)에 불과하지만 타인의 도움 없이는 성인이 되어서도 일상생활을 영위하기가 쉽지 않아 일생 돌봄이 일상적으로 필요한 경우가 상당수이고, 발달장애인의 경우 인지능력과 의사소통능력 등이 상대적으로 부족하여 자신이 권리를 주장하거나 자신을 스스로 보호하는 것에 많은 어려움이 있어 여러 가지 학대, 성폭력, 인신매매, 장기적인 노동력 착취 등의 피해자가 되는 사례가 빈번히 발생하고 있는 상황이다.

한편, 발달장애인에 대한 복지서비스와 이에 따른 인프라는 그 필요에 비해 지원 규모가 매우 부족한 실정이어서, 발달장애인을 돌보고 있는 부모나 보호자들의 신체적 · 정서적 · 경제적인 부담이 상당히 높고, 발달장애인의 능력계발을 위해 요구되는 직업훈련이나 평생교육 등에 대한 지원체계도 매우 미흡한 상황이다.

따라서 「발달장애인법」은 발달장애인과 그들의 가족 및 보호자 등의 특별한 요구에 부합하는 각종 복지지원과 서비스 체계 및 중앙 · 지역 발달장애인지원센터 설립의 근거를 제정함으로써 발달장애인의 권리를 보장하고, 그 가족 및 보호자 그리고 형제자매들의 삶의 질을 향상시킬 수 있도록 하여 궁극적으로는 국민 전체의 행복

4) 이 내용은 김치원(2012)을 주로 인용함

향상에 기여하려는 것이다.

보다 구체적으로 살펴보면 「발달장애인법」은 발달장애인의 단점(약점)보다는 장점(강점)을 기반으로 한 지원시스템을 구현하여 발달장애인이 가진 강점을 바탕으로 서비스자원에 대한 평가가 이루어지고, 그러한 강점이 다양한 사회영역에서 발달장애인의 참여를 활성화시킬 수 있는 중심요소가 되도록 제도설계를 하고 있다. 또한 최소제한환경원리에 입각한 발달장애인의 사회통합을 지향함으로써 최대한 지역사회와 통합된 방식으로 서비스를 지원하고, 지역사회 통합이 어려운 경우 차선책으로 보다 제한된(분리된) 방식으로 서비스를 지원하는 시스템을 구축하고자 한다. 기존의 장애인자립생활모델에서 발달장애인에게 보다 적합한 상호의존 모델을 적용하여 발달장애에 대한 감수성과 이해를 기반으로 서비스 공급자와 수요자 간의 상호작용과 사회적 관계 형성을 촉진하고 지역사회의 통합을 유도하는 지원체계를 구축하고자 한다.

또한 발달장애인의 자기결정권 및 자기주도성을 최대한 보장하여 발달장애인이 자기주도적으로 서비스를 선택할 수 있도록 하는 지원체계를 마련하고 있으며, 재활 및 발달, 고용 및 직업, 평생교육, 문화 · 예술 · 여가 · 체육활동, 소득보장, 거주시설, 주간 활동, 돌봄, 권리옹호 등 삶의 전반적 영역에서 발달장애인의 질 높은 삶과 지역사회 참여에 필요한 서비스와 지원을 구체적으로 명시하고 국가와 지방자치단체가 이행하는 책무를 비교적 정확히 규정하고 있다. 서비스 전달체계에서도 중앙발달장애인지원센터와 지역발달장애인지원센터 설치 근거를 제시하여 중앙과 지방이 분리된 본질적 서비스가 아닌 통합적 서비스 지원체계를 구현하여 각종 다양한 복지지원 및 서비스의 신청에서부터 평가, 연계, 모니터링을 포함한 서비스의 전체 운영과정을 통합적으로 관리할 수 있는 전달체계를 구축하고 있다.

2) 주요 내용

「발달장애인법」의 주요 내용은 크게 「발달장애인법」의 체계, 지원 대상과 권리의 보장, 복지지원 및 서비스, 발달장애인 가족 및 보호자 지원, 발달장애인지원 서비스 전달 체계-발달장애인지원센터 설립 차원에서 검토하여 볼 수 있다.

(1) 「발달장애인법」의 체계

이 법은 발달장애인의 의사를 최대한 존중하여 그들의 생애주기에 따른 특성 및 복지욕구에 적합한 지원과 권리옹호 등이 체계적이고 효과적으로 제공될 수 있도록 필요한 사항을 규정함으로써 발달장애인의 사회참여를 촉진하고, 권리를 보호하며, 인간다운 삶을 영위하는 데 이바지하는 목적을 달성하기 위하여 법적 · 제도적 기반을 마련하는 것으로 총 7장 44개 조문의 본칙으로 구성되어 있다.

표 2-10 「발달장애인법」의 체계

장	조(제목)
제1장 총칙	제1조 (목적) / 제2조 (정의) / 제3조 (발달장애인의 권리) / 제4조 (국가와 지방자치단체의 책무) / 제5조 (국민의 책무) / 제6조 (실태조사) / 제7조 (다른 법률과의 관계)
제2장 권리의 보장	제8조 (자기결정권의 보장) / 제9조 (성년후견제 이용지원) / 제10조 (의사소통 지원) / 제11조 (자조단체의 결성 등) / 제12조 (형사 · 사법 절차상 권리보장) / 제13조 (발달장애인에 대한 전담조사제) / 제14조 (발달장애인 대상 범죄 방지) / 제15조 (신고의무) / 제16조 (현장조사) / 제17조 (보호조치 등)
제3장 복지지원 및 서비스	제18조 (복지서비스의 신청) / 제19조 (개인별지원계획의 수립) / 제20조 (발달장애인과 복지서비스 제공기관 등의 연계) / 제21조 (계좌의 관리 등) / 제22조 (계좌 관리의 점검 등) / / 제23조 (조기진단 및 개입) / 제24조 (재활 및 발달 지원) / 제25조 (고용 및 직업훈련 지원) / 제26조 (평생교육 지원) / 제27조 (문화 · 예술 · 여가 · 체육 활동 등 지원) / 제28조 (소득보장) / 제29조 (거주시설 · 주간활동 · 돌봄 지원)
제4장 발달장애인 가족 및 보호자 지원	제30조 (보호자에 대한 정보제공과 교육) / 제31조 (보호자에 대한 상담지원) / 제32조 (휴식지원 등)
제5장 발달장애인 지원센터 등	제33조 (발달장애인지원센터) / 제34조 (발달장애인지원센터의 임무) / 제35조 (관계 기관의 협조) / 제36조 (발달장애인지원정보시스템의 구축 및 운영) / 제37조 (서비스의 제공 등) / 제38조 (서비스제공기관의 변경지정 등)
제6장 보칙	제39조 (지도와 감독) / 제40조 (보고와 검사) / 제41조 (위임 · 위탁)
제7장 벌칙	제42조 (벌칙) / 제43조 (양벌규정) / 제44조 (과태료)

(2) 지원 대상과 권리의 보장

「발달장애인법」은 지원 대상을 아동 및 성인 발달장애인과 그 가족으로 규정하고 있고 발달장애인을 지적장애인, 자폐성장애인 등으로 규정하고 있다(법 제2조). 모든 발달장애인은 자신의 신체와 재산에 관한 사항에 대하여 스스로 판단하고 결정할 권리를 가지고, 자신에게 법률적·사실적인 영향을 미치는 사안에 대하여 스스로 이해하여 자신의 자유로운 의사를 표현할 수 있도록 필요한 도움을 받을 권리가 있으며, 자신과 관련된 정책의 결정과정에서 자기의 견해와 의사를 표현할 권리가 있다(법 제3조).

이에 따라 「발달장애인법」은 구체적인 권리보호를 위해 자기결정권의 보장, 성년후견제 이용지원, 의사소통지원, 자조단체의 결성 등에 대한 내용이 있고, 형사·사법상의 권리를 보호하기 위해서 형사·사법절차상 권리보장, 발달장애인에 대한 전담조사제, 발달장애인 대상 범죄 방지, 신고의무, 현장조사, 보호조치 등을 규정하였다.

① **자기결정권의 보장**(법 제8조)

발달장애인은 자신의 주거지 결정, 의료행위에 대한 동의나 거부, 타인과의 교류, 복지서비스의 이용 여부와 서비스 종류의 선택 등을 스스로 결정한다고 규정하고 있다. 또한 누구든지 발달장애인 의사결정이 필요한 사항과 관련하여 충분한 정보와 의사결정에 필요한 도움을 제공하지 아니하고 그의 의사결정능력을 판단하여서는 안 되며, 발달장애인이 스스로 의사를 결정할 능력이 충분하지 아니하다고 판단할 만한 상당한 이유가 있는 경우에는 보호자가 발달장애인의 의사결정을 지원할 수 있다. 이 경우 보호자는 발달장애인 당사자에게 최선의 이익이 되도록 하여야 한다고 규정하고 있다.

② **성년후견제 이용지원**(법 제9조)

지방자치단체의 장은 성년인 발달장애인이 후견인을 선임할 필요가 있음에도 불구하고 자력으로 후견인을 선임하기 어렵다고 판단되는 경우에는 그를 위하여 「민법」에 따라 가정법원에 성년후견 개시, 한정후견 개시 또는 특정 후견의 심판을 청구할 수 있도록 규정하고 있다.

③ **의사소통지원**(법 제10조)

국가와 지방자치단체는 발달장애인의 권리와 의무에 중대한 영향을 미치는 법령과 각종 복지지원 등 중요한 정책정보를 발달장애인이 이해하기 쉬운 형태로 작성하여 배포하여야 하고, 교육부장관은 발달장애인이 자신의 의사를 원활하게 표현할 수 있도록 학습에 필요한 의사소통도구를 개발하고 의사소통지원 전문인력을 양성하여 발달장애인에게 도움이 될 수 있도록 필요한 교육을 실시하여야 한다.

④ **자조단체의 결성 등**(법 제11조)

발달장애인은 자신의 권익을 보호하고 사회참여를 제고하기 위하여 자조단체를 구성할 수 있고, 국가와 지방자치단체는 자조단체의 활동에 필요한 경비를 지원할 수 있다.

⑤ **형사·사법상의 권리보장**

「발달장애인법」은 형사·사법 절차상 권리보장을 위하여 발달장애인이 재판의 당사자가 된 경우 그의 보호자, 중앙발달장애인지원센터 및 지역발달장애인지원센터의 직원이나 그 밖에 발달장애인과 신뢰관계에 있는 사람은 법원의 허가를 받아 법원의 심리과정에서 발달장애인을 위한 보조인이 될 수 있다. 또한 법원은 발달장애인을 증인으로 신문하는 경우 발달장애인 본인, 검사, 보호자, 발달장애인지원센터의 장의 신청이 있는 때에는 재판에 중대한 지장을 줄 우려가 있는 등 부득이한 경우가 아니면 발달장애인과 신뢰관계에 있는 사람을 동석하게 하도록 하였다(법 제12조).

그리고 검찰총장 및 경찰청장은 전담검사 및 전담사법경찰관에게 발달장애인의 특성에 대한 전문지식과 의사소통 방법 및 발달장애인 보호를 위한 수사방법 등에 관한 교육을 실시하도록 하였고, 이를 통해 발달장애인이 법률상에 억울한 손해를 방지토록 하였다(법 제13조).

또한 국가와 지방자치단체는 발달장애인에 대한 범죄를 예방하고 근절하기 위한 대책을 마련하여 추진하여야 한다(법 제14조). 이를 위해 누구든지 발달장애인에 대한 각종 범죄 발생 사실을 알게 된 경우에는 발달장애인지원센터 또는 수사기관에 신고할 수 있도록 하였다. 그리고 다양한 유관기관의 종사자와 시설의 장들은 그 직무상 발달장애인에 대한 각종 범죄 등의 발생 사실을 알게 된 경우에는 즉시 발달장애인지원센터 또는 수사기관에 신고하도록 하였다(법 제15조).

발달장애인에 대한 여러 범죄 등의 신고를 접수한 발달장애인지원센터의 직원이나 사법경찰관리는 지체 없이 그 현장에 출동하도록 하였다. 이 경우 발달장애지원센터의 장이나 수사기관의 장은 서로 발달장애인에 대한 범죄 현장에 동행하여 줄 것을 요청할 수 있고 요청받은 발달장애인지원센터의 장이나 수사기관의 장은 정당한 사유가 없으면 그 소속 직원이나 사법경찰관리가 동행하도록 조치하여야 한다(법 제16조). 그리고 발달장애인지원센터의 장은 발달장애인에 대한 범죄 등이 발생하였다고 믿을 만한 상당한 이유가 있고, 발달장애인을 그 가해자로 추정되는 사람으로부터 격리하거나 치료할 필요가 있는 경우 발달장애인을 임시로 보호하기 위하여 지정된 위기발달장애인쉼터 또는 의료기관에 인도하는 등 발달장애인이 안전한 곳에서 보호받을 수 있도록 조치하여야 한다고 하였다(법 제17조).

(3) 복지지원 및 서비스

「발달장애인법」에 따르면 발달장애인의 특성 및 요구를 고려한 개인별 맞춤 지원체계 구축을 위하여 개인이 원하는 복지지원 및 서비스를 신청하고 이를 변경할 수 있으며(법 제18조), 특별자치시장 · 특별자치도지사 · 시장군수 · 구청장은 개인별 지원계획의 수립을 신청받은 경우 지역발달장애인지원센터를 통해 개인별 지원계획을 수립하도록 규정하고 있다(법 제19조). 개인별 지원계획에 따른 서비스 지원을 위해서 지역발달장애인지원센터의 장은 복지서비스 대상자로 선정된 발달장애인과 그 가족에게 개인별 지원계획에 따라 복지서비스 제공기관 등을 연계하고, 복지서비스 제공시간 및 방법 · 비용부담 등 관련 정보를 제공하도록 하였다(법 제20조).

그리고 발달장애인들의 경제적 지원을 위하여 복지지원이 현금으로 지급되는 경우에는 그의 명의로 개설된 예금계좌로 입금하여야 하며, 예금의 인출 및 다른 계좌로의 이체 등 관리도 발달장애인이 최대한 스스로 하게 하고(법 제21조) 지방자치단체의 장은 보건복지부장관이 정하는 바에 따라 발달장애인의 보호자 및 계좌관리인이 발달장애인의 계좌를 발달장애인의 이익을 위하여 적절하게 관리하는지 점검할 수 있도록 규정하였다(법 제22조). 또한 「발달장애인법」은 발달장애인의 장애를 조기에 발견하기 위하여 검사도구 개발, 영유아를 둔 부모에 대한 정보 제공 및 홍보, 발달장애 정밀진단 비용 등을 지원할 수 있도록 하였다(법 제23조).

각종 지원서비스 차원에서 볼 때, 「발달장애인법」은 재활 및 발달지원을 위해서는 발달장애인의 지역사회 참여 활동 촉진을 위하여 발달재활서비스 제공, 연구 및 의료지원체계 구축, 거점병원 운영, 행동발달증진센터를 설치·운영하도록 하고(법 제24조), 고용 및 직업훈련지원을 위해서는 중증의 발달장애인을 위한 특화된 직업재활시설 설치·운영(법 제25조), 평생교육 지원을 위해서는 발달장애인 평생교육기관을 지정 및 운영·지원하도록 하였다(법 제26조). 그리고 발달장애인을 위한 문화·예술·여가·체육활동 등의 지원(법 제27조), 발달장애인들의 적정한 생활수준 유지를 위한 별도의 소득보장제도 마련(법 제28조), 발달장애인의 활동 지원을 위하여 거주시설, 주간활동 및 돌봄 지원(법 제29조)에 대한 내용도 규정하고 있다.

(4) 발달장애인 가족 및 보호자 지원

「발달장애인법」은 발달장애인을 양육하고 지원하는 가족 및 보호자의 부담을 완화하고 휴식을 제공하기 위하여 보호자에 대한 정보 제공 및 교육 지원(법 제30조), 발달장애인과 동거하는 보호자에게 전문적인 심리상담 서비스를 제공하도록 하였고(법 제31조), 일상적인 양육부담을 경감하고 보호자의 정상적인 사회활동을 돕기 위한 휴식 지원과 함께 발달장애인의 형제자매로서 발달장애인이 아닌 아동 및 청소년이 건전하게 성장할 수 있도록 이들의 정서발달과 심리적 부담 해소 등을 위한 프로그램 운영을 지원할 수 있도록 형제자매를 위한 프로그램 운영(법 제32조) 등을 규정하고 있다.

(5) 발달장애인 서비스 전달체계-발달장애인지원센터의 설립

중앙과 지역에 발달장애인지원센터를 설립하도록 함으로써 발달장애인에 대한 복지지원이 체계적으로 이루어질 수 있도록 하고 있다. 보건복지부장관은 중앙발달장애인지원센터를 설치 · 운영하고, 시 · 도지사는 지역발달장애인지원센터를 설치 · 운영하도록 하고 있다(법 제33조).

중앙발달장애인지역센터는 발달장애인에 대한 연구수행 지원, 발달장애인이 이용 가능한 복지정보 데이터베이스 구축 및 정보 제공, 발달장애인 가족 및 관련 서비스 종사자에 대한 지침 · 편람 마련 및 교육 지원, 발달장애인에 대한 인식개선 홍보, 발달장애인 지원 프로그램 개발, 지역발달장애인지원센터의 지원, 후견인 후보자의 추천, 발달장애인 권리침해의 모니터링 및 권리구제의 지원 등을 수행하고, 지역발달장애인지역센터는 발달장애인에 대한 개인별 지원계획 수립, 발달장애인을 위한 복지지원 정보 제공 및 연계, 발달장애인 가족 및 관련 서비스 종사자에 대한 교육 지원, 발달장애인에게 서비스를 제공하는 기관에 대한 정보의 축적 및 관리, 발달장애 조기발견과 발달장애인에 대한 인식 개선을 위한 지역사회 홍보, 발달장애인 및 그 가족에 대한 상담 지원, 보호자에 대한 감독, 선임된 후견인에 대한 감독 지원 및 후견업무의 지원, 현장조사 및 보호조치 등 발달장애인의 권리구제 지원 등의 업무를 수행하도록 하였다(법 제34조).

Chapter 03

특수아 가족상담

1. 특수아 부모의 이해
2. 특수아 부모상담
3. 특수아 부모상담의 과정
4. 특수아 부모상담의 효과
5. 특수아 형제자매의 지원

1 특수아 부모의 이해

특수아의 부모는 자녀에 대한 여러 가지 걱정으로 늘 불안해하고, 이런 불안이 우울 증상으로 이어지기도 하며, 부모로서의 능력에 대한 자신감이 점점 결여되고는 한다. 또한 특수아를 출산한 부부는 가정 불화로 인하여 이혼을 하는 경우도 종종 있다. 이러한 전반적인 상황은 특수아의 부모가 비장애아동의 부모보다 부정적인 감정을 더 경험하고, 스트레스를 가중시키는 원인이 된다. 특히, 특수아의 부모가 겪는 가장 큰 어려움은 특수아의 양육에 대한 부담이다. 특수아의 양육에는 비장애아동의 양육보다 더 많은 시간과 노력 그리고 비용이 요구된다. 대부분의 특수아는 모든 일상생활에서 타인에 대한 의존이 높아 부모 중 한 명은 특수아를 돌보는 데 전념해야 하고, 특수아를 수용하면서 일어나는 교육적 열의는 부모의 육체적 · 경제적 부담을 가중시킨다. 이와 같은 양육의 부담이 장기화되었을 때, 특수아의 부모는 육체적 · 정신적 피로를 느끼게 되어 심리적 갈등을 일으키는 경우도 많다(이지연 외, 2017).

특수아의 부모는 심리적으로 불편한 상태에 있으며 받아들이고 싶지 않은 자녀의 문제에 분노하고 부인하고 싶은 마음, 거듭되는 문제해결의 실패나 부모 기대만큼 빠르지 않은 자녀의 변화에 대한 실망과 좌절, 부모로서의 자신에 대한 회의와 수치감,

표 3-1 특수아 부모의 심리 단계 및 특징

단계	특징
걱정	불확실성을 갖고 정확한 진단을 받기 전까지 걱정하는 과정
충격	정확한 진단에 따른 충격으로 전문가의 대처 방법이나 조언을 거부하는 과정
부정(불신)	기적적인 치료, 희망적인 진단을 기대하며 또 다른 의사를 찾아다니는 과정
죄의식	자녀에 대한 책임감으로 사랑하는 마음과 거부감, 증오심을 느끼는 과정
분노	자신에게서 장애아동이 태어난 것에 대한 불공평한 감정을 느끼는 과정
우울	비장애아동과 비교하며 자녀가 가지고 있는 장애를 염려하는 과정
수용	여러 가지 감정의 과정을 극복하여 장애아동에 대한 장래 계획과 실제적인 문제를 생각하는 과정

출처: 이지연 외(2025). 특수교육학개론. 경기: 양서원.

자녀에 대한 죄책감과 당혹감, 주변 인물에 대한 서운함과 원망 등 갖가지 감정으로 힘들고 불편한 상태에 있는 경우가 많다. 특수아를 가진 부모의 심리 변화는 상실을 인정하고 수용하는 과정으로 〈표 3-1〉과 같은 단계를 거친다.

조용태(2006)는 특수아 부모들의 장애에 대한 심리적 적응과정을 초기, 중기, 후기 단계로 나누었다.

표 3-2 장애에 대한 심리적 적응과정

단계	적응 내용
초기 단계	• 충격 : 장애라는 사실을 최초로 알았을 때 발생하는 심리적 마비 상태 • 불안 : 장애라는 사실을 인식한 초기 단계에서 발생하는 심리적 공황과 유사한 반응 • 부정 : 장애 때문에 발생하는 고통스러운 현실을 회피하기 위해 사용하는 심리적 방어 수단으로서 자신의 장애 자체를 거부하려는 마음
중기 단계	• 우울 : 신체적 · 감각적 · 심리적 능력의 상실을 최초로 그리고 완전히 인정하면서 발생하는 심리적 상태 • 내재화된 화 : 죄책감과 자기 비난에 동반된 자기를 향한 분노감을 말하는 것이다. 즉, 자기 자신의 장애와 그에 따른 제한을 자기의 죄로 돌리는 자학하는 상태 • 외재화된 적개심 : 장애에 대한 보복의 형태로 다른 사람들을 향한 분노 반응(즉, 자신의 장애에 느끼는 분노감을 다른 사람을 상대로 표출하려는 일종의 공격적 행동 반응)
후기 단계	• 인정 : 장애와 장애로 인한 결과를 인정하고, 그 장애와 결과가 영구적으로 유지된다는 것을 심리적으로 수용하는 것 • 적응 : 새롭게 주어진 생활상황에 대해 행동을 적응시키고, 장애로 인한 기능적 불리함을 정서적으로 내면화하는 것

출처: 조용태(2006). 특수아 상담. 경기: 양서원.

특수아를 둔 가족은 독특한 필요와 문제로 인하여 가족생활 주기의 이행과 관련된 원리가 보다 복잡하게 적용될 수 있다. 특수아가 청소년기 연령이 되어도 여전히 부모의 전적인 도움과 관여가 필요하거나 또래와의 관계가 성숙하지 못해 어린 자녀를 둔 가족의 체계와 유사하게 머무를 수밖에 없다. 혹은 특수아의 형제자매가 특수아를 돌보거나 지원하는 역할을 담당함으로써 청소년기의 정상적인 또래관계를 추구하기 어려워진다.

특수아를 둔 부모가 겪을 수 있는 대표적인 어려움은 대인관계 문제, 심리적 문제, 생활상의 문제 등이다. 이러한 문제 외에도 부모의 심리적 적응은 매우 중요한 문제가 된다. 특수아를 잘 양육하고 치료와 교육으로 연결하기 위해서는 다른 어떤 측면보다도 부모가 아동을 잘 수용하는 내면적인 적응이 우선적으로 요구된다.

2 특수아 부모상담

1) 부모상담

대중매체나 인터넷 발달로 인해 부모들은 다양한 통로를 통해 자녀양육에 대한 정보를 얻을 수 있게 되었다. 그러나 이러한 경로를 통한 자녀양육에 대한 정보는 자신의 자녀가 가진 특성에 토대한 정보보다는 일반적인 정보를 제공해 줄 뿐이므로 부모들은 일반적인 정보가 아닌 자녀의 특성을 고려하여 자녀양육에 필요한 개별적인 정보를 얻기를 원한다. 김영옥 등(2008)의 연구에서도 자녀양육에 대한 많은 정보가 다양한 매체를 통해 전달됨에도 불구하고, 부모들이 교사와의 부모상담을 원하는 이유는 자녀양육에 대한 일반적인 내용이 아닌 자신의 자녀와 관련된 구체적인 자녀양육에 대한 도움을 받기 위해서라고 하였다. 자녀양육에 대한 개별적인 정보는 교사와의 대화를 통해 이루어질 수 있으며, 이러한 교사와 부모의 대화를 토대로 한 의사소통을 부모상담이라고 할 수 있다(김현주 외, 2002). 부모상담은 자녀를 매개로 하여 상담이 이루어지기 때문에 일반적으로 부모 자신의 문제에 초점을 맞추기보다는 자녀의 학교생활이나 부모와 자녀의 관계에 초점을 맞추게 된다. 즉, 부모상담은 아동의 성장과 발달에 초점을 두면서 이루어진다는 특징을 가지며, 이러한 아동의 성장과 발달은 부모상담을 통한 부모의 변화를 통해 이루어질 수 있다.

부모상담은 부모와 교사가 아동에 대한 정보를 함께 공유하여 아동을 더 잘 이해할 수 있도록 도움을 준다(구자경, 2005). 부모상담을 통해 교사는 부모가 아동에 대해 어떠한 기대를 가지고 있는지, 아동의 행동을 어떻게 해석하고 있는지, 가정생활이나 가족관계가 아동에게 어떠한 영향을 미치는지 등에 대한 다양한 정보를 얻을 수 있기 때문에 아동을 지도하고 교육하는 데 도움을 받는다. 교사와의 부모상담을 통해 부모는 자신의 자녀를 좀 더 객관적으로 바라보게 되고, 양육에 필요한 지식이나 기술을 배워 자녀양육에 긍정적인 효과를 얻을 수 있다(김영옥 외, 2008). 즉, 교사는 부모상담을 통해 아동에 대해 깊이 이해하게 되며, 부모는 교사로부터 자녀의 교육에 관한 전반적인 정보를 얻음으로써 결과적으로 아동의 교육에 긍정적인 효과를 기대할 수 있다.

상담과정에서 부모를 대하는 상담자의 태도는 첫째, 부모의 이야기를 잘 경청하고 부모들의 자녀를 위해 노력한 부분을 인정해 주는 것이다. 둘째, 부모의 감정을 이해하고 인내심을 보임으로써 도울 수 있음을 이해하고 부모가 수용과정의 고통을 함께 견디는 것이다. 셋째, 적극적인 경청방법을 사용하여 부모가 자신의 감정을 언어로 표현할 수 있도록 용기를 북돋아주는 것이다. 넷째, 부모가 더 많은 정보를 받을 필요가 있는 시기를 잘 파악하여 상담을 돕는 것이다.

특수아의 부모는 교사가 자기 자녀를 도울 수 있는 자격과 조건을 갖추고 있는지, 또 자기 자녀에 대해서 어떤 태도를 가지고 있는지, 자기 자녀를 이해하고 도울 수 있는지를 탐색하려 한다. 교사의 신뢰를 탐색하려는 부모의 의도는 많은 부분 부모의 불안에서 나오는 것이다. 상담자는 부모가 교사의 신뢰를 탐색하려 하는 행동을 불편해하거나 불쾌하게 여기기보다는 부모의 불안을 이해하고 부모와의 만남을 통해서 신뢰감을 키워줄 수 있도록 자문할 필요가 있다. 교사는 부모와의 만남과정을 자신의 신뢰를 전달하고 높이는 좋은 기회로 삼을 필요가 있다. 이는 교사가 특수아를 지도한 경험이 부족하더라도 마찬가지다. 성급히 '나는 당신의 자녀를 도울 수 있다'고 증명하기보다는 교사의 신뢰에 의문을 가지는 부모의 마음까지 공감적으로 이해하는 여유 있는 자세를 먼저 보이는 것이 중요하다. 의문을 가지는 부모의 마음까지 공감적으로 이해할 수 있을 만큼 교사가 여유 있고 자신감을 가질 수 있기 위해서, 상담자는 교사가 특수아를 돕기 위한 자신의 자질과 강점을 구체적으로 인식할 수 있도록 도움으로써 기여한다(강은숙 외, 2015).

특수아 부모상담을 통해 특수아의 가정생활, 행동과 습관을 이해하며, 칭찬해 줄 만한 습관, 고쳐야 할 행동과 습관을 상세히 듣고 기록 보관해 활용한다. 고쳐야 할 습관과 행동은 상담을 마친 후 스스로 고쳐 나가며 해결하도록 돕는다. 부모상담의 내용은 부적응행동 및 특수아의 행동지도에 연결해 그들의 성격과 행동에 바람직한 변화를 주며, 자아존중감을 가지고 타인을 사랑하며 협조하고 매사에 긍정적인 말과 행동으로 밝게 살아가도록 도와야 한다. 또한 진로나 직업과 같이 해결해야 할 문제의 경우에는 부모와 협조하에 해결해 나갈 수 있도록 적극 협조한다.

2) 상담자의 준비

특수아 부모상담을 위해 상담자가 준비해야 할 점은 다음과 같다.

① 특수아의 기록표 : 관찰기록이나 일화기록 내용, 학교활동, 교사와의 관계, 또래관계, 인지 · 정서 · 행동특성, 문제행동(내방 계기, 주호소), 학업성취 정도, 적성과 흥미, 진학 및 진로에 관한 정보 등

② 전문 평가 기록 자료 : 지능검사, 심리검사 자료 등

③ 학생의 작품이나 결과물, 학습내용물 등

④ 상담 장소 : 아늑하고 편안하며 조용한 장소

부모상담을 위해 상담자는 여러 면에서 주의가 필요하다. 즉, 특수아 부모와 상담을 할 때에는 부드러운 말씨로 정중하게 말하며, 개인에 대한 고정관념이나 편견은 갖지 않아야 한다. 복장을 단정히 하며, 혼란한 치장을 피한다. 또한 상담 전에 미리 내담자인 특수아에 대한 전반적인 파악을 하고 있어야 한다. 그래서 내담자의 좋은 행동을 먼저 언급하고, 그 다음에 고쳐야 할 점을 말해 부모의 감정이 상하지 않도록 해야 한다.

특수아 상담은 누구든지 혼자서 다 모든 문제를 해결할 수 있는 것은 아니라는 점을 보여준다. 여러 사람과의 긴밀한 협조체제가 필요하고, 정서장애나 자폐증 등 심각한 장애는 그 장애에 알맞은 전문가의 도움을 받도록 부모에게 권한다. 필요하다면 임상심리학자나 특수아 조기교실 및 특수교육기관에 연결시켜 특수한 교육적 조치를 받도록 하는 것이 좋다. 또한 전문적인 도움이 필요할 때에는 선배 교사나 전문가, 심리학자, 의사에게 자문을 구하는 것도 바람직하다.

3 특수아 부모상담의 과정

1) 부모평가

초기 상담을 통해 사전 정보를 파악해야 한다. 초기 상담에서 이루어지는 부모평가의 내용에는 다음과 같은 내용들이 포함된다.

① 주요 문제와 문제 양상

② 과거 문제 여부 및 치료내용

③ 부모의 결혼과정: 연애, 중매, 연애+중매 / 기간

④ 부모의 양육방식

- 부모 양육방식이 일치하는지 아닌지 여부
- 아빠, 엄마, 형제자매들의 성향과 아동과의 관계 파악

⑤ 임신

- 원하는 아이인가 그렇지 않은 아이인가
- 임신 중 스트레스
- 약물중독 여부

⑥ 출산과정: 시기, 몸무게, 난산 여부, 출산과정에서의 문제 여부

⑦ 영아기

- 기질 점검
- 수면, 이유식 문제 여부
- 주양육자의 변화와 애착 정도
- 낯가림, 떼쓰기 정도

⑧ 유아기

- 영역별 발달(신체, 언어, 정서, 사회성, 인지)
- 단체생활에 대한 적응
- 원하는 것 요구 표현

⑨ 학령기

- 학교 적응(학업, 친구, 교사와의 관계)
- 다른 사람들의 보고

이러한 아동발달과 관련된 보고 이외에도 부모의 개인적 성향을 알고자 할 때, MMPI(다면적 인성검사)나 MBTI(성격유형검사) 검사들을 병행해서 살펴보기도 한다.

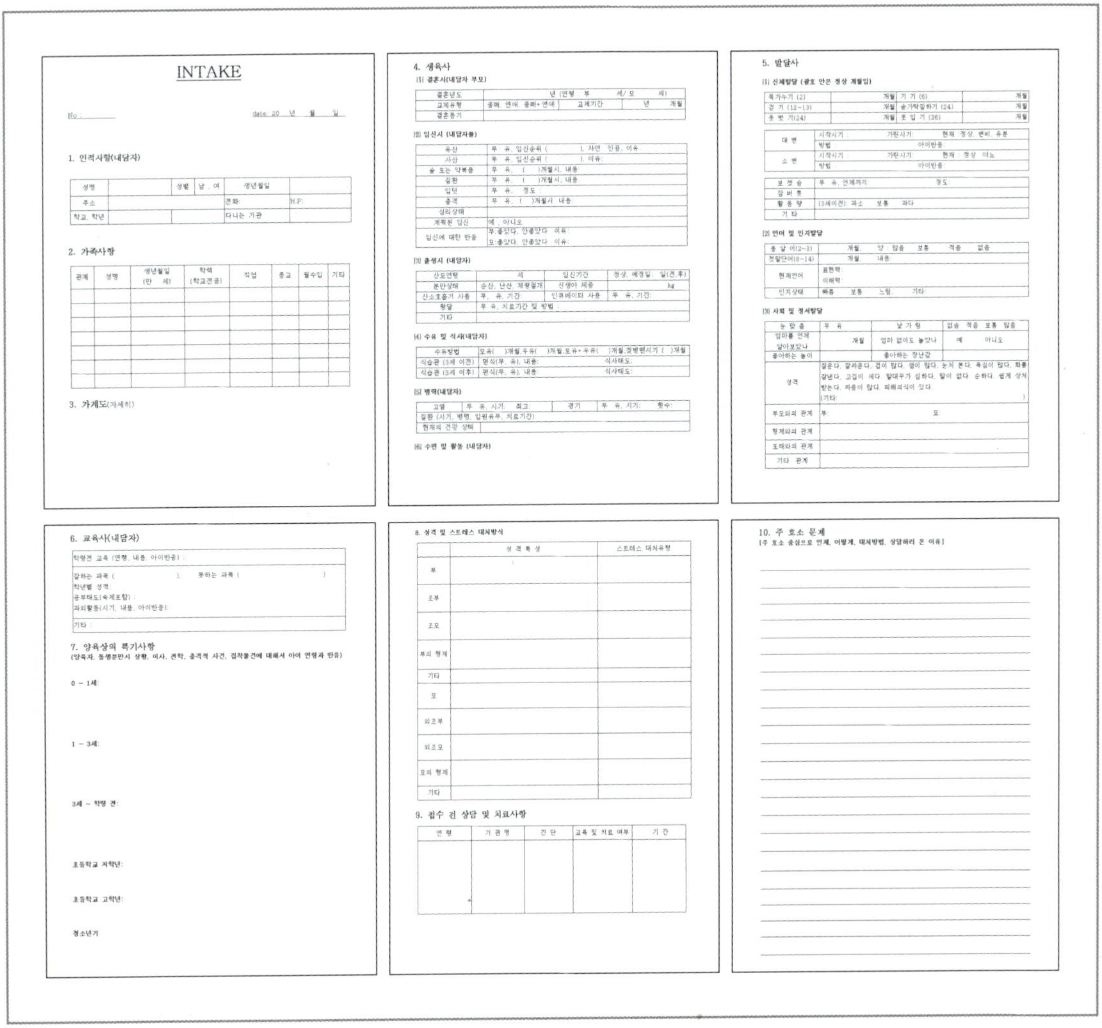

그림 3-1 부모평가의 내용 예시(INTAKE)

2) 결과면담

부모평가와 아동에게 실시된 모든 평가자료를 갖고 상담가는 부모에게 설명한다. 평가들을 종합해 아동의 문제 또는 장애 정도를 판명해 알린다. 이후 아동의 문제를 돕기 위한 치료계획을 알리고 치료에 대한 수용 여부를 묻는다. 이때 부모가 아동과 별도로 상담이 필요하다고 판단될 때 부모상담을 요구한다. 만약 요구에 응한다면 상담이 시작되기 전까지 상담의 목적을 생각해 보게 한다.

3) 상담관계 형성

초기에 부모와의 좋은 관계(rapport)를 형성하려면 무조건적 수용과 공감적 태도, 경청하는 자세가 필요하다. 이를 통해 상담실에서 부모가 자신의 어떤 이야기를 해도 안전하고 보호받는다는 생각에 확신이 서야 핵심적 문제를 드러내기 쉽다.

4) 상담하기

부모와 상담하는 과정에서 중요한 요인은 다음과 같다.

① 부모의 감정 반영하기 : 거울기법을 통해 부모가 느끼는 감정을 잘 읽어낼 때 공감이 형성된다.

② 부모가 사용하는 표현 명확하게 하기 : 부모들이 자주 사용하는 어휘를 살펴보고 그 말이 무슨 의미로 사용되었는지를 명확하게 드러내야 한다. 언어를 통해 자신의 사고를 드러내는 경우가 많기 때문이다.

③ 정보 얻기 : 좋은 질문이 상담의 핵심이 된다. 상담가의 질문법은 질문→반응→반영의 순환으로 이루어진다.

④ 부모의 치료목표 정하기 : 결과면담을 통해 부모상담을 시작하게 된 목적을 다시 생각해서 부모 치료의 목표점을 명확하게 해 놓는다. 그랬을 때 부모가 상담에서 방향을 잃는 느낌을 줄일 수 있다.

명확한 목표를 갖기 위해 다음과 같은 질문들이 도움이 된다.

- 상담을 통해 어떤 모습이 되기를 원합니까?
- 부모 자신이나 자녀에 대해 걱정되는 것은 무엇입니까?
- 만약 기적이 일어난다면 어떤 일이 생기길 바라나요?
- 상담이 마쳤을 때 어떤 모습이길 기대하나요?

⑤ 부모의 노력 지지하기 : 조금의 변화를 읽으려는 상담가의 민감성이 중요하며 작은 노력에 대해 크게 칭찬해 주는 자세를 갖는다.

⑥ 저항하는 부모 다루기 : 상담과정에서 저항하는 경우 부모가 느끼는 그 감정 그대로를 반영(reflection)과 공감(empathy)을 통해 자연스럽게 느끼게 해 준다. 그래서 방어를 부모 스스로 풀 수 있도록 기다려준다. 상담자가 특히 주의해야 할 사항은 부모와 힘겨루기를 피하기(avoiding power struggles)이다. 이런 부모일수록 부드러운 직면을 통해 자신의 문제를 스스로 수용할 때까지 기다리는 게 더 좋다.

⑦ 아빠의 역할 : 일정 시기를 통해 엄마를 중심으로 이루어진 관계 회복이 되면 점차 아빠도 개입시키는 단계가 생긴다. 남편을 지지해 주면서 아빠의 역할을 되찾는 시도를 한다.

⑧ 약물에 대한 부모의 저항 다루기 : 아이에 따라서는 약물치료가 병행되는 게 더 효과적인 아이들이 있다. 이때 약에 대한 거부반응을 보이는 부모에게 Mercer (1997)는 관련된 지식이 없는 것은 그에 대해 알고 있는 것에 비해 더 위협적으로 여겨지므로 약물에 대해 부모에게 정보를 더 많이 제공할수록, 약물사용에 대해 부모들이 더 편안하게 받아들일 것이라고 하였다. 부모는 약물의 장기적 영향에 대해 고려하는데, 이때에는 약물사용 후에 대해서 설명해 주는 것이 도움이 된다. 치료란 개인의 행동과 적응의 영구적인 변화에 영향을 끼치는 기회를 주는 것이기는 하지만 약물치료는 '완전한 자유'로서가 아니라 감정 스펙트럼의 일시적인 변화를 위한 도구로서 보아야 한다고 부모에게 강조하는 것이 도움이 된다.

⑨ 기타 부모상담 전략들 : 부모의 강점이나 자원을 발견해서 활용하도록 격려한다. 이는 부모에게 부모역할을 잘 해내는 요인을 갖고 있다는 자신감을 주어 자

녀양육에 긍정적인 영향을 미친다. 아이의 문제해결에서 최선이 아니면 차선을 찾아야 한다. 대안을 탐색해서 실천을 위한 계획을 같이 구성해 보는 것이 필요하다.

⑩ 상담 중단에 대한 상담자의 태도: 부모상담은 언제든 중단될 수 있다. 중단도 부모의 의지로 받아들이고 중단을 전체 상담의 한 과정으로 이해한다. 아직 충분히 받아들일 준비가 되어 있지 않으면 언제든 중단할 수 있음을 알고 부모가 치유되는 때를 기다리는 자세가 필요하다.

4 특수아 부모상담의 효과

상담자나 교사는 특수아 부모상담과 교육을 통해 다음과 같은 효과를 얻을 수 있다(김영숙 외, 2002).

첫째, 상담에 필요한 정보, 즉 자녀의 성장배경, 발달과정, 병력, 생활모습, 행동특성, 장애의 심각성, 지도방법, 관련된 문제에 대한 정보를 얻으며, 자녀의 강점과 약점을 보다 더 잘 인식하게 된다. 이러한 정보는 내담자를 더 잘 이해하여 연계성을 가지고 일관성 있게 지도할 수 있게 한다.

둘째, 특수아의 긴장과 갈등, 부적응 행동의 원인을 파악해 효과적인 지도방법을 모색할 수 있다.

셋째, 부모는 가정에서 부모가 안고 있는 특수아 자녀 지도에 어려운 점을 발견하여 공감하여 심리적으로 지지해 주며, 때로는 조언과 정보 제공으로 도움을 줄 수 있다.

넷째, 특수아 자녀의 발달을 도와주는 부모의 사회적 또는 윤리적 역할을 충족시켜 줄 수 있다.

다섯째, 상담자나 교사와 함께 자녀를 위해 일함으로써 부모 자신의 행동에 변화를 가져오고 가정환경의 교육적 가치도 증진시킨다.

여섯째, 가정에서의 부모의 역할, 특히 교육자로서의 역할을 도와준다. 구체적으로 부모는 효과적인 자녀 지도방법, 행동지도법, 대화기법 등을 배워 이를 활용할 수 있게 한다. 때로는 새로운 아이디어나 활동에 대한 생각을 모색하고 자녀에게 활용하게 된다. 이러한 부모의 역할은 부모에게 자신감과 가치감 및 만족감을 불어넣어 준다.

일곱째, 특수아를 가진 부모들과 집단상담을 통해 자신의 자녀와 유사한 문제를 갖고 있는 자녀를 키우는 다른 부모들로부터 사회적·정서적 지지를 받는다. 즉, 다른 부모들과의 만남을 통해 자신만의 문제를 갖고 있는 것이 아님을 알게 되고 더 나아가 다른 부모들을 지지해 주는 것도 배우게 된다.

여덟째, 부모가 상담의 목표 및 상담자나 교사를 이해하도록 해 부모는 상담자를 신뢰하게 된다.

아홉째, 자녀와 관련해 일하는 많은 전문가와 비전문가의 책임에 대해 이해하게 된다. 즉, 특수아 부모와의 상담은 특수아 부모가 학교나 교사, 사회에 대해 가질 수 있는 부정적인 생각이나 저항감을 감소시킬 수 있게 한다. 부모와의 긍정적인 토론을 통해 자녀의 문제에 대해 가정과 학교, 지역사회, 특수교육기관에서의 활동과 맡은 책임에 대해 인식을 새롭게 한다.

열째, 특수교육기관의 심리학자, 상담자, 교사 및 학부모와 연계를 갖게 하여, 전문가들끼리 협조체제를 형성하고 특수아에게 필요하고 적절한 교육을 받을 수 있도록 한다.

5 특수아 형제자매의 지원

1) 특수아 형제자매의 심리적 지원

특수아의 형제자매는 자신의 능력이나 존재가치로 평가받기보다는 장애 형제자매로 인해서 받게 되는 평가와 기대가 많은 것으로 느낀다고 보고되고 있다.

Turnbull과 Turnbull(1990)에 따르면, 특수아의 형제자매는 초기 아동기(0~5세)에는 자신의 욕구에 대해 부모의 시간과 에너지를 쓰는 시간 및 관심이 줄어드는 것에 대한 질투의 감정, 장애에 대한 잘못된 이해와 관련된 두려움을 갖는다. 그리고 학령기

(6~12세)에는 신체적 보호의 욕구에 대한 책임을 분담하는 것, 첫 번째 자녀가 특수아 형제자매에 대한 부담감을 많이 가질 가능성, 레크리에이션과 여가를 위해 가족의 자원이 제한되는 것, 친구나 교사에게 특수아에 대해 말하는 것, 동생이 특수아인 경우 형제자매를 능가할 가능성, 통합교육을 위해 특수아와 형제자매가 같은 학교에 다니게 되는 문제, 특수아에 대한 기본적인 정보의 욕구에 대해 관심을 가지게 된다고 하였다.

특히 김진우(2014)는 특수아 형제자매가 자신에게 미칠 영향에 대한 불확실성, 친구들이 보이는 반응에 대한 부담감, 자신은 방치되었다는 느낌, 장애를 가진 형제자매를 위해 많은 것을 해야 한다는 부담감을 가지기도 한다고 하였다. 이는 장애아동의 특수아 형제자매는 부모 이상으로 오랫동안 특수아 형제자매와 함께 구성원으로 살아야 하기 때문이다. 그러므로 부모가 자신도 인식하지 못한 채 생활 속에서 주입시키는 장애아동에 대한 보호 및 양육 요구에 대한 부담감, 부모의 사랑과 관심 부족으로 인한 외로움, 친구관계에 있어서의 어려움 등을 경험하면서 이러한 감정은 특수아 형제자매에게 심리적·사회적 부담이 될 수 있으며 스트레스로 작용하게 된다.

2) 특수아 형제자매의 심리적 적응단계

실제로 특수교육을 받고 있는 아동들의 80%가 형제자매가 있다(Dunst, Trivette, & Deal, 1988). 따라서 특수아가 겪는 문제가 많을 수 있으므로 형제자매에게도 특별한 관심이 필요하다. 왜냐하면 특수아의 형제자매는 생활 속에서 특수아와 지속적으로 밀접한 관계를 가지며 이들이 겪을 수 있는 많은 상황이 존재하고 있다. 즉, 특수아의 형제자매는 외부 상황과 더불어 가족 내에서 특수아의 존재에 의해 가족 간의 관계에서 다양한 심리적 부담감을 경험하게 된다.

이러한 영향 속에서 특수아의 형제자매가 심리적으로 적응하는 단계를 살펴보면 다음과 같다(Turnbull & Ruef, 1996).

첫 번째 단계는 출생과 학령기 전의 시기다. 이 시기에 장애를 가진 아동이 태어날 때 특수아 형제자매가 학령 전의 아동이라면 그들이 보이는 문제는 가족이 장애아에 대해 적응하는 과정 속에서 경험하는 혼란의 결과로 인한 것이다.

두 번째 단계는 가족의 생활주기가 학령기에 이르렀을 때다. 장애아보다 어린 특수아 형제자매는 학교에 입학하면서 자신의 장애 형제자매를 발달적으로 이해하게 되지만, 손위 형제자매는 장애아의 학교 입학에 따라 새로운 문제에 접하게 된다. 이 시기의 특수아 형제자매는 장애아로 인해 또 다른 요구를 지니게 된다.

세 번째 단계는 사춘기에 접어들었을 때다. 특수아 형제자매는 낯선 사람이 장애 형제를 응시한다거나 또래의 질문 때문에 당혹감을 점점 느끼게 된다. 그리고 장애 형제자매에 대한 보호 및 책임이 떠맡겨지거나, 장애 형제자매에 대한 보상으로서 많은 것을 성취해야 된다고 여기면서 커다란 압박감을 느끼게 된다.

네 번째 단계는 성인기에 접어들어 자신들의 개인적인 문제에 부딪히는 것이다. 특수아 형제자매가 성인기에 이르면 결혼이나 자신의 자녀에 대해 공포심을 느끼게 되는데, 장애가 유전성이 아닌 경우에도 자신도 장애아동을 갖게 되지 않을까 하는 공포심을 실제적으로 나타내는 것이다. 또한 부모가 사회에서 은퇴하는 시기에 있거나 노년기에 접어드는 단계에서 장애를 가진 형제자매에 대한 보호와 책임이 점점 특수아 형제자매에게로 이동하게 되는데, 이때 특수아 형제자매는 그 어느 때보다 강한 압박감을 느끼게 된다.

최근 가족 중심 서비스라는 개념이 강조됨에 따라 특수아의 형제자매에 대한 관심이 기울어지기 시작하였다. 일반적으로 형제자매는 같은 공간에서 생활하면서 서로에게 지지자가 되어 주고, 때로는 상담자 역할을 하기도 하면서 사회성을 발달시킨다. 특히 장애를 가진 특수아 형제자매는 성인기가 되었을 때 부모를 대신하여 장애 형제자매를 보호할 수 있는 가장 중요한 자원이다. 그러므로 이들을 위한 다양한 지원 프로그램이 개발되어 특수아 형제자매가 정서적·심리적으로 겪을 수 있는 부정적인 감정을 완화시켜 주어야 한다. 왜냐하면 장애아의 형제자매들은 그들을 위한 프로그램 속에서 자신들의 감정과 고민을 자연스럽게 표현할 수 있는 기회를 가질 뿐만 아니라, 자신과 같은 기분을 느끼며 같은 방식으로 행동하는 많은 친구들을 통해 연대감을 느낄 수 있기 때문이다(Meyer & Vadasy, 1994). 따라서 이와 유사한 다양한 프로그램을 통해 특수아 형제자매의 심리적인 부분이 완화될 수 있도록 적절한 지원이 이루어질 필요가 있다.

특수아 형제자매들이 경험하는 심리적 어려움을 극복하고 장애 형제자매를 둔 사실이나 상황에 긍정적으로 적응하도록 하기 위해서는 형제자매 지원 프로그램을 개발하고 실행하는 것이 중요하다(왕영선, 김정민, 2012). 전혜인(2008)은 장애아의 가족을 위한 지원에서 장애아의 형제자매를 위한 지원은 매우 중요하며, 형제자매를 위한 지원은 장애아의 삶의 질에도 긍정적인 영향을 준다고 하였다. 또한, 김영숙(2010)은 특수아 형제자매에게 장애 형제자매에 대한 적절한 정보를 제공해 주어 장애 형제자매의 상황을 이해하고 긍정적인 감정을 가질 수 있도록 도와줄 수 있는 전문적인 프로그램과 지원방안이 마련되어야 한다고 하였다.

이를 위해서는 무엇보다도 특수아 형제자매의 적응 및 발달 상태에 적합한 프로그램이 개발되는 것이 필요하다. 서명석(2004)은 특수아 형제자매들이 장애 형제자매의 장애 발생 후 어느 정도 시간이 지났는지에 따라서 적응에 차이를 나타내기 때문에 이를 고려한 지원 프로그램이 개발되어야 한다고 하였다. 이에 대해 양숙미(2003)는 생애주기적 관점이라는 견지에서 특수아 형제자매의 각 발달단계에서 경험할 수 있는 여러 가지 심리·사회적인 갈등에 초점을 맞춘 지원 프로그램을 개발해야 한다고 하였다. 생애주기적 관점이라는 의미에서 살펴보면, 전혜인(2008)은 특수아 형제자매의 개인적인 상황에 적합하고 필요를 충족시킬 수 있는 지원을 제공해야 한다고 하면서 장애아 형제자매의 연령 특성을 고려하여 연령에 적합한 형제자매 지원이 제공되어야 한다고 하였다. 이때 집단적인 지원 프로그램뿐만 아니라 특수아 형제자매의 특성에 적합하도록 개별화된 접근이나 지원이 이루어질 필요가 있다. 전혜인(2009)과 설진화(2012)도 특수아 형제자매가 장애 형제자매의 장애를 이해하고 수용하여 잘 적응함으로써 장애 형제자매의 중요한 가족 자원으로서의 역할을 수행할 수 있도록 도와주는 다양한 프로그램의 제공과 같은 사회적 지원이 더욱 확대·제공되어야 한다고 하였다.

Chapter **04**

의사소통장애 상담

1. 의사소통장애의 정의
2. 의사소통장애의 분류
3. 의사소통장애의 원인
4. 의사소통장애의 특성
5. 의사소통장애아의 상담

1 의사소통장애의 정의

언어라는 것은 특정 규칙에 따라 사용되는 추상적인 상징체계를 통해서 서로의 생각을 교환하는 것을 의미한다. 일반적으로 사람들은 생각할 때 언어를 사용하며, 이 때 사용되는 언어는 음성언어인 말의 형태를 취하게 된다. 말이라는 것은 인간사회에서 의사소통을 위해서 사용되는 가장 보편적인 상징체계로서 음성을 구성하고 나열하는 행위이다. 그러나 모든 언어가 말로 구성되는 것은 아닌데, 예를 들면 수화는 음성을 전혀 사용하지 않으면서도 소리를 듣지 못하는 사람들의 의사소통 도구로 사용되고 있다(조윤경 외, 2015).

「장애인복지법」에서는 음성기능 또는 언어기능에 영속적으로 상당한 장애가 있는 사람을 '언어장애'로 정의하지만 「장애인 등에 대한 특수교육법」에서는 '의사소통장애'라고 다음과 같이 네 가지 기준을 제시하며, 그중 하나 이상에 해당하는 경우를 의사소통장애라고 명명하고 그 기준은 다음과 같다.

① 언어의 수용 및 표현 능력이 인지능력에 비하여 현저하게 부족한 사람
② 조음능력이 현저하게 부족하여 의사소통이 어려운 사람
③ 말 유창성이 현저하게 부족하여 의사소통이 어려운 사람
④ 기능적 음성장애가 있어 의사소통이 어려운 사람

2 의사소통장애의 분류

자연스러운 사회적 상황에서 아동의 언어수행능력이 가장 잘 발휘되며, 객관적으로 관찰하고 측정할 수 있다. 의사소통장애에는 말장애와 언어장애가 포함된다.

말장애는 말소리를 산출하거나(조음), 말의 흐름을 유지하거나(유창성), 목소리를 조절하는 데 있어서(발성) 어려움을 보이는 장애를 의미한다. 이들은 한 가지 이상이 중복되어 나타나기도 하며 언어장애의 유형들과 함께 나타나기도 한다.

언어장애는 언어의 구성요소에 따라서 음운론, 형태론, 구문론, 의미론, 화용론의 다섯 가지 요소들에 있어서의 장애를 분류하기도 한다. 혹은 정상적인 언어발달과 비교함으로써 언어장애를 분류하기도 한다. 이렇게 분류한 언어장애는 대체적인 특징이 정상언어발달단계에 기대한 시기에 언어발달이 이루어지지 않고 언어의 이해와 표현에 어려움을 갖는 언어지체가 대부분이다. 각각의 유형의 정의는 다음과 같다.

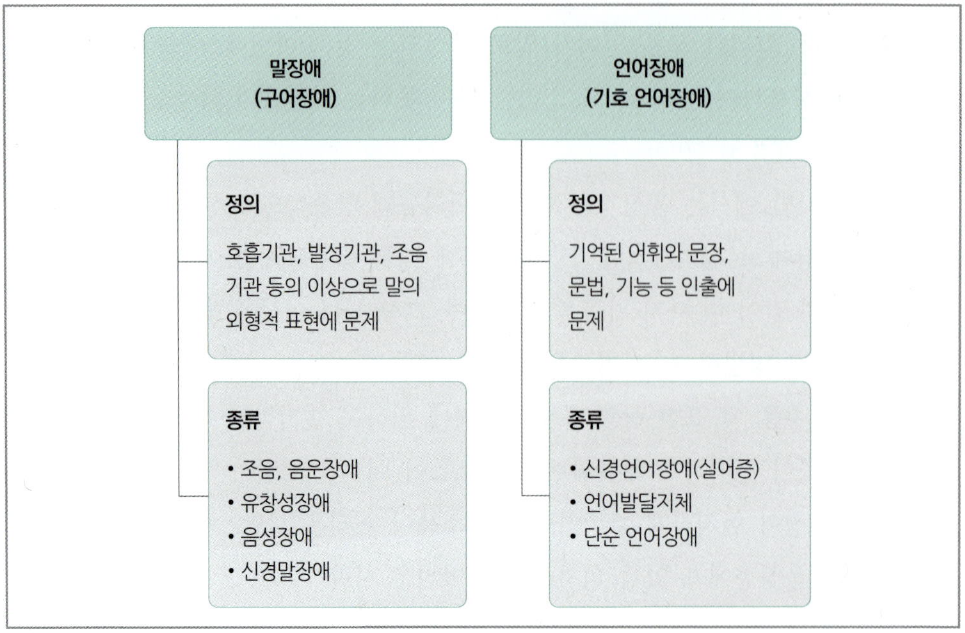

그림 4-1 의사소통장애의 분류

1) 말장애의 하위 유형

(1) 조음장애

조음장애는 말소리 산출 시 어려움이 있는 것으로 첨가, 생략, 왜곡, 대치 등의 현상을 나타낸다. 첨가는 필요 없는 음소를 첨가하는 형태로, 예를 들면 '아버지'를 '아바버지'로 발음하는 경우다. 생략은 음소를 빠트리고 발음하지 않는 형태로, 예를 들면 '아버지'를 '아지'로 발음하는 경우다. 왜곡은 조음기관의 잘못된 사용으로 잘못된 발음을 하는 형태로, 예를 들면 '아버지'를 '아봐지'로 발음하는 경우다. 마지막으로 대치는 다른 음소로 바꾸어 발음하는 것으로, 예를 들면 '아버지'를 '아머지'로 발음하는 경우다.

조음장애는 6~7세 아동의 약 2~3%가 나타내는 것으로 알려져 있으며, 17세경이 되면 그 비율이 0.5%로 떨어진다. 남성에게 더 흔하며, 조음장애가 심한 경우에는 아동의 말을 가족도 이해하지 못할 수 있다. 조음장애와 음운장애를 구별하면 다음 〈표 4-1〉과 같다.

표 4-1 조음장애와 음운장애 구별하기

조음장애	음운장애
• 몇 개의 소리에서만 어려움을 보임. • 특정 소리에 대해 일관적인 조음 오류를 보임. • 소리를 내는 데 실수하는 것은 운동근육적인 문제 때문임. • 의사소통장애가 공존할 수도 있지만, 음운장애와는 같이 나타나지 않음.	• 복합적인 조음오류를 보임. • 소리를 비일관적으로 오조음함. • 운동근육적으로 소리를 낼 수 있지만, 적절한 위치에서 소리를 내지 못함('공' '주' 한 음절씩은 정확하게 내지만, '공주'를 단어로 발음할 때는 '곤주'로 오조음이 남. • 음운과정에서 일관적인 오류를 나타냄(종성 생략, 특정 위치에서의 음소에 실수를 보임(예: '시소'에서 '시' 발음은 정확한데 '소' 발음에 오류를 보임). • 언어의 다른 부분도 지체되어 있음.

출처: 전헌선 외(2014). 특수교육학개론. 경기: 양서원.

(2) 유창성장애

말의 속도와 흐름에 대한 것으로 말더듬과 속화가 포함된다. 말더듬은 유창성장애의 가장 대표적인 형태로, 음절이나 단어를 반복하거나 머뭇거리는 등 말을 더듬는 행동으로 인해 유창성에 문제를 보이는 것이다. 물론 발달기에 있는 유아의 경우 말더듬 증상을 보이기도 하지만, 이것은 언어발달 과정에서 자연스럽게 회복된다. 유창성장애는 말더듬 이외에 속화가 포함되는데, 속화란 말의 속도가 너무 빨라 음을 추가하거나 잘못 발음함으로써 이해하기 어려운 경우를 의미한다.

말더듬기의 유병률은 아동기에서는 1% 정도이고 청소년기에는 0.8%로 감소한다.

남자에게 3배 정도 더 흔하다. 말더듬기는 전형적으로 2~7세에 점진적으로 발생하는데, 눈에 띄지 않는 가벼운 말더듬기가 보통 몇 개월에 걸쳐 현저한 말더듬기로 발전하게 된다. 말더듬기는 악화와 호전을 반복하면서 더듬는 단어가 점점 확대된다. 말을 더듬는 아동의 약 60% 정도는 자연적으로 회복되는데 대부분 16세 이전에 회복된다.

(3) 음성장애

음성장애는 화자의 음조, 강도, 음질, 공명과 관련한 기본 음성적 특성이 정상인의 목소리와 편차를 보이는 말장애의 한 유형으로(국립특수교육원, 2009), 발성장애와 공명장애를 포함한다. 발성장애는 성대 결함으로 인해 목소리의 변형이 나타나는 것으로, 이것은 성대의 종양이나 염증으로 인한 기질적인 경우와 소리 지르기와 같은 성대의 남용 및 오용과도 관련되어 있다(강대옥 외, 2012). 공명장애는 비강의 공명이 지나치게 많거나 충분하지 못한 경우로, 발성 시 코와 입 사이를 폐쇄하지 못해 나타난다.

표 4-2 0~6세 아동의 연령에 따른 언어발달

연령(개월)	수용언어	표현언어
0~3	• 사람 목소리에 조용해진다. • 말하는 사람의 눈과 입을 본다. • 소리나는 곳을 눈으로 찾는다.	• 배가 고프거나 불편할 때 운다. • 편안할 때 목구멍 소리, 목구멍을 꾸르륵 울리는 소리를 낸다.
3~6	• 엄마 목소리에 조용해진다. • 친절한 목소리와 화난 목소리를 구분한다. • 자신의 이름에 반응한다. • 구어/말을 경청한다.	• 다양한 모음 소리를 낸다. • 소리내어 웃는다. • 차례를 주고받는다. • 다른 사람의 말에 목소리로 반응한다. • 싫음과 흥분을 표현한다.
6~9	• 사진을 잠깐 동안 쳐다본다. • 가족이나 애완동물의 이름을 부르면 이름 불린 사람/동물을 찾는다. • 몸짓으로 간단한 요구에 반응한다. • 일상용품 단어들을 인식한다. • 말을 하면 가만히 듣는다.	• 사람에게 옹알이를 한다. • 옹알이 중에 다양한 자음 소리를 낸다. • 성인의 억양으로 옹알이한다. • '마마', '바바' 등의 음절을 반복해서 따라하며 옹알이를 한다. • 주의를 끌기 위해서 울음보다는 말소리를 사용한다.

연령 (개월)	수용언어	표현언어
9~12	• '아니', '안 돼'를 이해한다. • 친숙한 단어를 선별적으로 듣는다. • 책 보기를 좋아한다. • 간단한 지시를 이해한다.	• '바'와 같은 단일 자음 음절을 옹알이한다. • 특정 언어(예: 바이바이 해 봐)에 적절한 몸짓으로 반응한다. • 욕구를 표현하기 위해서 행동과 음성을 사용한다.
12~18	• 간단한 언어 요구에 반응한다. • 하나의 신체 부위를 식별한다. • 많은 명사를 이해한다. • 요구하면 다른 방에 있는 물건을 가지고 온다.	• 다양한 의사소통 기능을 위해서 몸짓과 음성을 함께 사용한다. • '마마', '빠빠' 등의 어절을 목적을 가지고 사용한다. • 단일 단어를 사용한다. • 감탄사를 사용한다. • '아니'를 의미 있게 사용한다. • 10~15단어를 사용한다(18개월).
18~24	• 3~6개의 신체 부위를 식별한다. • 소리와 동물을 짝짓는다. • 인칭 대명사와 행위 동사와 몇 개의 형용사를 이해한다. • 동요를 즐긴다.	• 약 65% 정도는 알아들을 수 있는 말을 한다. • 자곤(jargon: 성인의 말과 유사하지만 의미 없이 횡설수설하는 소리)을 사용하기도 한다. • 자곤과 말을 사용해서 경험을 이야기한다. • 두 단어 문장을 말한다. • 가사로 노래 부르기를 시도한다. • 3~4단어 문장을 모방한다.
24~36	• 이름을 말하면 일상의 물건을 그림에서 찾는다. • 쓰임새를 말하면 물건을 식별한다. • 무엇과 어디의 질문을 이해한다. • 부정문을 이해한다. • 간단한 이야기책 듣기를 좋아하고 반복해서 읽는 것을 요구한다.	• 알고 있는 단어로 두 단어 문장을 만든다. • 이름을 성과 함께 말한다. • 무엇과 어디의 질문을 한다. • 부정문을 사용한다. • 자신을 이해하지 못하면 좌절감을 보인다. • 두세 차례 지속해서 주고받는 대화를 한다.
36~48	• 시간 개념이 포함된 문장을 이해하기 시작한다(예: 나 내일 동물원에 갈 거야). • 크다, 더 크다 등의 크기 비교를 이해한다. • 만일에, 왜냐하면 등의 표현에 의한 관계를 이해한다. • 일련의 2~4개의 관련된 지시를 수행한다. • "…척 하자"라고 말하면 이해한다.	• 주어-행위-목적(예: 엄마가 책을 보았어요)이나 주어-행위-장소(아빠가 의자에 앉았어요)의 형태로 세 단어 이상의 문장을 말한다. • 과거의 경험을 말한다. • 복수 명사를 사용한다. • 과거 시제를 사용한다. • 자신을 '나'라고 표현한다. • 한 가지 이상의 동요를 반복하고 노래를 부를 수 있다. • 낯선 사람에게 알아들을 수 있는 말을 하되 아직 발음상의 실수를 보인다.

연령 (개월)	수용언어	표현언어
48~60	• 세 개의 관련된 지시를 적절한 순서로 수행한다. • 예쁘다, 더 예쁘다, 제일 예쁘다 등의 비교를 이해한다. • 긴 이야기를 듣는다, 그러나 아직 잘못 이해하기도 한다. • 말로 지시하면 놀이 활동에 적용한다. • 이야기해 준 사건의 순서를 이해한다(예: 가게에 갔다 와서 케이크를 만들고 내일 먹을 거야).	• 언제, 어떻게, 왜 질문을 한다. • 문장을 함께 사용한다(예: 가게에 갔어요. 그리고 과자를 샀어요). • 왜냐하면, 그래서 등을 사용해서 원인에 대한 이야기를 한다. • 이야기의 내용을 이야기한다. 그러나 아직 내용을 혼동한다.
60~72	• 전학문적 기술을 보인다. • 추상적인 개념을 이해하기 시작한다.	• 성인의 문법과 유사한 문법을 사용한다. • 대화 중 적절한 차례를 유지한다. • 정보를 주고받는다. • 가족, 친구 또는 낯선 사람과 의사소통을 잘한다. • 그림책의 이야기를 정확하게 다시 이야기한다. • 과거와 현재의 사건을 논리적인 순서로 설명한다.

출처: 이소현(2003). 유아특수교육. 서울: 학지사.

2) 언어장애의 하위 유형

언어장애는 언어의 발달과 사용에 지속적인 곤란을 나타내는 경우를 말하며 분류하는 사람들에 따라서 여러 가지 형태로 분류된다. 이러한 언어장애는 어휘의 부족, **문장 구조의 빈곤**(문법규칙에 따라 문장을 구성하기 위해 단어를 조합하는 능력의 부족), **대화능력의 장애**(어떤 주제나 사건들을 설명하거나 대화를 하기 위해서 어휘를 사용하고 문장을 연결하는 능력의 손상)를 비롯한 언어의 이해나 표현능력의 손상에 의한 것이다.

(1) 구어의 결여

구어의 결여란 3세 이후에도 자발적인 발화가 없는 경우로, 자발적으로 언어를 사용하지 못하는 것이다.

(2) 질적으로 다른 언어

질적으로 다른 언어란 화용론의 문제를 동반한 것으로, 말소리의 산출이나 어휘 발성에 문제가 없음에도 일반적으로 말을 사용하는 방법과 다른 경우다. 즉, 자폐성 장애학생의 반향어, 사회적 상황에 맞지 않는 의미 없는 말, 이치에 맞지 않는 단어 등의 사용처럼 상대방과의 의사소통이 제대로 이루어지지 않는 것이다.

(3) 지연된 언어발달

지연된 언어발달이란 전형적인 언어발달 단계를 거치지만, 또래에 비해 언어발달 속도가 느린 경우를 가리키며 언어발달지체로 볼 수 있다.

(4) 중단된 언어발달

중단된 언어발달은 정상적인 언어발달이 진행된 이후에 청각이나 두뇌기능의 손상으로 언어장애를 가지게 되는 것으로서 대표적으로 실어증이 있다.

표 4-3 언어장애의 분류

구성 요소	언어의 하위체계	정의	사용의 예	
			수용언어	표현언어
형태	음운론	말소리 및 말소리의 조합을 규정하는 규칙	말소리 식별	말소리를 만들고 분명하게 발음
	형태론	단어의 구성을 규정하는 규칙	단어의 문법적인 구조 이해	단어 내에서 문법 사용
	구문론	단어의 배열, 문장의 구조, 서로 다른 종류의 문장 구성을 규정하는 규칙	문구와 문장 이해	문구와 문장 내에서 문법 사용
내용	의미론	의미(단어 및 단어의 조합)를 규정하는 규칙	단어의 의미와 단어들 간의 관계 이해	단어의 의미와 단어들 간 관계 사용
사용	화용론	사회적 상황에서의 언어의 사용과 관련된 규칙	사회적 · 상황적 단서 이해	다른 사람에게 영향을 미치기 위해 언어 사용

출처: 이미숙 외(2017). 예비교사를 위한 특수교육학개론. 서울: 학지사.

표 4-4 언어장애아동의 수용언어와 표현언어에서 관찰되는 문제들

수용언어	표현언어
• 질문에 적절하게 반응하지 못한다. • 추상적으로 생각하지 못하거나 관용구에 포함된 추상적인 개념을 이해하지 못한다. • 들은 정보를 기억하지 못한다. • 구두 지시 따르기를 어려워한다. • 의사소통이 중단되는 것을 인식하지 못한다. • 말로 설명해 준 내용 중 관사와 같이 덜 구체적인 단어나 조동사 및 시제를 나타내는 단어들을 놓친다. • 말로 설명한 이야기의 순서를 기억하지 못한다. • 비슷한 소리의 글자들을 혼돈하거나 단어의 소리나 음절의 순서를 바꿔서 이해한다. • 유머나 은유적인 표현을 이해하기 어려워한다. • 양, 기능, 크기 비교, 시공간적 관계를 나타내는 개념을 이해하기 어려워한다. • 2개 이상의 문장이 연결된 중문이나 하나 이상의 종속절을 지닌 복합문을 이해하기 어려워한다.	• 부정확한 문법을 사용한다. • 정확하게 설명하지 못한다. • 말을 할 때 자주 멈칫거린다("있잖아, 저기, 음" 등의 주저하는 말을 자주 사용함). • 주제를 이것저것 바꾸면서 말한다. • 제한된 어휘를 사용한다. • 정확한 의미를 전달하기 위한 적절한 단어를 찾기 어려워한다. • 사회적 언어 사용이 빈약하다(특정 상황에 맞도록 의사소통 스타일을 변화시키지 못하며, 대화가 끊어질 때 회복시키지 못하고, 대화의 주제를 유지하지 못함). • 질문하기를 두려워하며, 무슨 질문을 해야 하는지를 잘 모르고, 어떻게 질문해야 하는지도 모른다. • 대화 중에 동일한 정보를 반복해서 말한다. • 추상적이거나 시공간적 개념에 대하여 말하기 어려워한다. • 상대방에게 충분한 정보를 제공하지 못한다.

출처: Bos, C. & Vanghn, S.(2002). *Strategies, for teaching students with learning and behavioral problems*(5th ed.). Needleham Heights, MA: Allyn and Bacan.

3) 사회적 의사소통장애

사회적 의사소통장애는 DSM-5에서 처음으로 추가된 장애로서 언어적·비언어적 의사소통 기술의 사회적 사용에 지속적인 어려움을 나타내는 경우를 말한다. 의사소통 기술의 사회적 활용은 다음과 같이 네 가지 기능 모두에서 어려움을 나타내어 사회적 적응에 현저한 지장이 초래되는 경우에 사회적 의사소통장애로 진단된다. 사회적 의사소통장애는 초기 아동기에 시작된다(권석만, 2016).

① 인사하기나 정보교환과 같은 사회적 목적을 위해서 맥락에 적절하게 의사소통하는 능력

② 맥락이나 듣는 사람의 필요에 맞추어 의사소통을 적절하게 변화시키는 능력(예: 놀이할 때와 교실에서 달리 말하기, 아이와 어른에게 달리 말하기)

③ 대화와 이야기하기에서 규칙을 따르는 능력(예: 대화에서 번갈아 말하는 것, 잘 이해하지 못했을 때 되묻기)

④ 명시적으로 표현되지 않은 것이나 언어의 함축적이거나 이중적 의미를 이해하는 능력

과거에는 사회적 의사소통에서 심각한 결함을 나타내지만 자폐스펙트럼장애의 진단에 필요한 반복적인 상동행동 패턴을 보이지 않는 경우 '기타의 전반적 발달장애'로 분류되었다. 사회적 의사소통의 문제는 자폐증의 대표적인 증상 중 하나로 간주하였으나, 2015년에 발간된 미국 정신질환의 진단 및 통계편람 제5판(DSM-5)에서는 자폐아동에서 보이는 독특한 행동 없이 의사소통을 맥락에 맞게 사용하는 데 어려움을 느끼는 사람들을 '사회적(실용적) 의사소통장애'[social(pragmatic) communication disorder]로 진단하는 새로운 기준이 생겼다.

이러한 진단명으로는 장애의 특징적인 문제점을 식별할 수 없기 때문에 효율적인 치료적 개입을 하기가 어려웠다. DSM-5에서는 사회적 의사소통장애라는 새로운 진단범주를 사용함으로써 적합한 치료를 효율적으로 제공할 수 있고 반복적 상동행동 패턴이 나타나지 않는데도 불구하고 자폐스펙트럼장애(혹은 전반적 발달장애)의 진단이 내려지는 것을 방지할 수 있게 되었다(이지연 외, 2017).

사회적 의사소통장애는 언어와 사회적 상호작용이 더욱 복잡해지기 전까지는 문제되지 않기 때문에 초기 청소년기까지 분명하게 나타나지 않는다. 하지만 과거에 없었던 새로운 진단은 어떻게 해서 생겼을까? 어쩌면 이 진단은 신조어처럼 사회의 변화를 반영하는 것일지도 모른다. 현대사회는 다양성을 인정하고 개인주의가 만연하면서 이전과 다른 수많은 개별적 기준이 생겼고 그때마다 각 기준에 적응해야 할 필요성이 늘어났다. 사회심리학자들은 인간이 형식적인 조직 구조나 소통 기술을 빌리지 않은 채 야생에서 유지할 수 있는 자연적 집단의 크기를 150명 정도로 보았다. 현대사회는 인터넷이나 소셜 네트워크 서비스(SNS)와 같은 대규모 사회적 소통을 돕는

정보 혁신으로 인해 상호 이해 수준과 유대 정도가 다양한 여러 집단과 동시에 관계를 맺을 수 있게 되었다. 다양한 사람들로 이뤄진 각 집단이나 사회 특유의 규칙은 저마다 다르며 시간 변화에 따라 빠르게 변하기도 한다. 결국, 현대인들은 기술의 발전으로 과거보다 다양해진 여러 집단의 규칙에서 보이는 공통성을 찾아내고 빠른 변화가 주는 역동성에 적응해야 하며, 오해와 갈등을 최소화하면서 의사소통을 해야 하는 상황에 직면하게 된 것이다.

사회적 의사소통은 비단 사람들 간의 대화뿐 아니라, 한 사람이 자신이 속한 시대적 변화에 응답하고 적극적으로 적응하는 과정으로 볼 수 있다. 그리고 사회적 의사소통장애는 복잡하고 다양한 사회의 변화 속도에 적응하지 못하는 사람이 많다는 방증일 수도 있다. 언어 및 비언어적 의사소통의 문제로 학업이나 직장에 반복적으로 문제가 된다면 객관적으로 자신을 돌아볼 수 있는 전문적 도움을 받길 권고한다.

3 의사소통장애의 원인

1) 생물학적 요인

생물학적 요인이란 신경조직이나 기관구조의 이상으로 나타나는 것이며, 뇌의 신경조직 결함 외에 기관구조의 이상으로 구개파열이 있다. 구개파열과 같이 구강구조에 이상이 있을 경우에도 말소리를 알아듣기 곤란하고, 정상적인 음성을 사용하지 못한다. 이러한 구개파열의 정확한 원인은 밝혀지지 않았지만 유전, 유전인자의 돌연변이, 염색체 이상, 모체 영양 상태, 약물중독, 방사선 노출, 태아의 산소 결핍 등에 기인한다고 볼 수 있거나, 두뇌 및 신경손상, 혀 · 치아 · 입술 · 구개파열 등의 구강기관 이상과 신경장애 · 청각장애 등이 생물학적 요인에 포함된다. 뇌손상 및 신경에 손상이 있을 경우에는 말소리를 내는 데 어려움을 느끼게 된다. 이는 실어증 같은 언어장애는 뇌의 손상으로 나타내며, 만성적인 중이염도 결정적인 언어발달 시기의 청각손상을 일으키면서 언어발달에 심각한 영향을 미치기도 한다. 많은 경우에 있어서 유전적인 요인이 언어장애를 일으키기도 한다(Love & Webb, 1986; Shames, Wing & Second, 1994). 따라서 말, 언어장애를 일으키는 신체적 요인은 중추신경계나 입, 후두 등에 손상을 가져오는 질병이나 사고에 의한 것으로, 출생 전, 출생 시, 출생 후 또는 아동기나 성인기 등 모든 시기에 걸쳐서 발생할 수 있다(Lahey, 1988).

의사소통장애는 문제가 언제 발생되었는가에 따라 분류되기도 한다. 아동이 출생 전이나 출생 시에 장애를 갖게 된 경우는 '선천성 장애'라고 말하고, 출생 후에 장애가 발생된 경우는 '후천성 장애'라고 말한다. 예를 들어, 심한 두부손상 후 의사소통장애가 유발되었다면 '후천성 기질적 말-언어장애'라고 말할 수 있다. 기능적 장애는 선천성일 수도 있고 후천성일 수도 있다.

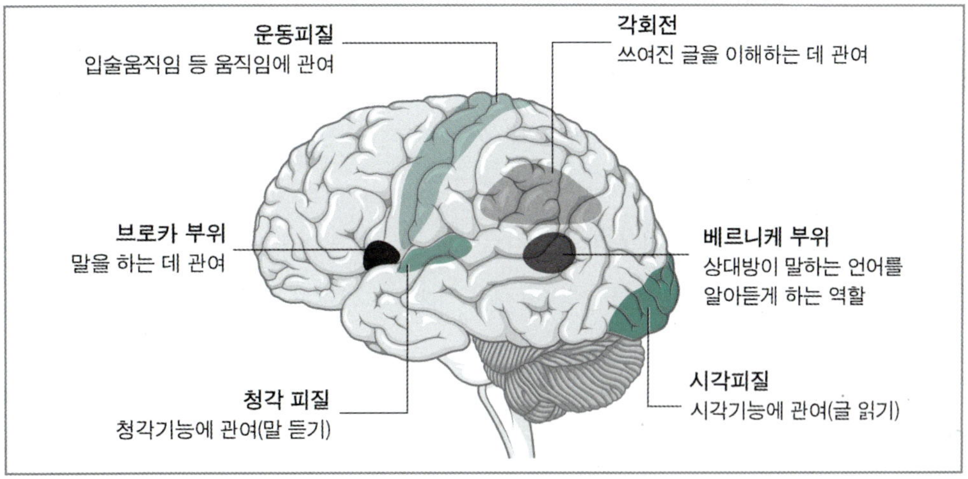

그림 4-2 언어기능에 관련된 뇌의 주요 부위

2) 환경적 요인

아동의 발달 초기에 제공되는 언어의 질과 양은 아동의 어휘 및 언어발달에 분명한 영향을 미치고 있다(Harwood, Warren & Yoder, 2002). 말·언어발달이 제대로 되지 않고 지연되는 원인으로 환경적인 요인을 들 수 있다. 가령 부모가 영아기 때 옹알이를 받아주지 않았다거나, 언어의 자극 없이 방치되거나, 너무 많은 말을 듣거나, 의사소통 시작 시 벌을 받았거나 무시되었거나, 아이가 큰 소리를 지르거나 울 때에만 반응을 보일 경우에 언어능력의 발달에 지체를 가져올 수 있다. 환경적 요소들은 아동기 전반에 걸쳐 말과 언어기술을 통한 언어능력의 발달을 촉진하기도 하고 저해하기도 한다.

Bernstein와 Tiegerman(1985)은 아동이 새로운 소리를 습득하여 산출하기 시작할 때 성인의 미소나 모방 등에 의해서 강화되지 않으면 그 새로운 소리는 사라질 수 있다고 밝히고 있다. 또한 부모로부터 소리를 내거나 목소리를 통한 어휘놀이를 제공받지 못할 경우에도 구강기관을 움직이는 기술이나 언어 습득 속도가 지체된다.

말더듬 증상을 보이는 아동들 역시 환경적 영향을 받는다. 예컨대, 가족이나 이웃 중에서 말더듬이가 있으면 이를 모방하는 경우가 있다. 또한 Johnson(1961)은 아동이 정상적인 발달과정에서 말을 더듬는 것을, 부모가 자녀를 말더듬이로 진단하였기 때문에 고질적 말더듬이가 된다고 보고하였다. 즉, 부모가 말더듬이로 인정하고 지나치게 관심을 갖거나 비판을 하면 아동은 말을 하는 데 불안감을 갖게 되며, 더욱 심하게 더듬는다는 것이다. 또한 말을 더듬는 아동은 처음에 별 문제를 느끼지 않았다가 대화가 단절되면 극도의 두려움과 좌절감을 느끼고 점차 어떤 상황, 어휘, 소리에 대해 말을 더 더듬고 많이 더듬을수록 두려운 상태가 된다고 본다.

4 의사소통장애의 특성

의사소통장애아는 언어적인 측면뿐만 아니라 학업적 · 사회적 · 정서적인 측면에서도 어려움을 경험할 수 있다. 다른 사람이 표현하는 언어를 이해하기 어렵고, 자신의 생각을 언어로 표현하는 것에 제한이 있다(김용욱 외, 2016).

1) 감각 · 운동 특성

말장애의 경우 일반적인 감각과 운동의 특성을 나타내는 경우가 대부분이다. 경우에 따라서 조음장애, 마비말장애, 말 실어증 등의 경우에는 감각과 운동의 기능 저하를 나타내기도 한다. 언어장애의 경우 다양한 원인에 기인하는 만큼 감각과 운동기능의 문제도 다양한 특성을 나타내게 된다. 기질적인 원인에 기인한 언어장애 유형의 경우에는 선천적으로 감각과 운동기능에 지체를 나타내는 경우가 많은 편이다. 반대로, 기능적인 원인에 기인한 언어장애 유형의 경우에는 감각과 운동기능에 전혀 문제를 나타내지 않는 경우가 대부분이지만 간혹 가벼운 문제를 수반할 수도 있다.

2) 심리 · 사회적 특성

말장애를 보이는 아동들은 흔히 또래 아동들로부터 거절당하거나, 창피함을 당하거나, 열등감을 경험하게 되며, 심하게는 말을 제대로 하지 못한다는 이유로 부정적인 벌을 받는 경험을 하게 된다. 이런 많은 경험으로 아동들은 낮은 자존감을 지니게 되며, 이러한 부정적인 경험들은 아동들로 하여금 분노와 좌절감을 경험하게 하고 때로는 적대감이나 위축도 보이게 된다(Van Riper, 1970). 말장애 중에서도 특히 말더듬을 지닌 아동들은 사회적 활동에 어려움을 더욱 심각하게 경험할 수 있다(Rauming & Shames, 2002).

말장애의 경우 인지능력에는 큰 영향을 받지 않았기 때문에 말장애의 경험 기간이 길어질수록 타인과의 의사소통에 어려움을 겪게 되고, 의사소통에 대한 실패의 경험들이 증가할수록 사회성 결여와 심리적 위축 및 자아정체성 등에 부정적인 영향을 끼칠 가능성이 높게 된다.

언어장애의 경우 인지능력과 관련이 있어서 인지능력이 지체된 경우, 사회성 결여는 뚜렷하게 나타날 수 있지만 부정적인 정서에 대해서는 큰 영향을 받지 않는 경우도 있다. 반면에 인지능력이 양호한 경우, 사회성 결여를 나타냄과 동시에 부정적인 정서도 함께 가지는 경우가 더 많다고 할 수 있다.

의사소통장애아들은 자신감과 자존감에 부정적인 영향을 받아 타인과 대화를 나눌 때 거절당하지 않을까 불안과 긴장을 나타내며, 언어지체로 자아존중감이 낮다. 또한 단어놀이나 수수께끼를 할 때, 농담을 하면서 웃을 때, 그 외 사회적 관계를 형성하고 유지하는 데에도 결정적인 역할을 한다. 그러므로 언어장애아는 또래관계에 있어서 장애가 없는 아동에 비해 더 큰 위험 요인을 지니게 된다(Asher & Gazelle, 1999). 다른 사람이 하는 말을 이해하고 상대방과 의사소통하는 능력은 또래와의 상호작용에 있어서 매우 중요한 요소이다. 특히 학교, 가정, 지역사회의 일상생활을 통하여 많은 갈등이 발생하게 되며, 이러한 갈등은 문제를 해결하고, 다른 사람의 입장을 이해하고, 자신의 생각이나 감정을 분격하게 표현하는 등의 다양한 기술을 통하여 해결해 나가야 한다. 언어장애 중에서도 화용론적 사용에 어려움을 지닌 아동들은 이러한 성공적인 갈등해결을 위한 기술발달에 부정적인 영향을 받게 된다(Fujiki, Brinton, Hart, & Fitzgerald, 1999). 의사소통장애는 장애아에게 정서적 측면에서도 좋지 못한 영향을 끼칠 수 있다. 말더듬 기간이 길수록 정서장애가 나타날 가능성이 높고(Sharnes & Florance, 1982), 부정적 경험으로 인한 좌절감, 분노, 때로는 적대감이나 위축행동까지 보인다(Van Riper, 1978). 그러므로 성공적인 의사소통 기술을 지니지 못한 아동들의 불편함을 도와주기 위해 교사들은 아동들이 긍정적인 상호작용과 대인관계에 적응을 잘할 수 있도록 전문가의 도움을 받는 것이 좋다.

3) 인지 · 학업적 특성

일반적으로 말이나 언어문제를 보이는 의사소통장애를 지닌 아동들은 지적 능력이나 성취도 평가에서 평균보다 낮은 점수를 보이곤 한다(Kelly & Rotatori, 1986; Shames & Wiig, 1994). 대부분 의사소통장애를 지닌 아동들은 복합적인 장애를 가지고 있기 때문에 이러한 결과로 의사소통장애가 지능이나 학업성취에 어려움을 가진다고는 단정지을 수는 없다. 하지만 대부분의 의사소통장애아들은 학습영역들의 성취에 어려움을 겪는다. 이는 그들이 사용 어휘수가 적고 단어 인지력이나 독해력, 기존 개념의 미발달 등으로 학교 교과목을 학습하는 데 장애가 된다는 것이다. 또한 읽기 학습에서 추상적이고 상징적인 내용이 새롭게 도입될 경우 학습에 어려움이 따른다(Wiig, 1982). 언어는 인지발달의 기초가 되기 때문에 언어장애는 말장애와는 달리 아동의 인지발달 및 학업성취에 영향을 미치게 된다. 유아기에 언어장애로 진단된 아동들은 초등학교에 입학한 후 읽기를 학습하거나 나중에 학식을 갖추는 데 어려움을 보이곤 한다(Folk-Ross, 2002; Snow, Scarborough, & Burns, 1999). 언어장애는 읽기 학습과 관련되어 있을 뿐만 아니라 학습장애와도 분명한 연관이 있는 것으로 알려져 있다(Bakken & Whedon, 2002). 학습장애아의 약 80%가 학업성취 문제의 근거가 되는 언어장애를 동시에 가지고 있으며(Wiig & Secord, 1998), 유아기에 언어장애로 진단된 아동들은 학령기가 되었을 때 학습장애로 진단될 수도 있는 것으로 주장되고 있다(Smith, 2004). 그러므로 읽기 학습은 학교생활에서의 거의 모든 교과 학습의 기초가 되기 때문에 언어장애는 성공적인 학업성취를 저해하게 되고 인지발달에도 영향을 준다. 말장애가 언어발달의 결정적인 시기에 발생한 경우에는 일반적으로 언어발달 지체를 수반하는 경우가 있다. 언어발달지체가 학령기까지 지속된다면 학업성취에도 부정적인 영향을 줄 수 있다. 언어장애의 경우 다양한 원인에 기인하여 인지 및 학업에 다양한 문제를 나타내게 된다. 기질적으로 인지 기능의 저하나 상호작용의 어려움 등을 나타내는 경우에는 학업성취에도 부정적인 영향을 줄 가능성이 높다.

5 의사소통장애아의 상담

1) 교사의 지도

의사소통장애는 가장 빈번하게 나타나는 장애 중 하나로 교사나 또래들과의 상호작용 발달에 영향을 미치게 된다. 그러므로 교사들은 이러한 아동들을 위해서 말/언어기술의 촉진과 사회적 수용의 두 가지 측면에 관심을 기울여야 한다. 말장애를 지닌 아동들은 발성, 음성의 질, 또는 말의 유창성을 향상시켜야 한다. 이러한 필요를 충족시키기 위해서는 언어치료사에 의한 개별화된 프로그램이 제공되어야 한다. 이들을 위해 일반 학급에서 가장 중요한 교수목표는 음성언어를 이용해 의사소통 기술을 연습하는 것이다. 교사나 상담사는 아동이 습득한 새로운 언어 기술을 연습할 수 있는 수용적인 환경을 만들어 주어야 하며, 언어치료사와의 협력관계를 통하여 학급에서도 목표 기술을 연습할 수 있는 기회를 주어야 한다. 특히 교사와 상담사는 장애아가 학급활동에 참여하도록 주의를 기울이고, 활동 중에 이루어지는 의사소통의 시도가 학급 친구들에 의해서 긍정적으로 수용될 수 있도록 관심을 기울여야 한다.

2) 모델의 역할

의사소통장애아들은 말로 의사소통을 잘하는 모델을 필요로 한다. 교사나 상담가는 이들에게 가장 중요한 모델의 역할을 수행하는 위치에 있기 때문에 항상 적절한 억양과 분명한 발음으로 유창하게 말하도록 주의를 기울여야 한다. 의사소통장애아들은 말로 의사소통을 잘하는 모델을 필요로 한다. 교사는 이들에게 가장 중요한 모델의 역할을 수행하는 위치에 있기 때문에 항상 적절한 억양과 분명한 발음으로 유창하게 말하도록 주의를 기울여야 한다. 특히 교사는 자신의 말의 속도를 조절해야 하며, 문장의 길이나 복잡함의 정도도 조절하고, 한 번에 지시의 수도 조절해야 한다. 또한 학급의 또래들이 모델이 될 수 있음을 인식하고 적절한 말의 시범자가 될 수 있도록 주의해야 한다.

3) 분위기 조성

의사소통장애아들을 위해서 수용적인 학급 분위기를 조성하는 것도 매우 중요하다. 아동이 말을 하는 도중에 실수했을 때 교사나 학급 친구들이 그 실수에 대해서 어떻게 반응하는가에 따라서 아동의 말하는 행동은 큰 영향을 받게 된다. 특히 말장애를 지닌 아동이 말로써 의사소통을 하고자 하는 시도를 보일 때 상대방의 말에 대한 존중하는 마음과 인내심을 가지고 대하는 태도는 그 아동으로 하여금 앞으로도 계속해서 말을 시도하게 하는 데 결정적인 영향을 미치게 된다. 만일 교사나 학급의 친구들이 수용적인 청취자가 되어 준다면 장애아는 누군가에게 말을 하는 것에 대해서 편안하게 느끼고 좀 더 많은 시도를 할 수 있게 될 것이다.

4) 유의점

교사나 상담가들은 앞에서 언급한 바람직한 모델을 제공하고 수용적인 학급 분위기와 사회 적응을 하는 기회를 만드는 것 외에도 의사소통장애아가 말을 통한 의사소통기술을 연습하도록 충분한 기회를 제공해 주어야 한다. 이때 연습할 기회는 하루 일과 전체를 통해서 다양한 상황에서 주어져야 한다. 왜냐하면, 점심시간이나 휴식시간은 교실 내에서 많은 자유로운 활동을 할 수 있는 시간이므로 친구들과 이야기하거나 사회성 향상을 위한 자연적인 기회를 제공받을 수 있는 좋은 시간이기 때문이다.

일반적으로 교사나 상담사들은 의사소통장애로 인하여 문제행동을 보이는 아동들에게 자신의 행동에 대한 책임을 지고, 행동을 변화시키기 위해 상담가의 도움을 받을 수 있다. 교사나 상담가는 아동의 신체적인 상태가 환경적인 요소나 상황적인 스트레스와 분리될 수 없다는 것을 인식해야 한다. 이러한 성인의 의식은 의사소통장애아에게 상대방과 좀 더 성공적으로 상호작용하는 방법을 학습하게 하여 아동이 더는 불필요한 부정적인 경험들을 하지 않고 긍정적인 대인관계를 형성할 수 있도록 도울 것이다(송미경 외, 2009).

의사소통장애가 심각하거나 학급 교사의 도움만으로는 충분한 도움을 받을 수 없는 아동들은 언어치료사의 전문적인 도움을 받게 된다. 일반적으로 언어치료사들은 아동의 개별적인 능력을 진단하고 평가하여 교수목표를 세우고 가르치게 된다. 이때 아동의 교수목표는 실생활에서 기능적으로 사용하는 언어능력을 포함하기 때문에 아동이 생활하는 학교나 가정 등의 현장에서 이루어지는 것이 바람직하다. 따라서 학급 교사와 부모가 함께 팀을 이루어 기능적인 말을 습득하고 사용할 수 있도록 도와주어야 할 것이다.

5) 도움전략

의사소통장애아와의 의사소통 과정에 도움을 주는 전략(Saunders, 2001)은 다음과 같다.

- 아동에게 메시지를 전달하기 전에 아동의 이름을 부르고 아동이 바라볼 때까지 기다려준다. 천천히 그리고 명확하게 들을 수 있도록 크게 말한다.
- 가능하면 손짓이나 몸짓을 사용한다.
- 지시는 짧게 한다. 말할 때는 단지 목록을 열거하기보다는 짧은 지시로 여러 번 나누어 말해준다.
- 주요 단어들을 강조한다. 아동이 의미를 모르는 형용사와 부사들은 사용하지 않는다. 상호작용이 이루어지는 과정에서는 교수하지 않도록 한다. 단어를 가르치는 것은 그 다음에 하도록 한다.
- 간단한 메시지를 제시하고 아동이 생각할 여지를 남겨 둔다. 과제별로 하나의 문장으로 말해준다. 예를 들어, "과제를 다한 사람은 과학책을 가져와라"라고 말하기보다는 "과제를 다 했구나. 이제는 과학책을 가져와라"라고 말한다. 즉, 한 문장에 두 가지 메시지를 넣는 것보다 하나의 메시지를 한 문장으로 말해 주는 것이 좋다.
- 여러 단계의 교수를 할 때 설명과 함께 회상할 수 있도록 도와주는 시각적 자료를 사용한다. 예를 들면, 설명할 때 교수의 한 부분을 묘사하는 사진, 상징, 문자 등을 다양하게 사용한다.
- '만약 ~을 한다면 ~을 할 것이다'라는 식의 지시를 할 때는 '~을 할 것이다. 네가 ~을 다 끝낸 후에'와 같이 아동이 해야 할 것을 강조하여 지시하도록 한다. 예를 들어, "우리는 마트에 갈 거야. 네가 숙제를 다 끝낸 후에"라고 말해 준다.
- 아동이 반응을 보이지 않을 때 최소한 10초 정도 기다린 다음 아동의 주의를 끌고, 적은 수의 단어를 사용하면서 중요한 단어를 강조하여 다시 메시지를 말해준다.
- 아동의 오반응을 보인다면 아동의 주의를 끌어서 다른 단어를 사용하여 메시지를 반복하여 말해 준다.
- 아동이 계속해서 오반응을 보인다면 지시를 따를 수 있도록 모델리오가 피드백을 반복하여 말해 준다.
- 무엇보다 중요한 것은 화를 내지 않고 상냥하게 메시지를 전달하는 것이다.

Chapter **05**

학습장애 상담

1 학습장애의 정의

학습장애란 용어는 1963년 미국 일리노이대학교 교수였던 Samuel Kirk 박사가 처음 사용하였다. 이전까지 학습장애를 지칭하기 위해 '뇌손상'이나 '미세 뇌기능 이상(minimal brain dysfunction)'이라는 용어를 사용하였으나(Kavale & Forness, 1995), 이들 용어가 내포하고 있는 부정적 의미 때문에 많은 사람이 이들 용어를 사용하는 것을 반대하였다.

1960년대 초반에 처음으로 제안된 학습장애라는 용어는 비교적 정상적인 지적 기능을 가지고 있으나 학습상의 문제를 지닌 아동들을 지칭하는 용어로 사용되어 왔다. 그러나 학습장애란 용어가 사용되기 시작한 이래로 지금까지도 정의에 대한 논의가 지속되고 있으며, 아직까지도 장애를 정의함에 있어서 완전한 일치를 보지 못하고 있다. 대부분의 교육현장에서는 학습장애아를 판별하기 위해서 ① 아동의 지적 능력과 학업성취 간의 심한 불일치, ② 아동의 어려움이 학습문제를 일으킬 수 있는 어떤 장애의 직접적인 결과가 아니어야 한다는 제외 기준, ③ 특수교육 서비스 욕구의 세 가지 기준이 충족되는 경우에 초점을 두고 있다(U.S. Department of Education, 2000).

이 세 가지 기준에 대한 설명은 다음과 같다(송미경 외, 2009).

첫째, 학습장애아들은 학업수행에 있어서 영역 간 불균형한 성취를 보여야 한다. 학습영역, 특히 듣기, 말하기, 읽기, 쓰기, 산수 등의 영역 중 한 가지 이상에서 어려움을 나타내는데, 일반적인 교수법에도 불구하고 특정 기술이나 일련의 기술들을 학습하지 못한다(Lyon, 1995). 이는 아동 개인에게 나타나는 개인 내 차로 설명되는데, 예를 들어 일반적인 5학년 아동이 수학은 6학년 수준의 성취를 보이는 반면, 읽기는 2학년 수준으로 나타나는 경우를 말한다. 또한 지능검사에서 정상 범주의 지적 능력을 보이면서도 실제로 학업성취도는 그보다 훨씬 더 낮게 나타나기 때문에 지니고 있는 잠재력과 실제로 나타나는 성취도 간에 차이를 나타내는 것이다. 이와 같은 학업성취의 불일치는 잠재적인 능력은 있으나 특정 학습영역에 있어서의 문제를 나타내기 때문에 최근에는 특정학습장애라는 용어를 사용하기도 한다.

둘째, 대부분의 학습장애에 대한 정의들은 아동의 학습문제가 시각이나 청각, 운동장애로 기인하거나 환경적인 불이익이나 지적장애, 정서 및 행동장애 등의 기타 장애로 인해 나타나는 학습문제는 포함하지 않는다. 물론 학습장애가 이들 기타 장애와 함께 나타날 수는 있지만, 아동의 주장애가 학습장애로 간주되기 위해서는 학습문제가 1차적으로 학습장애에 의한 것이어야 한다. 그러나 실제로 학습장애를 지닌 아동들은 지각장애, 두뇌손상, 미세뇌기능장애, 난독증, 발달성 실어증과 같은 기타 장애를 함께 동반하는 경우가 있으며, 이러한 경우에 어떤 장애가 주장애인지를 알기가 어렵다. 그러므로 최근에는 학습장애의 정의에 학습장애와 기타 장애가 공존할 수 있음을 인식하고 이러한 개념을 수용하고자 하는 움직임이 나타나고 있다.

셋째, 학습장애아들은 정상적인 교육에도 불구하고 특정 영역에서 심한 학습문제를 보이기 때문에 그들의 독특한 욕구를 충족시키기 위해서는 특별히 고안된 수업이 필요하다(이소현 외, 2011). 이렇게 할 때 충분한 학습기회가 없었던 많은 학습부진 아동들의 경우 학습장애와 분명하게 서로 다르다(Fuchs et al., 2001). 학습부진 아동들은 자신의 현재 능력에 맞는 교과 수준에서 효과적인 수업을 받게 되면 곧 정상적인 진보를 보이므로 교사들은 이들의 특성을 잘 알고 각각의 필요에 따라 적절하게 대처해야 한다.

학습장애의 개념을 구체적으로 이해하기 위해서는 최근 개정된 『정신질환의 진단 및 통계 편람(Diagnostic and Statistical Manual of Mental Disorders)』 제5판(DSM-5)에서 제시한 학습장애 정의를 살펴볼 필요가 있다. DSM-5에서 제시한 학습장애 정의의 특성은 다섯 가지로 정리할 수 있다(American Psychiatric Association, 2003).

첫째, 읽기학습 장애, 쓰기학습 장애 등으로 분리되었던 학습장애의 영역을 특정학습장애(Specific Learning Disability)로 통합하고 하위요소를 분류하였다. DSM-5에서는 각 하위영역에서 상호 배타성, 적용가능 정도, 발달상의 민감도, 심리측정 기준으로서의 임상적 유용성과 타당성 문제를 보완하기 위하여 특정학습장애(SLD)로 통합하였다. 또한 하위요소에 대해서도 장애 정도를 경도, 중도, 최중도로 명확하게 해석할 수 있도록 하였다.

둘째, 불일치 진단기준을 삭제하고 중재반응 모형(Response to Intervention: RTI)을 수용하였다. DSM-5에서는 지능과 학업수준의 현저한 차이로 진단하는 불일치 진단 기준을 삭제하고 어려움이 있는 학습영역에서 적절한 중재를 제공하였음에도 지속적인 학업의 어려움을 6개월 이상 보이는 경우와 읽기, 쓰기, 수학 등의 영역에서 구체적인 학습 어려움을 보이는 경우를 나누어 제시하고 있다. 이는 최근 특수교육에서 주로 활용되는 중재반응 모형의 아이디어를 일부 수용한 것으로 해석할 수 있다.

셋째, 생애주기를 고려하여 학습장애를 진단할 수 있는 시기를 확장하였다. DSM-Ⅳ에서는 학습의 어려움의 원인이 되는 특정학업기술의 결손을 학령기에 국한하여 적용하였으나 DSM-5에서는 지능성취기준을 도입하여 학업기술이 동 연령보다 낮은 수준의 점수(최소 -1.5 표준편차)를 보이고, 표준화된 검사와 종합적인 임상결과가 있을 때 학습장애로 정의할 수 있음을 명시하였다. 학령기에만 사용할 수 있는 표준화 검사 결과를 학습의 어려움에 관한 기록 등으로 대체함으로써 학령기 이후에도 학습장애를 결단할 수 있음을 명시한 것이다.

넷째, 학습장애의 정의와 관련된 배제요인을 구체적으로 제시하였다. DSM-Ⅳ에서는 시각, 청각의 결함에 따른 학업의 어려움만을 배제요인으로 제시하였지만, DSM-5에서는 지적장애, 시청각 결함 또는 다른 신경학적 장애, 심리·사회적 문제, 언어문제, 부적절한 교수로 발생하는 학업의 어려움을 배제요인으로 제시하면서 학습장애가 과잉진단되는 것을 방지하였다.

다섯째, 난독증과 난산증에 관한 명확한 개념을 제시하였다. DSM-5에서는 난독증은 정확한 단어 인지능력에 비해 부족한 해독능력과 철자능력을 보이며 이로 인해 심각한 학업적 어려움을 보이는 것으로 정의하였다. 또한 수 정보처리과정에서 결함을 보이며 수 연산과 관련한 학업적 어려움을 보이는 아동을 난산증이 있는 것으로 보고 있다.

DSM-5에서 제시한 특정학습장애의 정의는 다음 〈표 5-1〉과 같으며 [그림 5-1]은 DSM-5에서 제시한 학습장애의 정의를 설명해 준다.

표 5-1 DSM-5에서 제시한 특정학습장애의 정의

A. 학업기술을 배우고 사용하는 데 어려움이 있고, 그러한 어려움에 대한 중재를 제공했음에도 불구하고, 적어도 6개월 동안 다음과 같은 증상이 1개 이상 나타난다.
   1. 부정확하거나 느리고 힘겹게 단어 읽기(예: 어떤 단어를 부정확하거나 더듬거리며 느리게 읽기, 단어를 자주 억측하기, 소리 내어 단어 읽기 곤란)
   2. 읽은 것의 의미 이해 곤란(예: 본문을 정확하게 읽을 수 있으나 순서, 관계, 추리를 이해하지 못하거나 읽은 것의 깊은 뜻을 이해하지 못함)
   3. 철자쓰기 곤란(예: 모음이나 자음을 첨가, 삭제, 대치시킴)
   4. 글쓰기 곤란(예: 문장 내에서 여러 문법요소 또는 구두점 오류, 빈약한 단락구성, 개념에 대한 글쓰기의 명료성 부족)
   5. 수 이해, 수 개념 혹은 계산하기 곤란(예: 수의 크기 및 관계에 대한 이해 부족, 또래들처럼 산수 계산을 암산으로 하지 못하고 손가락으로 한 자리 수 계산하기, 수학 계산을 하는 도중에 어찌할 바를 모르다가 계산 철자 바꾸기)
   6. 수학적 추리 곤란(예: 양적 문제를 풀기 위하여 수학적 개념, 실제 혹은 절차 응용이 심히 곤란)

B. 이런 학업기술이 또래 연령의 기대치보다 양적으로 상당히 부족하여 학업, 작업수행 또는 일상생활 활동을 심하게 방해해야 하며, 개별 표준화 성취도 검사와 포괄적인 임상평가에서 확인되어야 한다. 17세 이상의 경우, 학습곤란 내력의 증명서류로 표준화평가를 대치할 수 있다.

C. 학습곤란이 학령기에 시작되지만 학업기술에 대한 요구가 자신의 제한 능력보다 클 때 분명하게 나타날 수 있다.

D. 이런 학습곤란은 지적장애, 시력 혹은 청력의 문제, 기타 정신 혹은 신경증적 장애, 심리사회적 역경, 학교 수업에 필요한 언어능력 부족 혹은 부적절한 교수법 등으로 설명되지 않는다.

〈세부유형〉
- 읽기 결함 수반형 : 단어 읽기 정확도, 읽기율 또는 유창성, 독해력
- 쓰기 결함 수반형 : 철자 정확도, 문법 및 구두점 정확도, 글쓰기의 명확성 또는 구성
- 수학 결함 수반형 : 수 이해, 계산 기억력, 계산의 정확성, 산수 추리의 정확성

〈심도〉
- 경도, 중등도, 중도

출처: 김동일 외(2016). 특수아 상담. 서울: 학지사.

특정학습장애란 듣기, 사고하기, 말하기, 읽기, 쓰기, 철자 혹은 산수 셈하기에서 능력상의 결함으로 나타나는, 언어를 이해하고 사용하는 것과 관련된 기본적인 심리과정의 하나 혹은 그 이상의 장애를 지칭한다. 이 용어는 지각장애, 뇌손상, 미세뇌기능장애, 난독증, 발달상의 실어증 등의 상태를 포함한다. 그러나 이 용어는 시각장애, 청각장애, 운동장애, 지적장애, 행동 · 정서장애 또는 환경적 · 문화적 · 사회경제적 불

리함에서 초래된 결과가 일차적으로 작용함으로써 학습상의 어려움을 가지는 아동을 포함하지 않는다.

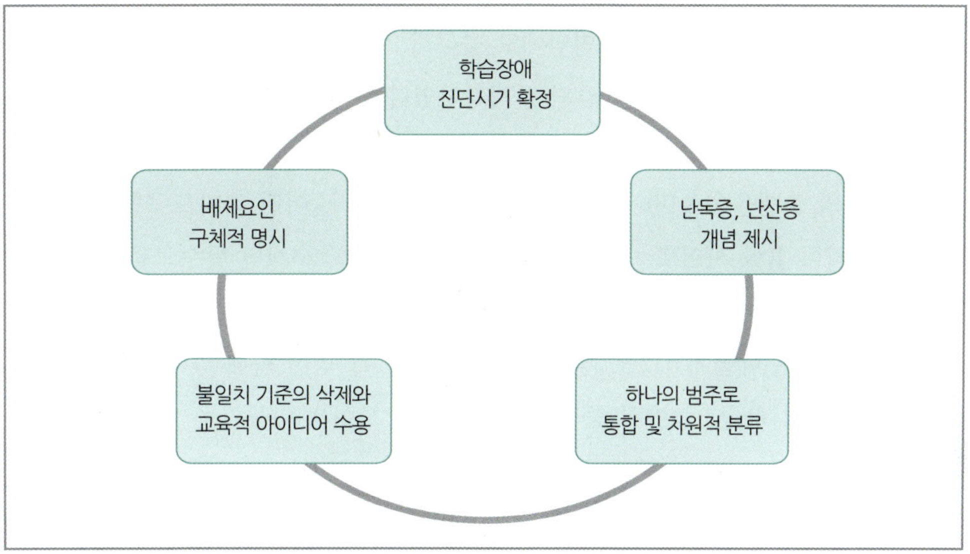

그림 5-1 DSM-5에서 제시한 학습장애 정의의 특징

우리나라의 「특수교육진흥법」은 1977년 제정되었으나, 학습장애는 1994년 「특수교육진흥법」 개정 법률안에 처음으로 '셈하기, 읽기, 쓰기 등 특정 분야에서 학습상 장애를 지니는 자'로 명시되어 지금에 이르고 있다. 초기의 단순한 정의에서 벗어나 2007년 제정된 「장애인 등에 대한 특수교육법」에서 특수교육대상자로서의 학습장애는 다음과 같이 정의된다.

> 개인의 내적 요인으로 인하여 듣기, 말하기, 주의집중, 지각, 기억, 문제해결 등의 학습기능이나 읽기, 쓰기, 수학 등 학업성취 영역에서 현저하게 어려움이 있는 사람

학습장애는 신체적 또는 신경학적 장애, 발달장애의 특징이 없는데도 불구하고 읽기나 쓰기, 산술 등의 특정 학업기술에 부적합한 발달이 있는 경우를 말한다. 즉, 정

상적인 지능과 신체상태를 가지고 있으면서도 공부, 언어, 운동 등에 장애가 있을 때 학습장애로 진단을 받게 된다.

학습장애는 선진국의 경우 특수교육대상자로 판별되는 아동들의 약 절반을 차지할 정도로 발생률이 높은 장애영역임에도 불구하고 우리나라의 특수교육 영역 중에서는 비교적 최근에 인식되고 분류되기 시작하였다. 최근 특수교육 서비스를 필요로 하는 특수교육대상자의 증가율을 영역별로 볼 때, 가장 높은 증가율을 보이고 있다. 학습장애아의 출현율은 어떤 정의를 적용하느냐에 따라, 어떤 평가도구를 사용하느냐에 따라 약 4~10% 사이로 보고되고 있다(Mercer, 1991). 2024년 특수교육 통계를 살펴보면 학습장애아들은 1,065명(0.9%)으로 특수학교에 6명, 일반학교에 1,059명 재학 중이며 이 중 특수학급에 632명, 전일제 통합학급에 427명이 속해 있다. 읽기나 쓰기, 셈하기의 기본적 학습기능에서 중증의 학습문제를 보이는 아동만을 대상으로 할 때 출현율은 약 1~2% 정도인 것으로 보인다.

참 고 학습부진이란?

자신이 갖고 있는 능력만큼 학교 학습에서 제대로 발휘하지 못하고 학교 학습에서 낮은 성취를 보이는 경우 학습부진(underachievement)이라고 부른다.
구체적으로 학습부진아의 특징을 보면 다음과 같다.

① 평균 혹은 그 이상의 지능을 갖고 있으나 제대로 기능하지 못하는 아동
② 잠재력에 비해 지능이 제대로 발휘되지 못하고 있는 아동(지능검사에서 잠재능력과 실제 능력에서 10% 이상의 차이를 보이는 아동)
③ 정서적 또는 환경적 이유로 인해 학습을 제대로 발휘하지 못하는 아동
④ 학교 학습에서 학과목 성적이 낮은 아동
⑤ 학습 방법을 잘 모르는 아동

학습부진아를 바라보는 시각에서 중요한 관점은 아이마다 지능은 다르지만 꾸준한 노력으로 지능을 변화시킬 수 있다는 것이다. 학습부진아를 대하는 부모나 교사, 상담가들은 아동이 보이는 지능은 영구불변한 것이 아니라 가변적이라는 믿음을 아이에게 심어 주는 것이 1차적 작업이 되어야 한다.

아동이 자신의 잠재력을 믿게 한 후 그 잠재력을 제대로 발휘하는 데 방해가 되는 개인적 요인을 찾아 도와야 한다. 잠재력이 풍부해도 배경지식, 동기, 실패를 견디는 힘, 자아상에 따라 학습 수행은 달라질 수밖에 없다.

Diane Heacox(1991)은 학습부진아들의 유형을 다음과 같이 나누었다.

첫째, 저항하는 유형이다. 학습에서 자신이 생각하기에 불필요하다고 여기면 '이건 필요 없어'라거나 '이런 걸 왜 해? 시간만 낭비야'라며 '나한테는 이런 과제는 필요 없다'라는 태도를 보이는 아동이다. 그러면서 자신이 좋아하는 영역, 주로 유명한 연예인이나 모델 등이 되겠다는 식으로 좀 비현실적인 목표를 갖고 학습에는 관심을 갖지 않는 모습이다.

둘째, 순응하는 유형이다. 낮은 자존감을 보이는 아이들은 또래에게서 분리되거나 또는 놀림을 당하는 상황에 민감해서 사회적 또래 압박에 쉽게 순응한다. '너무 잘해도 놀림받는다'라는 표현을 하기도 한다. 주도적이지 못하고 수동적인 모습으로 관계에서 스트레스를 받을 수 있다. 그래서 학습도 주도적이기 어렵다.

셋째, 학습곤란을 느끼는 유형이다. 학습을 이해하기 힘들어서 '잘 모르겠다', '예전엔 똑똑했는데', '이건 너무 어려워 시간 내에 절대로 다 할 수 없어'라는 표현을 자주 한다. 학습전략이 부족한 경우가 많다.

넷째, 피해자 유형이다. 이들은 학습이나 작업의 귀인을 환경 등의 외부 요인을 탓하는 게 많아 선생님이나 과제 탓을 하는 경우도 많다. 과제가 어렵다거나 선생님이 안 도와준다고 불평한다. 그래서 책임을 스스로 지려 하기보단 자신을 피해자(victim)로 여긴다.

다섯째, 주의집중이 떨어지는 유형이다. 주의력 문제를 보이는 아이들은 개인적 생활뿐만 아니라 학습 수행에서도 어려움을 겪는다. 과제의 난이도가 어려워서 성공을 하지 못한 경험이 누적되면서 학습에 대한 흥미가 떨어지고 학습과정에서 노력하려는 모습이 부족하다.

여섯째, 지나친 만족감을 보이는 유형이다. 학습에 대한 자신의 수행에 지나치게 만족하는 아이들 중에서도 학습부진을 보일 수 있다. 이들은 자신의 잠재력을 이끌어 줄 수 있는 더 이상의 노력이나 도전을 하려 않는 모습을 보인다.

일곱째, 특정 영역에 대해서 배타적인 유형이다. '난 수학이 정말 싫어, 국어 시간만 좋아', '난 이 과목에 재미가 없어서 가만히 듣고 있기가 힘들어' 등의 표현을 한다. 자기가 좋아하는 영역이나 잘하는 영역은 하지만 그렇지 않은 과목의 학습이나 작업에 대해서는 싫어하고 하려 않는다.

표 5-2 학습부진과 학습장애 비교

구분	학습부진	학습장애
학업성취 패턴	• 학업영역 전반에서 낮은 성취도	• 어느 하나 혹은 그 이상의 특정 영역에서만 낮은 학업성취도를 보여 영역 간 성취도 차이가 심함
지적 기능	• 정상 범위의 지능	• 정상 범위의 지능
요구되는 교육 & 학습향상	• 일반학급에서 다루어지는 교육내용을 느리고, 쉽게 재구성하여 보충교육을 제공하면 학습이 점차 향상되는 경향이 있음	• 학습 향상을 쉽게 기대하기 어려움 • 개별화 교육 프로그램을 작성하는 특수교육을 제공했을 때 학습 향상을 보임
주요 원인	• 환경적, 경제적 결손	• 환경적, 문화적, 경제적 결손이 원인이 되지 않음 • 신경학적 이상(예 : 좌 · 우뇌의 대칭성, 뇌량의 크기, 신경세포의 연결 등)

2 학습장애의 분류

Kirk와 Chalfant(1984)는 학습장애를 발달적 학습장애와 학업적 학습장애로 구분하고 있다(강위영 외, 2001).

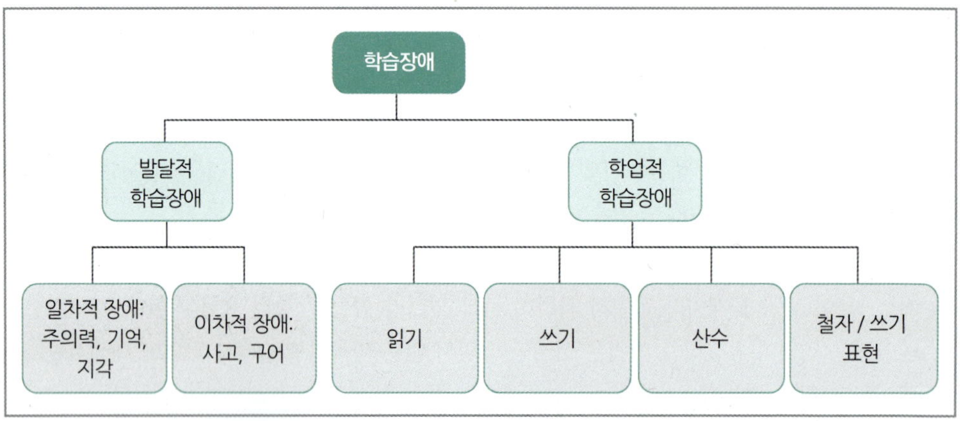

그림 5-2 Kirk와 Chalfant(1984)의 학습장애 분류

[그림 5-2]에서 보는 것과 같이 발달적 학습장애란 발달기 동안에 일어나는 학습장애로 일차적 장애(주의력, 기억, 지각)와 이차적 장애(사고, 구어)로 구분되며, 학업적 학습장애는 주로 취학 아동들이 경험하는 학습장애로 읽기장애, 산수장애, 쓰기장애로 구분된다. 특히 학업적 학습장애는 읽기, 산수, 쓰기를 평가하기 위해 개별적으로 시행된 표준화검사에서 나이 그리고 지능에 비해 기대되는 수준보다 성적이 현저하게 낮게 나오게 될 때 진단 내려진다. 주의해야 할 점은 이들은 정상적인 지능과 신체 상태를 가지고 있으며 공부, 언어 등에 장애가 있다는 것이다. 즉, 학습장애는 나이나 지능에 비해 실제적인 학습기능이 낮은 경우를 말한다(이지연 외, 2017).

1) 발달적 학습장애

(1) 주의집중장애

주의집중은 주변의 방해에도 불구하고 한 가지 일에 집중할 수 있는 능력을 의미한다. 주의집중에 결함이 생기면 한 가지 일을 꾸준히 하지 못하고, 쉽게 주의가 분산된다. 이러한 주의집중은 학습을 위해 필수적인 선행조건이다. 왜냐하면 주의집중은 학습 중에 발생하는 다양한 자극 중 필요한 자극을 선별해 내는 능력이기 때문이다. 따라서 주의집중장애는 학습 중에 학습과 관련된 필요한 자극을 선별해 내는 능력에 문제가 발생한 경우이다.

(2) 기억장애

기억은 과거의 경험을 뇌의 특정 영역에 저장해 놓았다가 필요할 때 끄집어 내는 인지과정이며, 기억장애는 단기기억, 장기기억 등의 능력 결함으로 인하여 보고, 듣고, 경험한 것을 기억하지 못하는 경우를 말한다.

(3) 지각장애

지각이란 감각기관으로부터 들어온 정보에 의미를 부여하는 과정이다. 따라서 지각장애란 방향표시나 도로표시, 상징적으로 그린 그림 등을 이해하지 못하는 경우이다. 즉, 시력에는 문제가 없음에도 불구하고 그림 등의 의미를 이해하지 못하고, 심할 경우에는 사람의 얼굴을 잘 식별하지 못하는 경우도 있다.

(4) 사고장애

사고에는 판단, 비교, 계산, 추리, 평가, 비판적 사고, 문제해결 및 의사결정 등의 활동이 포함되며, 사고과정은 개념과 단편적인 지식들을 조직하여 목표를 달성하거나 새로운 이해 수준에 도달하기 위하여 그 같은 요소들을 각기 관련시킬 수 있는 능력을 필요로 한다. 따라서 사고장애는 개념이나 지식을 조직하기 위해 다양한 사고활동을 포함시키지 못하는 경우이다.

(5) 구어장애

인간은 언어적인 요소 혹은 비언어적 요소(시선 접촉, 얼굴표정, 자세, 제스처, 목소리 등)를 사용하여 의사소통을 하게 된다. 구어장애는 언어적인 요소를 도구로 하여 다른 사람의 의사를 수용하거나 통합하지 못하고 자신을 표현할 수 없는 경우이다.

2) 학업적 학습장애

학업적 학습장애는 주로 취학 아동들이 겪는 문제이다. 학업적 학습장애는 읽기, 쓰기 및 산수 학습장애로 구분된다. 아동이 학습 잠재력을 가지고 학교에서 정상적인 학습 경험을 하고서도 읽기, 쓰기, 산수 등의 영역에서 학년 수준에 비해 성취 수준이 크게 떨어지는 경우를 말한다. 발달적 학습장애와 학업적 학습장애는 상관이 높기 때문에 조기에 보이는 발달적 학습장애에 대한 중재가 충분히 이루어지지 못하면 학업적 학습장애로 이어지게 된다.

(1) 읽기장애

읽기장애는 읽기의 정확도 또는 이해능력을 평가하기 위해 개별적으로 실시된 표준화 검사에서 읽기 성적이 개인의 생활연령, 측정된 지능, 그리고 나이에 적합한 교육에 비해 기대되는 정도보다 현저하게 낮은 경우이다. 즉, 읽기장애는 지능은 정상이고, 지각장애가 없고 정상적인 수업을 받았음에도 불구하고, 글자를 인지하지 못하거나, 느리게 또는 부정확하게 글을 읽고, 글을 이해하는 능력이 떨어지는 경우에 해당된다. 학령기 아동의 4% 정도 이상이 읽기장애를 나타내며, 대략 학습장애의 5분의 4가 읽기장애에 해당된다. 대표적인 읽기장애로는 난독증을 들 수 있다.

읽기장애는 남자 아동이 3~4배 정도 더 많다. 주로 언어발달장애가 동반되고, 정확한 원인이 밝혀지지는 않았지만 가족력, 인플루엔자 감염, 측두엽 · 두정엽 등 대뇌반구 이상, 경련성 질병, 뇌성마비 등 신경학적 질병 등과 관련이 있는 것으로 추정하고 있다. 지능이 발달한 아동은 조기에 치료한 경우에는 예후가 좋지만 초등학교 3학년 이후까지 방치하면 성인기에도 장애가 남을 수 있다.

(2) 산수장애

산수장애 역시 표준화된 검사에서 아동의 산수능력이 나이, 지능, 교육 수준에 비해 현저하게 낮을 때 진단되며, 산수장애는 학습장애의 5분의 1에 해당되며, 지능지수를 고려하지만 산수능력에 상당한 장애가 있는 경우이다. 산수장애는 기본적인 계산기능인 덧셈, 뺄셈, 곱셈, 나눗셈 등의 학습과 추론능력, 언어능력을 필요로 하는 수학교과 영역의 학습에 장애를 가지며, 언어문제, 주의집중문제, 시공간변별, 감각통합문제 등에 의해 일어난다.

산수장애는 정상 지능을 가진 아동의 1~5% 정도에게 나타나는데, 여자 아동이 좀 더 많다. 다른 학습장애 또는 언어장애를 동반할 수 있다. 정확한 원인은 밝혀지지 않았지만 인지적 · 정서적 · 교육적 · 사회적 등 여러 요인이 복합적으로 작용하는 것으로 알려져 있다. 적절한 치료를 받지 않으면 합병증으로 우울장애, 행동장애 등을 동반하기도 한다.

(3) 쓰기장애

개별적으로 실시된 표준화 검사(또는 쓰기기술 능력 기능 평가)에서, 쓰기능력이 개인의 생활연령, 측정된 지능, 그리고 나이에 적합한 교육에 비해 기대되는 정보보다 현저하게 낮은 경우이다. 쓰기장애는 유병률을 밝히는 것이 쉽지 않으며, 또한 다른 학습장애를 동반하지 않은 쓰기장애는 매우 드문 것이 특징이다.

쓰기장애는 내적 요인이나 운동기능 통제, 지각, 시기억 및 기능의 우세성을 고려하지 않은 손의 선택(오른손잡이, 왼손잡이) 등으로 인하여 쓰기가 곤란하거나, 다른 사람이 읽을 수 없을 정도의 난필을 쓰는 경우를 의미한다. 쓰기장애는 학령기 아동의 3~10% 정도에게서 나타나며, 가족력에 의한 경우가 많다. 이는 뇌의 정보 전달 부위에 문제가 있기 때문인 것으로 추정된다. 행동장애, 주의력결핍 및 과잉행동장애, 우울장애 등과 함께 나타나기도 한다.

3 학습장애의 원인

학습장애의 원인에 대한 연구가 지속적으로 이루어지고 있음에도 불구하고 여전히 합의된 결론은 제시하지 못하고 있으며 현재까지 연구를 통해 밝혀진 학습장애의 주된 원인은 신경학적 기능장애로 신경학적 기능장애를 일으키는 원인으로는 신경학적, 유전적, 의학적, 환경적 요인 등이 있다. 학습장애를 일으킬 수 있는 원인은 다음과 같다.

1) 신경학적 요인

오랫동안 많은 전문가들이 학습장애의 주요 원인으로 신경학적 요인을 의심해 왔다. 그러나 신경학적 측정 자체가 완전하지 못하기 때문에 불확실한 이론으로 단정되다가 1980년대 후반을 기점으로 컴퓨터화된 신경학적 측정방법인 자기공명영상(MRI), 양전자방사 단층촬영(PET scan), 뇌전기활동도(BEAM), 기능적 자기공명영상(fMRI) 등의 발전을 토대로 신경학적 원인론은 설득력을 얻게 되었다. 음성학적 처리과정 동안에 읽기와 언어장애를 지닌 사람들의 뇌의 특정 부위는 정상인의 뇌와는 다른 활성을 보인다는 것을 발견하게 되었다(Kibby & Hynd, 2001). 그러나 이러한 연구들에 의해서 입증된 신경학적 원인이 모든 학습장애아들에게 적용되는 것은 아니며, 뇌의 신경망이 아동의 경험이나 학습에 어떻게 어떤 영향을 주고받는지는 아직 알지 못한다. 더군다나 신경생물학적 요인들이 학습장애와 관련되어 학습문제를 일으키는 것인지 아니면 환경 결핍의 산물인지, 또 이들이 복합적으로 작용하는 것인지도 알 수 없다. 그러므로 교사나 상담가들은 학습장애와 뇌손상의 관계만을 강조함으로써 교수변인의 분석이나 변화를 소홀히 하지 말고 아동에게 맞는 교수방법으로 접근하는 것이 바람직하다.

컴퓨터화된 신경학적 측정방법을 이용한 연구결과들은 연구마다 조금의 차이가 있기는 하지만 다음과 같은 공통적인 현상을 보고하였다(박원희 외, 2009).

첫째, 읽기과제 수행 시 읽기장애를 가진 사람은 베르니케 영역(Wernike's area)과 각 회를 포함한 측두-두정엽 영역이 제대로 활성화되지 않은 반면, 일반인은 이 영역이 잘 활성화되는 것으로 나타났다. 베르니케 영역과 각 회를 포함한 측두-두정엽 영역은 낱자-소리 대응관계를 포함하여 음운 처리에 중요한 역할을 하는 영역이다.

둘째, 읽기과제 수행 시 읽기장애를 가진 사람은 후두-측두엽이 제대로 활성화되지 않은 것으로 나타났다. 후두-측두엽은 음운정보와 문자의 시각정보를 통합하고

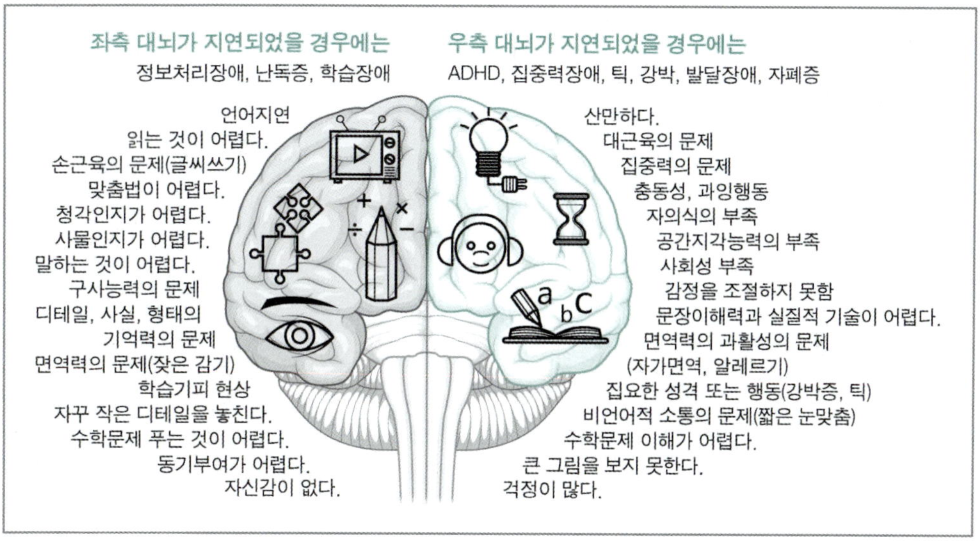

그림 5-3 좌뇌와 우뇌가 지연되었을 경우

출처: 밸런스 브레인

글자의 빠른 처리를 담당하는 영역이다.

셋째, 읽기과제 수행 시 읽기장애를 가진 사람은 우반구의 측두-두정엽이 과도하게 활성화되는 것으로 나타났다. 이는 읽기과제 수행 시 활성화되어야 하는 부분이 제대로 활성화된 못하는 것에 대한 보상과정으로 나타나는 것으로 해석할 수 있을 것이다.

2) 의학적 요인

학습장애를 일으킬 수 있는 의학적 요인으로는 조산, 당뇨, 뇌막염, 심장박동 정지 등이 있다(Hallahan et al., 2005).

① 조산 : 조산은 아동이 신경학적 손상, 학습장애 및 다른 장애의 위험에 처하게 한다. 한 연구에 따르면, 저체중 조산아동의 19%는 학습장애를 지니고 있었다.

② 당뇨병 : 당뇨병은 신경정신성 문제와 학습장애를 일으킬 수 있다. 연구에 따르면, 5세 이전의 조기 당뇨병 발병 아동은 학습장애가 될 가능성이 있다.

③ 뇌막염 : 뇌에 대한 다양한 바이러스와 박테리아균에 의한 감염인 뇌막염은 뇌손상을 일으킬 수 있다.

④ 심장박동 정지 : 아동에게는 거의 발생하지 않지만, 심장박동 정지는 뇌로 유입되는 산소와 혈액의 손상을 가져올 수 있으며, 이것이 뇌손상을 일으킨다. 심장박동 정지를 겪은 아동은 신경정신학, 성취 및 적응행동 척도에서 다양한 결함이 있는 것으로 나타났다.

3) 유전적 요인

학습장애가 있는 사람들의 형제나 자녀는 정상보다 읽기문제를 나타낼 가능성이 다소 높다. 심한 읽기장애의 경우 유전 가능성이 더 큰 것으로 나타나고 있다(Stevenson, 1992). 한 연구에 의하면 읽기문제를 지닌 아동의 가족들은 정상적인 읽기기술을 보이는 아동들의 가족들보다 읽기기술에 더 큰 어려움을 보이는 것으로 알려졌으며

(Decker & DeFires, 1980), 부모가 모두 읽기장애를 지닌 경우 자녀가 읽기장애를 지닐 가능성이 높아지는 것으로 보고되었다(Raskind, 2001). 난독증을 지닌 일부 가계에서도 유전을 설명하는 증거들은 오래전부터 보고되어 왔다(Pennington, 1995).

최근에는 학습장애를 일으키는 특정 유전인자를 정확하게 알아내기 위한 연구들이 진행되고 있다. 특히 학습장애의 유전이 지적되고 있는데(Own, Adams, Forrest, Stoltz, & Fisher, 1971), 일란성 쌍둥이와 이란성 쌍둥이 간의 일치율이 어떻게 차이가 나는지를 알아보는 쌍둥이 연구가 있다. 이 연구에서는 일란성 쌍둥이가 이란성 쌍둥이보다 학습장애 가능성이 더 높은 것으로 나타났다(Thompson & Rackind, 2003). 이는 곧 학습장애의 유전 가능성을 의미한다. 그러나 학습장애의 유전적인 원인을 조사하는 연구에 있어서 유전적인 특성과 환경적인 특성을 분리하는 것은 어려운 일이다. 왜냐하면 부모가 학습장애를 지닌 경우 자녀 양육 과정에서 나타나는 장애의 영향을 배제할 수 없기 때문이다.

4) 환경적 요인

학습장애의 일차적인 원인을 알아내는 것은 매우 어렵지만 환경적 요인, 특히 아동의 유아기에 낮은 사회·경제적 지위(SES)와 빈약한 교수는 학습장애와 상관관계가 있는 것으로 보고되고 있다(Blair & Scott, 2002). 예를 들어 부모에게 언어적 자극을 받지 못한 영유아기 아동들은 어휘 및 언어, 지적 발달에서의 결함을 나타내었다(Hart & Risley, 1995). 즉, 경제적으로 빈곤한 환경, 사회적·정서적·지적으로 빈약한 환경, 부적절한 영양 공급 등의 환경적인 불이익을 경험한 아동들에게는 학습문제가 나타날 확률이 더 크다. 생후 초기의 심한 영양실조, 나쁜 양육태도와 출생 후의 건강관리, 십대의 임신, 약물중독 등은 대표적인 환경적 요인에 속한다.

아동이 학습문제를 일으키는 또 다른 환경 변인은 아동이 받는 교수의 질이다. 다시 말해서, 아동에 따라서는 교사의 부적절한 교수결과로 학습장애를 나타낼 수도 있다는 것이다. 이것은 부적절한 교수가 학습장애를 일으키는 직접적인 원인이 되는 것은 아니지만, 양질의 적절한 교수가 학업 실패를 예방하고 학습장애가 나타나거나 학습장애로 판별되는 것을 예방할 수도 있음을 의미한다(Fuchs & Fuchs, 2001; Graham, Harris, & Larsen, 2001). 특히 조기에 아동의 특정 학습문제를 잘 다룰 수만 있다면 학습장애는 예방될 수도 있고 직접적이고도 체계적인 교수를 통하여 학습문제가 교정될 수도 있다(Gersten, Carnine, & Woodward, 1987). 그러므로 학습장애아를 교육함에 있어서 교사들은 학습장애가 지니는 공통적인 다양한 특성을 이해함으로써 장애의 특성을 먼저 이해해야 하며, 또한 이러한 특성들이 모든 학습장애아들에게서 동일하게 나타나는 것이 아니라는 사실을 인식함으로써 학습장애의 특성을 이해함과 동시에 학습장애아들 간의 다양성 또한 반드시 이해해야 한다.

우리나라는 아직 난독증이나 경계선 지능 학생들을 학습장애로 분류하지 않는다. 이는 표준화된 진단도구가 없는 점과 지역적 편차가 심하다는 점이다.

인천시교육청은 2025년 초등학교 1~2학년 대상 난독증, 중학교 1학년 대상 경계선 지능 전수조사를 시행했으며, 2025년 4월부터 5월까지 전 학년을 대상으로 심층 진단 신청을 받았다. 그 결과, 2024년 872명에서 약 59% 증가한 1,480명이 신청해 학습지원에 대한 학교 현장의 높아진 관심을 엿볼 수 있었다. 이에 시교육청은 협약 전문기관을 31곳으로 늘리고, 이음지원단(기초학력전문학습교원)과 함께 정기 컨설팅 및 모니터링을 통해 학생 맞춤형 학습 지원을 강화하며, 진단-지원-평가의 순환 체계를 구축하고 사전·사후 검사로 학생 성장을 지속적으로 점검하고 있다(인천시교육청 보도자료, 2025.06.12).

4 학습장애의 특성

학습장애아들은 매우 다양한 특성을 나타내는데 듣기, 추론하기, 기억, 주의, 관련 자극의 선택과 집중, 시청각 정보의 지각 및 처리의 문제와 밀접한 관련이 있다. 이러한 지각 및 인지적 처리 문제가 학습장애아들로 하여금 읽기문제, 쓰기 결함, 수학 성적의 저조, 사회적 기술의 결함, 주의력결핍 및 과잉행동문제 등을 일으키는 이유이다. 그러나 개별 학습장애아 모두가 학습장애의 모든 특성을 동일하게 보이는 것은 아니다. 어떤 아동은 여러 가지 특성을 동시에 보이는 반면에, 또 어떤 아동은 한두 가지의 특성만 보이기도 한다(송미경 외, 2009).

학습장애아는 개인 내 차이와 개인 간 차이가 공존하기 때문에 아동마다 행동 유형과 학습장애의 정도가 매우 다양하다. 예를 들면, 어떤 아동은 읽기에 상당한 실력을 보이지만 수학은 심각할 정도로 문제를 나타내고, 어떤 아동은 그 반대의 상태를 보인다. 그리고 다른 사람과의 대화에서 상대방이 사용한 언어의 의미를 명확히 파악하지 못하여 사회적 상호작용 및 관계가 원만하지 못한 아동도 있다. 걸으면서 자기 앞에 무엇이 있는지 보지 않아 물체에 잘 부딪치고, 잘 걸려 넘어지거나 말하고 있는 사람을 보지 않는 경우도 있다(이지연 외, 2017). 여기에서는 학습장애아가 보이는 주된 특징을 중심으로 살펴본다.

1) 지각 · 운동 협응 문제

학습장애아는 주로 안구 협응과 공간관계, 전경과 배경에 대한 지각 차이를 구별할 수 있는 능력 및 유사성을 인지하는 능력인 시지각에 문제가 있기 때문에 과제를 성공적으로 수행하는 데 어려움을 겪는다. 또한 학습장애아는 청지각에도 이상이 있어 교실에서 발음과 낱말을 통합하고, 낱말을 분석하고, 발음과 상징을 연합하는 데 있어 곤란을 경험한다. 예를 들어, 시지각 장애를 지닌 아동의 경우 퍼즐 맞추기나 도형을 기억하는 데 문제를 보이며 글자를 거꾸로 읽거나(예: '곰'을 '문'으로 읽음, '6'을 '9'로 읽음), 비슷한 글자를 혼동하기도 한다. 또한 청지각에 문제가 있는 아동은 비슷한 소리를 식별하지 못하거나 언어 지시를 따르는 데 어려움을 보인다. 시각과 청각을 통해 받아들인 정보를 정확하게 재생하거나 묘사하는 데 어려움이 있다.

읽기에 대한 지각 연구들을 조사해 보면, 읽기는 주로 시각적 과제라는 전제하에 청각기능보다 시각기능을 더 중시한다. 그러나 낱말을 필기하는 것이 단지 시각적 과정만은 아니기 때문에 오늘날 읽기가 주로 시각적 과제라는 전제는 바뀌고 있다. 그 예로, 지각 · 운동장애는 자음과 모음의 문자를 식별하지 못하며 왼쪽에서 오른쪽으로 글자 읽기, 모양을 그리고 선 따라 긋기 등이 곤란하다.

또한 지각·운동장애가 있는 아동은 감각을 통해 받아들인 정보를 인식하고 재생하는 데 문제가 있다. 이들은 상징 변별이 곤란하여 글을 쓰고 그림을 그릴 때 문자와 모양을 거꾸로 보게 된다. 시각이나 청각상의 지각장애 외에도 운동기술을 필요로 하는 신체적인 활동에 어려움을 보이는 아동들도 있다. 이들은 대근육 및 소근육 운동 기술에 모두 문제를 보일 수 있으므로 뛰기, 공 던지기, 계단 오르내리기 등의 대근육 활동이나 시각과의 협응을 필요로 하는 연필 쥐기, 종이 접기, 운동화 끈 매기 등의 소근육 활동에서도 문제를 보인다. 시지각·운동장애는 나이가 들어도 계속 영향을 미친다. 아동기의 대근육과 소근육 협응 문제, 판독 곤란 문제, 필기할 때 행간을 띄우는 문제, 읽기장애 등은 청년기까지 여전히 영향을 미친다(김종현 외, 2007).

2) 기억력 문제

학습장애아들은 조직적으로 사고하는 능력이 결핍되어 있는 경우가 종종 있으며, 이로 인해서 자신의 생활을 계획하고 구성하는 데 문제를 보이곤 한다. 이때 조직적으로 사고하는 능력이란 인지능력을 의미하는데, 좀 더 정확하게 말한다면 사고하고, 전략을 사용하고, 문제를 해결하는 능력을 말한다. 학습장애아들은 이와 같은 인지능력에 문제를 보이기 때문에 기억력에 있어서도 결함을 보인다. 다시 말해서, 학습장애아들이 기억에 있어서 빈약한 수행을 보이는 가장 큰 이유 중의 하나가 이들이 암기를 위한 전략을 사용하지 못하기 때문이라고 한다. 예를 들어서, 단어들을 암기할 때 단어를 종류별로 모아서 외우거나 같은 어미의 단어를 먼저 외우는 등의 전략을 사용하지 못하기 때문에 암기력이 떨어질 수밖에 없다는 것이다.

이처럼 학습장애아들의 사고기능의 문제는 정신지체아들의 경우와 마찬가지로 과제를 효과적으로 수행하기 위해서 필요한 기술이나 전략을 이해하고, 과제를 성공적으로 완수하기 위해서 자기조절기제를 사용하는 초인지(metacognition)에서의 어려움 때문인 것으로 보인다. 따라서 이들은 학습된 정보를 유지하며 읽고 들었던 내용을 되풀이하거나 복잡한 지시를 따르고 올바른 순서대로 과제를 이행하는 데 어려움을 갖는다(Smith et al., 2004).

3) 사회 · 정서적 특성

학습장애아는 사회 · 정서적인 면에서도 문제를 보이곤 한다. 학습장애아가 보이는 사회 · 정서적 문제들로는 부정적 자아개념, 낮은 좌절 극복 의지, 불안, 사회적 위축, 사회적 거부, 과제 회피, 자기관리 능력의 결함, 수행력 지체 등이 있다. 모든 학습장애아가 심각한 사회 · 정서적 문제를 보이는 것은 아니다. 이들 중에는 사회적으로 잘 적응하고 또래에게 인기 있는 아동도 있다. 그러나 학습장애아 중에는 또래로부터 거부당하는 경우가 있으며, 이로 인해서 빈약한 자아개념을 형성하고 사회 · 정서적인 문제를 보일 가능성이 큰 것이 사실이다. 학자에 따라 다르기는 하지만 일반적으로 25~75%의 학습장애아동이 심각한 사회 · 정서적 문제를 보이는 것으로 나타난다 (Heward, 2009). 물론 모든 학습장애아들이 심각한 사회적 · 정서적 문제를 보이는 것은 아니지만, 학습장애아의 약 75%가 사회적 기술의 결함을 보인다고 한다(Kavale & Forness, 1996).

학습장애아는 낮은 자기존중감 및 학습된 무력감을 보이는데 이는 자기존중감은 자기 자신에 대한 정의적 이해 또는 평가로서, 자기 자신에 대한 인지적 이해 또는 평가로 정의되는 자기개념과 유사하게 사용된다. 학습장애아동의 경우 낮은 자기존중감이 초기에는 학습, 행동, 성격, 외모 등 전체적인 영역에 걸쳐 나타나다가, 시간이 지남에 따라 학습영역에 국한하여 부정적 자기개념을 갖는 것으로 보고되고 있다 (Bender, 1987a).

학습장애아가 갖는 낮은 자기존중감은 학습 실패가 누적됨에 따라 나타나는 학습된 무력감(learned helplessness)과 밀접한 관계가 있다. 학습장애아의 경우 이 같은 실패의 경험이 한 번이 아니라 수차례에 걸쳐 누적되기 때문에 이들이 가지고 있을 학습에 대한 무력감은 우울감이나 불안과 같은 정서적 문제로 발전될 가능성이 존재한다 (Alloy & Seligman, 1979). 그러므로 학습장애가 있는 아동의 낮은 자기존중감과 무력감을 회복시켜 주기 위해 상담을 포함한 교육적 처지가 조기에 제공될 필요가 있다. 이를 위해서는 학습과제를 단순화, 조직화, 계열화하여 제공함으로써 차례대로 학습에 대한 성공경험을 하도록 도와주는 것이 필요하다. 또한 이와 같은 과제 분석적 접근을 통한 성공적 학습경험의 제공과 함께 이들 아동이 잘할 수 있는 분야(예: 체육, 음악, 미술, 컴퓨터, 사회봉사 등)에서 긍정적 자기개념을 가지게 하는 것이 필요하다. 학습장애아 자신이 학업과 관련된 영역이 아닐지라도 '나도 할 수 있다'는 자기효능감을 느끼도록 도와주는 것은 이들이 '삶의 무력감'을 극복할 수 있도록 한다는 점에서 교육적 의미가 있다(김동일 외, 2016).

학습장애아는 부정적 귀인행동을 보인다. 귀인행동은 개인의 행동이나 일의 결과를 지배하는 근원적 요인에 대한 개인의 지각 또는 믿음을 의미한다(Weiner, 1992). 학교 학습에서 학생이 자신의 실패와 성공을 귀인하는 행동은 크게 세 가지 기준으로 나누어 볼 수 있다. 첫째, 행동이나 일에 대한 통제의 소재에 대한 믿음이 개인의 내적 요인(예: 능력, 노력)에 있느냐, 아니면 타인 또는 환경(예: 행운, 과제)에 있느냐에 따라 내적 귀인과 외적 귀인으로 나누어 볼 수 있다. 둘째, 행동이나 일의 결과에 대한 귀인 대상이 가변적인 특성을 갖느냐(예: 노력), 아니면 어느 정도 안정적인 특성을 갖는 것이냐(예: 능력)에 따라 가변적 귀인과 안정적 귀인으로 나눈다. 마지막으로, 행동이나 일의 결과를 통제할 수 있느냐 없느냐에 따라 통제 가능 귀인(예: 노력)과 통제 불가 귀인(예: 과제)으로 나누어 볼 수 있다.

일반적으로 학습장애아는 학습 실패에 대해 내적 귀인보다는 외적 귀인을, 가변적 요인에 대한 귀인보다는 안정적 요인에 대한 귀인을, 통제 가능한 요인에 대한 귀인보다는 통제 불가능한 요인에 대한 귀인을 많이 하는 것을 보고되고 있다(Hallahan et al., 1985; Mercer, 1991).

학습장애아가 실패하였을 경우, 통제 가능한 내적 요인(예: 노력, 시간 계획, 적절한 인지전략 활용)으로 그 원인을 돌리도록 하는 동시에, 다른 과제를 통해 성공적인 경험을 같이 경험할 수 있도록 조력하는 것이 필요하다. 또한 성공적인 학습결과를 가져왔을 때는 '왜' 성공적인 결과가 있을 수 있었는지를 아동과 함께 이야기해 보는 것이 바람직하다. 아동과의 성공경험에 관한 대화는 계속되는 학습에 더 많은 개인적 시간과 노력을 투자할 수 있도록 도와주는 과정임과 동시에, 항상 자기 일에 관심을 기울여 주는 의미 있는 타인(significant others)이 존재한다는 것을 아동이 느낄 수 있도록 적절한 격려와 관심을 보여주는 과정이 될 수 있기 때문이다.

수동적인 귀인행동을 극복하기 위해 사용할 수 있는 또 다른 방법으로는 달성 가능한 목표를 설정하도록 하고, 목표를 달성하는 데 노력이 중요함을 체계적으로 경험하게 하는 것이다. 이는 누적된 학습 실패로 인해 학습과정에서 소외되었던 아동에게 학습의 적극적 주체의 역할을 경험하도록 유도하여 부정적이고 소극적인 학습 태도 및 자기인식에서 벗어날 수 있도록 도울 수 있다.

학습장애는 과제불안을 보인다. 불안이란 특정 상황이나 과제에 대한 이상적 심리 상태를 가리키는 용어로서, 특정 상황과 연결되어 나타나는 상황 불안과 지속적이고 일반적인 형태로 나타나는 기질 불안으로 대별된다. 학습장애아는 기질적으로 불안하다기보다는 특정 과제 수행과 관련된 심리적 불안을 가지고 있다. 특히 시간제한을 가지고 과제를 수행해야 하는 상황이나 다른 학생들과의 경쟁이나 비교가 강조되는 상황에서 더 많은 심리적 불안을 나타낸다. 이들의 학업성취를 향상시키기 위해서는 심리적 상담서비스와 함께 학습활동과 직접 관련이 있는 학습전략과 기법을 동시에 제공할 필요가 있다(김동일 외, 2009).

학습장애는 학교생활 속에서 친구들로부터 가시적이거나 암묵적인 따돌림을 경험하게 한다(Bender, Bailey, Stuck, & Wayne, 1984). 이들이 친구들에게 따돌림을 경험하게 되는 이유로는 가장 먼저 낮은 학업성취를 들 수 있다. 학력이 상대적으로 중시되는 우리 사회에서는 학습능력의 심각한 결손과 이로 인한 누적된 학습 실패는 집단으로부터의 심리적·물리적 소외를 초래하는 중요한 원인이 될 수 있다.

학습장애아가 또래집단에서 소외되는 또 다른 이유로 이들 아동의 부적절한 사회적 기술 또는 행동을 들 수 있다. 적절한 사회적 관계를 형성하기 위해서는 타인의 관점을 이해하고 수용할 수 있는 능력이 필요하다(Selman, 1981). 학습장애아는 친구들과의 대화 시 주체적으로 대화를 지속시키는 데 부족함이 있어 사회적 관계를 형성하는 데 어려움이 있다(Bryan, Donahue, Pearl, & Stum, 1981). 또한 학습장애아는 타인과의 긴밀한 관계 형성에 필요한 타인의 조망 수용과 상호적 대화 기술에 있어서도 어려움이 있다.

4) 학업적 특성

학습장애아는 초등학교 시절에 능력과 성취도의 불일치를 보이기 시작하는데, 어떤 영역은 또래와 비슷하지만 특정 영역에서 기대에 맞지 않게 낮은 성취도를 보이기도 한다(Smith et al., 2004). 즉, 읽기, 쓰기, 구어, 셈하기, 추론하기 등의 영역에서 한 가지 혹은 그 이상의 문제를 보인다. 여러 연구에서 학습장애아는 누적된 학습 실패를 경험하고 있는 것으로 보고하고 있다(Mercer, 1991). 누적된 학습 실패로 인해 장애아동은 일반아동에 비해 빈약한 지식기반을 가지게 되며, 이같이 빈약한 지식기반은 계속되는 학습에 부정적인 영향을 미친다. 이러한 악순환의 고리를 체계적으로 끊어버리기 위해서는 초기 학습 단계에서부터 작은 단위로 나누어 학습의 성공을 경험할 수 있도록 조력하는 것이 필요하다. 이를 위해 개별화된 교육내용과 방법을 적용하는 것이 중요하다.

(1) 읽기 영역

학습장애아에게 가장 많이 나타나는 특성이 읽기문제이다. 학습장애로 진단된 아동 중에서 적어도 90%는 읽기문제 때문에 특수교육을 받는 것으로 추정된다(Kavale & Formess, 2000). 읽기영역에서 보편적으로 나타나는 문제는 단어 재인의 문제와 본문에 나타나는 정보를 기억하기 위해서 효과적으로 학습전략을 사용하지 못하는 문제이다. 결국 읽기의 목표는 이해이다. 이해는 단순히 단어를 확인하는 것이 아니라 구, 문장, 단락과 이야기 수준에 달려 있다. 작동 기억의 결함으로 인해 읽기문제가 더욱 두드러진다는 연구들이 이루어지고 있다(Jenkins & O'Conner, 2002). 특정 읽기장애, 즉 난독증은 단순히 언어학적 기술이나 기초 읽기기술상의 발달지연이 아니라 지속적인 결함으로 나타난다(Lyon, 1995). 초등학교 1학년 때 읽는 법을 배우지 못한 아동은 다른 과목에서도 또래와 점점 성적이 더 차이가 나기 쉽다. 자기 학년 수준의 글을 읽지 못하는 학생들의 문제는 실제적이고 전반적이어서 전 생애 동안 지속되는데, 수행상의 차이는 중·고등학교 때 가장 두드러지게 나타난다.

최근의 연구에서 심한 읽기장애 아동들이 이차적인 처리문제뿐 아니라 음성학적 인식에도 결함이 있다는 것이 밝혀지고 있다. 많은 난독증 아동과 성인들은 정상적인 사람들에 비해 시각적 명명 속도에 큰 결함이 있다(Lovett, Steinbach, & Frijers, 2000; Wolf, Bowers, & Biddle, 2000). 글자와 같이 시각적으로 제시되는 자료의 이름을 말하도록 할 때 읽기장애인들은 자기가 알고 있는 글자임에도 불구하고 글자의 이름을 빠르게 상기하고 진술하는 데 어려움이 있다.

읽기 영역의 경우 생략, 첨가, 대치 등의 단어 재인의 오류를 보인다(Lerner, 2006). 또한 단어를 읽는 속도와 정확성이 또래에 비해 현저히 떨어지고 낮은 독해력을 보인다.

(2) 쓰기 영역

쓰기 영역에서는 전반적으로 글자의 크기, 간격, 글자 간 조화의 불균형을 보이고, 철자 쓰기 영역에서는 불필요한 글자를 삽입하거나 생략하거나 다른 문자로 대체하거나 소리 나는 대로 적는다. 유사하게 작문의 구두점, 맞춤법, 철자법의 문제를 보이고, 작문의 내용에서는 일관된 글쓰기에 문제를 보이며, 어휘 구사에 문제가 있다.

(3) 수학 영역

수학 영역 역시 학습장애아들이 어려움을 보이는 영역 중의 하나이다. 이들은 곱하기와 나누기 같은 기초적인 셈하기 기술을 잘 습득하지 못하며, 문제해결을 위해서 이러한 기술들을 적용하지도 못한다. 학습장애아들에게는 수리적 추리와 계산이 주요한 문제이다. 수의 실제를 기억하거나 서술식 문제를 푸는 것을 가장 어려워한다.

그러나 수학문제를 보이는 모든 학습장애아들이 동일한 유형에서 어려움을 보이는 것은 아니며 개별적으로 독특한 유형의 문제를 보인다(Lerner, 2003). 예를 들어, 사칙연산과 같은 계산은 할 수 있으면서도 수리적 추론은 어려워하는 아동이 있다. 또 숫자 쓰기, 도형 그리기, 공간개념 등에서 어려움을 보이는 아동이 있는가 하면 시간, 분수, 소수, 측정에서 어려움을 나타내는 아동도 있다. 이와 같이 학습장애아들은 읽기와 쓰기, 수학의 기초적인 학업 영역의 학습기술들에 결함을 보이기 때문에 결과적으로 사회나 과학 등의 내용 중심의 교과 영역에서도 심각한 문제를 보이게 된다.

수학적 특성으로는 취학 전 기본 수학개념의 습득 정도가 불충분하며 공간지각 능력이 미흡하다. 동시에 읽기의 어려움으로 인해 수학 문장제 문제 혹은 지시문을 이해하는 데 어려움을 보인다(김동일 외, 2010). 이와 같은 학업상의 문제는 대학을 포함한 정규 학교교육이 끝날 때까지 지속된다(Bradshaw, 2001).

수학장애는 크게 수학계산장애와 수학추론장애로 구분할 수 있다. 장애별 일반적인 특성을 간략히 살펴보면 〈표 5-3〉과 같다.

표 5-3 수학계산장애와 수학추론장애

수학계산장애	수학추론장애
• 숫자를 알지 못함 • 암산을 잘하지 못함 • 한 묶음 안의 물체 개수를 세지 못함 • 기본적인 수학 부호(예: +, -, =, ×)의 의미를 이해하지 못함 • 기본적인 수학적 사실을 습득하지 못함 • 부주의로 인한 계산 오류를 자주 범함 • 계산할 때 자릿값을 이해하지 못함 • '받아 올림'이나 '받아 내림'과 관련된 계산을 어려워함 • 도형과 관련된 문제를 어려워함 • 분수와 소수 문제를 어려워함 • 문제를 풀 때 연산을 헛갈려 함 • 다단계 계산을 순서대로 풀어 나가는 데 어려움을 지님	• 크기, 순서 또는 수량과 관련된 개념을 이해하지 못함 • 적절한 문제해결 전략을 습득하거나 사용하는 데 어려움을 지님 • 구해진 답이 합당한지를 판단하지 못함 • 어림 또는 예측과 관련된 문제에 어려움을 지님 • 차트나 그래프 또는 표를 이해하지 못하거나 만들 수 없음 • 학습한 수학적인 기술을 다른 유형의 문제나 과제로 일반화하지 못함 • 추상적인 수학 개념(예: 수직선의 양수와 음수)에 어려움을 지님

5) 주의집중 특성

학습장애아의 41~80%는 주의력의 문제를 갖고 있는 것으로 추정된다. 또한 부주의, 과잉행동 및 충동성을 주요 특징으로 하는 주의력결핍 과잉행동장애(ADHD)와 학습장애의 공존성은 약 25%에 이르는 것으로 밝혀지고 있다. 이와 같은 주의집중 결함으로 인해 학습장애아는 의식적으로 주의를 집중해야 하고, 이로 인해 과제수행에 더 많은 어려움을 보이게 된다(한국특수교육연구회, 2009).

주의집중에 문제를 가진 아동은 산만하거나 충동적이며 과잉행동을 보인다. 이러한 아동들은 한 과제에 일정한 시간 동안 집중하지 못하거나, 다른 사람의 말을 듣는 데 실패하며, 쉬지 않고 말하고, 쉽게 방해를 받거나 산만해지며, 학교 내외의 활동을 계획하는 데 조직적이지 못하는 등의 행동 특성을 보인다. 학습장애아들은 때때로 이와 같은 주의집중문제를 보이기도 하며 심한 경우 주의력결핍 과잉행동장애(ADHD)로 진단되기도 한다.

주의집중행동은 크게 지속적 주의력(duration of attention)과 선택적 주의력(selective attention)으로 나누어 볼 수 있다. 먼저, 지속적 주의력과 관련된 학습장애아에 대한 연구는 일관된 결과를 보여주지 않고 있다(Bender, 1992). 이에 반해, 선택적 주의력과 관련된 연구는 일관되게 학습장애아가 비장애아에 비해 중요 요인에 대해 선택적으로 주의를 기울이는 능력이 부족하다고 보고하고 있다(Bender, 1992; Mercer, 1991). 이는 학습장애아에게 정보를 줬을 때 적극적으로 무엇이 중요한지 찾으려고 하지 않기 때문이다.

주의력결핍 과잉행동장애는 심한 정도의 부주의나 과잉행동 그리고 충동성 등의 행동특성을 보이는 경우로서, 미국정신의학회(APA, 2000)의 『정신장애의 진단 및 통계 편람(Diagnostic and Statistical Manual of Mental Disorder-Ⅳ-TR: DSM-Ⅳ-TR)』에서 제시하고 있는 진단기준에 따라 진단된다. 비록 다양한 추정치가 제시되고 있기는 하지만 학습장애를 지닌 아동들의 약 10~25%는 주의력결핍 과잉행동장애를 지닌 것으로 보고되고 있다(Forness & Kavale, 2002; Hallahan et al., 2009에서 재인용).

발달시기별로 학습장애아들이 보이는 행동 특성은 〈표 5-4〉와 같다.

표 5-4 발달시기별로 학습장애아들이 보이는 행동 특성

발달시기	행동 특성
유치원	• 발음문제를 보임 적절한 단어를 찾아 사용하기 어려워함 • 말의 운율을 만들기 어려워함 • 숫자, 낱글자, 요일, 색깔, 모양 등의 학습이 어려움 • 집중하지 못함 • 또래와 잘 상호작용하지 못함 • 지시나 학습 일과를 따르기 어려워함 • 연필, 크레용, 가위 등을 잘 다루지 못함 • 단추 잠그기, 지퍼 올리기, 타자 치기를 어려워함

발달시기	행동 특성
초등학교 저학년	• 글자와 소리 관계 학습이 어려움 • 기본적인 단어를 혼동함 • 읽기와 맞춤법에서 동일한 실수를 지속적으로 보임 • 기본적인 수학개념 학습이 어려움 • 시간 학습이 어려움 • 새로운 기술 학습에 오랜 시간을 필요로 함 • 사실을 잘 기억하지 못함
초등학교 고학년 및 중학교	• 읽기 이해력 및 수학 기술에 어려움을 보임 • 글자의 순서를 어려워함 • 접두사, 접미사, 어근 및 기타 맞춤법을 어려워함 • 방, 책상, 노트, 숙제, 시간을 잘 관리하지 못함 • 숙제하기를 어려워함 • 글씨 쓰기에 문제를 보임 • 구두로 진행되는 토론을 이해하고 자신의 생각을 소리내어 표현하기 어려워함
고등학교 및 성인	• 동일한 문서 내에서 같은 단어의 맞춤법을 다르게 사용함 • 읽기나 쓰기 과제를 시작하기 어려워함 • 시험에서 주관식 문제를 어려워함 • 암기 기술의 어려움을 보임 • 특정 상황에서의 기술을 다른 상황에 적용하지 못함 • 일의 속도가 느림 • 추상적인 개념을 잘 이해하지 못함 • 내용의 상세한 부분을 잘 이해하지 못함 • 정보를 잘못 읽음

출처: 이소현 외(2006). 특수아동교육. 서울: 학지사.

김종현(2016)은 학습장애의 특성을 다음과 같이 열거하였다.

- 지능이 괜찮으면서 학업에 실패한다.
- 학령기 아동의 경우 글자를 거꾸로 읽거나, 41을 14로 거꾸로 쓰며, 낱말을 구성하고 있는 문자의 순서를 기억하지 못한다.
- 개 짖는 소리나 바깥에서 나는 발자국 소리는 들으면서 엄마나 선생님이 부르는 소리는 듣지 못한다.
- 사람, 장소, 물건, 주소, 전화번호 등은 기억하지 못하나 TV광고 내용은 기억한다.
- 숙제를 잊어버리거나, 책을 잘못 두어 찾지 못하며, 날짜 · 연도 · 계절 등을 잘

모른다.

- 걸으면서 자기 앞에 무엇이 있는지를 보지 않아 문에 잘 부딪치고, 발이 걸려 잘 넘어지며, 말하고 있는 사람을 보지 않는다.
- 줄 맞추어 서기를 잘 하지 못하고, 앞줄에 서 있는 아동을 괴롭히며, 자주 킬킬 웃거나 큰 소리로 웃고, 쉬지 않고 재잘거린다.
- 아침을 점심이라고 부르거나, 어제 · 오늘 · 내일 등의 개념을 제대로 사용하지 못한다.
- 사소한 실수도 참지 못하며, 대화 내용에는 관심이 없고, 일순간 행복했다가 곧 눈물을 흘리는 감정의 기복이 심하다.
- 무엇이든 새로운 시도는 주저하며, 변화를 싫어한다.
- "난 못해"라는 말 대신 "난 상관없어", "안 해"라는 말을 자주 써서 친구들에게 못된 애라고 불린다.
- 마음속으로 생각한 것을 그림으로 그릴 수 없으며, 이전에 본 것을 기억하거나 마음속에 그릴 수가 없다.
- 교실에서 다른 아동을 괴롭히지 않고 조용히 있으나 공부는 하지 않는다.
- 문장을 적거나 자기 생각을 표현할 경우 중간쯤부터 시작하거나 갑자기 멈춰버리는 등 말하는 데 두서가 없다.
- 수영은 곧잘 하는데 계단에서는 잘 넘어진다.
- 똑같은 것을 몇 번이나 되풀이해서 묻고, 계속해서 질문을 하지만 응답에는 관심이 없다.
- 일할 때는 성급하며 저돌적으로 하는 것 같으나, 마치고 나서 보면 모두가 잘못되어 있다.
- 더하기, 곱하기는 할 수 있으나 빼기, 나누기는 할 수 없다든지, 머릿속으로 계산은 할 수 있으나 계산한 것을 적을 수는 없다.
- 만나는 모든 사람을 보고 웃고 인사하지만, 이것이 발단이 되어 남의 죄를 뒤집어쓰는 문제 상황을 야기한다.
- 호머의 오디세이를 이해할 수는 있으나, 책 속에 있는 낱말을 읽을 수가 없다.

5 학습장애아의 상담

개인의 자아개념에 대한 다른 사람의 지각과 분명한 반응의 영향은 학습장애아의 경우에 가장 생생하고 두드러지게 나타난다. 장애의 불명료성, 빈번한 지연 진단, 정서장애나 지적장애로 잘못 붙여진 명칭이 이 아동이 직면한 어려움을 만들어 낸다. 부모들은 자신의 정서를 잘 통제하지 못하거나 위험스러운 충동행동을 하는 아동을 돌보면서 좌절하고 피로에 지치게 된다. 교사들은 분명히 머리는 좋은데 단어와 글자를 바꾸어 쓰고, 비교적 간단한 지시도 따르지 않고, 외부 소음에 항상 주의가 산만해지는 아동을 지도하면서 낙담을 하게 된다. 학습장애아들은 모든 연령에서 또래들에게 거부를 당한다. 일반적으로 학습장애아들은 자기의 장애를 잘 이해하지 못하며, 자신의 행동이 다른 사람에게 어떻게 영향을 주는지도 알지 못한다. 아동들은 자신의 노력에도 불구하고 다른 사람의 기대에 부합하지 못한다. 필연적으로 게으르고, 이기적이고, 난폭하고, 상습적이고, 우둔하다는 것은 낙심, 무가치함, 좌절감을 유발한다. 만약 저지되지 않으면 자기충족의 주기가 명백하고 위험한 과장행동을 유발한다.

자아개념과 미래 성공의 기대에 대한 학문적 실패와 사회적 실패 영향에 대항하기 위해 학습장애아들은 세 가지 기본적인 유형의 지원을 받아야 한다. ① 그들은 구체적인 학습과 문제행동에 대처하는 도움이 필요하다. ② 그들은 특정 기능의 발달을 촉진하도록 환경적 구속이 필요하다. ③ 그들은 자긍심과 확신을 형성하는 데 도움이 되는 많은 지원, 안심, 정적 강화가 필요하다. 학습장애아의 요구는 전통적인 상담방법이 미치지 못하는 것이기 때문에 상담가의 필요성을 지적하는 것이다. 관계 형성과 자기탐색에 초점을 두는 개별상담과 집단상담은 가치로운 것이다. 또한 상담가는 성공에 도달하도록 아동을 위한 기회를 형성하고, 다양한 구조화된 활동을 사용하며, 전반적인 상담과 재활 프로그램에 부모와 교사가 포함되어야 한다. 아동이 명성을 얻을 수 있고 잘할 수 있는 활동에 참여하도록 돕는 것은 전통적인 상담개념을 반영하는 것이 아니라 그런 방법이 아동의 문제에 대한 언어적 탐색보다 더 많은 이익이 있다는 것이다. 미술, 음악, 공작에 참여하고, 시청각 장비를 다루고, 도서관 보조로 활동하고, 더 어린 아동을 지도하는 것은 본질적인 학습가치뿐만 아니라 자긍심 향상에 도움이 되는 활동의 예이다.

환경 조작은 점차로 정당한 상담기능으로 인식되고 있는데, 많은 경우에 아동을 돕는 가장 효과적인 수단이다. 학습장애아의 경우에 있어서 환경 조정은 3R, 규칙성, 주의산만을 최소화하려는 수단으로서의 반복, 집중력의 개발, 내적 통제 개발에 대한 도움에 초점을 두고 있다. 학교와 가정에서 아동은 견실함, 규칙적인 시각으로 계획된 활동, 지시와 과제에 있어서 단순성, 구체적인 자료, 정적 강화의 풍부화가 요구된다. 상담가는 상담 상황에서 주의산만을 제거하고 일상적인 절차를 형성함으로써 촉진적인 조건을 수행할 수 있으며, 아동이 보다 큰 환경에서 통제를 확대하도록 부모와 교사와 함께 활동함으로써 앞으로 도움이 될 수 있다.

학습장애아의 특성에서 살펴본 것과 같이 이들 아동의 심리적 문제를 대표하는 것이 바로 학습된 무력감이다. 이는 누적된 실패경험을 통한 심리적 좌절로, 아동이 이를 극복할 수 있도록 돕기 위한 체계적 상담서비스가 제공될 필요가 있다.

'노력해도 소용없다'라는 자포자기적 심리상태를 극복하기 위해 사용될 수 있는 상담기법으로 행동주의이론에 근거하여 개발된 응용행동분석방법을 생각해 볼 수 있다. 응용행동분석은 대상아동이 보이는 문제행동(학습된 무력감)에 영향을 미치는 선행자와 결과물을 관찰과 면담을 통해 밝혀내고, 선행자와 결과물의 체계적인 변화를 통해 문제행동의 변화를 도모하는 접근방법이다(Smith, 1993). 학습된 무력감의 변화에 영향을 미칠 수 있는 선행요인으로는 과제의 난이도, 수업의 체계성, 학습환경 등을 생각해 볼 수 있으며, 행동에 뒤따르는 결과 요인으로 노력이나 결과에 대한 주위의 관심과 인정, 아동 자신의 내적 성취감, 외부에서 주어지는 긍정적 평가 등을 들 수 있다. 상담기법으로서 응용행동분석은 외부적 환경 변화를 통한 행동 변화를 계획한다는 측면에서 초등학교에 재학 중인 어린 학생에게 더욱 효과적으로 사용된다(김동일 외, 2009).

학습장애아의 학습된 무력감을 극복하기 위해 사용할 수 있는 또 다른 방법으로 멘토링 활용을 생각해 볼 수 있다. 멘토링 활용을 통한 행동 변화의 모색은 이론적으로 Bandura의 사회적 관찰학습이론에 근거한 방법이다. 사회적 관찰학습이론에 따르면, 직접적 보상에 의해서뿐만 아니라 다른 사람의 행동과 결과에 대한 직·간접적 관찰을 통해 새로운 행동을 획득하거나 기존 행동이 변화할 수 있다고 한다. 이러한 정신적 후원자를 통한 사회적 망의 형성은 계속된 실패로 인해 자신감을 잃은 아동을 도와줄 수 있다.

학습된 무력감과 함께 학습장애아가 경험하는 심리적 문제로서 사회적 소외 및 거부를 생각해 볼 수 있다. 이들 아동은 공부를 못한다는 이유로 가정과 학교에서 점차 관심과 기대 밖의 대상이 되어 간다. 이러한 측면에서 상담자는 이들 학생이 경험하는 심리적 문제를 같이 이야기하고 필요할 때 도움을 제공해 주는 정신적 후원자 역할을 수행해야 한다.

우리집에는 악어가 산다 (김선희 글 / 김진화 그림)	**내 이름은 타이크** (진 켐프 글)	**글이 뒤죽박죽** (제니퍼 무어-말리노스 글)	**피카소도 나처럼 글자가 무서웠대**(행크 린스켄스 저)
공격성이 강하고 학습장애를 보이는 아이 이야기	학습장애와 언어장애를 보이는 아이의 시선을 순순하게 그려낸 이야기	난독증의 증상을 지닌 아이가 책을 읽을 수 있도록 돕는 동화	난독증인 아이들에게 용기를 주는 그림책

그림 5-4 학습장애 관련 동화

사 례 난독증 아동의 상담

2015년 민서(가명)는 초등학교 6학년(만 12세)으로 9세 때 난독증으로 진단을 받은 남아이다. 하지만 난독증에 대한 교사들의 이해 부족으로 학교에서는 게으른 아이로 낙인되어 학교에 적응을 잘하지 못하였다. 가정의 경제적인 어려움으로 서울에서 인천으로 이사를 오게 되었고 자신이 겪고 있는 어려움 때문에 친구들과 쉽게 어울리지 못하는 아이로, 알고 있는 것을 언어적으로 표현을 하면 대답을 하지만, 시험을 보게 되면 철자가 많이 틀려 점수가 안 좋게 나오고, 글을 읽어도 무슨 내용인지, 어떤 말을 하고 있는 건지 잘 모르겠다고 보고를 하였다. 이로 인해 학교 성적은 또래에 비해 크게 뒤처져 있어 창피하다고 이야기했다.

위의 상황으로 보아 민서의 자존감이 매우 낮음을 짐작할 수 있었다. 반면 민서는 운동신경이 좋아 태권도, 달리기, 턱걸이 등의 대근육 발달에 매우 강점을 보이며, 새로이 전학온 학교에서도 높이뛰기 선수로 선발되어 학교 대표로 시교육청 대회에 참가하였으나 예선에서 탈락되어 매우 상심해 있는 상태였다.

모의 보고에 의하면 조모와 부가 난독증인 것 같고 유전된 것 같다고 하셨다. 민서는 초등학교 2학년 말이 돼서야 한글을 읽고 쓰기가 가능해졌고, 수의 연산은 아직도 저학년 수준이며, 이로 인해 학교에 가기 싫어하는 날이 많았다고 한다. 모는 학업성적은 어찌되어도 상관없지만 민서가 친구들과 어울리지 못하는 것이 안타깝다고 하셨다. 서울에서 치료센터를 다니던 중 이사로 인해 새로운 환경에 적응해야 할 아이가 걱정되어 기관을 찾게 되었다고 하였다.

학습에 도움을 주기 위해 먼저 민서와 독후활동을 시작하였다. 처음으로 적은 글로 구성되어진 책을 선택하여 함께 읽고 등장인물을 기억하여 써 보았고, 등장인물들 중 가장 재미있고 흥미로운 인물을 생각해 보고 어떤 행동을 했는지, 어떤 말을 했는지 기억해 두고 그 장면을 찾아 다시 읽어본 후 독서 기록장에 기록해 보았다. 이런 활동이 반복되면서 민서는 책을 읽으면서 기록장에 기록할 부분들을 미리 주의 깊게 보게 되었고 비록 짧은 문장이지만 이를 기억하여 철자를 틀리지 않고 기록할 수 있게 되었다.

다음 학습 단계로는 독후활동과 함께 일기 쓰기를 시작하였다. 먼저 날짜를 쓰고 오늘 한 일들을 떠오르는 대로 단어를 나열해 보고 그것을 일어난 순서대로 재배치하는 활동을 반복하였고, 가장 재미있었던 상황을 한 가지 정하여 육하원칙에 의한 글을 완성하도록 도와주는 작업을 진행하였다.

물론 위의 작업들과 함께 수의 연산 학습도 반복적으로 함께 이루어졌다. 민서의 연령에 비해 쉬운 단계의 활동이었지만 민서는 이로 인해 자신감을 회복해 나가게 되었다.

민서에게 취약한 시·지각 훈련을 위해 민서가 관심 있어 하는 피아노를 선택하여 악보의 계이름 읽기를 시작하였으나 오선을 보는 것 또한 어려웠다. 그래서 방법을 달리하여 먼저 악보를 보지 않고 간단한 동요의 계이름과 피아노 건반과 손가락 번호까지 외워 연주를 한 후 자신이 외웠던 곡의 악보를 보여주었다. 민서는 계이름을 모르는 상태에서 악보를 보았던 것과는 다르게 쉽게 이해하며 계이름을 읽어주었다. 또한 연주 영상들을 보며 악상 기호의 표현기법을 모방하며 연습하여 애니메이션 이누야샤의 OST인 '시대를 초월한 마음'을 완성하여 학급 학예회에서 연주할 수 있게 되었다.

상담을 진행하며 민서는 자존감과 자신감이 매우 높아졌고, 학습에 대한 큰 동기부여가 되어 3년이 지난 지금은 중상위권의 학업성적을 받을 만큼 호전되었고 스스로 학원을 알아보는 등의 긍정적이고 적극적인 중학생으로 변화되었다.

Chapter 06

지적장애 상담

1 지적장애의 정의

「장애인복지법」은 2007년 개정되면서 기존의 '정신지체(mental retardation)'란 용어를 '지적장애(intellectual disability)'로 변경하였다. 미국 역시 그간의 논란을 정리하면서 2010년부터 지적장애라는 용어를 해당 협회 차원에서 공식적으로 사용하고 있다. 이 용어를 사용하고자 하는 가장 큰 이유로 첫째, 장애라고 하는 것에 대한 관점의 변화가 생겼다는 것이다. 즉, 정신지체라는 용어는 개인의 내적 조건에 의해 기능이 제한된 상태가 장애라는 관점이지만, 지적장애라는 용어는 개인이 갖고 있는 잠재력과 맥락이 잘 맞지 않아 생기는 제한된 기능상태가 장애라는 관점의 차이를 들고 있다. 둘째, 지금까지 사용하고 있던 정신지체라는 용어는 인간의 존엄성과 존중성을 담고 소통할 수 없으며, 오히려 용어 자체가 주는 부정적인 이미지로 개인을 가치절하하고 낙인을 찍는 결과를 초래하여 좀 더 적절한 용어의 출현이 요구되었기 때문이다. 셋째, 장애가 가지고 있는 실제적인 요소, 즉 기능적 행동과 맥락적 요소에 중점을 둔 것에 더 적합한 표현이며, 사회적 · 생태학적 틀에 기반하고 있으므로 개별화된 지원을 위한 논리적 기반을 제공한다는 점 등이다(김일명 외, 2013).

우리나라 「장애인 등에 대한 특수교육법」 시행령(시행 2015.1.1., 대통령령 제25840호) [별표] 특수교육대상자 선정기준에 따르면, 지적장애를 지닌 특수교육대상자를 '지적 기능과 적응행동상의 어려움이 함께 존재하여 교육적 성취에 어려움이 있는 사람'으로 정의하고 있다. 동법 시행규칙(시행 2014.10.6., 교육부령 제8호) [별표] 특수교육대상자 선별검사 및 진단 · 평가하기 위하여 지능검사, 사회성숙도검사, 적응행동검사, 기초학습검사, 운동능력검사 등을 실시하고 장애유형별 진단 · 평가 시 장애인증명서, 장애인수첩 또는 진단서 등을 참고자료로 활용할 수 있도록 규정하고 있다.

한편, '2024년 특수교육통계'(교육부, 2024)에 따르면 우리나라 특수교육대상자는 총 115,610명이고, 이 중 지적장애아는 57,883명으로 전체 특수교육대상자 중에서 가장 높은 비율(50.1%)을 차지하는 것으로 나타났다. 우리나라 지적장애아는 특수학교 14,777명(25.5%), 일반학교 중 특수학급 37,299명(64.4%), 일반학급(전일제 통합학급) 5,798명(10.0%) 그리고 특수교육지원센터 9명(0.1%)이 각각 배치되어 있는 것으로 조사되었다.

미국정신지체협회(American Association on Intellectual and Developmental Disabilities: AAIDD)는 1921년 처음으로 정신지체를 정의하고 편람을 발간한 이후 대략 10년을 주기로 새로운 편람을 개정·출판하고 있다. 미국정신지체협회는 2007년 1월에 미국 지적 및 발달장애협회(AAIDD)로 명칭을 바꾸었으며, 2010년에는 지적장애의 11차 정의를 제시하였다. AAIDD의 11차 정의는 2002년 10차 정의를 그대로 계승하면서 정신지체라는 용어를 지적장애로 대체한 것 외에는 큰 변화가 없는데, 여기서 지적장애는 다음과 같이 정의되어 있다(김이영 외, 2015).

지적장애는 지적 기능성과 개념적, 사회적, 실제적 적응기술로서 표현되는 적응행동 양 영역에서 유의한 제한성을 가진 것으로 특징지어진다. 이 장애는 18세 이전에 시작된다.

1. 평균 이하의 지능 상태를 보인다. 지능은 지능지수(IQ: Intelligence Quotient)로 나타내는데, 대체로 IQ 70 이하를 말한다.
2. 적응행동의 유의한 결함 또는 장애를 나타낸다. 적응행동(adaptive behavior)은 개인이 처해 있는 환경과 그 연령에 부과된 개인적 자립성, 사회적 책임감의 기준에 대처하는 능력을 말하는 것으로 표준화된 검사법과 임상적 판단에 의해 평가되며, 사회지수(SQ: Social Quotient)로 표시되기도 한다.
3. 18세 이전에 출현한다. 18세까지를 발달기로 보는 것으로, 18세 이후에 뇌손상 또는 질병 등으로 발생되는 지능저하는 치매이다.

표 6-1 미국지적장애협회의 지적장애 정의 요소

지적 기능	적응행동	발현 연령
지능검사 (IQ 70 이하)	개념적 기술 사회적 기술 실제적 기술	18세 이전

지능이란 일반적인 정신능력을 말한다. 지능에는 추리, 계획, 문제해결, 추상적 사고, 복잡한 아이디어의 이해, 학습의 신속성, 경험을 통한 학습이 포함된다. 적응행동(adaptive behavior)에 대한 관심은 1970년에 미국에서 보고된 '6시간 정신지체'의 개념을 통해서 촉발되었다고 볼 수 있다. 학교에 있는 6시간 동안은 지적장애를 지닌 것으로 분류되지만 그 이외의 시간에 집이나 지역사회에서의 생활에는 아무런 문제가 없는 아동을 지적장애로 분류해야 하는가의 문제가 제기된 것이다. 이에 따라 학업성취와 지능검사만으로 지적장애로 규정하는 것이 아니라 일상생활에의 적응능력을 동시에 고려하게 되었다(이소현 외, 2011).

적응행동을 구성하고 있는 구체적인 기술과 관련하여 1992년 정의에서는 의사소통, 자기관리, 가정생활, 사회적 기술, 지역사회 활용, 자기지시, 건강과 안전, 기능적 교과, 여가, 직업 등의 열 가지로 제한되었으며, '적응기술(adaptive skills)'이란 용어가 사용되었다. 그러나 2002년 정의부터는 '적응행동'으로 대체 사용하고 있는데, AAMR은 적응행동을 다음과 같이 조작적으로 정의하고 있다(AAMR, 2002).

이러한 정의는 다음과 같은 적응행동의 세 가지 주요 사항들에 대한 기초를 제공한다(AAIDD, 2011).

첫째, 적응행동의 평가는 매일의 일과와 변화하는 상황 동안에 한 개인의 최대한의 수행이 아닌, 전형적인 수행에 기초한다.

둘째, 적응기술의 제한성은 자주 다른 적응기술 영역들에서의 강점과 공존한다.

셋째, 적응기술들에서 한 개인의 강점과 제한성은 개인의 동년배에게 전형적인 보통의 지역사회 환경들의 맥락 안에서 기록되며, 개인의 개별화된 지원 요구에 연결되어 있다.

적응행동의 세 영역인 개념적, 사회적, 실제적 기술에 해당하는 다양한 적응행동의 예는 다음 〈표 6-2〉와 같다.

표 6-2 개념적, 사회적, 실제적 적응행동의 예

	행동의 예
개념적 적응행동	• 언어 (수용언어, 표현언어) • 읽기, 쓰기 • 돈 개념 • 자기지시
사회적 적응행동	• 인간관계 • 책임감 • 자존감 • 순수함 • 속기 쉬움 • 규칙 따르기 • 법 지키기 • 희생당하지 않기
실제적 적응행동	• 일상생활행동 - 식사하기 - 이동하기 - 화장실 사용하기 - 옷 입기 • 일상생활의 도구적 활동 - 식사 준비하기 - 집 청소하기 - 교통수단 이용하기 - 약 먹기 - 돈 관리하기 - 전화 사용하기 • 직업기술 • 안전한 환경 유지하기

출처: 이소현 외(2015). 특수아동이해. 서울: 학지사.

미국지적장애협회(AAIDD)는 장애를 생물학적인 차원에서 명명하기보다는 사회에서 기능을 하려고 할 때 그 개인에게 본질적인 불이익이 되는 사적인 차원의 한계로 보고 있다. 그리고 이 협회가 제안한 정의에서 '적응행동'이란 개념적 · 사회적 · 실제적 기술 차원에서 보고 있는데, 그 각각의 내용 사례를 보면 다음과 같으며 적응기술의 구체적인 영역과 내용을 살펴보면 〈표 6-3〉과 같다.

- 개념적 기술(conceptual skills) : 수용 및 표현언어, 읽기 및 쓰기, 돈 개념, 자기지시
- 사회적 기술(social skills) : 개인 간에 필요한 능력, 책임성, 자존심, 잘 속는 것(남에게 쉽게 조종당하는 것), 순진한 것, 규칙 지키기, 복종법, 희생(일방적인 피해 등)을 피하는 것
- 실제적 기술(practical skills) : 일상에서의 사적인 행동들(식사, 옷 입기, 이동 및 화장실 가기), 일상에서의 도구적 행동들(식사 준비, 약 먹기, 전화 사용, 돈 관리, 교통수단 이용, 집 관리하기 등)

표 6-3 10가지 구체적인 적응기술 영역

영역	내용
의사소통 (communication)	상징적 행동(예: 구어, 문어 / 바른 철자), 수화 혹은 비상징적 행동(예: 얼굴 표정, 몸동작, 접촉, 제스처)을 통해서 정보를 이해하고 표현하는 능력을 포함한다.
자기관리 (self-care)	화장실 이용, 먹기, 옷 입기, 위생, 몸 단장하기 등의 신변 처리에 필요한 기술이다.
가정생활 (home-living)	옷 손질, 살림살이, 소유물 관리, 음식 준비와 요리, 물건을 사기 위한 계획과 예산 짜기, 가정의 안전, 일과 시간표 짜기를 포함하는 가정 안에서의 기능성과 관계가 있다.
사회적 기술 (social skill)	상호작용의 개시와 종료, 감정 인지, 긍정적 · 부정적 피드백을 제공하는 것, 자신의 행동을 규제하는 것, 남을 돕기, 우정과 사랑을 형성하고 증진하기, 남의 요구에 부응하기, 선택하기, 나누기, 충동 통제하기 등 다른 사람과의 사회적 교류에 관련된 것이다.
지역사회 활용 (community use)	지역사회 안에서 이동하기, 가게와 시장에서 식료품 및 물건 사기, 대중교통, 학교, 도서관, 공원과 오락 영역, 공공 편의시설을 이용하는 것과 관련된다.
자기주도 (self-direction)	선택하기, 일정표 세우고 따르기, 환경, 조건, 개인적인 흥미에 적합한 활동을 개시하는 것, 필수적인 혹은 요구된 과제를 완결하는 것, 새로운 상황에서 직면한 문제를 해결하는 것, 적절한 주장과 자기옹호 기술을 나타내는 것과 관련된다. 모든 일을 자기 스스로 하는 자율성과 관련된 기술이다.

영역	내용
건강과 안전 (health and safety)	식사, 병의 판별과 처치 및 예방, 기본 응급처치, 성, 신체적 건강관리, 기본적인 안전성 고려하기, 개인적인 습관의 관점에서 개인의 건강 유지와 관련된다.
기능적 교과 (functional academics)	개인의 생활에 직접적 적용이 되는 인지적 능력 및 기술이다. 이 기술의 초점은 학년 수준의 학업성취가 아니라 오히려 독립적 생활의 견지에서 기능적인 학업 기술이 획득이 되어야 함을 주지하는 것이다.
여가 (leisure)	다양한 여가와 오락적(예: 혼자만의 오락과 상호작용적인 오락) 흥미의 개발은 개인의 선호성과 선택을 반영하고, 공적으로 여가활동을 행하면 연령과 문화적 규준을 반영한다.
직업 (work)	특정 직업 기술, 적절한 사회적 행동, 직업과 관련된 기술 견지에서 지역사회에서 직업을 시간제나 전일제로 가질 수 있는 것과 관련된다.

출처: American Association on Mental Retardation(1992).

2 지적장애의 분류

미국지적장애협회는 2007년에 종래의 '정신지체'라는 용어 대신에 '지적장애'라는 용어를 제안하였다. 이는 종래의 정신지체(MR)나 정신박약, 백치 등과 같은 용어는 개인이 겪는 어려움을 '개인 안에 내재하는 결함'으로 설명하는 경향이 있기 때문에, 그보다는 '환경적 맥락에서 지원의 중요성을 보다 강조'하기 위한 것으로 볼 수 있다. 따라서 개인에게 요구되는 지원의 강도에 따라 정신지체를 분류한 것(AAMR, 2002)과 동일한 취지로 이해될 수 있다. 같은 맥락에서 교육 가능급, 훈련 가능급, 보호급과 같은 분류도 더 이상 사용되지 않는다.

일반적으로 지적장애인에 대하여 장애 정도가 얼마나 심한가를 주로 지적 수준(즉, IQ)에 따라 경도(mild), 중등도(moderate), 중도(severe), 최중도(profound)와 같이 분류해 왔으나, 미국정신지체협회(2002)는 이러한 개인의 지적결함에 초점을 맞춘 분류체계를 적용하지 않고, 지적장애인이 필요로 하는 지원의 강도에 따른 네 가지 수준을 제안하였는데, **간헐적 지원**(필요한 경우에만 지원이 제공되고, 특성상 단속적이며 지속시간은 짧다), **제한적 지원**(간헐적 지원보다는 지원의 시간이 길지만, 지원의 강도가 그리 크지는 않다), **확장적 지원**[특정 환경(예: 일터)에서 규칙적인(예: 매일) 지원이 제공되며, 지원의 시간은 제한되지 않는다(예: 장기 지원)], **전반적 지원**(지원의 강도가 높고, 지속적이며, 장소를 제한하지 않는다. 특성상 평생 지속될 수 있다)이 바로 그것이다.

지적장애의 필요에 의한 지원 강도에 따른 분류는 다음과 같다.

① 간헐적 지원 지적장애

- 지능수준: IQ 50~70 정도
- 정신연령: 9~12세 정도
- 특징: 초등학생 정도의 학력과 사회상식 획득, 원조를 받아가며 독립된 생활 가능
- 비율: 전체 지적장애의 약 85%

② 제한적 지원 지적장애

- 지능수준: IQ 35~55 정도
- 정신연령: 6~9세 정도
- 특징: 소아기에 발달지체가 두드러지게 나타남, 어느 정도의 자조기능과 의사소통 및 학습기술을 획득, 적절히 지도하면 단순한 작업 가능
- 비율: 전체 지적장애의 약 10%

③ 확장적 지원 지적장애

- 지능수준: IQ 20~40 정도
- 정신연령: 3~6세 정도
- 특징: 최소한의 언어 발달이 가능, 훈련을 하면 신변 처리 겨우 가능, 생활 전반에서 보호 필요
- 비율: 전체 지적장애의 약 3~4%

④ **전반적 지원 지적장애**

- 지능수준: IQ 20 미만
- 정신연령: 3세 미만
- 특징: 기성(奇聲)을 냄, 언어의 발달이 거의 없음, 의사소통 불가능, 최소한의 감각, 운동기능의 발달 가능, 기본적인 생활습관(배설, 식사하기, 옷 입고 벗기 등)과 신변 처리에 개별적 보호 필요
- 비율: 전체 지적장애의 약 1~2%

⑤ **기타 및 불특정 지적장애**

이 경우는 지적장애의 인상이 강하나, 맹아자나 농아자로서 표준화된 지능검사를 시행할 수 없어 정확한 진단을 내리지 못했을 때 또는 정확한 정보가 없는 경우에 해당된다.

3 지적장애의 원인

지적장애를 초래하는 원인은 주로 생물학적 요인일 수 있으나, 심리·사회적 요인일 수도 있고 또는 이 두 가지 요인이 혼합된 복합 요인일 수도 있다. 지적장애를 유발할 수 있는 요인이 200가지가 넘는다는 주장도 있고, 원인이 밝혀진 것은 50% 정도에 불과하다는 주장도 있다.

1992년 9차 정의부터는 지적장애 원인의 다양성을 종합적으로 설명하기 위해 지적장애의 위험요인들을 생의학적·사회적·행동적·교육적 원인으로 범주화하는 한편, 이를 다시 발생시기별로 구분하였다. 생의학적 원인은 유전적 장애 혹은 영양과 같은 생물학적 절차들과 관련된 원인, 사회적 원인을 자극과 성인의 반응과 같은 사회적이거나 가족의 상호작용과 관련된 원인, 행동적 원인을 위험한 활동이나 부모의 약물남용과 같은 잠재적 원인과 관련된 요인, 교육적 원인을 정신발달과 적응기술의 발달이 촉진하는 교육적 지원과 관련된 원인을 말한다.

〈표 6-4〉는 미국지적장애협회(2010)가 제시한 지적장애의 위험요인을 정리하였다.

표 6-4 지적장애를 초래할 수 있는 위험요인

시기	생의학적	사회적	행동적	교육적
출생 전	• 염색체 이상 • 단일유전자장애 증후군 • 대사장애 • 뇌발생장애 • 산모질병 • 부모 연령	• 빈곤 • 산모 영양실조 • 가정폭력 • 출생 전 관리 결여	• 부모의 약물복용 • 부모의 음주 • 부모의 흡연 • 부모의 미성숙	• 인지장애를 보이는 부모에 대한 지원 결여 • 부모가 될 준비 부족
출생 전후	• 조산 • 출생 시 손상 • 신생아 질환	• 출생관리의 결여	• 부모의 양육 거부 • 부모의 아동 유기	• 중재 서비스를 위한 의료적 의뢰의 결여
출생 후	• 외상성 뇌손상 • 영양실조 • 뇌막염 • 발작장애 • 퇴행성 질환	• 아동-양육자 간 상호작용 문제 • 적절한 자극의 결핍 • 가정 빈곤 • 가정 내 만성질환 • 시설 수용	• 아동학대 및 방치 • 가정폭력 • 부적절한 안전조치 • 사회적 박탈 • 다루기 힘든 아동의 행동	• 잘못된 양육 • 지체된 진단 • 부적절한 조기 중개 서비스 • 부적절한 특수교육 서비스 • 부적절한 가족지원

출처: 박승희 외(2011). 지적장애. 경기: 교육과학사.

1) 생의학적 위험 요인

(1) 다운 증후군

염색체 이상으로 나타나는 다운 증후군(Down syndrome)은 21번 상염색체(Trisomy 21), 모자이크형(mosaicism), 전위형(translocation)의 세 가지 유형이 있다. 전반적으로 발달수준이 지체되지만 성격은 명랑한 편이다. 그러나 실제로는 다른 사람들과 마찬가지로 일상적인 감정의 기복이 있다. 다운 증후군은 신생아 600~800명 중 1명의 빈도로 발생한다. 일반적으로 낮은 지능을 보이며, 전형적인 얼굴 모양을 가지고 있다. 그 외 나타나는 증상으로는 저혈압, 단두증, 선천성 심장병, 백내장이나 근시 또는 원시 등 눈의 이상, 짧은 손가락, 일자로 가로지른 손금, 벌리고 주름진 입 등이 있다. 또한 면역체계가 약하여 폐렴 등의 감염성 질환에 잘 걸리고, 백혈병의 경우는 일반인의 18배 정도의 발병률을 보이고 있으며, 1~10세에 그 위험이 증가된다(McDermott, Durkia, Schupf, & Stein, 2007). 건강과 수명은 다운 증후군 환자들이 가지고 있는 질환, 즉 심장질환이나 갑상선 기능 저하증, 백혈병 등을 어떻게 관리하는가에 달려 있다.

(2) 클라인펠터 증후군

클라인펠터 증후군(Klinefelter's syndrome)은 가장 흔한 성염색체 이상 증후군으로 정상적인 남성 염색체 XY에 X염색체가 추가되어 XXY 형태로 발생한다. 주요 증상은 운동발달 지연, 언어지연, 읽기장애 등이 있고 청소년기 중·후반기에는 대부분 생식샘 자극 호르몬 과다와 함께 남성 호르몬 수치가 정상이거나 감소되며, 2차 성징의 발현은 남성 호르몬이 결여되어 빈약한 체모와 고음, 여성형 지방분포를 보일 수 있다. 사춘기 말기에 38~56%에서 여성형 유방증을 보인다. 고환발생장애, 정세관 위축, 무정자증과 불임을 보이지만, 모자이크형 클라인펠터 증후군은 임신이 가능할 수도 있다. 남아 500~1,000명 중 1명의 빈도로 발생하며, 지적장애인 중에는 1%에서 볼 수 있다(권경훈 외, 2010).

(3) 터너 증후군

터너 증후군(Turner's syndrome)은 여성의 성염색체 이상으로 인해 발생한다. 터너 증후군 여성의 약 50%는 모든 세포에 X염색체가 하나 없으며, 일반적으로 여아 2,500~3,500명당 1명의 발생 빈도를 보인다. 터너 증후군은 사춘기(2차 성징) 발달이 안 되거나 미약한 것이 특징이다. 이러한 특징이 나타나는 이유는 난소가 제대로 발달하지 않아서 여성 호르몬인 에스트로겐을 분비하지 못하기 때문이다. 또한 목이 두껍고 짧으며, 머리카락 선이 뒷목의 아랫부분까지 내려와 있다. 심장결함, 신장이상, 여러 가지 신체의 기형들이 나타난다. 주로 학습장애를 보이며, 지적장애가 나타난다 할지라도 언어적인 지능지수는 평균이거나 높을 수 있지만 시공간 지각력, 수학능력, 기억능력 등에서 문제가 있는 것으로 알려져 있다(Wodrich & Tarbox, 2008).

(4) 페닐케톤뇨증

아미노산 대사장애인 페닐케톤뇨증(Phenylketonuria: PKU)은 결함 효소가 신체의 필수아미노산 신진대사를 방해, 즉 페닐알라닌을 티로신으로 전환하는 것을 방해하여 축적된 페닐알라닌이 정상적인 두뇌발달을 방해하는 유전적인 상태를 말한다. 이로 인한 뇌손상과 지적장애의 유발을 막기 위해서는 식이요법을 통한 조기발견과 예방이 필요하다. 즉, 고단백 음식에 많은 페닐알라닌의 섭취를 제한하여 그에 따른 유해한 영향을 크게 줄일 수 있다. 원인이 되는 유전자는 13번 장완 염색체에 위치하고 있으며 열성유전된다. 한국인의 발생빈도는 7~8만 명 중 한 명 정도이다.

(5) 선천성 갑상선 기능 저하증

선천성 갑상선 기능 저하증은 신생아 4,000~6,000명당 1명의 비율로 발생하는 흔한 선천성 내분비 질환으로 갑상선형성부전이나 갑상선 호르몬 합성장애 등에 의해 일어난다. 이 중 10% 정도에서 나타나는 갑상선 호르몬 합성장애는 상염색체 열성유전으로 일어난다.

(6) 갈락토스혈증

갈락토스혈증(Galactosemia)은 갈락토스(모유와 일반 우유에 포함되어 있는 당분)를 포도당으로 전환시키는 능력이 손상되어 체내에 갈락토스가 축적되는 질환이다. 원인이 되는 유전자는 9번 단완 염색체에 위치하며 열성으로 유전된다. 3만 5,000~6만 명당 한 명의 발생 빈도를 보이며, 남녀 모두에게 동일한 비율로 영향을 미친다.

(7) 호모시스틴뇨증

호모시스틴뇨증(Homocystinuria: HCU)은 시스타치오닌 합성효소의 유전적 결핍으로 메치오닌과 호모시스틴이라는 아미노산이 체내에 축적되어 발생하는 아미노산의 대사장애이다. 원인이 되는 유전자는 21번 염색체의 장완에 위치해 있고 열성유전된다. 발생빈도는 20만 명당 1명 정도이다.

(8) 단풍당뇨증

단풍당뇨증(Maple-syrup Urine Disease)은 필수아미노산인 류신(leucine), 이소류신(isoleucine), 그리고 발린(valine)의 대사장애로 나타나는 질환으로 땀과 소변, 귀지 등에서 특유의 단내가 나는 것이 특징이다. 발생빈도는 18만 5,000명당 1명꼴이며, 여성과 남성에게 동일한 비율로 발생한다. 이 장애를 갖고 있는 아동은 지적장애와 주의력결핍 과잉행동장애(ADHD), 충동성, 불안 또는 우울 등 다양한 행동적인 문제가 발생할 수 있다.

(9) 타이삭스병

타이삭스병(Tay-Sachs)은 상염색체의 열성유전을 통해 유전되고, 아슈케나지(Ashkenazi, 유태인계) 사람에게서 특히 많이 나타난다. 영아는 생후 첫 몇 개월 동안은 정상적으로 발달하다가 점차 약화된다. 현재 치료법은 없으며, 문제의 유전자는 출산 전에 발견할 수 있어 태아검사를 통해 질병의 존재 유무를 확인할 수 있다.

(10) 약체 X 증후군

약체 X 증후군(Fragile X syndrome)은 23번 성염색체의 이상으로 발생하고 남아에게서 많이 나타난다. 이들은 긴 얼굴과 큰 귀, 주걱턱, 돌출된 이마, 근육긴장 저하(hypotonia), 평발 등의 특성을 나타낸다. 청소년기 이후 남성은 비정상적으로 고환이 크게 발달하기도 한다. 행동적인 특징으로는 과잉행동, 주의력결핍, 자해행동 등을 보이고 상동언어와 반향어를 나타내기도 한다.

(11) 프래더-윌리 증후군

프래더-윌리 증후군(Prader-Willi syndrome)은 대개 15번 염색체의 부분적 결실과 관련된다. 이들의 특징으로는 과도한 식욕, 작은 체구, 체중에 비해 키가 자라지 않는 저신장 등이다. 성장하면서 과도한 짜증, 충동성, 공격성, 고집 부리기, 자해행동 등 문제행동을 보이기도 하며, 과도한 식욕으로 생명을 위협하는 비만을 초래하기도 한다. 그러나 일반적으로 프래더-윌리 유아(1~3세)들은 저성장을 경험하는 것으로 나타나 흐느적거리는 아기(floppy baby)라고 불리기도 한다.

(12) 레트 증후군

레트 증후군(Rett syndrome)은 X염색체의 특정한 단백질 생산을 조절하는 유전자의 자연적 돌연변이로 인해 발생하고, 드물게 어머니로부터 우성유전이 된다. 발생빈도는 여아 1만~1만 5,000명당 1명 수준이다. 레트 증후군의 주된 증상 중 하나인 손의 상동행동은 기능적인 손의 사용이 퇴행하면서 나타나게 된다. 손을 모아 비틀고 씻는 듯한 동작을 하거나, 입 속에 손을 넣어 침을 묻히거나, 자신의 몸을 지속적으로 치는 등 다양하고 복합적으로 나타난다.

(13) 레쉬-니한 증후군

레쉬-니한 증후군(Lesch-Nyhan syndrome)은 X염색체의 퓨린 대사에 관여하는 HPRT 효소의 완전한 결핍으로 인해 몸에 요산이 축적되어 나타나는 열성유전 질환이지만, 약 30%에서는 가족력 없이 새로운 돌연변이로 인해 발생하기도 한다. 발생빈도는 남아 10만~38만 명당 1명으로 매우 드물게 나타난다.

(14) 신경관 손상

먼저 선천적 뇌발육 부진을 초래하는 신경관 손상(Neural Tube Defects: NTD)을 들 수 있다. 신경관 손상은 뇌나 척수에 발생하는 손상을 말한다. 이분척추, 무뇌증 등이 대표적인 예이다.

(15) 모체의 감염

모체의 감염(Maternal infection)에 의한 질환도 선천적으로 지적장애를 초래하는 생의학적 요인 중 하나다. 선천적 풍진증, 거대세포 바이러스증, 톡소플라스마증 등이 있다.

또 다른 염색체 이상은 염색체를 구성하는 일부가 떨어져 나가 자신의 쌍이 아닌 다른 염색체와 결합되거나, 두 개의 서로 다른 염색체의 일부가 서로 바뀌어 결합되는 등의 전위 현상이 일어나거나, 일부가 결손(deletion)되는 등 염색체 구조상의 문제로 인해 발생한다. 염색체 구조 이상의 예로는 안젤만 증후군, 묘성 증후군, 스미스-마제니스 증후군 등을 들 수 있다.

2) 사회적 위험 요인

(1) 심리 · 사회적 영향

지적장애의 영향 중 심리 · 사회적 영향은 생물학적 영향과 분리하여 설명하기가 어렵다. 유전적 영향은 명백히 생물학적이라고 할 수 있지만, 표면적인 결과는 환경적인 요인에서 영향을 받는다. 따라서 지적장애의 대부분의 원인은 환경적인 문제와 심리 · 사회적인 문제가 서로 유기적으로 얽혀 발생되기 때문에 특정한 한 가지 원인만으로 설명하는 것은 바람직하지 않다.

(2) 환경적 요소

폐기물 처리장, 대기오염, 수질오염 등과 같은 환경오염은 중요한 사회적 · 생물학적 요인으로서, 삶의 질뿐만 아니라 빈곤의 영향을 받는 사람 수의 증가로 이어지기도 한다. 이는 지적장애 발생에도 영향을 미친다. 생후 최초 2년 동안 발생하는 심각한 영양실조는 일반적으로 지적 능력 발휘에 영향을 주는 것으로 알려져 있다.

일반적으로 가정환경은 지적 능력을 결정하는 중요한 요인으로 인식되고 있다. 출산 전 빈곤한 가정환경은 산모에게 영향을 주어 궁극적으로 태아에게 영향을 끼칠 수 있다. 산모의 부적절한 영양섭취나 규칙적이고 적절한 산전관리의 부재, 폭력에 노출된 가정환경 등은 태아에 악영향을 끼칠 확률을 높인다. 빈곤한 가정에서 태어난 아동들의 경우 여러 가지 상황이 상호작용하여 지적 잠재력이 최대한으로 나타나지 못할 수 있다. 그러나 많은 빈곤한 가정의 아동들이 정상적인 지적 능력을 보이고 있는 것도 사실이다. 그렇다 하더라도 아동발달을 위해 필요한 기본적인 환경자극을 제공할 수 없는, 즉 문화박탈 상태는 일반적으로 사회 · 경제적 지위가 낮은 경우와 연관성이 있는 것으로 보인다(Beirne-Smith et al., 2006). 빈곤 자체가 지적 발달을 저해한다기보다는 빈곤과 연관될 수 있는 다른 많은 요인으로 인해 지적 발달을 위한 자극이 충분히 제공되지 않을 수 있다는 사실이다.

(3) 부적절한 산전관리

산모가 임신 중 위험한 독소에 노출되는 것은 선천적인 기형이나 저체중 출산과 관련이 있다. 대체로 불충분한 산전관리는 빈곤과 관련 있는 경우가 많다. 임신 중 태아의 발달상 결정적 시기에 건강문제와 영양섭취 부족은 태아의 지적 발달에 심각한 결과를 초래할 수 있다. 산모는 영양섭취를 잘해야겠지만 극단적인 경우를 제외하고는 임산부의 영양 부족이 태아의 인지발달에 심각한 영향을 준다는 연구는 거의 없다. 왜냐하면 임신기 동안 모체의 호르몬 체계의 변화를 통해 모체의 영양섭취와 상관없이 태아가 충분한 영양을 공급받게 되어 있기 때문이다(Osteria, 1982). 물론 극도로 기아 상태이거나 임신의 특정한 단계에 영양실조가 심각하게 발생한다면 결과는 달라질 수 있다. 또한 '출생 시 저체중'은 임산부의 열악한 영양 상태 및 부적절한 체중 증가와 관련이 매우 높다고 보고되고 있다. 그러나 일반적으로는 모체의 영양 부족만이 지적장애를 유발한다고 보지는 않는다. 단, 선천성 갑상선 기능 저하증의 경우 유전적 요인 외에도 임산부의 요오드 섭취 부족으로 인해 발생하기도 하니 주의해야 한다(Foreman, 2009).

(4) 태아기의 기형 발생

임신 중 음주는 태아 알코올 증후군을 가진 아기를 출산할 위험성이 있다. 또한 산모가 후천성면역결핍증, 수두, 성병, 매독, 결핵 등에 걸렸을 경우에도 태아의 장애를 초래한다. 그 외에도 니코틴, 코카인, 마리화나, 납중독 등은 태아의 생명을 위태롭게 할 뿐만 아니라 성장발육을 지체시킬 수 있다.

혈중 납 농도 수준과 관련된 행동적 · 인지적 · 건강적 영향은 오래전부터 밝혀지고 있지만, 일반적으로 납에 노출될 수 있는 환경인 공장지대나 오래된 주거시설, 먼지, 오염물질에의 노출 등은 빈곤과도 연관되어 있는 요소들이다. 최근에는 납이 아동의 건강과 지적 기능에 심각한 영향을 준다는 것이 밝혀지고 있다.

3) 행동적 위험 요인

출생 전 부모의 약물복용이나 음주, 흡연과 같은 행위, 산전관리에 도움이 안 되는 미성숙한 행동들, 출산 전후에 나타나는 부모의 육아 거부 행위, 출생 후 부모의 아동학대나 가정폭력, 부적절한 안전 중재, 사회로부터 아동을 격리하는 행위, 아동의 다루기 힘든 행동들 등이 해당된다. 태아가 자궁 내에서 독성물질에 노출될 때 태아 발달에 손상을 입는 대표적인 경우가 바로 모체의 알코올 섭취로 인한 태아알코올증후군(Fatal Alchol Syndrome: FAS)이다. 태아알코올증후군의 주된 증상은 안면기형, 성장장애, 중추신경계 장애이다. 미국의 경우 최근 신생아의 약 1% 정도를 차지할 정도로 높은 발생률을 보이고 있으며, 지적장애를 초래하는 주원인으로 주목받고 있다(Harris, 2006). 산모의 흡연이 지적장애의 직접적인 원인이 된다는 증거는 없지만 임신 중에 담배를 피우는 산모는 조숙아나 미숙아를 낳은 경향이 훨씬 많다. 헤로인이나 코카인 또는 모르핀과 같은 약물은 태아의 정상발육을 방해한다. 인지적 수행능력이 부족하고 언어 및 주의집중에 문제가 있다. 직접적인 체벌이나 심하게 아동을 흔드는 행동 등도 뇌출혈이나 잠재적으로 지적장애에 영향을 미칠 수 있다. 또한 방임이나 유기는 학대와 함께 나타난다. 방임은 신체적, 심리적, 혹은 약물남용의 문제가 있는 가족, 특히 급성 혹은 만성 우울증 어머니가 있는 가정에서 더 자주 나타난다. 이 외에 미성숙한 부모에게서 양육되는 아동이나 부적절한 안전중재 등으로 인한 원인 등에 의해서도 지적장애가 유발된다(신지숙, 2010).

4) 교육적 위험요인

교육적 위험요인은 지적 능력과 적절한 적응기술을 발달시킬 수 있는 정보 제공 및 교육적 지원의 부재로 인해 야기될 수 있는 위험요인들이다. 예를 들면, 출생 전 임신 및 출산에 관련하여 전혀 지원을 받지 못한 지적장애를 가진 부모의 상태, 부모로서의 준비가 덜 된 상태, 출산 전후에 필요한 중재를 위한 의료적인 의뢰를 하지 못한 상태, 출생 후 부모의 양육기술이 부족하거나 조기 중재 서비스나 특수교육, 가족 지원 등이 적절하게 제공되지 못한 경우 등이 해당된다. 동일 수준의 빈곤가정이라 할지라도 어머니가 지적장애를 가지고 있는 경우에는 그렇지 않은 경우에 비해서 자녀의 지능과 학업성취가 더 낮고, 더 많은 행동문제를 가지고 있으며, 가정환경과 어머니에 대한 사회적 지원도 더 부족한 것으로 나타났다. 지적장애인 부모의 부적절한 양육은 아동을 거부하거나 아동의 복지에 대해 무관심해서가 아니라 부모가 갖고 있는 능력의 한계 때문일 가능성일 더 높다. 이러한 측면에서 지적장애인 가정 자녀들의 정상적인 성장을 돕기 위한 사회적 관심과 지원이 더 요구된다.

4 지적장애의 특성

일반적으로 지적장애는 지적 기능에 제한이 있기 때문에 배울 수 없다거나 일반아동과 함께 교육받을 수 없다는 생각을 한다. 그러나 지적장애의 75~90%는 기본적인 학습능력을 가지고 있으며, 사회성이나 자조기술을 적절하게 교육한다면 독립적으로 살 수 있는 능력이 충분하다. 지적장애는 연령에 따른 지적 능력과 적응행동에 있어서의 제한을 의미한다. 많은 지적장애들이 교육을 통해 적응행동기술에 있어서 많은 진보를 보이지만 대부분의 경우에는 일생에 걸쳐 그 영향을 받는다(김진호 외, 2006). 그러나 많은 지적장애아는 학교에 입학하거나 때로는 어려운 교과 학습이 요구되는 고학년이 될 때까지도 판별되지 않는 경우가 있다. 간헐적 지원을 받는 지적장애아는 너무 어렵지 않은 교과과정을 배울 수 있으며 독립적으로 일하거나 사회기술, 의사소통기술도 적절하게 발전시킬 수 있으므로 학교를 졸업하고 나서는 더 이상 장애인으로 인식되지 않는 경우도 있다. 제한적 지원을 받는 지적장애아는 학령기 이전부터 발달상의 지체가 뚜렷이 나타난다. 나이가 들수록 이러한 지적 발달과 적응행동의 불일치는 더욱 커지게 되며 신체적인 장애나 문제행동을 나타내는 경우도 많다. 확장적 · 전반적 지원을 받는 지적장애아는 거의 대부분이 출생 시나 아니면 출생 직후에 판별이 된다. 대부분의 확장적 · 전반적 지원을 받는 지적장애아들은 중추신경계의 결함이 있으며 많은 수가 또 다른 장애나 건강상의 문제를 수반한다.

지적장애의 인지적, 사회·정서적, 행동적 특성을 제시하면 다음과 같다(김동일 외, 2010).

1) 인지적 특성

지적장애아는 인지능력과 학습 특성에서 낮은 기억력, 느린 학습 속도, 주의집중 문제, 배운 내용을 다른 영역에 적용하는 일반화 능력의 부족, 동기 결함을 보인다(김동일 외, 2010). 지적장애아들은 기억력이나 주의집중력, 학습내용을 실제 생활에 응용하는 일반화 능력과 같은 인지적인 결함이 두드러진다. 이러한 인지적 장애는 아동의 발달과 학습에 직접적인 영향을 미치게 된다. 먼저 학습 속도가 느려짐으로써 정상적으로 기대되는 발달에 비해서 그 성취가 매우 느리며 정상적인 발달기술의 습득이 지체되고 어떤 기술은 전혀 습득하지 못할 수도 있다. 이러한 느린 학습 속도는 전 생애에 걸쳐 인지적인 성장을 떨어지게 하므로 마치 실제 나이보다 어린 사람처럼 행동하는 것처럼 보인다. 특히 특정 기술을 학습하게 되는 적절한 시기가 되어도 실제로 필요한 기술을 습득하지 못하므로 연령이 증가함에 따라 지체 정도가 커지게 된다. 따라서 유아기보다 아동기, 청소년기, 성인기가 되면 연령에서 기대하게 되는 기술이나 성취의 수준 차이가 더욱 두드러진다(송미경 외, 2009).

(1) 인지능력과 학업성취

지적장애아는 대체로 주의력이 부족하고, 기억력이 뒤떨어지며, 관찰이나 모방을 통하여 배우는 모방학습이나 우발학습의 능력이 부족하다. 초인지에서도 낮은 능력을 보이기 때문에 공부를 할 때 자신만의 학습전략을 사용한다거나 추상적 사고 또는 고차원적 사고능력을 사용하는 데 어려움을 보인다.

(2) 언어능력

언어발달에서 지체되거나 비장애아동이 보이는 전형적인 발달의 패턴을 보이지 않는다. 발달적 이상의 관점에서 지체를 보인다는 의미는 경도 지적장애아의 언어발달이나 인지발달이 어린 아동의 발달과 비슷한 발달 형태를 보임을 전제한다. 따라서 이런 경우 언어를 습득하는 속도가 느리고 기능수준이 낮을지라도 발달의 순서와 단계는 비장애아와 유사하다고 보는 것이다. 그러나 차이 혹은 결핍의 입장에서는 지적장애아의 인지발달 패턴이 비장애아의 발달과는 질적으로 다르다고 본다. Piaget의 인지발달이론에 따르면 인지적 발달은 아동과 주위 환경의 상호작용 결과로 이루어진다. 따라서 교육자의 역할은 아동의 주변 환경과 상호작용할 수 있도록 하고, 발달단계에 적절한 교재와 기회를 제공해 주는 것이다.

지적장애아들은 대부분의 발달 영역에서 느린 속도를 보인다. 신변처리 기술과 일상생활 기술의 습득이 지체되거나 독립적인 기능을 발휘하지 못하는 경우가 많다. 예를 들어, 대소변 처리기술이 늦어지거나 완전히 독립적인 기능을 습득하지 못하는 경우도 있다.

언어발달의 경우에도 정상적인 언어발달의 단계를 따르지만 발달의 시작 시점이 느리고 발달 속도가 지체되며 낮은 발달 수준에서 멈추는 특성을 지닌다(Warren & Yoder, 1997). 또래보다 늦게 말을 시작하며 언어가 발전하는 속도도 느리고 유창한 정도도 매우 뒤처지게 된다. 말을 정확하게 발음하지 못하는 조음의 문제는 지적장애아에게서 흔히 나타난다. 언어발달에 있어서 지체되거나 비정상적인 패턴을 보이는 것은 거의 모든 지적장애아에게서 볼 수 있다.

2) 사회 · 정서적 특성

지적장애아는 일반적으로 인지능력과 더불어 사회적 기술이 낮은 것으로 보고된다. 비장애아에 비해 또래나 교사와 긍정적인 관계를 맺고 유지하는 능력이 떨어지거나 사회적 관계를 형성하는 데 방해가 되는 문제행동을 보이는 경우가 많다. 따라서 또래에게 거부를 당하거나 고립되는 지적장애아는 결국 학교에서 다른 학생들과 상호작용을 하면서 사회적 경험을 쌓거나 경험을 통해 배우는 기회가 적어지게 된다. 게다가 또래로부터 거부를 당할 경우 부정적 정서를 갖게 될 가능성이 높고, 다른 사람과 상호작용하는 법을 몰라 친구를 사귀는 데 어려움이 있을 수 있다(김동일 외, 2010).

사회성 발달에 있어서도 다양한 문제를 보이는데, 친구를 사귀거나 대인관계를 유지하는 데 어려움을 보인다. 이는 다른 사람과 어떻게 상호작용해야 하는가를 잘 모를 뿐만 아니라 무관심이나 방해행동, 문제행동 등과 같이 또래들이 싫어하는 행동을 하기 때문이다. 이러한 사회적 기술의 부족이나 어려움은 유아기부터 나타난다(Kasari & Bauminger, 1998).

지적장애아의 인지적 결함이나 발달상의 지체는 학업성취를 떨어뜨리고 결과적으로는 학습동기를 결여시키게 된다. 오랜 시간 동안 누적된 실패 경험은 지적장애아에게 아무리 해도 할 수 없다는 생각을 갖게 하며, 결국은 하고자 하는 의욕을 상실하게 되는 '학습된 무력감(learned helplessness)'을 경험하게 만든다. 또한 사회성 기술의 결함이나 언어 및 의사소통의 지체로 인해 또래들과의 원활한 상호작용을 하지 못하게 되면 정서적인 문제를 수반하게 된다. 이는 어렸을 때부터 자신이 친구들과 다르다는 것을 인식하고 자신에 대한 자아개념이 낮아지면서 점차 자신감이나 동기유발과 같은 정서적인 원동력이 결핍되기 때문이다. 따라서 지적 기능의 장애로 인해 수반되는 정서적인 어려움이 상담의 주문제가 되는 경우가 많다.

한편, 지적장애아의 낮은 지적 능력에 비해 사회·정서적 특성은 긍정적으로 기술되는 경우도 있다. 또한 일반학교에 배치된 지적장애아가 특수학교에 있는 지적장애아에 비해 사회성이 좋았다는 연구결과도 있다(Zion & Jenvey, 2006). 따라서 지적장애아가 어릴 적부터 비장애아와 상호작용 기회를 많이 갖고 대화 시작하기, 차례 지키기 등 다양한 사회성 기술을 연습하고 습득하도록 도와주면 그들의 사회성 발달에 도움이 될 것이다(김동일 외, 2010).

3) 행동적 특성

지적장애아에게는 주로 주의산만, 과잉행동, 불안장애, 외상 후 스트레스 장애, 성격장애 등을 포함하는 매우 다양한 행동적 특성이 나타날 수 있다. 이러한 행동 특성은 대체로 장애 때문에 나타난다. 하지만 약물의 영향이나 건강 관련 문제 때문에 부적절한 행동을 보이는 경우도 있다. 따라서 사회·정서적 특성과 함께 행동적 특성으로 지적장애아를 일반교육 프로그램에 통합시키기 위한 결정을 하는 데 어려움이 예상된다. 또한 지적장애아는 행동적 특성으로 인해 학업에 어려움을 보일 수 있으므로 그들의 행동문제에 대해 적절한 중재와 관리기법을 교육·훈련받을 필요가 있다(김동일 외, 2010; Gumpel, 1994).

5 지적장애아의 상담

지적장애아는 어릴 때부터 비장애아와 함께 교육받고 생활하면서 인지적 노력뿐 아니라 자신의 나이에 맞는 적응기술들을 익힐 수 있고 나아가 주변 환경을 적절히 이용하는 것을 배울 수 있다. 지적장애아는 위에서 제시한 것과 같은 특성을 가진 획일적인 집단이 아니라, 서로 다른 요소와 개별적인 특성을 가진 다양한 구성원으로 이루어져 있다(송미경 외, 2009).

지적장애아의 발달은 영유아기부터 시작하는 조기교육, 중·고등학교에서의 진로교육, 졸업 후의 취업과 재활에 따라 커다란 영향을 받게 되는 똑같은 능력의 학생이라도 적절한 진로교육이나 학교에서 사회로의 성공적인 전이(transition) 여부에 따라 커다란 차이를 보일 수 있다. 지적장애아는 조기교육을 포함한 특수교육의 발달로 적절한 교육과 지원을 받으면 지역사회에 통합된 개인으로서 살아갈 수 있다. 따라서 아동과 가족과의 상담을 통해 시기에 따른 적절한 지원이 매우 중요하다.

모든 아동과 마찬가지로 상담가와 지적장애아 사이에 형성된 관계가 상담의 성공에 결정적인 요인이다. 이러한 아동들과 상담을 하는 상담가에게 도움이 되는 실제적인 제안이 다음에 제시되어 있다(조용태, 2006).

- 상담가는 장애와 관련된 폭넓은 이해가 있어야 하고, 상담해야 하는 아동의 인지적 수준에 대해 알고 있어야 한다.
- 상담가는 유머감각을 가지고 있어야 하고 개인적이거나 관련이 없는 질문이나 논평에 대처할 수 있어야 한다.
- 상담가는 확실한 이해를 위해 빈번한 반복과 명료성을 사용해야 한다. 구체적인

구조물의 사용은 추상적인 개념을 다루는 문제를 극복하는 데 도움이 될 수 있다.

- 상담가는 구체적 용어와 짧고 간단한 단어와 문장으로 말해야 한다. "네가 다른 사람을 다루는 방법에 따라 다른 사람이 너를 다루는 방법이 결정된다"와 같은 말은 지적장애아에게는 너무 복잡하다. 이것은 "네가 다른 사람을 좋아하면 그들도 너를 좋아할 것이다"라고 하는 것이 더 유용하다.
- 상담가는 집단 내에 어느 정도의 구조를 형성해야 하고, 고정된 행동과 시간 제한을 고수해야 한다. 과제 이탈행동은 친절하지만 단호한 방법으로 대처해야 한다.
- 상담가는 지적장애아와 상담할 때 다양한 언어적 방법과 비언어적 방법을 적용할 수 있어야 하고, 그것에 친숙해야 한다.

지적장애아의 상담은 감정이입이 잘된 촉진자에도 어려운 활동이다. 지적장애아는 지적 제한과 추상적 추리에 대한 어려움에 더하여, 상담에 영향을 주는 독립심과 성취에 대한 동기 부족으로 특징지어진다. 몇몇 아동들은 공격적이고 침착하지 못하다. 이들의 짧은 주의집중 범위와 부적응적 행동 패턴에 대한 대처는 상담가들에게 많은 인내와 창의성을 요구한다.

지적장애아에게는 개인상담기법보다 집단상담이 더 효과적이다(Bello, 1989). 적응행동의 문제는 이들의 일차적인 어려움이기 때문에 집단상황이 사회적 행동을 연습할 수 있는 환경을 제공하는 것이다. 집단 장면의 다른 강점은 또래와 상호작용할 수 있는 기회가 되며 또래에게 수용을 얻을 수 있다는 것이다. 또래 상호작용을 통해서 이들은 정서적 지원을 주고받는 방법을 학습할 뿐만 아니라 문제에 대처하는 대안적인 방법도 개발할 수 있다. 마지막으로 상담가가 집단 속에서 아동을 관찰하는 것이 교사에게 권고하기 위한 진단적 도구가 되며, 보다 개별화된 상담방법이 필요한지의 여부도 결정할 수 있다.

지적장애아의 집단상담에 대한 많은 연구들이 비지시적 방법보다는 지시적 방법이 더 효과적임을 보여주고 있다(Humes & Suggs, 1988). 상담가의 역할은 주제를 투입하고, 과제에서 집단이 이탈하지 못하게 하고, 참여를 촉구하고, 행동적 한계를 노출하도록 하는 것이다. 많은 경우에 상담가는 자신의 문제에 대처하려는 아동의 시도에 대해 지원과 격려를 제공하는 것과 동시에, 특정 기능의 지도도 적극적으로 할 필요가 있다. 지적장애아동이 사회적 상황에서 적절하게 행동하는 방법을 학습하는 데 도움이 되는 효과적인 도구가 역할놀이이다. 언어적 기능에 크게 의존하지 않는 다른 기법으로는 집단상담활동, 가상게임, 미술교육 또는 미술치료가 유용하다.

지적장애아의 지원을 위한 교사나 상담가의 노력은 매우 중요하다. 교사는 상담자로서, 상담자는 교육자로서의 역할을 동시에 해야 한다. 교사나 상담자는 전문가로서 아동에게 필요한 교육환경이 무엇인지, 성공적인 경험을 하기 위해서는 어떠한 지원체제가 제공되어야 하는지에 대한 체계적인 도움을 제공해야 한다. 이를 위해서는 아동의 발달 수준에 대한 정확한 정보를 알고 있어야 하며 발달수준에 맞는 적절한 교수방법을 적용할 수 있어야 한다. 예를 들어 또래와의 상호작용이 증진될 수 있도록 또래교수, 협력학습 등을 통해 환경적 여건을 만들어 주는 노력이 필요하다. 지적장애아가 문제행동을 보이는 경우도 있으므로 이에 대해 교사가 적절히 대처하는 것도 필요하다.

단순히 문제행동을 '지적장애아니까'라고 규정하지 말고, 그러한 행동을 하는 원인을 아동의 입장에서 체계적으로 분석하여 대체행동을 가르쳐 점점 문제행동을 줄여 나가야 한다. 벌을 주는 방법은 현재의 문제행동을 잠시 사라지게 할 수는 있을지라도 장기적으로 그 효과를 바라볼 수 없으므로 행동의 원인과 기능을 분석하여 보다 근본적인 해결을 해야 한다.

지적장애아를 위한 교육내용은 다른 장애아들의 경우와 마찬가지로 각 아동의 개별화 교육 프로그램에 의거해야 한다. 일반교과과정을 중심으로 장애 정도와 특성에 따라 기능적 학업교과의 학습이나, 기초적인 학습준비기술의 습득에 중점을 둘 수도 있다. 장애 정도가 심하여 학업교과의 학습이 어려운 경우에는 일상생활 중심의 교육과정을 사용한다. 이처럼 아동이 학교생활에 흥미를 잃지 않고 잘 적응할 수 있도록 도와주는 것이 지적장애아의 어려움이나 문제를 해결하는 첫 단추가 될 수 있다. 이를 위해서는 특수교사와 일반교사가 긴밀히 협력하고 반드시 사전에 교육계획을 위한 모임(예: IEP 회의)을 가져야 한다. 이런 교육계획을 통해 아동의 교육적인 목표뿐만 아니라 정서적인 문제도 통합적으로 해결해 가야 한다(김동일 외, 2016).

지적장애아를 교육하기 위한 방법으로는 우선 교사가 주도적으로 지도하는 방법이 있다. 과제분석(task analysis)과 모델링(modeling)을 통해 아동에게 필요한 기술을 가르칠 수 있는데, 과제분석이란 주어진 과제를 하기 위해 우선 갖추어야 할 선행기술은 어떤 것들인지 분석하는 것을 말한다. 예를 들어 가위질을 할 수 있도록 가르치기 위해서는 가위질을 하기 위해 필요한 하위 단계들(가위를 손으로 잡기, 구멍에 손가락 넣기, 손 움직이기 등)을 분석하여 지금 아동이 할 수 있는 단계와 하지 못하는 단계를 명확히 알아낸 후 지도해야 할 단계를 찾아내야 한다. 또한 각 단계를 가르치기 전에 아동에게 부족한 선행기술들을 먼저 가르친다. 이와 같은 과제분석은 학업기술과 일상생활기술을 가르칠 때 유용하며 세부적으로 나누어 가르치기 때문에 어떤 단계를 잘하는지 못하는지를 평가할 수 있는 점검표의 역할도 할 수 있다. 교사와 여러 번 시범을 보인 후 아동이 따라하도록 시키는데, 교사가 보여준 기술을 모방하고 숙달되게 하려면 연습을 많이 시키고 이에 따른 강화와 피드백을 제공해야 한다. 꼭 눈에 보이는 행동만을 모델링할 수 있는 것은 아니다. 과제를 하면서 그 과정을 소리내어 말해줌으로써 머릿속에서 일어나고 있는 사고과정을 인지적으로 모델링할 수도 있다. 이와 같은 인지적 모델링은 아동 주도적인 교수방법으로 이끌게 된다.

아동 주도적인 교수방법은 자기조절 기술과 관련된 자기점검법이나 자기교수법, 자기강화법을 말한다. 자신의 행동을 기록하게 함으로써 자기 행동에 대한 인식을 높여서 스스로 통제하도록 하는 자기점검법이나 미리 약속된 기준에 따라 스스로에게 행동의 결과를 제공하는 자기강화법, 스스로 과제수행 단계를 말하면서 과제를 하도록 하는 자기교수법은 아직 완전히 숙달되지 않은 과제를 가르칠 때 효과적이다(Bender, 1996).

표 6-5 자기결정행동 구성요소

• 선택하기 기술	• 의사결정 기술
• 문제해결 기술	• 목표 설정 및 목표 달성 기술
• 독립성, 위험 감수하기, 안전을 위한 기술	• 자기관찰, 자기평가, 자기강화 기술
• 자기교수 기술	• 자기옹호와 리더십 기술
• 효능성 및 성과기대에 대한 긍정적인 귀인	• 자기인식
• 자기지식	

출처: Wehmeyer, M.L., Agran, M., Hughes, C., Mithaug, D.E., & Palmer, S.B.(2010). 발달장애 학생의 자기결정 증진 전략(이숙향 역, p.29). 서울: 학지사. (원저 2017년 출간)

또한 학급의 인원수가 많고 이질적인 학생들로 학급이 구성되어 있을 때에는 지적장애아들에게 필요한 연습이나 도움을 제공하기 위해 또래 친구들을 활용할 수 있다. 이러한 또래 교수방법에서는 같은 학급 내의 친구가 또래교사가 되거나 상급 학년 학생이 또래교사의 역할을 하게 한다. 적절히 계획되고 실행된 또래 교수방법은 일반학생과 장애학생 모두에게 학업적 · 사회적 · 행동적으로 유익한 영향을 준다(Nowacek, 1994).

또래교사는 새로운 것을 가르치는 것보다는 배운 것을 복습시키거나 연습하는 것을 도와주고, 피드백과 강화를 주는 역할을 하게 하는 것이 좋다. 또래 교수방법을 효과적으로 운영하기 위해서는 교사의 면밀한 사전계획이 중요하며, 또래교사를 하는 학생이 정기적으로 교사와 만나 지시와 지원을 받을 수 있도록 하는 것이 중요하다. 다양한 능력의 학생들이 소그룹으로 모여서 학습하는 협력학습 방법도 통합된 지적장애아를 위한 또래 주도의 교수방법으로서 제안되고 있다.

이와 같이 지적장애아 개개인의 인지 및 행동 특성들을 고려하여 적절한 교수방법을 적용하고 아동에게 필요한 강화나 연습기회를 제공하며 수업 속도를 조절하여 흥미를 잃지 않고 집중할 수 있도록 도와주기 위해서는 교사의 관심이 매우 중요하다. 경도 지적장애아들은 비교적 비장애아들과의 차이가 많지 않기 때문에 통합학급에서 교사의 교육적 접근도 일반 교육과정과 교수방법의 테두리를 크게 벗어나지 않는 반면, 중도 지적장애아의 교육은 여러 측면에서의 다각적이고 협력적인 접근이 필요하다(Orelove & Sobsey, 1996). 이는 중도 지적장애아들은 지적장애와 함께 지체장애나 감각장애 혹은 심한 문제행동을 수반하는 경우가 많기 때문이다.

중도 지적장애아는 생활연령과 정신연령 간의 격차가 크다. 이러한 격차는 생활연령이 높아질수록 더 커지기 때문에 정신연령만을 고려하여 교과과정이나 교수자료를 계획하다 보면 자칫 생활연령에 맞지 않게 너무 어린 아동 수준의 교수활동을 하기 쉽다. 이러한 교수활동은 아동의 인격을 무시하는 것처럼 보이기도 하며 교육적으로도 바람직하지 않다. 중도 지적장애아를 위한 교육의 목표도 일반아동이나 경도 지적장애아와 마찬가지로 독립적인 성인으로 성장하도록 돕는 것이므로 교육도 실제적인 활동으로 계획하는 것이 바람직하다(Hallahan & Kauffman, 2003). 예를 들면 모형을 갖고 연습하는 것보다는 실물로 직접 만드는 것이 더 효과적이다. 중도 지적장애아에게는 학업적인 것뿐만 아니라 생활훈련도 매우 중요하다. 만나는 사람들에게 인사하거나 자기 방 청소하기, 혼자서 학교가기 등의 활동은 학업적 교과목의 교수만큼이나 중요하므로 '지적장애아니까'라며 기본적인 활동에서 제외해 주거나 다른 사람이 대신해 주는 것은 바람직하지 않다. 오히려 이러한 상황을 아동을 위한 교수상황으로 만드는 것이 좋다. 이와 같이 지적장애아에게 꼭 필요한, 그리고 그들이 배울 수 있는 것들을 잘 선정하여 가르치는 것이 지적장애아 교육의 핵심내용이다.

지적장애아들에게 필요한 활동은 지역사회에서 이루어지는 것이 바람직하다. 지역사회에서 이루어지는 활동은 대부분 기능적인 기술들이다. 동네 슈퍼를 이용하고 지하철을 타고 등교하는 등 지역사회에서는 직접 교육이 이루어질 수 있기 때문에 지적장애아들에게는 교실보다는 지역사회 환경에서 가르치는 것이 더 효과적이다(박은혜, 1997). 물론 지역사회로 나가기 전에 교실에서 지역사회에서의 교수를 대신하거나 준비하기 위해 모의환경을 구성하여 수업을 할 수도 있다. 음식점이나 백화점, 은행, 가게, 오락시설, 현금인출기, 자동판매기 등이나 다양한 여가시설을 통해 기능적인 기술을 지도할 수 있다. 지역사회 교수가 단순한 일회적인 현장학습이 되지 않으려면 체계적인 교수계획에 의해 이루어져야 한다.

사 례 지적장애아 상담

2016년 민섭이(가명)는 내원 당시 중학교 2학년으로 자신의 도우미였던 같은 반 여자친구가 자신의 실제 여자친구가 아니라는 것을 확인하면서 환청/환시가 생겼다. 믿고 있던 사실이 아니라는 것과 오해하며 생긴 상처와 비정상적인 대인관계로 인한 거부감이나 심리적 위축이 원인으로 보였고 정신과 진료 시 약물복용과 심리치료 병행을 의사선생님이 권유한 것이 심리적 지원을 선택한 이유이기도 하였다. 청소년 초기에 정신문제로 인한 치료를 적절히 받지 못할 경우 증상은 심화되고 성인기까지 정신과적 주요장애로 고통을 받을 수 있기에 적절한 치료가 필요해 보였다.

내담자의 신체적인 특징은 또래집단보다 체구가 작고 다소 왜소한 체격에 흰 피부를 가졌고 말과 행동이 느렸다. 신체운동능력은 통학을 자전거로 할 정도로 대근육 사용에서는 민첩해 보이는 듯했으나, 미술작업에서는 손가락 사용이 지체되고 민첩성도 결핍되고 속도, 유연성 반응 속도는 정상 청소년에 비해 상당히 낮았다. 특히 낮은 지적 능력으로 인해 부적절한 몸단장, 계절에 맞지 않는 옷차림 등은 또래집단에서 사회적으로 수용 받는 데 방해요소가 되었을 가능성도 보였다.

내담자의 지적 능력은 지적장애 3급으로 짧은 기억력과 한 번 학습한 내용은 다른 상황에 사용하는 전이와, 학습한 내용을 다른 상황에 사용하는 일반화 능력에 결함을 보이기 때문에 자신의 문제해결에 사용하지 못하는 특성이 있었다. 반면에 자동차에 관련된 세부적인 지식을 자랑하는 모습이 있었다. 유일하게 기억할 수 있는 정보량이 많았고 다른 청소년과 구별할 수 있는 능력으로 스스로 자존감에 긍정적인 영향을 받고 있는 것으로 보였다. 하지만 내담자는 자동차라는 특수를 좋아하다 보니 장 밖의 다른 상황은 예외가 되어 학습면에서도 기억하거나 이용하는 것이 어려워 보였다. 자동차라는 특수와 혼자 놀고 혼자 있는 시간이 길어졌기에 자동차를 통해서 존재를 확인하는 모습이었을 것으로 추측된다. 의미를 생산하는 과정은 자폐 성향과도 비슷하기에 정보를 이미지화하고 감각지각적으로 알아차리는 것보다 정신적으로 알아차리는 것이 필요해 보였다. 또한 주어진 모든 상황에서 자신을 언어적·비언어적으로 표현하고 상황에 맞게 대처할 수 있도록 직·간접적으로 접근하는 것이 필요해 보였다.

내담자의 부모님은 계셨지만 엄마는 서울에서 직장생활을 하며 가끔 집에 들러서 살피는 정도여서 자녀가 하루 일과 중 무슨 일이 있었는지, 부적절한 행동은 없었는지, 심리적 어려움은 없었는지 파악이 어려웠고, 아빠는 아직 판단력과 사고력이 열악한 자녀의 특징을 이해하기보다는 미성숙한 아동이 마치 성숙한 성인이 된 것처럼 스스로 판단해야 된다고 믿었다. 이런 생활에 노출된 민섭이는 적절한 상황대처 경험이 적었고 이런 모습은 사회적 기술의 부족과 차이점 때문에 다른 사람들과 함께 살아가는 방법을 습득하기가 쉽지 않았을 것으로 보인다.

돌봄을 받지 못하는 민섭이는 도움실 특수교사에게 간단한 문제가 틀려 집중을 하지 못한다는 꾸중을 들은 것을 내내 되새기고 있는 모습인 반면 자주 오지 않는 엄마로부터 돌봄을 받지 못하는 것에 대해서는 감정이 없는 아이처럼도 행동하였다. 늘 '엄마가 없어도 괜찮아요', '엄마가 필요하지 않니'라는 질문에 '아니요. 그런가요?' 등 자신이 무엇을 원하는지 엄마가 왜 필요한지를 잘 모르는 모습이었다. 이런 모습 또한 적절한 돌봄을 받아야 하는 시기에 받지 못한 것을 추측해 볼 수 있었다.

내담자가 아팠을 때의 증상은 귀에서 계속 소리가 나고 갑자기 두려움이 생기고 세월호 동영상에 대한 헛소리를 하기도 했다. 자녀가 아플 때는 함께 거주하며 어머님이 지지해 주고, 옆에서 돌봐주고, 챙겨주고, 소통해 주자 회복하는 능력이 생긴 것은 민섭이에게는 어머님의 적절한 돌봄과 친밀하게 소통하고 나눌 수 있는 대상이 필요함을 확인하는 시간이었다.

사춘기가 되면서 나타나는 신체에 대한 인식도 생기는 시기인데 계절에 맞지 않는 옷, 씻지 않고 눈곱이 낀 채 치료실 오기, 음식물을 도구 없이 손으로 지저분하게 먹기, 먹은 후 입가가 지저분하지만 닦지 않기 등 초기 아동기 양육자가 지나치게 밀착해서 다 해준 것으로 보이기도 하였다.

치료가 어느 정도 진행되자 어린 시절 성폭행 당한 경험을 갑자기 기억해 냈고, 자신을 성폭행한 고등학생 형이 자신에게 성기를 노출시킨 일이 어렴풋하게 기억나고 어떻게 처리되었는지는 기억 못하지만 그 사람을 벌주고 싶은 마음과 어떤 기분이었는지 기억하고 생각하는 모습이 나타나기 시작했다. 억울함이라는 감정을 기억해 내면서 반톡에서 v자를 한 채 손으로 찍은 사진을 가운데 손가락으로 욕하는 손으로 변경해 친구들에게 놀림 당한 이야기를 꺼내기도 하였다. 점점 자신의 힘든 부분 / 슬픈 부분 / 어두운 부분에 대한 언급이 나타나기 시작하였고, 엄마의 부재, 자신을 돌봐주는 사람이 없어도 그냥 웃거나 자신이 힘든 건지 엄마가 보고 싶은 건지도 알아채기 어렵던 모습에서 자신이 멍 때리고 어리버리한 모습에 대해서 표현하기 시작하였고 자신의 그런 모습에서 변화하고 싶다는 생각을 하는 모습이 보이기도 하였다.

민섭이는 중2부터 고2가 된 현재까지 같은 증상으로 4번 반복해서 정신과 진료를 받아야 했다. 정신과 약물치료 후 6개월 정도 지나면 증상이 호전되어 약물복용을 중단하면 학교에서 쓰러지거나 과호흡과 환청 / 환시로 힘들어하였다. 치료실 오기도 힘든 시기에는 몇 개월 쉬어야 하기도 하였다. 4번째 재발했을 때는 말을 더듬기도 하였다. 언제 주로 말을 더듬게 되는지 나누자 슬플 때, 긴장될 때, 불안할 때라고 구체적으로 표현이 가능했고 그런 상황에서 말을 더듬는 새로운 특성이 나타나고 있다는 것을 인식함도 필요해 보였다. 자신이 아팠던 기억을 다시 표현하며 미치면 잠시 멍하니 있으면 회복된다고도 표현하였다. 왜 미치는지는 알지 못하는 모습이고 평소 너무 억제하고 사는 모습이라 어느 순간에 폭발하는 것처럼 조절이 안 되기도 하는 모습이었다.

지금까지 내담자의 특징을 종합해 보면 유아기 신체 방임이 조현병 환자의 기능적 · 사회적 장애와 연관이 있고 정서적 방임은 일상생활이나 직장, 학교에서의 기능 저하와 연관이 있다는 연구와 밀접해 보였다. 아기는 외부체계, 즉 어머니의 절대적 존재인 양육환경을 통해서 세상을 바라보고 자기 존재를 확인하는데 내담자는 세상을 바라보는 시기에 어머님의 눈을 통해 세상을 바라보는 방법을 경험하지 못해 자기 존재에 대한 미약한 존재감과 두렵다고 생각되는 세상과의 단절을 통해 자신이 가진 능력보다 발휘하기 어려운 현재의 내담자의 특성에 영향을 주었다고 생각된다. 좀 더 자신의 생각, 감정에 몰입하고 정서적 지지를 받는 과정이 필요하다.

Chapter 07

자폐성장애 상담

1. 자폐성장애의 정의
2. 자폐성장애의 유병률
3. 자폐성장애의 원인
4. 자폐성장애의 특성
5. 자폐성장애아의 상담

1 자폐성장애의 정의

자폐성장애는 DSM-IV-TR(2000)에서는 0.05%, 즉 10,000명당 5명이 나타났으나, DSM-5(2013)에서는 1%로 100명당 1명으로 나타났다. 유병률이 과거보다 상당히 높은 비율로 증가하고 있다. 유병률이 증가하고 있는 이유에 대해서는 아직 합의된 결론에 이르지 못하고 있다. 하지만 현재까지는 장애의 개념이 범주성장애에서 스펙트럼장애로 진단기준이 변경됨으로써 확장된 진단준거를 갖게 된 점, 언론매체의 영향으로 장애에 대한 부모의 인식이 증가하여 조기진단 비율이 높아진 점, 평생 지속되는 장애라는 것을 인지하게 되는 등의 이유가 논의되고 있다(Matson & Kozlowski, 2011).

여러 해를 거쳐 자폐성장애아들을 보면 감각적인 문제, 의사소통, 반복된 행동, 부적절한 행동, 지적 능력의 차이 등 매우 다양하여 마치 프리즘을 통해 나오는 자폐적 성향의 연속선상의 스펙트럼 빛을 보는 것과 같았다. 이는 자폐성장애 아동들이 같은 문제를 가지고 있는 경우가 없을 정도로 다양하다는 것을 의미하기도 한다. 따라서 자폐성장애를 일컫는 용어도 '자폐(自斃)', '자폐증(autism)', '자폐성장애(autistic disorder)', '자폐스펙트럼장애(autism spectrum disorders)', '전반적 발달장애(Pervasive Developmental Disorders: PDD)' 등 다양하게 표현되고 있다. 현재 우리나라에서는 이러한 용어들이 혼용되고 있으나 가장 널리 쓰이는 표현은 '자폐성장애'로 '범주성' 또는 '스펙트럼'의 의미를 담겨 있는 'Autism Spectrum Disorders(자폐성장애아)'를 포함하여 사용되고 있다(김용욱 외, 2016).

1) 「장애인 등에 대한 특수교육법」의 정의

'자폐성장애란 타인과 의사소통이나 사회적 상호작용이 어렵고 일과 변화를 지나치게 싫어하며 특정 행동(가령 손이나 머리 흔들기, 꼬집기, 머리박기 등)을 계속해서 반복하거나 사물의 특정 부위에 지나치게 관심을 갖고 집착하는 행동을 하는 사람'이라고 정의를 내리고 있다.

2) 미국 「장애인교육진흥법(IDEA, 2004)」의 정의

자폐성장애는 3세 이전에 발발하여 구어적인 의사소통 및 비구어적인 의사소통, 사회적인 상호작용, 교육적인 수행 등에 심히 불리한 영향을 미치게 되는 발달장애로 감각자극에 대한 비정상적인 반응 등을 꼽을 수 있다. 정서적인 결함으로 인해서 교육적인 수행에 불리함을 나타내는 경우는 자폐성장애로 보지 않는다.

3) 「장애인복지법」의 정의

'소아기 자폐증, 비정형적인 자폐증에 따른 언어 · 신체표현 · 자기조절 · 사회적응 기능 및 능력의 장애로 인하여 일상생활이나 사회생활에 상당한 제약을 받아 다른 사람의 도움이 필요한 사람'으로 자폐성장애를 정의하고 있으며, 또한 등급을 정하여 그 기준을 제시하고 있는데 그 내용은 다음과 같다(장애인복지법 시행규칙, 2015).

표 7-1 자폐성장애의 능력 장애 측정기준

1. 불러도 대답이 없다.	11. 가구의 위치를 옮기면 불안해한다.
2. 독립적으로 적절한 식사가 불가능하다.	12. 같은 길로만 가려고 한다.
3. 대소변을 가리지 못한다.	13. TV에서 광고만 보려고 한다.
4. 또래와 놀지 못한다.	14. 밖으로 나가면 그냥 마음대로 가버린다.
5. 남의 말을 이해하지 못한다.	15. 머리의 크기가 작다.
6. 표현언어가 없다.	16. 눈을 맞추지 않는다.
7. 자기방어를 하지 못한다.	17. 손을 비틀거나 씻는 것 같은 행동을 반복한다.
8. 충동적인 행동을 보인다.	18. 모든 물건을 입에 집어넣는다.
9. 자해적인 행동을 한다.	19. 생후 1~2년 정도까지는 정상적인 발달을 보인다.
10. 한 가지 장난감에 집착한다.	20. 혼자서 말을 하는데 대화를 하지 못한다.

4) DSM-5의 정의

가장 널리 사용되고 있는 정신질환의 진단 및 통계편람(Diagnostic and Statistical Manual for mental disorders-5: DSM-5, 2013)에서는 다음과 같이 정의하고 있다.

표 7-2 자폐성장애 진단기준

A. 다양한 맥락에 걸쳐 사회적 의사소통과 사회적 상호작용의 결함이 지속적으로 나타나며 현재 또는 과거에 다음과 같은 양상으로 표현됨(예시된 내용은 증례 중 하나일 뿐 절대적인 것은 아님).
  1. 사회적-정서적 상호작용 및 범위에서의 결함(예: 비정상적인 사회적 접근; 상호 주고받는 대화가 불가능; 관심이나 감정, 정서를 공유하지 못함; 사회적 상호작용을 개시 또는 반응하지 못함)
  2. 사회적 상호작용을 위해 사용되는 비언어적 의사소통 행동에서의 결함(예: 언어적 · 비언어적 의사소통을 잘 통합하지 못함; 눈 맞춤과 신체적 언어 사용이 비정상임. 제스처 이해와 사용에서의 결함; 얼굴표정과 비언어적 의사소통이 전반적으로 결여)
  3. 관계를 발달시키고 유지하고 이해함에 있어서 결함(예: 다양한 사회적 맥락에 맞게 행동 조정이 어려움; 상상놀이를 공유하거나 친구 사귀기 어려움; 또래들에 대한 흥미 결여)

B. 제한적이고 반복적인 행동 패턴이나 관심, 활동이 현재 또는 과거에 다음과 같은 항목들 중 적어도 두 가지 이상으로 표현됨(예시된 내용은 증례 중 하나일 뿐, 절대적인 것은 아님).
  1. 상동증적, 반복적인 동작 운동, 사물의 사용 또는 언어 사용(예: 단순 상동증적 운동; 장난감을 줄 세워 놓음; 사물을 툭툭 던짐; 반향어증; 개인 특유의 문구 사용 등).
  2. 같은 방식을 요구함, 일상적 활동을 융통성 없이 고수함, 의례적인 언어적 또는 비언어적 행동 패턴(예: 사소한 변화에도 극도로 고통스러워함; 변화를 어려워함; 사고방식이 경직되어 있음; 의례적인 행동; 매일 같은 길로만 다니려고 하거나 같은 음식만 먹으려고 함).
  3. 흥미가 매우 제한적이며 고정되어 있는데, 흥미의 강도나 초점면에서도 비정상임(예: 특이한 사물에 대해 강한 애착 또는 집착을 보임; 흥미가 지나치게 한정되어 있고 반복적임).
  4. 감각 입력이 과도하게 활성화되거나 과소 활성화됨. 또는 환경 내에서 특정 감각 양상에 특이한 관심을 보임(예: 고통/온도에 명백하게 무관심함; 특정 소리, 재질에 혐오 반응; 사물을 지나치게 냄새 맡거나 만짐; 빛이나 움직임을 주시하고 시각적으로 즐김).

C. 초기 발달 기간 동안 증상이 나타나야 함(다만, 제한된 능력을 넘어서는 사회적 요구가 있어야 비로소 명백하게 나타날 수 있음 또는 이후에 학습한 전략을 사용해 가장할 수 있음).

D. 증상이 사회적, 직업적 또는 현재 기능 중 여타의 중요한 영역에서 임상적으로 유의한 손상을 초래함.

E. 이러한 장해가 지적장애(지적 발달장애) 또는 전반적 발달지연으로 더 잘 설명되지 않음. 지적장애와 자폐스펙트럼장애는 흔히 동반되어 나타남; 자폐스펙트럼장애와 지적장애, 사회적 의사소통장애를 함께 진단 내리려면, 예상되는 일반적인 발달 수준 이하여야 함.

출처: 신현기 외 역(2014)

표 7-3 DSM-5에 의한 자폐범주성 장애의 권고된 기준

- **자폐성장애**: 상호작용의 극도의 사회적 결함; 종종 정형화된 움직임, 변화의 제한, 그리고 각 경험에 대한 비전형적인 반응; 보통 3세 이전에 명백하게 나타난다.
- **아스퍼거 증후군**: 경미한 자폐와 같으나 인지와 언어에 중요한 결함을 갖고 있다.
- **아동기 붕괴성 장애**: 적어도 2세부터 10세까지 정상적인 발달을 하다가 중요한 기능의 결함들이 나타난다. 일반적으로 남성에게 더 많다.
- **비전형적 전반적 발달장애**(PDD-NOS): 3세 이후에 발병되며, 전형적인 자폐의 행동에서 약간 벗어나 있다.

출처: 조윤경 외(2015). 유아교사를 위한 특수아동의 이해. 경기: 공동체.

표 7-4 자폐 범주성 장애(전반적 발달장애)의 하위 유형 장애의 정의

장애	정의
자폐성장애 Autistic Disorder	극도의 사회적 위축, 인지적 결함, 언어장애, 상동행동의 특성을 보이는 전반적 발달장애로 30개월 이전에 발생한다.
아스퍼거 증후군 Asperger Syndrome(AS)	언어 및 인지발달은 정상적이지만 운동기능의 발달에 있어서 지체를 보일 수 있으며 정서적 · 사회적 발달에 있어서의 결함을 보인다.
소아붕괴성장애 Childhood Disintegrative Disorder	2세부터 10세 정도까지의 정상적인 발달을 보인 후에 이미 습득했던 사회적 기술, 언어, 자조 기술, 또는 놀이 기술을 상실하게 되며, 결과적으로 사회적 상호작용이나 의사소통에 있어서의 질적인 결함과 상동행동을 보인다.
비전형성 전반적 발달장애 Pervasive Developmental Disorder Not Otherwise Specified (PDD-NOS)	현재의 전반적 발달장애 하위 범주에 속하지 않는 심각한 발달장애를 의미한다.

출처: 이소현 외(2006). 특수아동교육. 서울: 학지사.

자폐성장애와 다른 장애의 감별진단을 살펴보면 자폐성장애는 다른 발달적, 정신의학적 및 의학적 상황과 동시에 발생한다는 보고가 계속되고 있다. 어떤 경우는 결합된 경우가 많고, 어떤 경우는 드물게 나타나지만 이보다는 그 발생빈도가 우연히 일어날 확률보다 높은지, 같은 원인에 의한 것인지 혹은 하나 때문에 다른 하나가 발생하는지 등의 그 관계성의 본질이 정확하게 규명되는 것이 중요하다.

먼저 동시적인 병적인 상황으로는 인지적 및 적응능력에서의 낮은 수행력(80%), 경련장애(25%), 약체 X 증후군, 결절성 경화증 등이 있다. 또한 자폐성장애는 다양한 형태의 행동장애, 과다행동, 강박적인 증상, 자해, 전형성, 틱, 그리고 정서적인 증상 등을 동반한다. 어떤 것이 주장애인지를 가리기 위해서는 자폐성장애뿐 아니라 모든 장애에 분류체계가 있어야 한다. 분류체계가 있어야 하는 여러 가지 이유 중에 가장 근본적인 이유는 장애에 대한 의사소통을 원활하게 하고 적절한 중재방법을 고안하기 위해서이다(방명애 외, 2004).

2 자폐성장애의 유병률

자폐성장애의 유병률은 장애범위가 넓고 그 특징 또한 다양하여 정확하게 출현을 조사하기에는 어려움이 있다. 2024년 특수교육통계를 살펴보면 현재 우리나라의 자폐성장애아는 22,194명으로 전체 특수교육대상자의 19.2%를 차지하고 있다(특수교육통계, 2024). 자폐성장애의 성별 유병률은 남자 유병률(0.75건)이 여자 유병률(0.15건)에 비해 5배 정도 높은 것으로 나타났다. 이러한 유병률은 정신장애진단 통계편람(DSM)에서 제시하고 있는 1만 명당 4~5명의 출현율과 비슷하며 성비 또한 남성이 여성보다 4~5배 많이 출현하는 것과 비슷하다.

최근에 나타나고 있는 자폐성장애 유병률의 급격한 증가 경향은 장애의 원인과 관련된 많은 논란을 일으켜 왔다. 특히 유병률 증가의 직접적인 원인이 무엇인지에 대한 상반된 논의를 이끌어 왔다. 그러나 대부분의 전문가들은 유병률 증가가 실제 사례수의 증가라기보다는 다음과 같은 요인에 근거하는 것으로 주장한다(Wing & Potter, 2009).

첫째, 자폐를 진단하는 방법이 향상됨으로써 진단 사례가 증가하였다. 좀 더 정확하고 예민한 진단 도구들이 등장하게 되었으며, 이로 인하여 과거에는 지적장애 등 다른 장애로 진단되던 아동이 자폐로 진단받게 되고 장애의 정도가 경미한 경우도 좀 더 쉽게 판별할 수 있게 되었다.

둘째, 자폐를 정의하고 진단할 때 광범위한 진단기준이 적용된 자폐성장애로 확장되면서 진단을 위한 경계의 폭도 커지고 있을 뿐만 아니라, 진단 현장에서 가장 많이 사용되고 있는 진단기준인 DSM-5의 진단체계 자체가 과거에 비하여 좀 더 광범위한 아동을 포함할 수 있도록 그 진단의 경계가 완화되었다. 따라서 자폐의 진단 사례가 증가할 수도 있는 것으로 해석된다.

마지막으로, 부모와 전문가를 포함한 대중의 인식이 개선되었기 때문이다. 이와 같은 대중적인 관심은 장애를 지닌 아동을 좀 더 빠르게, 좀 더 집중적으로 진단할 수 있게 만들어 주었다. 결과적으로, 자폐의 유병률 증가는 진단 절차상의 변화 및 범주성 장애라는 폭넓은 개념 도입에 근거한 것으로 인식되고 있다. 자폐성장애로 진단되는 아동의 수가 증가하고 있다는 사실은, 교육 현장에서 자폐성장애로 인하여 특별한 요구를 지니게 되는 특수교육대상자가 증가하고 있다는 것을 시사한다. 또한 만일 자폐범주에 속하면서도 다른 장애로 잘못 진단된다면 장애의 특성에 따른 적절한 교육을 제공받기 어려워진다. 따라서 자폐성장애를 지닌 아동을 정확하게 판별하여 적절한 지원을 제공할 수 있도록 최선의 노력을 기울여야 할 것이다.

3 자폐성장애의 원인

자폐증의 원인에 대한 해답을 찾으려는 노력은 지금까지도 이어지고 있으나, 무엇이 자폐증을 일으키는지에 대한 명확한 원인을 찾아내지 못하고 있다. 과거 1960년대 후반에 자폐증은 얼음같이 차갑고 보듬어 주지 않는 방식으로 양육한 소위 '냉장고 엄마'라는 자폐증 아동의 어머니가 원인으로 대두되기도 하였고, 무관심하고 냉정한 부모가 자녀와의 정서적 유대를 발달시키지 못해 자폐증이 발생하였다고 보기도 했으나(Bettelheim, 1967) 이러한 주장은 더 이상 받아들여지지 않는다. 최근에는 예방접종이 자폐증을 유발한다는 문제 제기가 있기도 하였으나, 이를 입증하는 증거는 찾아볼 수 없었다(Immunization Safety Review Committee, 2004).

자폐증의 원인으로는 일반적으로 두뇌 구조나 기능상의 문제, 유전적 요인, 신경전달물질, 임신 중 특정 요인 등 생물학적 원인이 추정되고 있다. 예를 들어, 뇌간의 손상(Cohen et al., 1999), 전두엽기능부진(Dawson et al., 1998), 세로토닌 과다(Yang, Tan, & Du, 2014) 등이 자폐증을 유발한다는 연구결과가 누적되고 있다. 자폐증과 관련된 특정 유전자가 존재한다고 밝혀진 바는 없으나, 자폐증이 유전적 요소가 있는 장애라는 논의가 이루어지고 있다(Rutter, 2000).

1) 유전적 요인

유전적 요인은 자폐성장애가 진단된 이후 지속적으로 거론되는 원인론 중 하나이다. 가족력 연구결과 자폐성장애가 있는 가족에서 다른 자녀가 자폐로 출현할 확률이 증가하였다. Power(2000)의 연구에 의하면 자폐자녀를 둔 가정의 경우 또 다른 자녀가 자폐장애를 보일 확률이 2~3%였다. 쌍생아 연구를 살펴보면 일란성 쌍생아가 이란성 쌍생아가 이란성 쌍생아에 비해 쌍둥이 둘 다 자폐성장애를 나타낼 확률이 더 높았다.

약체 X 증후군이나 결절성 경화증, 다운 증후군 등의 염색체 이상에 의한 유전성 질환에서도 자폐성장애가 동반되는 경우가 많다. 약체 X 증후군에서 염색체 이상과 자폐증의 발병률이 가장 높았다. 약체 X염색체를 지닌 남성을 연구한 23사례의 69%가 자폐성장애를 지닌 것으로 나타났고(Levitas, McBogg, & Hagerman, 1983), 약체 X염색체를 지닌 남성들을 대규모로 연구했을 때 그중 16%가 자폐증을 지닌 것으로 밝혀졌다(Hagerman et al., 1986).

2) 신경전달물질의 이상

많은 수의 자폐성장애 아동에게서 세로토닌이 과다하게 발견되거나(Anderson & Hoshino, 2005), 거울 신경(Dapretto et al., 2006), 신경세포의 연결 부분인 시냅스(Garber, 2007)의 기능이상이 발견되고 있다. 또한 생체 자연 아편 물질의 과대 분비로 사회성의 어려움을 보이는 것으로 예측되고 있다(김이영 외, 2015).

3) 뇌구조 및 신경병리학적 이상

전두엽은 주의집중과 기억력을 담당하는 뇌의 부분인데 자폐성장애 아동의 경우 전두엽 기능 저하가 가장 많이 보고되고 있다. 또한 좌측 뇌의 성장이 저하되고 우측 뇌의 크기가 큰 것으로 보고되고 있다. 이는 자폐성장애 아동의 낮은 의사소통능력과 관련되어 있어 보인다. 뇌의 기저핵 안의 미상핵(caudatr nucleus)의 큰 것 또한 자폐성장애 아동의 강박적 행동과 변화에 적응하지 못하는 행동과 관련 있는 것으로 나타났다(조수철 외, 1994). 이렇게 자폐성장애는 이미 선천적 기능의 결합으로 자폐 가능성을 가지고 태어나는 것으로 볼 수 있다.

4) 환경적 요인

환경적 요인으로 독소들(수은중독, 납중독 등)이 증가하면서 자폐성장애의 출현 가능성을 증가시키는 요인이 되고 있다는 연구결과가 제시되고 있다. 자폐성장애는 특히 이러한 환경적 노출에 취약해서 신진대사를 원활히 하거나 독소를 치료해 내는 능력이 떨어지는 편이라고 한다(ASA, 2015).

표 7-5 자폐성장애의 원인

생물학적 요인	특성
유전적 요인	쌍생아 연구결과 일란성 쌍생아의 경우 95.7%가 같은 자폐성장애를 나타낼 확률이 있으며 이란성 쌍생아의 경우 23.4%가 같은 자폐성장애를 나타낼 확률을 보임
신경학적인 화학 불균형	세로토닌의 과대 함량, 높은 수준의 생체 자연 아편 물질 생성으로 타인과의 상호작용 의지가 낮음
뇌구조 문제	전두엽의 기능 이상과 좌측 뇌가 작고 우측 뇌가 크거나, 커다란 미상핵 등의 구조 문제로 인해서 주의력결핍 및 언어능력, 강박적 행동 출현
환경적 요인	독소들(수은중독, 납중독 등)

4 자폐성장애의 특성

1) 사회적 특성

자폐성장애아의 가장 핵심적인 결함은 사회적 상호작용의 문제다. 이들은 발달 초기 단계에서부터 눈 맞춤, 얼굴표정, 시선, 자세, 몸짓 등과 같은 비언어적·사회적 상호작용과 모방 기능의 결함이 있으며, 연령수준에 기대되는 관계 형성이 어렵다. 예를 들어, 사회적 미소를 동반한 친숙한 얼굴에 반응을 보이거나 주양육자와 떨어지는 것을 힘들어하는 분리불안 및 낯가림을 보이지 않으며, 타인과 함께 있거나 혼자 있는 것에 크게 개의치 않고 알려고도 하지 않는 것처럼 보인다. 또한 또래와 함께 있어도 또래가 관심을 보이거나 관심 있는 물건을 보여 주려하지 않으며 즐거움이나 관심 등을 자발적으로 나누려 하거나 사회적 몸짓을 사용하지 않는다. 예를 들어, 자폐아동이 어머니를 끌고 가더라도 이는 어머니와 관계를 맺으려는 사회적 의미 요소가 존재한다기보다는 높은 곳에 올려져 있는 자신이 관심 있어 하는 물건을 내려 주기를 바라는 것으로 볼 수 있다. 자폐아동의 어머니는 자신이 기능적인 목적을 위한 수단으로 도구 취급을 받는 것처럼 느껴진다는 보고를 하곤 한다. 자폐성장애아는 아동기와 청소년기를 거치면서 다른 사람들과 관계하는 능력을 향상시키는 경우도 있지만, 사회적 관계에 있어서 맥락을 잘 이해하지 못하고 부적응적으로 반응하는 경우가 많다. 결론적으로 자폐아들은 사회적으로 일탈된 증상을 보이며 개인적인 친밀한 관계를 형성하지 못한다고 할 수 있다.

표 7-6 자폐 범주성 장애의 사회적 결함 및 그에 따른 행동 특성

진단기준상의 결함	구체적인 행동의 예
사회적 상호작용을 조절하기 위한 비구어적 행동의 사용에 있어서의 손상	• 눈 맞춤이나 응시행동에 있어서의 문제 • 대화 중 몸짓을 거의 사용하지 않음 • 얼굴표정을 거의 사용하지 않거나 이상하게 사용함 • 독특한(평범하지 않은) 억양이나 음성을 사용함
연령에 적절한 또래관계 형성의 실패	• 친구가 없거나 매우 적음 • 자기보다 나이가 많거나 적은 아동, 또는 가족 구성원과만 관계를 형성함 • 특별한 관심을 근거로 관계를 형성함 • 집단 상황에서 상호작용하는 데 어려움을 보이며, 게임의 협동적인 규칙을 지키기 어려워함
다른 사람들과 즐거움, 성취 또는 관심을 나누지 않음	• 자신이 좋아하는 활동, TV 프로그램, 놀잇감만을 즐기고 다른 사람과 나누려 하지 않음 • 활동이나 관심이나 성취에 대한 다른 사람의 관심을 요구하지 않음 • 칭찬에 거의 관심을 보이지 않거나 반응하지 않음
사회적 또는 정서적 상호성의 결여	• 다른 사람에게 반응하지 않음(마치 청각장애인 것처럼 보임) • 다른 사람을 의식하지 않음(다른 사람의 존재를 염두에 두지 않음) • 다른 사람이 다치거나 흥분할 때 관심을 보이지 않음(위로하지 않음)

출처: 이소현 외(2015). 특수아동이해. 서울: 학지사.

2) 의사소통 특성

자폐성장애아는 의사소통에 있어서 질적인 손상을 보인다. 이들은 들은 그대로 다른 사람이 한 말을 똑같이 반복하는 반향어(echolalia)를 보이거나 질적으로 다른 특이한 언어를 사용하기도 한다. 이들은 억양이 독특하고 단조로워 기계적이고 로봇이 말하는 것과 유사하다는 인상을 준다.

자폐성장애아의 약 절반은 말을 하지 않고 종종 단순한 말소리나 특이한 소리를 낸다. 또한 말을 잘하는 자폐아들도 말의 억양이나 속도, 크기, 내용에 있어서 비정상성을 보이며, 로봇과 같이 말하거나 들은 말을 반복하는 반향어를 하기 때문에 의사소통이 잘 되지 않는다. 자폐아들은 다른 사람의 눈이나 얼굴표정을 보고 상대방의 감정이나 의도를 이해하지 못하고 얼굴표정에 자신의 감정을 실어서 전달하는 능력에 어려움을 갖는다. 많은 사람들이 자폐성장애아는 상호작용할 때 상대방과 눈 맞춤을 잘하지 못한다는 것을 이야기하며 특히 사회적 상호작용을 위해서 언어를 사용하는 데 문제를 보인다. 이것은 자신은 말을 할 수 있는 반면에 상대방의 반응에 대해서는 전혀 관심을 보이지 않기 때문에 언어를 사회적 상호작용을 위한 도구로 사용하지 못하기 때문이다.

구어의 발달과 이해는 장애 정도에 따라 스펙트럼이 다양하다. 언어발달이 지체되거나 전혀 나타나지 않는 정도에서 현학적 대화를 즐기는 정도까지 있으며, 구어이해의 경우 대부분은 언어정보를 구체적이거나 글자 그대로 받아들여서 관용어구나 속담, 비유, 농담 등을 이해하지 못한다. 또한 언어의 사회적 의미를 이해하지 못하며, 타인의 의도나 동기를 파악하는 것을 어려워한다. 상대방의 관점을 이해하기 어려우며, 말을 잘하는 경우에도 맥락과 상관없이 자신의 관심사에 대해서만 일방적으로 이야기하는 등 상호교류적인 원활한 의사소통은 어렵다. 이들은 타인과 함께 대화를 나눈다기보다는 타인에 대고 말한다고 묘사되곤 한다.

비언어적 의사소통에서도 손상을 보인다. 고개 끄덕임, 몸짓이나 표정 등 구어를 대체할 수 있는 의사소통을 사용하지 않는다. 사회적 상황에서 사람들의 감정, 의도, 입장이나 얼굴표정을 파악하기 어렵고, 대화의 복잡한 비언어적 특성을 이해하기 힘들다.

자폐성장애아에게서는 근본적으로 사회성 결여와 관련되어 의사소통 문제가 나타나며, 언어의 형식적인 측면(구문론, 형태론)에 비해 사회적 맥락과 관련된 언어의 화용론에서 문제가 두드러진다. 상대방, 상황, 맥락에 맞게 말을 시작하고 적절한 언어를 선택하는 것이 어렵다.

3) 행동적 특성

자폐성장애아의 두드러진 행동적 특성은 매우 제한적이며 반복적이고 같은 행동을 보인다는 것이다. 이들은 어려서는 장난감이나 물건을 일렬로 줄 세우거나 쌓거나 장난감 자동차 바퀴를 계속 돌리고 각을 맞추는 등 어떤 물건을 기능에 따라 사용하기보다는 사물의 특정 부분에 강박적 집착을 보여 방해를 하지 않으면 하루 종일 몰두하고 있다. 이들은 종종 찡그리거나 빙빙 한자리에서 돌거나 손을 특이한 자세로 비틀거나 움직이고 까치발을 하거나 갑자기 돌진하고 몸을 흔들거나 벽에 머리를 박거나 하는 공격적이고 자해 행동을 보이기도 하는 등 상동적이고 반복적인 행동을 보인다.

의례적(ritual)이고 동일성에 대해 비합리적으로 고수하는 강박적인 행동을 보이는데, 특정 절차를 엄격하게 지켜야 하고 친숙한 환경의 사소한 변화에도 유연하게 대처하지 못한다. 예를 들어, 집에 가는데 반드시 똑같은 길로만 가기를 고집하는 등 반복되는 일상사에 작은 변화만 생겨도 쉽게 격분한다. 또한 제한된 관심 영역에 지나치게 몰두하여 지하철 노선, 공룡 이름, 역사적 사실, 날씨 정보, 수도 등을 외우는 데 상당 시간 몰두하고 때로 비상한 암기능력을 보이며, 자신의 관심사, 주제에만 지나친 관심을 보이고 그 밖에는 일체의 관심을 보이지 않는다. 운동기능 장애의 경우 특이한 자세나 얼굴, 머리, 몸통, 팔다리 등의 비전형적인 움직임, 독특한 걸음걸이 등의 특성으로 나타난다(Leary & Hill, 1996).

이러한 행동 특성이 구체적으로 나타나는 예는 〈표 7-7〉에서 보는 바와 같다(Ozonoff et al., 2002).

표 7-7 자폐 범주성 장애의 행동 특성에 따른 구체적인 행동의 예

진단기준상의 결함	구체적인 행동의 예
제한된 범위의 관심 영역에 지나치게 강도 높은 독특한 관심을 보임	• 특정 주제에만 지나친 관심을 보이고 다른 주제에는 전혀 관심을 보이지 않음 • 특정 주체나 활동을 종료하는 데 어려움을 보임 • 다른 활동에 방해가 됨(예: 활동에 집착하느라 식사나 화장실 가는 일을 지체함) • 독특한 주제에 관심을 보임(예: 물뿌리개, 영화 등급, 우주 물리학, 라디오 방송에서 읽어주는 편지) • 특정 관심 영역에 대한 비상한 암기력
특정 비기능적인 일과나 의례적 행동에 융통성 없이 집착함	• 정확한 순서에 따라 특정 활동을 수행하기를 원함(예: 자동차에서 내려 문을 닫을 때 정해진 순서에 따라서 행동함) • 일과의 사소한 변경에 대하여 쉽게 흥분함(예: 학교에서 집으로 돌아가는 길을 다른 길로 변경할 때) • 모든 변화에 대하여 사전 통보를 필요로 함 • 일과나 의례적인 행동이 지켜지지 않을 때 매우 불안해함
상동적이고 반복적인 운동성 습관을 보임	• 흥분했을 때 양 손을 펴서 흔듦 • 손가락을 눈앞에 대고 흔들거나 꿈틀거림 • 손의 자세가 특이하거나 기타 손의 움직임을 보임 • 장시간 빙빙 돌거나 몸을 앞뒤로 흔듦 • 발뒤꿈치를 듣고 걷거나 뜀
사물의 특정 부분에 대하여 지속적인 집착을 보임	• 사물을 비기능적으로 사용함(예: 인형의 눈을 손가락으로 두들김, 놀잇감 자동차 문을 계속 열었다 닫았다 함) • 사물의 감각적인 부분에 관심을 보임(예: 사물의 냄새를 맡거나 눈 가까이에서 봄) • 움직이는 사물을 좋아함(예: 선풍기, 흐르는 물, 돌아가는 바퀴) • 독특한 사물에 집착함(예: 오렌지 껍질, 줄)

출처: 이소현 외(2015). 특수아동이해. 서울: 학지사.

4) 인지적 특성

자폐성장애아의 지적 기능의 수준은 표준화된 지능검사에서 지적장애에서부터 매우 우수한 수준까지 매우 다양하게 평가된다(Harris, Handleman, & Burton, 1990; Lincoln, Allen, & Kilman, 1995). 이들은 표준화된 지능검사에서 사회적 상황에서의 적응과 관련 깊은 소검사(이해 문제, 차례 맞추기)에서 낮은 수행(Asarnow, Tanguay, Bott, & Treeman, 1987; Happe, 1994)을 보이고, 기계적인 암기나 조작을 필요로 하는 소검사(토막 짜기,

숫자 외우기)에서는 우수한 수행(Shah & Frith, 1993)을 보여서 각 인지기능 간 편차가 큰 편이었다.

자폐성장애아의 대략 75% 정도는 지적장애이고, 고기능자폐나 아스퍼거 증후군으로 분류되는 약 20% 이상 아동은 평균 및 그 이상의 지적 기능을 보이기 때문에 일정 수준 이상의 학업성취 수준을 보이기도 한다. 자폐성 영재(autistic servant) 혹은 서번트 증후군(servant syndrome)의 경우 암기, 수학적 계산, 음악, 미술, 기계적 조작 등 특정 영역에서는 천재적인 능력을 발휘하기도 한다. 그러나 지적장애를 동반한 대다수의 자폐아동은 낮은 학업성취를 나타내어 개별화된 교육적 접근이 필요하다. 한편, 자폐성장애아의 지능을 해석할 때, 자폐성장애아 아동은 의사소통의 문제로 인해 지능검사 수행 시 충분히 잠재능력을 발휘하기 어려워 실제보다 저평가될 가능성이 있다는 것을 고려해야 한다.

자폐성장애아는 주의(attention) 영역에서 특정 자극에 대한 과잉선택성을 보이며, 정보처리 영역에서 청각적 자극처리는 어려우나 시각적 단서는 비교적 잘 알아차리는 등 자극 특성에 따라 다른 수행양상을 보인다. 상황에 따라 적절한 선택적 주의집중이 어려우며, 특정 사항에 지나치게 집중적 주의를 기울여 다양한 감각적 정보를 놓치는 경우가 많다. 또한 사회·인지 측면에서 타인의 정서 상태, 입장을 추론하고 조망하는 능력이 부족하다. 마음이론(theory of mind)에 의하면(Baron-Cohen et al., 1985), 자폐성장애아는 다른 사람의 마음을 읽는 능력에 결함이 있다고 가설을 세운다. 즉, 타인의 생각과 감정을 파악·이해하는 능력이 심각하게 손상되어 타인의 조망을 수용하는 것이 어려우며, 타인의 사회적 의사소통을 이해하고 반응하는 데 영향을 받는다. 예를 들어, 학교에서 짝이 지우개를 자폐아동 주변 바닥에 떨어뜨려 자폐아동에게 "지우개를 주울 수 있니?"라고 말하면, 자폐아동은 능력 여부를 묻는 것으로 해석하여 지우개를 주워 주는 대신에 단지 "응"이라고 대답하고 가만히 있는 것이다.

5) 감각적 특성

많은 자폐성장애아들이 감각 자극에 비전형적인 방식으로 반응한다. 이것은 감각

자극에 대한 과잉반응과 과소반응의 형태로 나타난다. 과잉반응은 고통 역치나 촉각에 대하여 과도한 민감성을 보이는 행동 등으로, 예를 들어 소리나 빛에 대하여 지나치게 민감한 반응을 보이거나 특정 소리를 참지 못하며, 타인이 몸을 대는 것이나 어떤 옷감에 대한 감촉을 싫어할 수 있으며, 특정 냄새나 맛이 나는 음식물을 거부할 수도 있다.

과소반응적인 자폐성장애아는 대부분의 사람들이 반응하는 감각자극에 대해 둔감하다. 예를 들어, 고통에 대하여 무감각한 반응을 보인다거나 온종일 빙글빙글 돌아도 어지러움을 느끼지 않고 자기자극을 줄이기 위하여 자기 피부에 단단한 물체로 문지르기나 밀어넣는 행동을 하기도 한다. 많은 자폐성장애아들이 어떤 자극에는 과잉반응을 어떤 자극에는 과소반응을 나타내기도 한다(송미경 외, 2009).

특정 감각자극에 대해 과잉반응이나 과소반응을 보이는 것과 같이 감각 경험에 대한 비정상적 반응을 보인다. 대부분의 사람이 반응하는 감각자극에 대해 둔하거나 기계음, 세탁기 소리, 비행기 소리, 천둥소리 등 특정한 일상적 소리를 견디지 못하여 귀를 막거나 빛, 소리, 회전물체, 촉감에 사로잡혀 있기도 하다.

위에서 살펴본 것 같이 자폐성장애의 진단기준상 사회성 및 의사소통상의 결함 외에도 반복적이고 상동적인 형태의 제한된 행동을 보인다는 특성을 지닌다. 특히 장애 진단기준에 의하면 이들은 ① 제한된 범위의 관심 영역에 지나치게 강도 높은 독특한 관심을 보이고, ② 특정 일과를 반드시 따라야 하는 등 동일성에 대한 비합리적인 집착을 보이며, ③ 상동적이고 반복적인 운동기능상의 습관을 보이고, ④ 사물의 특정 부분에 대한 집착을 보이는 등의 행동 특성을 보인다(APA, 2000).

5 자폐성장애아의 상담

자폐성장애의 치료접근 상담들에는 정신분석적 상담, 행동주의적 상담, 인지행동적 상담, 생태학적 상담, 약물치료, 식이요법, 메가 비타민 복용 등이 있다. 그러나 이

방법들에는 각각의 장단점이 있고 어느 한 가지 방법이 절대적으로 옳고 다른 방법은 무시해도 좋은 것이 아니다. 자폐성장애아의 특성이 각각 다르고 기타 여러 요인이 같지 않기 때문에 아동에 따른 방법 또한 달라야 할 것이다. 따라서 여러 방법을 절충하는 것이 바람직하다. 발달기에 있는 아동에게는 비장애아와 마찬가지로 교육적 조기 중재가 중요하다. 교육적 조치 없이 약물치료나 비타민 투여, 식이요법은 큰 의미가 없기 때문에 각각의 치료방법은 종합적 프로그램의 한 부분이 되는 것이 바람직할 것이다(김영숙 외, 2002).

1) 정신분석적 상담

정신분석적 상담은 자폐성장애의 원인을 환경 및 부모양육론에 두었던 Kanner 이후 1960년대까지 적용되었던 방법으로 Freud의 정신분석이론에 근간을 두고 있다. 이 방법을 적용하기 위해서는 먼저 부모와 가족을 조사해서 이들의 문제를 찾아내려고 전문가들이 애를 썼으며 부모들은 죄의식에 시달렸으나 치료 효과는 별로 보지 못했다. 그리고 후속연구에서 자폐성장애아의 부모들이 아동양육을 일반 부모들과 다르게 하지 않음이 밝혀졌다.

2) 행동주의적 상담

행동주의적 상담은 1964년 Rimland의 주장 이후로 정신분석적 상담의 한계와 반발로 등장되었다. 행동주의적 방법은 1950년대에 Skinner 등의 행동과학파를 중심으로 발전했으며 현재까지 특수교육에서 많이 사용하고 있다. 자폐성장애아의 행동지도에서 가장 중요하게 사용하는 방법은 일대일의 행동수정 방법이다. 이 방법은 지금까지 자폐성장애 치료교육에서 가장 괄목할 만한 효과를 가져왔기 때문에 부모들이나 교사는 이 방법을 터득하는 것이 좋다. 이 행동수정방법은 행동의 원인 규명보다는 현재 눈에 보이는 행동 자체를 수정하는 것이 가장 근본적인 목적이다.

현재 특수교육에서 행동수정법을 이용하여 자폐성장애아의 자기자극, 자해행위 등의 문제행동을 많이 치료하고 있다. 그러나 종종 윤리적으로 정당화될 수 없다는 이유로 잘못된 행동에 대해 벌을 주지 않고 대신 부적응 행동을 일어나게 하는 요인들을 제거해 주고 좀 더 긍정적인 기술로 대체시켜 줌으로써 부적응 행동을 감소시키려 노력한다. 행동치료는 여러 가지 장점에도 불구하고 사회성, 의사소통, 창의성 면의 결함을 치료하는 데 큰 영향을 주지 못했다.

3) 인지행동적 상담

인지행동적 상담은 행동주의 법의 비인간적이고 비도덕적인 면에 대한 반발로서 인간의 사고와 인지를 행동주의 법에 첨가한 방법으로서 개인의 사고와 판단을 행동에 개입시켜서 장애아의 문제 및 행동치료에 효과를 보고 있다. 이 방법에서는 자기교시, 자기감시, 자기강화, 자기조절 등을 이용하고 있다.

4) 생태학적 상담

자폐성장애의 원인을 어느 단일체로 보지 않고 전체 환경적으로 보고 인적 · 물적 · 전체 환경의 각도에서 치료에 접근하는 방법이다. 이 방법에는 환경치료가 있다.

5) 기타 방법

TEACCH 프로그램, 사회성 기술훈련, 놀이치료, 음악치료, 미술치료, 언어치료, 껴안기 치료, 일상생활치료, 패터닝 치료법, 의사소통 촉진기법, 선택과정, 캠필 커뮤니티 등이 있다.

- **TEACCH 프로그램**: 이 프로그램은 미국의 북 캐롤라이나 주립대학의 에릭 샤플러(Eric Schopler)와 그의 동료들이 개발했다. 이 프로그램의 목적은 발달장애인이 가정, 학교 및 지역사회에서 효과적으로 일하고 자립생활을 할 수 있도록 도와주는 것이다. 이 프로그램은 수십 년 동안 적용 · 발전되어 왔으며 자폐증에 관련된

가족 서비스의 모든 면을 포함하고 있다. TEACCH는 자폐증과 관련 의사소통장애아의 치료와 교육을 의미한다. 이 접근은 부모를 대상으로 하여 도움을 주고 있는데 특히, 부모훈련이나 상담활동을 도와주거나 부모 지원단체를 격려해 준다. TEACCH 프로그램은 치료와 진단 및 평가방법을 결합시킨 것이다.

- **사회성 기술훈련**: 사회성 기술훈련이란 자폐인들이 사회적으로 상호작용할 수 있도록 도와주는 데 사용되는 광범위한 영역의 기법들을 말한다. 이 훈련의 내용은 전화하는 법, 쇼핑법, 버스 안에서 행동하는 법 등의 사회성에 관련되는 기술을 가르친다.

- **껴안기 치료**: 껴안기 치료는 새로운 심리치료의 일종으로서 뉴욕의 마스 웰셔(Marth Welch)에 의해 개발되었고 전 세계의 많은 치료센터에서 이용하고 있다. 이 치료법에서는 자폐성장애아가 저항하면서 빠져나가려고 몸부림치더라도 부모가 자녀를 오랫동안 꼭 붙들어 안고 있게 한다. 강제로 껴안는 방법을 사용하면 결국 아동은 저항을 포기한다. 많은 부모들이 이 방법의 효과를 주장하지만 객관적 증거를 얻기 위해서는 과학적 평가가 필요하다.

- **일상생활치료**: 이 치료에서는 집단활동이 강조된다. 훈련된 교사의 지도하에 자폐아동들이 자폐적 폐쇄 속에 빠지지 않도록 엄격한 스케줄에 따라 강력한 신체적 활동에 참여해야 한다. 이 방법은 도쿄의 기요 기타하라(Kiyo Kitahara) 박사가 개발했다. 이 방법도 역시 과학적 평가가 필요하다.

- **패터닝 치료법**: 이 치료법은 자폐성장애아로 하여금 비정상적인 민감성을 극복하고 대뇌발달을 재활성화하도록 하기 위하여 다른 감각적 방법을 사용하도록 권장하는 것이다. 이 방법의 선구자 지오프레이 웰든(Geoffert Walden)의 이름을 따라 웰든 방법이라고 불리는 이 치료방법은 비언어적인 과제를 통해 이해와 문제해결 기술을 점진적·단계적으로 개발하려는 데 그 목적이 있으며, 아동으로 하여금 주도적으로 활동하도록 한다.

- **의사소통 촉진법**: 이 방법은 최근 북미의 자폐아동 교육에 상당한 영향을 주고

있다. 이 기법에서 아동은 촉진자의 지도를 받아 컴퓨터 키보드에 손을 놓게 되는데 이와 같은 신체적 지도를 통해 아동은 의사소통을 더욱 쉽게 한다는 보고가 있다.

- **선택과정 치료법**: Barry와 Kauffman에 의해 개발된 이 방법은 자원 사자들이 자폐아동과의 사회적 관계를 개발하기 위해 24시간 집중적인 프로그램에 참여하고 부모들은 가족프로그램에 참여하도록 권장한다.
- **캠필 커뮤니티**: 이 프로그램은 학교와 마을에서 자폐인들로 하여금 지적장애인들과 함께 생활하도록 하는 것이다(강위영, 1998).

또한 학자의 견해에 따라 다양한 치료방법을 다음과 같이 제시할 수 있다.

부모상담은 자폐성장애아의 발병 원인이나 자폐 증세의 심각한 정도가 아동 개개인에 따라 다르므로 부모와의 상담도 다르게 작용한다. 예를 들면 '준수'는 긍정적이고 적극적인 의욕을 가지고 생활하는 어머니 밑에서 성장하고 조모, 부친, 형 등 온 가족이 사랑과 관심을 가지고 보살펴 주고 있기 때문에 어머니와 준수의 행동문제를 상담하기가 수월하다. 반면 '용수'는 어머니의 감정이 목석 같아 반응하지 않고 아버지와의 관계도 원만치 않으며 '용수'에 대한 애정도 부족한 것 같다. '준수'와 '용수'의 경우 어머니와 자녀관계가 대조적이며, 가정환경의 분위기도 전혀 다르다. 자폐성장애아의 상담은 각각 어머니의 성격과 자녀를 지도하는 양육방법 및 태도에 따라 적절하게 상담하는 것이 바람직하다. '용수' 자신보다 어머니의 정서적 문제를 상담하며 어머니의 반응이 열릴 때 '용수'의 자폐증세도 발전될 가능성이 높다(김영숙, 2000).

- 될 수 있는 한 과학적인 상담, 심리치료적인 상담을 통해 전문가의 진단결과를 따르도록 한다.
- 수치감, 죄책감을 갖지 않는다.
- 자녀가 모든 면이 지체되었다고 하여 실망하지 않고 또한 자녀를 무시하지 않는다.
- 자녀에게 할 수 있는 한 풍부한 기회(학습, 놀이 등)를 제공하고 걸인을 대하는 듯한 동정 어린 태도를 보이지 않는다.

- 자녀의 발달을 무시하고 능력 이상의 것을 과중하게 기대하지 않는다.
- 자녀의 정서적인 문제를 잘 처리하여 준다.
- 꾸짖기 전에 먼저 동기를 생각하도록 한다.

  예) 어머니를 돕기 위해 새로 사온 찻잔을 깨뜨렸을 때, 부모는 표면에 나타난 실수를 꾸짖기보다 손님을 대접하고 무엇인가 하려고 했던 동기와 의욕을 높이 평가해야 한다. 깨진 찻잔은 다시 살 수 있지만 좌절된 자녀의 의욕은 다시 살리기 힘들기 때문이다.
- 칭찬을 많이 해준다.

  언어 의사소통은 잘 안 된다 하더라도 자폐증이 있는 아동일수록 인정해 주며 칭찬을 교육적으로 잘 활용해야 한다. 칭찬은 그 사람을 인정해 주고, 자신감을 길러주며, 성공감을 갖게 하고, 의욕을 북돋아 주며, 자존감을 갖게 해준다. 어떤 일을 완성하거나 잘했을 때 머리를 쓰다듬어 주면서 사회적인 강화를 해주면 행동을 더 잘할 수 있을 것이다.
- 한결같은 애정과 깊은 관심을 가지고 대한다.

  단순히 불쌍하다는 동정심만을 표현해서는 안 된다. 있는 상태 그대로 수용하며, 마음에 상처를 주지 않도록 용기를 주고 격려함이 필요하다. 부모가 자폐된 내면의 세계로 들어가서 자폐 자녀를 이해하고 사랑하고 있다는 것을 느낄 수 있는 분위기가 조성되도록 상담에 임해야 한다(김영숙, 2000).

  특히, 자폐 증세가 있는 아동이나 청소년은 외면적으로는 정상아와 다르지 않기 때문에 구별이 잘 안 될 수도 있지만, 대면해 보면 여러 가지 특성이 나타난다. 부모를 이해하고 수용하며, 아동이나 청소년 자신을 우리 모든 교사와 성인들은 따뜻한 관심과 애정 어린 눈으로 바라보며 학습과 생활, 정서면에서 조금이라도 더 발전할 수 있도록 지도하며 상담해야 한다.

부모상담의 경우, 가정환경과 어머니의 성격, 아동에 대한 양육태도, 자폐 증세가 있는 아동과의 관계 및 애정과 관심, 무반응, 애정 결손 정도에 따라 상담이론이나 방법 등을 적용해야 한다. 자폐의 원인, 진단, 특성을 참고하여 만약 어머니가 정서적으로 문제가 있다면 지속해서 일주일에 1~2회 심층적으로 어머니가 마음의 문을 열고 내면의 세계를 제시하도록 신중하게 상담에 임해야 한다.

생활지도는 다음과 같은 방법으로 진행하면 도움이 된다.

- 몸을 깨끗이 하기에서 바른 양치질하기, 목욕 등을 구체적으로 훈련한다(과제분석법).
- 주변을 깨끗이 하기에서는 청소 도구의 이름과 사용법을 알아 자기 방 청소하기 등을 지도한다.
- 적절하게 옷 입기를 가르친다.
  - 춘하추동의 날씨 그림을 준비한 후 각 계절을 알려주고 카드를 찾도록 한다.
  - 옷의 그림카드를 준비하여 제시한 후 계절 그림 옆에 옷의 그림카드를 붙여보도록 한다(심정선, 2000). 그 후에 실제 날씨에 맞는 적절한 옷을 입도록 훈련한다.
- 바른 식생활
  - 음식의 고마움에 대한 카드를 준비하여 지도한다.
  - 편식하는 그림과 편식하지 않는 그림카드를 준비하여 지도한다.
  - 적절히 휴식하기, 질병 예방하기, 즐겁게 생활하기 등을 구체적으로 지도한다.

학교 진학이나 진로지도에서는 아동의 잠재 가능성과 적성, 인성, 흥미검사 등을 통해 그 학생에게 알맞은 진로를 선택하는 데 부모의 지혜와 교사와의 상담이 절실하다. 자폐 증세를 가진 한 청년이 진로에 성공한 사례로 전문대학을 나와 정서장애 기관이나 관련 특수학교의 연구소에 조교 역할을 해내는 예도 있다.

Chapter 08

영재아 상담

1 영재아의 정의

영재아의 특수한 교육적 필요에 대해서는 교사와 부모가 잘 이해하지 못하는 경우가 많다. 우수한 아동이기 때문에 특별한 교육적 배려 없이도 자신의 능력을 최대한 발휘할 수 있을 것이라고 생각하는 경우도 많으며, 교육적 자원이 부족한 현실 여건을 감안할 때 영재아를 위한 특별한 교육적 조치는 모든 아동을 위한 평등한 교육 제공의 원리에 위배된다고 보는 시각도 있다(이소현 외, 2011). 그러나 수월성 교육에 대한 세계적인 강조 추세에 따라 개별 학생마다 '최고 수준의 성취'를 할 수 있도록 지원하는 일에 관심이 증대되고 있으며, 여기에는 영재를 포함한 모든 학생이 그 대상이 된다고 보고 있기에 개별화교육을 강조하는 특수교육적 입장에서는 영재의 특성을 감안한 영재교육의 필요성을 간과하기 어렵다(고형일, 2008).

또한 영재아의 교육적 필요를 고려하지 않고 일반학급 내에서 다른 학생들과 동일한 교육을 받게 될 때 부정적인 결과가 발생할 수 있다. 그 예로 학습을 지루하게 생각하거나 그로 인한 부정적인 행동을 보이는 경우 자신의 능력을 제대로 개발하지 못할 수 있다. 따라서 영재아의 특성과 교육적 필요를 고려하여 각 아동에 맞는 적절한 교육을 제공하는 것이 매우 중요하다.

영재의 정의를 내리기 전에 먼저 우수성의 개념에 대한 논의와 우수성을 판별하려고 하는 이유를 확실히 해야 하는데, 이는 영재에 대한 정의가 한 사회에서 그 사회를 위하여 필요하다고 판단되는 가치에 의해 좌우될 수 있기 때문이다(Heller, Monks, Sternberg, & Subotnik, 2000). 그러나 어떤 부분에서의 우수성을 장려할 것인가, 어떻게 측정할 것인가, 얼마나 잘해야 우수하다고 볼 것인가, 왜 영재아를 판별해 내야 하는가 등의 여러 가지 질문에 대해서 아직까지 전문가들의 완전한 동의가 이루어지지 못하고 있다.

미국의 경우 주마다 다양한 정의에 따라 프로그램을 실시하고 있는데, 주별로 적용하고 있는 영재아의 정의에 공통적으로 포함된 요소는 ① 일반적인 지적 능력, ② 구체적인 학업성취도, ③ 창의적 사고능력, ④ 예체능 분야에서의 우수성, ⑤ 리더십 등이다(Hallahan, Kauffman, & Pullen, 2009). 미국 교육부에서 제시하고 있는 영재아의 정의는 다음과 같다.

> 동일한 연령, 경험, 환경을 가진 다른 사람들에 비해 뛰어나게 높은 수준의 성취를 보이거나 보일 가능성을 나타내는 아동 및 청소년을 말한다. 이들은 지적, 창의적 또는 예술적 영역에서 높은 능력을 보이며, 리더십이 뛰어나고, 특정한 학업 영역에서 우수함을 보인다. 이들은 학교에서 일반적으로 제공되지 않는 서비스나 활동을 필요로 한다. 우수한 재능은 모든 문화와 경제적 계층에서 나타난다(U.S. Department of Education, 1993, p.3).

위의 정의를 살펴보면 영재아의 개념과 관련된 몇 가지 시사점을 알 수 있다. 첫째는 아직 뛰어난 성취를 보이지는 못하더라도 영재아로 고려될 수 있는 가능성을 본다는 점이다. 둘째는 체육 부분에 대한 언급이 없으며, 이는 이미 학교의 다른 프로그램에서 다루기 때문인 것으로 보인다. 셋째는 이들을 위한 특별한 서비스나 활동의 필요성이 명확하게 언급되어 있고 이러한 중재는 학교에서 일반적으로 제공되지 않는다는 점이다. 넷째는 다양한 인종, 문화, 사회·경제적 배경을 가진 학생들에게서 우수성이 나타날 수 있다는 점을 명시하고 있다(Smith et al., 2006).

영재아의 정의와 관련해서 미국 교육부에서 법적으로 제시한 정의 외에 대표적인 학자들의 의견을 몇 가지 더 살펴보면 다음과 같다.

먼저 Renzulli의 모델을 살펴보면, 우수성을 개념화하는 방법으로 뛰어난 성취를 보이는 데 필요한 세 가지 요소가 상호작용한다는 것을 제안하였다(Renzulli, 1986).

- 특정 영역에서의 평균 이상의 높은 능력(인지적 혹은 특정한 재능)
- 열심히 그리고 오랫동안 일에 집중하는 과제집착력
- 새로운 생각이나 제품을 만들어 내는 창의성

Renzulli 이론의 특이한 점은 처음으로 '과제집착력'이라는 비인지적 요인을 영재성의 한 요소에 포함시켰다는 것이다. 그는 영재란 이 세 요소를 모두 갖추고 있어야 하지만, 이 세 가지 특성에서 모두 뛰어나야 할 필요는 없다고 강조한다(Catharine & 정현철, 2008).

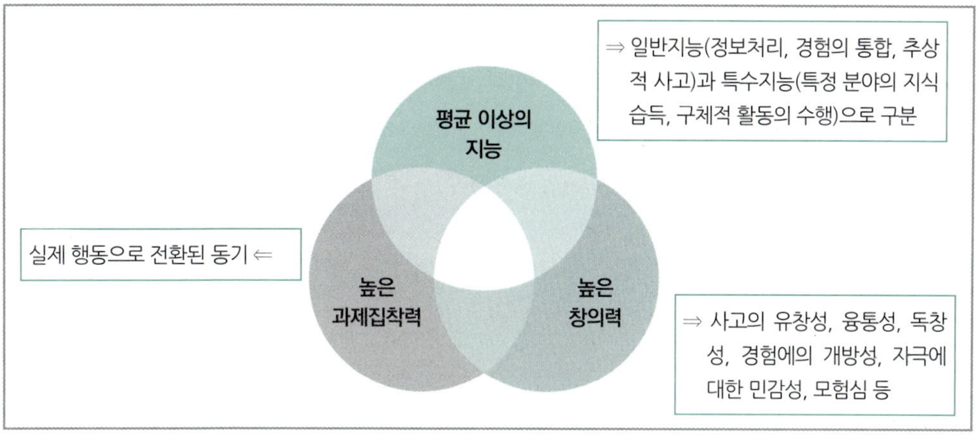

그림 8-1 Renzulli 이론

Sternberg(1997)에 의한 이론도 널리 받아들여지고 있는데 이 이론에서는 우수성을 다음과 같이 세 가지로 나누어 언급하고 있다:

- 분석적 우수성(예: 문제를 분석하고 각 부분을 이해하는 능력)
- 종합적 우수성(예: 통찰력, 직감적 창의성, 새로운 상황에 적응하는 능력)
- 실제적 우수성(예: 분석적이고 종합적인 강점을 매일의 실생활에 적용하는 능력)

사람들은 모두 어느 정도 이러한 능력을 혼합적으로 가지고 있는 것이 사실이지만 우수한 사람은 하나 혹은 그 이상의 영역에서 높은 능력을 나타낸다고 보았다.

다중지능이론으로 널리 알려진 Gardner와 Hatch(1989)의 관점에 의하면 우수성은 언어, 논리-수학, 공간, 음악, 신체운동, 인간관계, 개인내적 지능, 자연친화의 여덟 가지 유형의 지능으로 세분화되며, 따라서 이러한 분야 중 아동이 우수성을 보이는 분야가 발견되면 그에 따라 흥미와 능력을 확장시킬 수 있도록 기회가 제공되어야 한다(Gerguilo, 2006; Smith et al., 2006). Gardner의 이론이 관심을 받는 이유는 첫째, 간과되기 쉬운 영역에 대한 능력을 인정한다는 점과 둘째, 서로 다른 영역의 지능에 대한 중요성을 인식하고 동일한 기초를 제공한다는 점 때문이다. 그러나 한편으로는 다중지능이론으로 인해 모든 사람이 동등한 능력을 가진다고 잘못 이해될 수 있다는 지적도 제기되고 있다(White & Breen, 1998).

기타 영재아의 정의는 다음 〈표 8-1〉과 같다.

표 8-1 기타 영재아의 정의

학자	정의
Hollingworth (1926)	• 영재는 일반적인 아동보다 교육이 훨씬 더 가능한 아동이다. • 이러한 뛰어난 교육적 탁월성은 예술 중에서도 나타날 수 있다.
Lamkins (1977)	• 영재성 구형 모형 : 소질, 창의성, 성격 및 동기 • 아동이 특정 분야에서 특기가 있는지를 고려해 다른 분야에서 부족하더라도 뛰어난 변인에 알맞은 지도를 할 수 있다.
Gadner (1983)	• 다중지능 : 언어지능, 논리 · 수학지능, 공간지능, 음악지능, 신체운동지능, 대인관계지능, 개인내적지능, 자연탐구지능으로 지능을 나눠 각 지능별 영재가 있다고 주장한다.
Gagné (1985)	• 영재성과 재능을 구분하여 영재성은 잠재력이나 적성과 관련이 높고, 재능은 수행, 성취와 관계가 있다고 주장한다. • 영재성은 선천적으로 타고난 능력이며 재능은 영재성이 학습과 훈련을 통해 표출된 결과물이라고 한다.

인지능력의 우수성, 특히 그중에서도 암기력, 읽기, 쓰기 등의 언어능력을 영재아의 가장 큰 조건인 것처럼 오인하는 경우가 많은 우리나라에서는 교사와 부모가 이러한 영재의 정의와 개념에 대하여 올바로 이해하는 것이 매우 중요하다. 우수성에 대한 올바른 이해가 선행된다면 필요 이상으로 한글, 수 개념 등의 인지적 학습만을 요구하거나 다른 측면의 재능(예: 창의성)을 발견하고 키워주지 못하는 과오를 범하지 않을 수 있을 것이다.

영재아 가운데는 지적 능력이 우수하지만 학교에서의 학습에 어려움을 겪는 경우도 있는데, 이러한 미성취 아동에 대해서는 교사의 특별한 관심과 교육적 배려가 필요하다. 영재아는 항상 긍정적인 모범생의 모습으로만 존재하는 것이 아니며, 이들의 우수성으로 인해 동전의 뒷면과 같은 부정적인 행동을 보일 수도 있음을 전문가들은 지적하고 있다(Heward, 2008).

우리나라에서의 영재아에 대한 교육은 영재교육이라는 용어와 개념으로 널리 알려져 있으며, 주로 특수 고등학교나 영재교육원 및 영재학급을 통해 이루어지고 있다. 「교육기본법」 제19조에 영재교육에 대한 규정을 두어 '국가 및 지방자치단체는 학문, 예술 또는 체육 등의 분야에서 재능이 뛰어난 자의 교육에 관하여 필요한 정책을 수립, 실시하여야 한다'고 밝히고 있다. 이에 따라 2000년과 2002년에 각각 영재교육진흥법과 그 시행령이 제정 · 공포되었다. 이 법은 이후 2005년과 2006년 개정을 거치면서 2008년 국가 영재교육의 청사진이라고 할 수 있는 '제2차 영재교육진흥종합계획(2008~2012)'을 발표함으로써 영재교육의 도입기를 지나 발전기로 접어들게 되었다(김미숙, 2008; 이정규 외, 2009).

우리나라에서 적용되고 있는 영재성의 개념은 「영재교육진흥법」에 제시된 다음과 같은 정의에서 살펴볼 수 있다. '영재'란 재능이 뛰어난 사람으로 타고난 잠재력을 계발하기 위하여 특별한 교육을 필요로 하는 자를 말하며, 영재교육대상자는 다음의 사항에 대하여 뛰어나거나 잠재력이 우수한 사람 중 영재판별기준에 의거 판별된 사람으로 정의된다.

- 일반지능
- 특수 학문 적성
- 창의적 사고능력
- 예술적 재능
- 신체적 재능
- 기타(사회가 인정하는) 특별한 재능

그러나 영재의 비율이나 판별기준이 구체적으로 설정되어 있지는 않으며, 단위 영재교육기관에서 판별기준을 정하여 영재를 선발하도록 하고 있다.

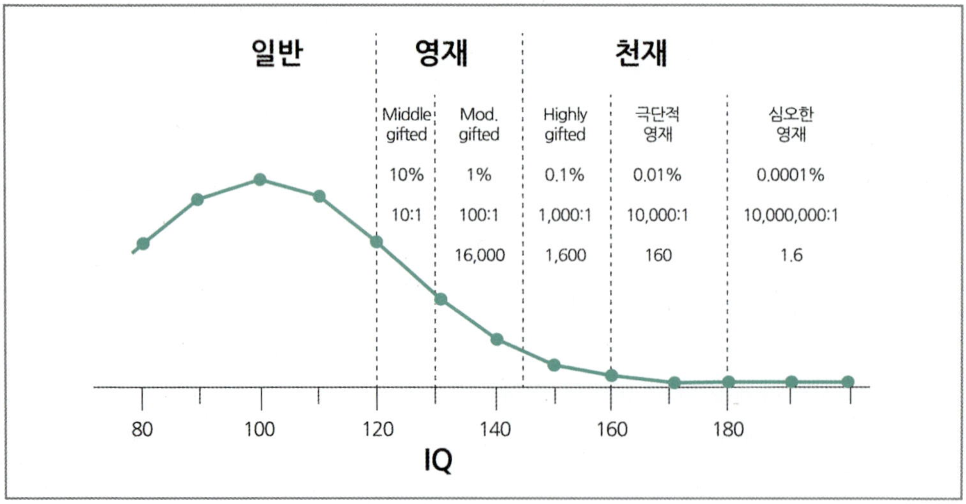

그림 8-2 영재 IQ 범위

전체 아동들 중에서 최소 3~5%의 학생들이 영재아라고 추정된다. 이 추정치는 표준화된 지능검사에서 평균보다 표준편차 2 이상이거나 정상분포곡선상에서 오른쪽 끝 지점에 위치하는 높은 지적 능력을 가진 아동의 예상 수치이다. 만약 아주 재능이 있는 것으로 간주되는 아동들을 포함한다면 영재아의 출현율은 전체 학령기 아동의 10~15%까지 높아질 수 있다(Gagné, 2003).

2 우리나라 영재아의 판별과 선발

1) 영재아의 판별

영재아를 판별하기 위해서는 다양한 자료로부터 나온 정보를 사용하는 다요인적 사정 절차가 정확하고 공정하다. ① 집단과 개인 지능검사, ② 평가영역, ③ 조기판별, ④ 성취도 검사, ⑤ 교사 추천, ⑥ 부모 추천, ⑦ 창의력 측정, ⑧ 지도력, ⑨ 시각적이고 공연을 요하는 예술 등이 진단 절차에 포함될 수 있다. 이러한 요인들은 다양한 방법으로 평가함으로써 방법상의 제한으로 인해 차별받는 경우를 줄여야 할 것이다.

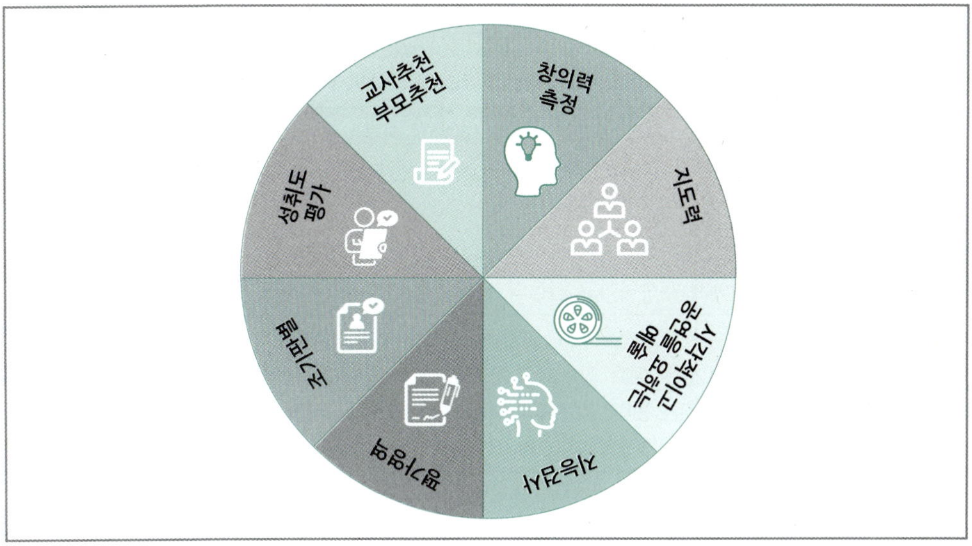

그림 8-3 영재아 선별

영재아의 판별과 평가는 어려운 문제가 많다. 여러 방법들이 결합하여 적용된다 하더라도 몇몇 특수한 아동들이 종종 간과되고, 그러므로 적절한 프로그램의 적용을 받지 못한다. 이러한 경우는 ① 자신의 지능에 훨씬 못 미치게 성취를 하는 영재아동의 문제, ② 영재여성들의 문제, ③ 장애가 있는 영재아동들의 문제, ④ 문화적 차이가 있는 곳에서 자라는 영재아동들의 문제 등이 있다.

영재를 판별하는 데 사용될 수 있는 평가방법들은 〈표 8-2〉와 같다.

표 8-2 영재를 판별하는 데 사용될 수 있는 평가방법들

평가방법	우수성을 암시하는 결과
개별 지능검사	상위 2~3%에 속한다.
개별 학업성취 검사	하나 혹은 그 이상의 영역에서 상위 2~3%에 속한다.
창의성 검사	전문가가 학생의 성과물을 특별한 창의성이 있다고 평가하거나, 창의성 평가에서 매우 높은 점수를 받는다. 그러나 학업성취 측면에서 반드시 뛰어날 필요는 없다.
우수성 체크리스트	교사, 부모, 또래 등 대상아동을 잘 아는 사람이 작성한다. 체크리스트 개발자들이 설정한 점수대에 따라 우수성을 판단한다.
일화기록	하나 혹은 그 이상의 영역에서 높은 능력을 보이는 기록이 있다.

평가방법	우수성을 암시하는 결과
교육과정 중심 평가	학교 교육과정의 하나 혹은 그 이상의 영역에서 또래보다 높은 수준으로 수행한다.
관찰	모범생이거나, 반대로 학급의 과제에 지루함을 느껴 행동 문제를 보일 수도 있다. 완벽주의적인 학생이라면 불안감을 보일 수도 있다. 학교 외의 다른 곳에서도 관찰이 이루어져야 한다.
예체능 평가	해당 분야의 전문성이 있는 사람에 의해 예체능 수행이 평가되도록 한다. 이 분야에서 우수하다고 판정되기 위해서 학업수행이 반드시 뛰어날 필요는 없다.
리더십 평가	또래 추천, 부모 추천, 교사 추천 등이 주로 사용된다. 그러나 자기 추천도 리더십의 좋은 예측 징후가 되기도 한다. 학과의 활동에서의 리더십도 종종 효과적인 징후가 된다. 이 분야에서 우수하다고 판정되기 위해 학업 수행이 반드시 뛰어날 필요는 없다.

출처: Tumbull, R., Tumbull, A., & Weymeher, M.(2010). Exceptional lives: Special education in today's shcools(6th ed., p.470). Upper Saddle River, NJ: Merrill.

2) 영재아의 선발

국내 영재를 선발하는 절차는 영재교육기관에 따라 다양할 수 있다. 영재 선발을 위한 기준은 하나의 절대적인 것이 아니라, 영재교육 프로그램에 따라 그 프로그램에 적합한 아동을 선발하는 것이 타당하다. 그러나 우리나라의 교육청이나 대학 부설 영재교육원 등에서는 대체로 [그림 8-4]와 같은 형식으로 이루어진다.

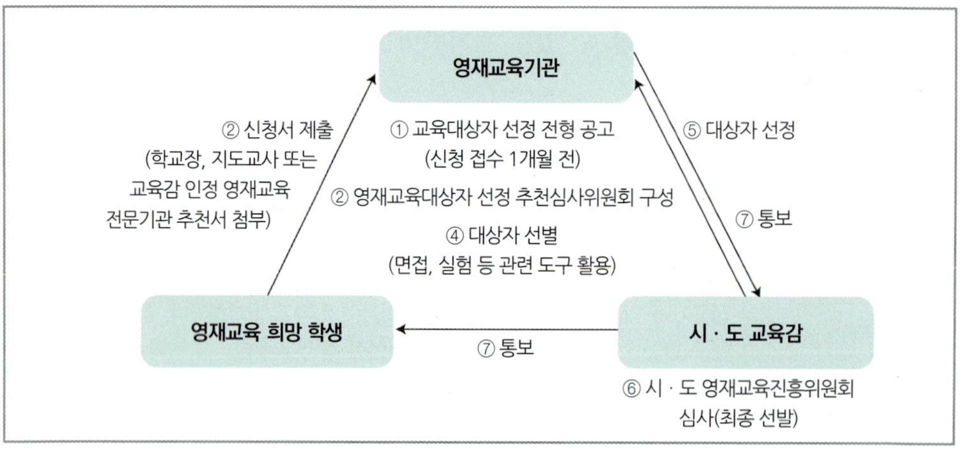

그림 8-4 영재교육 대상자 선발 절차

출처: 이신동 외(2009). 재인용.

3 영재아의 원인

IQ만으로 우수성을 판단하던 과거에 비해 최근에는 다양한 실제적 지능의 개념이 도입되고 있기 때문에 유전의 중요성이 덜 강조된다. 그러나 부모와 자녀의 지능이 완전한 상관관계를 보이지는 않지만 생물학적 요인으로서의 유전은 지능을 결정하는 데 영향을 미치는 것으로 알려져 있기 때문에 정도의 차이는 있을지라도 유전이 우수성의 중요한 요인이라는 점은 널리 받아들여지고 있다.

유전자적 요인 이외에 또 다른 생물학적 요인으로서 영양학적 요인이 있다. 예를 들어 신생아 혹은 영유아기의 영양 결핍은 두뇌발달에 영향을 주어 발달장애를 초래하기도 한다. 마찬가지로 영재아도 적절한 영양이 공급되지 않는 경우에는 지니고 있는 잠재적인 능력을 충분히 발휘하기 어려울 수도 있다.

결국 개인이 가지고 태어난 성격, 심리상태 등을 포함하는 내적 특성은 앞에서 언급한 유전적 성향과 상호 영향을 주고받음으로써 긍정적이거나 때로는 부정적인 영재아의 특성 발현에 영향을 미친다(김이영 외, 2015).

우수성을 결정하는 데 있어서 유전적인 요인이 영향을 미치는 것은 분명한 사실이지만 지능 혹은 재능 자체가 유전되는 것이 아니라 출생 후의 경험에 따라 지능과 기타 능력의 한계를 결정해 주는 일련의 유전자를 가지고 태어나는 것이라고 볼 수 있다.

환경적 요인으로는 출산 전과 출산 시, 그리고 유아기 환경 자극이 중요하다. 특히 가족과 부모의 역할이 중요하게 인식되기 시작하면서 자녀의 잠재력을 충분히 개발시켜야 한다. 아동에게 적절한 자극을 주고 방향을 올바르게 제시해 주며 지지적이고 아동의 능력을 찾아 바르게 칭찬하고 보상해 주는 부모의 역할은 매우 중요하다.

특별히 학업성취나 사회적 신분상승에 가치를 두는 사회문화적 배경을 가진 경우에 우수한 특성이 많이 개발된다(Silverman, 1995). 사회문화적 요인으로 인해 우수한 여아가 잠재력을 충분히 발휘하지 못한다고 설명하고 있다. 많은 연구에서 남녀 간의 영재성의 차이가 있는 것으로 나타나기도 하는데, 생물학적인 차이보다는 사회문화적인 차이일 것으로 지적되고 있다(이소현 외, 2011).

4 영재아의 특성

교사와 부모는 영재아의 다양한 행동 특성을 올바로 파악하여 그들의 능력을 개발시키는 방향으로 지원해 줄 수 있어야 한다. 대부분의 영재아는 또래들에게 잘 수용되며 정서적으로 안정되고 흥미의 폭이 넓으며 타인을 긍정적으로 바라보는 경향이 있다(Coleman & Cross, 2000). 그러나 우수성과 자아개념 간의 관계에 대해서는 아직까지 다양한 의견이 제시되고 있다(Hallahan et al., 2009).

1) 인지적 특성

영재아는 빨리 습득하고 기억하며 많은 양의 정보를 사용하는 능력을 갖고 있다. 주의집중하는 시간이 길고 주제에 집중하는 능력이 뛰어난 편이다. 하나의 아이디어를 다른 것과 연관시키는 능력이 뛰어나며, 합리적인 답을 추구하며 논리적으로 자신과 남을 평가하고자 한다. 또한 보통 사람들은 인식하지 못하는 지식의 넓은 체계를 응용하는 능력과 추상적인 상징체계들을 습득하고 조작하는 능력을 갖고 있다. 독창적인 생각이나 답을 찾아내고 질문을 재구성하고 새로운 해결책을 창조함으로써 문제를 해결하는 능력을 나타낸다.

언어나 읽기능력이 나이에 비해 뛰어나며 새로운 주제에 대한 탐구력이 강하고 다양한 흥미 영역에 관심을 쏟는다. 자신이 관심을 쏟는 흥미 분야에서는 뛰어난 발전을 보이기도 한다. 대부분의 우수아들은 자신에게 적합한 과제가 주어지면 학교생활을 지루해하거나 적대시하지 않는다. 그러나 학교생활에 흥미를 잃고 자신의 잠재력을 충분히 발휘하지 못하는 경우 부적응 행동을 보이게 되기도 한다. 따라서 자신의 우수성을 드러내고 발달시켜 나갈 수 있는 기회와 지원이 매우 중요하다.

표 8-3 영재아의 인지적인 특성

인지적 특성	긍정적인 표출	부정적인 표출
주의 집중하는 시간이 길고 주제에 집중하는 능력이 뛰어나다.	• 학습이나 흥미 있는 분야에 깊이 몰두한다.	• 방해받으면 화를 낸다. • 자신이 하던 주제를 바꾸고 다른 일을 해야 할 때 자신의 일을 고집한다.
논리적인 답을 추구하며, 논리적으로 자신과 남을 평가하고자 한다.	• 인과관계를 인식하고 행동의 결과를 파악한다. • 비판적 사고와 문제해결 능력이 뛰어나다.	• 비논리적이거나 증거가 없다고 생각되면 반박한다.
독창적인 생각이나 답을 낸다.	• 학급토론이나 과제물 작성에 창의성을 보인다.	• 다른 사람들의 전형적인 생각에 대해 비판적이다.
언어나 읽기 능력이 나이에 비해 뛰어나다.	• 어휘력이 뛰어나다. • 유창하게 더 높은 학년 수준의 어휘를 읽는다. • 학급 토론에서 의견을 잘 말한다.	• 자신의 주장을 세우거나 우월성을 보이기 위해 어려운 어휘를 잘 사용한다. • 다른 일을 피하기 위해 읽기 활동을 한다. • 대화나 토론을 혼자서 장악한다.
매우 넓은, 다양한 흥미를 보인다.	• 새로운 주제에 대해 기꺼이 탐구한다. • 다양한 흥미 영역에 열심을 쏟는다.	• 한 주제에 오래 집중하지 못하고 쉽게 흥미를 잃는다.
매우 특수화된 흥미를 보인다.	• 특별한 흥미 분야에 열심을 쏟고 뛰어난 발전을 보인다.	• 한 가지에만 집착한다. • 다른 활동이나 주제에 대해서 관심이 없고 따분해한다.
기초기술을 쉽게 습득한다.	• 시험을 잘 치른다. • 교재를 빠르게 숙달해 간다.	• 학급에서의 수업 속도에 지루해한다. • 연습문제 풀기를 싫어한다.

2) 정의적 특성

영재아는 인지적 발달이 매우 빠른 반면에 신체적 · 정의적 발달은 같은 나이 또래의 친구들과 비슷하기 때문에 겪는 특수한 스트레스가 있을 수 있다. 옳고 그름에 대한 인식이 빠르기 때문에 개인적 행동에 대한 외부의 기대가 높을 수 있다. 따라서 높은 연령 수준의 윤리적 문제에 대한 토론을 할 수도 있으며, 모험심이 있고, 실패 위험을 감수하면서도 목표를 달성하고자 노력한다. 에너지가 넘쳐 열정적이며 독립적이고도 자율적이다. 스스로 목표를 세우고 과제를 이루기 위한 계획을 세워 오랫동안 매달려 성취해 낸다. 그러나 이러한 특성이 부정적으로 표출되는 경우에는 지나치게 비판적이거나 반항적이 될 수도 있으며 지나친 고집이나 독선으로 교사나 부모, 친구들을 지치게 할 수 있다. 예를 들어 높은 언어능력을 가진 아동은 학급토론을 주도한다든가 혹은 문제 상황에 직면했을 때 발표나 질문을 통해 계속적으로 이것저것 캐묻는 모습으로 비칠 수 있다. 즉, 우리가 영재아를 판별하는 속성들이 문제를 야기할 수 있는 것이다. 따라서 개별 아동의 특성이 긍정적으로 표출될 수 있도록 격려하고 강화하는 적절한 교육환경이 필요하다.

표 8-4 영재아의 정의적인 특성

정의적인 특성	긍정적인 표출	부정적인 표출
옳고 그름에 대한 인식이 빠르다.	• 개인적 행동에 대한 기준이 높다. • 좀 더 높은 연령수준의 윤리적 문제에 대한 토론을 할 수 있다. • 자신이 한 행동의 결과를 이해한다.	• 부당하다고 생각되는 행동에 대해 반항한다. • 지나치게 비판적이거나 완벽주의자가 된다.
모험심이 있으며, 목표를 이루거나 답을 얻기 위해서 실패 위험을 감수한다.	• 실패를 두려워하지 않는다. • 생각을 증명하거나 답을 얻기 위해 틀릴 위험을 무릅쓴다.	• 사실이나 증거에 기초하지 않고 무작정 추측을 남발한다.
에너지가 많다 (힘과 열정이 많다).	• 열정적이다. • 과제나 프로젝트에 오랫동안 열심히 매달린다.	• 교사나 부모 및 친구들을 지치게 할 수 있다.
직관력이 있다.	• 비언어적 단서로부터 추론한다. • 과제를 어떻게 수행해야 하는지 잘 파악한다. • 표면에 드러나지 않은 문제들을 잘 파악한다.	• 결론을 혼자 빨리 내린다. • 자신의 직관을 이용해 남을 통제하거나 일을 조작할 수 있다.
독립적이고 자율적이다.	• 스스로 목표를 세운다. • 교사의 지시를 별로 필요로 하지 않는다. • 과제를 이루기 위한 계획을 세운다.	• 고집이 세다. • 권위에 대항한다. • 자신의 방법만이 옳다고 생각한다.

3) 미성취 영재아의 특성

영재아들이 모두 자신의 능력을 제대로 발휘하며 성공적인 학교생활을 하는 것은 아니다. 영재아들은 성별이나 언어, 문화가 다른 집단에서도 발견되며 장애아 집단에서도 발견된다.

장애를 지닌 우수 학생은 장애로 인하여 우수한 특성이 발견되거나 개발되지 않는 경우가 많다. 일반적으로 장애아를 가르치는 교사나 부모들은 장애아를 교육할 때 이들의 장애에만 주의를 기울이고 이들의 우수성을 찾으려는 노력을 기울이지 않는다. 장애와 영재의 결합은 부모들이나 교사들을 고민하게 한다. 말을 잘하지 못하거나 몸의 한 쪽이 마비되어 어색한 행동을 하는 뇌성마비아동에게 잠재적인 능력이 있을 거라는 생각보다는 지적장애일 것이라고 단정짓는 경우가 더 많다. 뇌성마비 외에도 의사소통장애, 시각 및 청각장애, 정서 및 행동장애를 가진 아동들도 그들의 장애 자체와 스스로의 낮은 자아개념, 친구관계의 문제, 주변 친구나 교사의 오해와 편견, 제대로 교육할 수 있는 교사가 없다는 것 등이 우수성을 발견하지 못하는 요소가 될 수 있다. 또한 학습장애나 주의력결핍 과잉행동장애아 중에는 매우 우수한 인지능력을 가진 경우도 있지만 적합한 평가를 받지 못하여 이러한 우수성이 발견되지 못한 채 지나쳐버리는 경우도 있다. 따라서 다양한 장애 및 우수성 등 복합적인 특성을 가진 우수 장애아들을 적절히 판별하고 교육하기 위해서는 여러 영역의 전문가 및 기관들의 협력이 매우 중요하다(Dale, 2000).

가정의 사회·경제적 어려움과 같은 환경적 요인으로 인하여 자신의 능력을 충분히 발휘하지 못하고 미성취 영재아가 되는 경우도 있다. 이러한 경우에는 자신이나 가족들이 교육에 별로 가치를 두지 않는다거나 자아개념이 낮거나, 결석을 많이 하는 것 등이 문제로 지적된다. 정서적 부적응, 바람직하지 못한 가정환경 등 학습부진의 일반적인 요인들이 우수아의 경우에도 해당될 수 있으며 부적절한 학교교육도 미성취 영재아를 발생시키는 요인이 될 수 있다. 특정한 학문 영역에서 장벽을 경험하는 여학생들도 자신의 능력을 제대로 발휘하지 못한다. 여자 자녀에 대한 부모의 낮은 기대 수준, 학교와 사회의 남녀 역할에 대한 고정관념 등으로 인해 여학생들은 동등한 기대나 기회를 얻지 못하고 있다(Hallahan & Kauffman, 2003).

영재아는 일반학급에서 자신들의 교육적 욕구가 충족되지 못하는 경우 자신의 능력을 제대로 개발하지 못할 수 있으며 학습을 지루하게 여기고 부정적인 행동을 보일 수도 있다. 이러한 미성취 우수아들은 자신에 대한 부정적인 자아개념을 형성하고 학교에 대한 부정적인 태도를 보이게 되는데 이러한 부정적인 태도와 자아개념을 가지게 되면 아무리 우수한 능력을 갖고 있더라도 그 능력이 제대로 발휘되지 않고 간과되기 쉽다(Montgomery, 2000).

영재아 집단 중 적절한 교육적 관심을 받지 못하는 또 하나의 집단은 여학생들이다. 최근에는 이러한 현상에 대한 논의가 활발하게 이루어지면서, 여학생이 자신의 능력을 제대로 발휘하지 못하게 되는 요인이 몇 가지로 분석되었다. 여아에 대한 부모의 낮은 기대수준, 학교와 사회에서 남녀의 역할에 대한 고정관념, 공부보다는 여자로서의 아름다움을 강조하는 풍토, 여성의 능력, 직업에 대한 고정관념 등이 여기에 해당된다. 최근에는 여성의 전문직 진출 확대 등 사회적 변화가 일어나고 있지만, 아직도 전통적으로 남성들의 영역으로 여겨지던 학문 분야에서는 여학생들이 동등한 기대나 기회를 보장받지 못하고 있다(Hallahan et al., 2009).

5 영재아의 상담

영재아에 대한 대다수 정의에는 일반적 지적 기능, 특정 교과 능력, 창의력 또는 지도적 능력, 기타 그들의 잠재력 성취에서 높은 수행능력을 보이는 아동들이다. 영재아들은 많은 측면, 특히 교과 영역에서 두드러진 능력을 보이기 때문에 교사나 상담사들은 심리적인 문제점들을 인식하지 못하는 경우가 많다. 하지만 영재아들은 사회적 문제나 정서적 문제에 대처하도록 상담가의 중재가 필요하다. 대부분의 사람들은 똑똑하면 거의 모든 문제를 해결할 수 있고 도움이 필요 없다고 믿기 때문에, 뛰어난 지적 관심과 창의적 관심 때문에 친구와의 관계에서 발생하는 문제를 생각하지 않는다. 영재아들도 자주 고립감을 느끼고, 소외되며, 낮은 자긍심과 미성취를 경험한다. 또한 이들은 다양한 진로 선택을 위해서도 상담가의 도움이 필요하다. 이들은 다른 사람의 한계와 장점뿐만 아니라 자신의 강점과 한계를 알도록 상담가의 도움을 받아야 한다. 영재아의 상담은 상담가들에게 문제가 된다. 이 아동들은 매우 독립적이며, 그들 자신의 문제를 해결하기를 원한다. 이들은 자신의 걱정을 보상받거나 가장할 정도로 충분히 똑똑하다.

영재아 상담자는 기본 지식과 태도를 바탕으로 하여 영재에 관한 전문 지식을 갖추고 있어야 한다. 현실적으로 영재 교사이면서 상담자의 역할을 동시에 담당해야 할 경우가 많이 있다. 이런 경우 영재의 특성과 이들이 지닌 강력한 삶의 욕구 및 이들이 겪는 현실적인 어려움을 이해할 줄 아는 사람으로서, 그들에게 발생 가능한 문제를 미리 예방하여 영재를 정서적으로 강인하게 키울 수 있는 민감하면서도 지지적인 전문적 상담자여야 한다.

영재아 상담의 목표는 영재의 의미와 영재교육의 프로그램의 목적을 이해하고, 영재아가 겪는 또래, 가족, 학교, 당국과의 마찰을 해결하기 위해, 또한 자신의 학습과 행동에 대한 책임감을 좀 더 갖도록 하기 위해, 그리고 스스로를 위해 상담이 필요하다. 도덕발달, 열정, 사려깊은 판단력, 자기효능감 증진, 책임감, 자아실현, 목표를 향한 과제 집착력, 사회에 대한 공헌, 경이감, 인식의 확장, 통합, 높은 이상에의 헌신, 윤리적 행동, 창의성, 정서 발달, 자율감, 지혜, 리더십 등에서의 발달 등이 목표가 된다(김영숙 외, 2002).

영재아 상담은 개인의 문제가 전문적인 치료를 요할 정도의 심각성에 따라 문제를 해결하거나 증상을 해소하도록 도와주는 치료적 상담을 하게 된다. 그러나 일반적으로는 인간성장 발달 및 개인의 잠재능력 계발을 위해 심리적인 건강과 사회성 향상, 스트레스 적응능력 향상 등 예방 차원에서 하는 발달적 상담을 할 수 있다.

Schmitz와 Galbraith(1985)는 영재아 상담에서 다루어야 할 점들을 다음과 같이 언급하고 있다.

- 자신의 감정과 욕구를 이해하는 것
- 다른 사람들과 어떻게 유사하고 다른지를 아는 것
- 자신의 능력에 대하여 자존감을 갖는 것

• 자신보다 못한 사람들을 수용하고 가치를 두는 것을 배우는 것
• 자신의 재능을 사회의 요구에 어떻게 가장 적합하게 맞출 것인지를 결정하는 것
• 그룹이나 학교 공동체에 속하고 함께 생활하는 것

영유아기에서 성인기에 이르기까지 영재의 각 상담적인 요구가 다르기 때문에 상담자는 상담적인 요구와 개인적인 상황에 맞는 상담을 진행해야 한다.

표 8-5 영재의 학교급별 상담적 요구

학교급별	상담적 요구
영유아기에서 초등 저학년	• 각 영역에서 또래보다 빠른 비동시적 발달을 보임 • 유아기: 쉽게 싫증, 말을 빨리 배움, 스스로 글 읽기, 기억력이 뛰어나고 고등 어휘 사용, 추상적 개념과 미래 개념 이해, 또래보다 자기중심성이 덜함, 주위와 환경에 관심 보임, 또래의 관계에서 어려움 겪음 • 초등학교 저학년: 영재성 세분화, 조기 판별 중요, 교사나 부모의 주의 깊은 관찰 필요
초등 고학년에서 중학교	• 일반학교 부적응으로 또래와 교사를 당황시킴 • 초등 고학년: 성역할의 사회화, 성역할과 반대 영역 재능을 가지면 낮은 자존감, 재능 숨기려는 경향, 교사(학교),부모(가정)의 교육적 지지 필요 • 중학교: 도전적인 교육과정 미제공, 학교생활에 관심, 흥미 잃음 • 영재학생을 위한 교육과정의 변화 시도 • 또래 학생과 다름 인정(인지·감정적으로), 상담과 차별화된 학습과정 필요
고등학교에서 대학교	• 뛰어난 학문적 역량을 나타내는 시기 • 영재의 특성을 고려한 진로상담 • 사회적 정의 의식이 강해 사회사업, 환경사업 쪽에 관심 두는 경향 있음 • 주변의 물질주의 등에 자신의 도덕성, 윤리의식, 인간애 개념이 불완전 • 주변인에게 실망하여 사회적으로 고립됨
성인기	• 사회적·정서적 갈등 • 확산적 사고, 흥분성, 민감성, 뛰어난 직관, 목표지향성으로 환경적응 어려움 • 좌절감, 만성적 우울증이 올 수 있음 • 사회와 원만한 상호작용, 자기관리에 도움이 되는 상담프로그램이 필요함

영재의 의미와 아이덴티티, 영재로서 장점과 단점, 자아개념과 자아존중감, 동기 및 무력감, 영재의 성격, 주의집중 및 행동, 학업부진과 열등감, 긴장과 경쟁, 지루한 학교생활, 사회성 부족 및 친구관계, 놀림과 따돌림, 완벽주의와 지나친 자기비판, 성

취기대에 따른 압박감과 스트레스, 도덕 발달, 리더십 발달 등이 있다(윤여홍, 1996).

1) 영재의 의미와 아이덴티티에 대한 상담

영재아이지만 스스로 영재의 특성에 대한 인식은 부족하다. 자아개념이란 자기에 대한 다각적인 견해의 집합 개념으로서, 자기 지각과 자기 평가가 포함된 모습이다. 일부 영재아는 학업이나 재능 면에서의 자기 모습과 사회적인 자기 모습에 다소 차이가 있다. 즉, 학업이나 재능 면에서의 자기 모습은 매우 높은 반면에 비학업적인 면에서의 자기 모습은 보통의 또래 아이들보다도 낮은 경향을 지닌 영재아가 있다. 부정적이고 혼돈된 자기 평가를 지닌 영재아가 있으므로, 상담이 필요하다. 또한 대부분의 영재아는 자기 스스로 영재성에 대한 확신이 부족하다. 영재라고 판별 받고 명명 받지만, 아무도 영재가 어떤 아이인지, 어느 점이 다른 아이들과 다른지, 영재의 좋은 점, 취약한 점에 대하여 설명해주지 않는다.

상담자는 영재아와 함께, 영재란 무슨 의미인지? 영재로서 좋은 점이 무엇이라고 생각하는지? 좋지 않은 점은? 만일 영재가 아니라면 더 좋을 점은? 더 나쁠 점은? 등을 논의하는 것이 좋다. 영재 아이덴티티 문제는 개인보다는 집단상담이 도움이 된다. 또래가 느끼고 보는 영재의 모습을 스스로는 어떻게 느끼고 있는지 등을 논의하는 것이 도움이 된다.

2) 학업부진과 열등감에 대한 상담

영재아이면서도 학습이 부진하거나 학습에 대해 열등감을 갖고 있는 경우가 있다. 학업부진은 영재아가 부모나 교사, 학교에게 주의와 관심에 대한 욕구를 표현하는 방식으로 나타나거나 영재아가 처한 상황을 통제하려는 욕구로 나타나기도 한다.

영재아가 주의나 관심을 끄는 방식으로 학업부진을 택하였다면, 이는 부모와 교사가 미성취에 대해 과잉으로 반응하지 않거나 심지어 무시까지 함으로써 주의를 끄는 사이클을 끊어야 한다. 영재아가 성취를 잘할 때 관심을 두고, 잘하지 못할 때에는 관심을 최소로 주어야 한다. 그러나 상황을 통제하려는 욕구의 발현으로서 학습부진이 있다면, 이는 영재아에게 보통 학생에게 요구하는 것처럼 과제를 내주고 하도록 기대하는 교사와 부모에게 자기가 하고 싶은 대로 할 수 있다는 것을 보여주는 미성취 영재어의 힘의 과시 또는 반항의 표현이 반복되는 것이다. 이런 경우에는 힘들지만, 부모와 교사가 아이와의 싸움을 중지하면 오히려 아이는 좀 더 자유롭게 활동하게 되고 성취 수준은 올라간다. 영재아의 동기 및 미성취 결과를 진지하게 탐색하는 집단상담 분위기가 효과적일 수 있다.

3) 사회성 부족 및 친구관계에 대한 상담

영재아에게 친구 사귀기는 어렵다. 보통 자기와 같은 나이 또래가 친구가 되지만, 영재아에게 진정한 친구란 비슷한 능력을 지닌 사람들이 된다. 그런 면에서 같은 나이 또래로서 비슷한 능력을 지닌 사람을 찾기 어렵다. 영재는 나이와는 상관없이 친구관계를 맺고 싶어 한다(Galbraith & Delisle, 1996). 친구의 필요성을 인식하고 친구와 어울리고 싶은 동기를 갖도록 해야 한다. 평소 전화나 이메일을 주고받거나 생일에 초대하거나, 캠프나 동아리 활동, 팀 프로젝트 활동, 또는 단체 활동을 통해 사회적 관계를 촉진하며 리더십이나 이타심, 협동심과 타인조망수용능력을 기르도록 한다. 영재집단이 친구사귀기와 사회성 향상에 많은 도움을 준다. 영재아끼리의 친구관계는 매우 의미 있다. 영재집단에서의 긍정적인 친구경험이 일반 학교나 사회로까지 일반화되어 타인에 대해 긍정적인 자세를 갖게 한다.

4) 완벽주의와 지나친 자기비판에 대한 상담

영재아에게 완벽하지 않거나 좋지 않게 수행한 결과가 주는 이득으로는 첫째, 자신에게 새로운 시각을 제공해주며, 둘째, 시도해보지 않은 방향에서 무엇인가 발휘할 수 있는 자유를 제공하며, 셋째, 나와 다른 영역의 다른 사람을 좀 더 잘 이해할 수 있게 해주고 넷째, 그 밖의 다른 것에서는 차선으로 일을 하도록 하게 하며, 다섯째, 성취에는 여러 단계와 정도가 있음을 가르쳐주며, 그리고 여섯째로는 성공이 필요할 때나 원할 때마다 정상적으로 주어지는 것이 아님을 가르쳐준다(Adderholdt-Elliott, 1987).

완벽주의 경향이나 자기비판 경향을 가진 영재아에게 웃는 법을, 일에서 벗어나 쉬는 법을, 문제를 전화위복의 기회로 바꾸는 법을 가르쳐야 하며, 불확실하고 애매모호함을 견딜 줄 알도록 하며, 실수를 용납하게 하며, 시간과 여유를 갖도록 해야 한다. 또한 현실적인 입장에서 자기에게 맞는 기준을 설정하며, 자기의 삶을 조절할 수 있는 능력을 키우도록 도와주어야 한다.

5) 적성과 진로상담

진로상담은 영재아에게 중요하지만 지도하기 어려운 상담 주제이다(Colangelo, 1991).

첫째, 영재아는 다재다능하기 때문에 다양한 분야에서 성공 능력을 지니고 있으면서도, 한두 개의 특정한 분야를 선택해야 하는 것에 좌절을 느낀다. 이들이 지닌 강하고 다양한 에너지와 흥미는 어느 하나를 선택한다는 것에 매우 제한을 느낀다.

둘째, 영재아는 높은 능력을 지니고 있는 만큼, 사회·문화적으로 좀 더 가치 있다고 여기는 높은 지위의 전문경력을 갖도록 압박감을 받는다. 엔지니어링, 의학, 법계통 정도가 주로 이들이 선택하는 범위에 속하며, 반면에 인문계와 교육계는 매우 순위가 낮다.

셋째, 박사학위 취득까지의 기간이 길어서 다른 사람에 비해 경제적인 독립과 결혼이 늦어지는 경향이 있다. 이러한 경향은 영재에게 더욱 더 사회적으로 높은 지위를 추구하도록 만든다.

넷째, 가족과 학교가 영재아에게 좀 더 사회적으로 높은 지위에 있는 대학과 경력을 선택하도록 기대하기 때문에, 영재는 진정으로 원하는 것을 마음대로 결정하거나 자기 욕구대로 따르기가 어렵게 된다.

다섯째, 영재아 자신이 또래나 교사, 학교 관계자들과 함께 자신의 진로나 인생의 목표에 관하여 논의할 기회가 거의 없다.

진로상담에서 꼭 필요한 것은 영재아와 함께 앞으로 어떤 종류의 일을 왜 하고 싶어 하는지에 대한 점과 자신의 선호 및 강점의 평가를 중심으로 매우 구체적으로 정확한 정보를 가지고 논의해야 하는 점이다. 그리고 학교 선정을 위해, 상담가가 학생과 그 부모에게 여러 학교가 가지고 있는 영재에 대한 관점, 교육철학, 프로그램 등에 대해 먼저 알아보도록 지도한다. 몇 개의 학교를 선정한 후에는 학생이 부모와 함께 직접 방문하여 학교 선택에 학생이 직접 참여하도록 권한다. 또한 학생과 부모가 함께 여러 학교를 검토할 수 있도록 평가기준을 잡아준다. 상담자는 학생의 인지 및 정서, 사회성 평가 자료를 통해 학습 스타일과 능력에 잘 맞는 학교나 학과를 선정할 수 있도록 하며, 학교 외에 프로그램도 고려하여 상담할 수 있다.

6) 영재아의 도덕성에 관한 상담

영재아에게 도덕적 딜레마에 대한 상담은 중요하면서도 많이 소홀히 다루어왔던 영역이다. 특히 영재 청소년은 일상생활에서 부딪치는 도덕적인 측면에 민감하며, 여성은 여성에 대한 갈등에, 남자는 남성에 대한 갈등에 더 민감한 성 차이를 보인다.

영재아의 도덕성에 관한 상담은 영재아가 어떻게 도덕적이어야 하는가에 고정되기 보다는 도덕적 측면에서 이 문제를 어떻게 생각하고 있는지를 탐색함으로써 영재아 자신이 스스로 탐색할 기회와 도덕적 사고를 할 기회를 주는 것으로 이루어진다. 주로, 도덕성에 관한 자아개념에 대한 파악, 자기중심성으로부터 탈피해서 타인의 입장이 되어보는 감정 이입 경험, 어려운 상황에 처해 있는 사람을 도와주는 방법, 딜레마 상황에 대한 적절한 분석과 판단력 증진, 친사회적 행동과 반사회적 행동의 비교 등을 주제로 하여 다룬다. 개인상담보다는 소집단에서 갈등과 여러 해결책들을 논의하고 토론하며 탐색하도록 기회를 제공하는 것이 좋다. 때로는 모델링이나 높은 수준의 도덕 발달을 이룬 사람의 행동을 탐색해보는 것도 좋은 방법이 된다(김영숙 외, 2002).

영재아 상담의 기본 원리는 영재아의 특별한 문제를 인식하고 그들이 자신의 성장을 긍정적이고 성장을 촉진하는 방향으로 이끌어 가는 방법을 배울 수 있도록 도와주는 것이다. 영재아를 담당하는 상담자의 태도는 다음과 같다.

- 영재상담자는 영재아 및 상담에 관한 전문지식이 필요하다.
- 상담자로서의 성격과 영재아에 대한 긍정적인 자세를 가진다.
- 영재아에 대해 긍정적으로 이해하려 노력, 융통적 · 개방적 사고방식의 자세와 태도를 가진다.
- 스스로 역할모델이 되려고 노력, 결과보다 과정을 중시하는 평가를 해야 한다.
- 이해와 격려, 수용하는 태도, 영재아에 대한 긍정적인 가치를 가진다.

Chapter 09

정서 · 행동장애 상담

1. 정서 · 행동장애의 정의
2. 정서 · 행동장애의 유병률
3. 정서 · 행동장애의 원인
4. 정서 · 행동장애의 분류
5. 정서 · 행동장애의 특성

1 정서 · 행동장애의 정의

정서 · 행동장애의 정의는 다소 다양하게 제시되고 있는데 이는 정서 · 행동장애를 정의하기가 쉽지 않다는 것을 의미하기도 한다. 정서 · 행동장애를 정의하기 어려운 이유는 정서 · 행동장애를 정의하고자 하는 목적이 다를 수 있는데 이러한 목적에 따라 정의가 달라질 수 있기 때문이다(Kauffman & Landrum, 2009). 즉, 국가가 특수교육 대상자 선정이라는 행정적 목적을 가지고 특수교육 관련법에 명시한 법적 정의, 정신건강전문가들이 정신장애 진단이라는 임상적 목적을 가지고 진단체계에 명시한 임상적 정의, 교육전문가들이 정서 · 행동장애의 중재와 예방이라는 교육적 목적을 가지고 비공식적으로 사용하고 있는 교육적 정의는 그 내용이 다를 수 있다. 여러 가지로 설명될 수 있으며 이러한 이유들로 인해 정서 · 행동장애에 대한 객관적이고 절대 확실한(fail-safe) 정의를 내리는 것이 불가능할 수 있다는 입장(Rosenberg, Wilson, Maheady, & Sindelar, 2004)도 있다.

누군가가 언어를 습득하지 못하거나, 걷기 못하거나, 보지 못하거나, 듣지 못하는 것과 같이 의사소통장애, 지체장애, 시각장애, 청각장애 등에서 나타나는 행동은 일반 아동들에게는 나타나지 않기 때문에 장애의 유무가 분명하다. 그러나 정서 · 행동장애아들이 보이는 거의 모든 행동들은 일반아동들에게서도 관찰되기 때문에 장애의 유무를 판단하기 위해서는 다음과 같은 기준들(standards)을 고려하게 된다.

모든 아동들은 때때로 부적절한 행동을 한다. 그러나 그 행동의 빈도, 강도, 또는 지속시간이 지나칠 경우 문제가 있는 것으로 간주한다(Heward, 2009; Kauffman & Landrum, 2009; Webber & Plotts, 2008; Wicks-Nelson & Israel, 2009). 예를 들어, 어린 아동이 공포(fear)를 나타내는 것은 특이한 일이 아니지만 너무 자주 그리고 너무 심하게 나타내거나 시간이 지나도 나아지지 않는다면 문제라고 할 수 있다.

대부분의 사회에서 남자는 상대적으로 더 공격적이고 지배적이고 활동적이고 모험적일 것으로 기대되는 데 반해 여자는 더 수동적이고 의존적이고 조용하고 민감하고 정서적일 것으로 기대되는데 이와 같은 성 고정관념(gender stereotype)은 행동의 정상성 판단에 지침 역할을 하게 된다(Webber & Plotts, 2008; Wicks-Nelson & Israel, 2009). 예를 들어, 일반적으로 지나치게 민감하고 수줍음을 잘 타는 딸과 지나치게 공격적이고 지배적인 아들에 대해서는 이들의 성이 거꾸로 된 경우에 비해 부모가 염려를 덜 하는 경향이 있다.

어떤 행동은 특정 연령수준에서는 수용 가능하지만 보다 높은 연령에서는 매우 부적절한 것으로 생각될 수 있다(Kauffman & Landrum, 2009; Wicks-Nelson & Israel, 2009). 예를 들어, 엄지손가락 빨기, 성질부리기, 야뇨증 등은 어떤 발달기간 동안에는 정상적으로 간주되지만 그 기간을 넘어서 지나치게 지속되면 경각심을 일으키게 된다.

어떤 행동은 특정 상황에서는 수용되지만 다른 상황에서는 수용되지 않을 수 있다(Kauffman & Landrum, 2009; Wicks-Nelson & Israel, 2009). 예를 들어, 뛰어다니는 행동은 놀이터에서는 받아들여질 수 있겠지만 도서관에서는 용납되지 않을 것이다.

어떤 아동의 행동은 그 아동이 소속된 문화에서는 수용되지만 다른 문화에서는 수용되지 않을 수 있다(Heward, 2009; Webber & Plotts, 2008; Wicks-Nelson & Israel, 2009). 즉, 아동에게 기대되거나 적절하다고 생각되는 행동은 문화에 따라 다르다는 것이다. 예를 들어, 미국 청소년들은 우리나라 청소년들에 비해 자기통제를 덜 하고 어른에게 복종을 덜 할 것으로 기대된다.

아동의 어떤 행동의 정상성 여부에 대한 판단은 성인에 따라 차이가 있을 수 있다(Wicks-Nelson & Israel, 2009). 사실 아동이나 청소년들이 스스로 자신에게 문제가 있다고 생각하고 임상적 평가에 의뢰하는 경우는 거의 없으며 그 주변에 있는 성인들(예: 부모, 교사 등)의 느낌과 생각이 중요한 역할을 하는 경우가 대부분이다. 그러나 성인마다 아동의 행동에 대한 태도, 민감성, 인내심, 대처능력 등의 특성이 다르므로 아동의 어떤 행동의 문제여부에 있어 성인들 사이에 의견이 일치하지 않을 수 있다.

비정상성에 대한 관점은 변화할 수 있으며 따라서 어떤 행동의 비정상성에 대한 판단은 변화되는 관점에 따라 달라질 수 있다(Wicks-Nelson & Israel, 2009). 예를 들어, 1952년에 처음 발간된 DSM에서는 동성애(homosexuality)가 정신장애로 분류되어 있었으나 현재 DSM-Ⅳ-TR(APA, 2000)에는 포함되어 있지 않다.

우리나라 「장애인 등에 대한 특수교육법」은 다음과 같이 정서 · 행동장애를 정의하고 있다.

> 장기간에 걸쳐 다음 각 목의 어느 하나에 해당하여 특별한 교육적 조치가 필요한 사람
> 가. 지적·감각적·건강상의 이유로 설명할 수 없는 학습상의 어려움을 지닌 사람
> 나. 또래나 교사와의 대인관계에 어려움이 있어 학습에 어려움을 겪는 사람
> 다. 일반적인 상황에서 부적절한 행동이나 감정을 나타내어 학습에 어려움이 있는 사람
> 라. 전반적인 불행감이나 우울증을 나타내어 학습에 어려움이 있는 사람
> 마. 학교나 개인 문제에 관련된 신체적인 통증이나 공포를 나타내어 학습에 어려움이 있는 사람

2007년부터 사용된 이 정의는 정서장애 정의에 대해 관련 전문가들이 제기한 문제점들 다수가 해당된다. 예를 들어, '장기간에 걸쳐'라는 지속기간(duration)에 대한 조작적 정의가 제시되어 있지 않고, 정서 · 행동장애의 여러 유형이 동시에 나타나는 공존장애에 대한 고려가 반영되지 않았으며, 정서 · 행동장애를 내재화장애와 외현화장애로 분류했을 때 내재화장애에 편중되어 있다. 그러나 「장애인교육법(IDEA 2004)」의 정의와 다음과 같은 차이점도 있다. 첫째, 정도(severity)에 대한 언급이 없다. 이에 비해 「장애인교육법(IDEA 2004)」의 정의에서는 '현저한 정도로(to a marked degree)'라는 정도(severity)의 제한 준거가 있다.

둘째, 항목 '나'부터 항목 '마'까지 마지막 부분에 '학습에 어려움을 겪는 사람' 또는 '학습에 어려움이 있는 사람'이라는 문구가 추가되었다. 「장애인교육법(IDEA 2004)」의 정의에서는 '교육적 수행에 부정적인 영향을 미치는(adversely affects educational performance)'이라는 교육적 영향(educational impact)의 제한준거가 있으나 이 준거에 대한 조작적 정의가 제시되지 않아 교육적 수행(educational performance)이 학업성취(academic achievement)에 국한된 개념인지 아닌지 명확하지 않았다. 이에 반해 전국정신건강 및 특수교육연합(NMHSEC)은 '교육적 수행'이라는 개념을 학업성취(academic achievement)에만 국한된 개념이 아닌 사회성 기술(social skills), 직업 기술(vocational skills), 또는 개

인 기술(personal skills)이 포함되는 포괄적인 개념으로 제시하였다. 즉, 학업은 교육적 수행의 일부분이며 따라서 학업에는 부정적인 영향을 미치지 않더라도 사회성기술, 직업기술, 또는 개인기술에 부정적인 영향을 미치게 되면 정서 · 행동장애에 해당된다는 것이다. 그러나 「장애인 등에 대한 특수교육법」의 정의는 항목 '나'부터 항목 '마'까지 마지막 부분에 '학습에 어려움을 겪는 사람' 또는 '학습에 어려움이 있는 사람'이라는 문구를 추가함으로써 교육적 수행을 학업성취로 국한하였다고 볼 수 있다(이승희, 2008). 이는 아무리 심한 정서행동문제를 가졌다 하더라도 학업에 문제가 없는 한 정서 · 행동장애를 가진 특수교육대상자로 선정될 수 없다는 것을 의미한다.

셋째, 조현병이 포함되어 있지 않다. 이에 비해 「장애인교육법(IDEA 2004)」의 정의뿐만 아니라 전국정신건강 및 특수교육연합(NMHSEC)의 정의는 조현병을 포함하고 있다. 물론 성인기 출현율보다는 낮지만 아동기 또는 청소년기에 조현병이 나타나고 있으므로(Wicks-Nelson & Israel, 2009) 이러한 경우 적절한 지원과 치료를 받을 수 있어야 할 것으로 보인다. 그러나 「장애인 등에 대한 특수교육법」의 정의는 이러한 경우를 배제하고 있다(이승희, 2008).

넷째, 사회적 부적응에 대한 언급이 없다. 이는 사회적 부적응(social maladjustment)을 포함시키지 않았다는 「장애인교육법(IDEA 2004)」의 정의와 마찬가지로 「장애인 등에 대한 특수교육법」 정의의 항목들이 내재화장애에 편중되어 있어 품행장애와 같은 외현화장애가 배제되는 문제점을 여전히 안고 있다.

여러 관련 문헌에서 정서 · 행동장애의 의미는 다음과 같다.

표 9-1 관련 문헌들의 정서·행동장애 의미

관련문헌	정서·행동장애의 의미
강종구 외 (2010)	"일반적으로 정서 · 행동장애는 아동 그 자신의 발달이나 타인의 생활 혹은 그 둘 다를 방해하는 행동으로서 일반아동에 비해 현저하게 일탈된 행동으로 정의된다."(p. 243)
권요한 외 (2010)	"정서 · 행동장애는 개인의 발달이나 타인의 생활 혹은 그 둘 다를 방해하는 행동으로 일반적으로 기대되는 것보다 정도나 강도가 심하고 오랫동안 지속되는 특성을 나타내는 경우를 지칭한다."(p. 243)

관련문헌	정서·행동장애의 의미
김영욱 외 (2009)	"일반적으로 정서 · 행동장애는 아동 그 자신의 발달이나 타인의 생활, 혹은 그 둘 다를 방해하는 행동으로서 일반 아동에 비해 현저하게 일탈된 행동으로 정의한다." (p. 327)
김원경 외 (2009)	"일반적으로는 정서 · 행동장애를 아동 자신의 발달이나 타인의 생활 혹은 그 둘 모두를 방해하는 행동이 일반 아동에 비해 현저하게 일탈된 행동으로 정의한다."(p. 287)
박원희 외 (2009)	"정서 · 행동장애(EBD)는 인간의 내적 상태인 정서(emotion)와 외적으로 표출되는 행동(behavior)이 동일 연령집단의 정상 범위에서 벗어나 있는 상태를 의미하고, 특히 사회적 관계, 감정조절, 활동수준, 주의집중 등에 있어서 어려움을 겪는다."(p. 338)
유재연 외 (2009)	"정서 및 행동장애 아동은 사회적 대인관계가 요구되는 다양한 환경에서 불협화음을 일으키는 행동을 보임으로써 장애가 있는 것으로 여겨지는 아동이다."(p. 133)
정동영 외 (2010)	"정서 및 행동장애는 정서 및 행동이 또래 집단의 규준이나 기대 수준에서 질적으로 혹은 양적으로, 내적 혹은 외적으로 정상 범주에서 일탈되어 있는 상태를 의미한다." (p. 240)
Heward (2009)	"정서 · 행동장애 아동들은 외현화와 내재화의 두 개의 차원에서 자신의 문화 및 또래 집단의 규준보다 유의하게 높게 나타나는 행동에 의해 주로 특징지어진다."(p. 215)

출처: 이승희(2017). 정서·행동장애개론. 서울: 학지사.

대다수의 정의들 사이에는 공통된 특징도 찾아볼 수 있다. 다만, 어떤 아동의 행동이 정서 · 행동장애라는 명칭을 붙이기에 부합되기 위해서는 그들의 행동에 다음과 같은 몇 가지 특징이 있어야 한다는 점에서는 의견의 일치를 보이고 있다(김종현, 2015).

첫째, 규준적 또는 평균적 행동과 심한 편차가 있다.

둘째, 잠시 나타났다가 사라지지 않고 만성적으로 반복된다.

셋째, 사회적, 문화적으로 용납될 수 없다.

넷째, 아동의 자아존중감, 대인관계 및 학업성취에 부정적인 영향이 있다.

다섯째, 특수한 교육적 중재가 필요하다.

정서행동문제는 일상생활에서 사회적 기대나 규범에서 벗어나는 행동이나 감정으로 자신이나 타인을 괴롭히는 부적절한 정서와 부적응 행동이라고 정의할 수 있다.

2 정서 · 행동장애의 유병률

정서 · 행동장애의 유병률은 학령기 인구의 약 0.5%에서부터 20% 이상까지 매우 다양하게 보고되고 있다(Kauffman & Landrum, 2009). 이처럼 유병률 추정치가 다양하게 나타나는 데에는 여러 가지 이유가 있을 수 있으나 세 가지만 제시해 보면 첫째, 정서 · 행동장애 정의가 다양하기 때문이다. 즉, 정서 · 행동장애를 어떻게 정의하느냐에 따라 유병률이 달라진다는 것이다. 둘째, 정서 · 행동장애를 평가하는 방법이 다양하기 때문이다. 즉, 어떤 사정도구를 사용하였느냐에 따라 유병률이 달라질 수 있다는 것이다. 예를 들어, 한 연구에서는 부모가 학생에 대해 평정하는 도구를 사용하고 다른 연구에서는 교사가 학생에 대해 평정하는 도구를 사용하였을 경우 두 연구에서 추정되는 유병률에는 차이가 있을 것이다. 또한 두 연구가 모두 교사가 학생에 대해 평정하는 도구를 사용하였다 하더라도 동일한 도구가 사용되지 않았다면 두 연구에서 추정되는 유병률이 동일하지 않을 수도 있다. 셋째, 표본이 다양하기 때문이다(Cullinan, 2007). 즉, 유병률을 추정하고자 실시되는 역학조사(epidemiological survey)는 일반적으로 전수조사보다는 표본조사를 통해 이루어지는데 이 표본들이 성별, 연령, 지역 등의 측면에서 모집단을 대표하지 못하는 경우가 많다는 것이다. 예를 들어, 정서 · 행동장애 유형 가운데 전형적으로 아동기보다 청소년기에 상대적으로 더 높게 나타나는 유형(예: 품행장애)이 있으므로 초등학생만을 대상으로 하였을 경우 중등학생까지 포함한 경우보다 유병률이 낮게 나올 수 있다.

이상과 같이 정의의 다양성, 평가방법의 다양성, 표본의 다양성 등으로 인해 정서 · 행동장애의 유병률도 다양하게 나타나고 있으므로 어떤 유병률을 접했을 때는 그 유병률이 산출된 정의, 평가방법 및 표본에 대한 정보도 같이 고려할 필요가 있다.

2019년 특수교육통계를 살펴보면 정서 · 행동장애는 2,182명으로 전체 특수교육대상자의 2.3%를 차지하고 있다. 정서 · 행동장애아는 특수학교 210명, 일반학교 특수학급에 1,314명, 일반학교 전일제 통합학급에 658명으로 분포되어 있다.

3 정서 · 행동장애의 원인

Kauffman과 Landrum(2009)은 위험요인을 네 개의 범주(생물학적 요인, 가족요인, 학교요인, 문화적 요인)로 분류하고 있으나 세 개의 범주(가족요인, 학교요인, 문화적 요인)가 위험요인을 크게 두 가지 범주로 분류하는 다른 문헌에서 심리사회적 요인(Culinan, 2007), 환경적 요인(Pennington, 2002; Zionts et al., 2002), 또는 외적 요인(Yell et al., 2009)으로 묶여 있다. 따라서 정서 · 행동장애의 위험요인을 크게 두 가지 범주로 분류하는 문헌들 간에도 범주의 유형에 차이가 있다.

1) 신체생리학적 원인

정서 · 행동장애는 유전적 발생, 박테리아나 바이러스성 질병, 뇌 손상, 뇌의 기능성장애, 알레르기 또는 기타 생화학적 불균형으로 초래된다는 논리적인 양상을 보인다(Linnoila, 1997). 또한, 중증의 반사회적 행동이 뇌종양과 같은 신경학적 문제에 기인한다는 것을 알 수 있으며(Burns & Swerdlow, 2003) 생물학적 요인이 반사회적 행동을 발달시키는 경향성을 제공한다는 것을 알 수 있다(Dodge & Pettit, 2003). 행동적 일탈에 포함되는 신체생리학적 작용은 매우 복잡하며 새로운 발견이 급속도로 빠르게 진행되고 있다. 신체생리학적 요인 중 대부분의 유형은 정신병리학적인 모든 유형의 잠재적인 원인이 된다는 주장이 있다(Klorman, 1995; Werry, 1986). 그러나 생물학적 요인이 모두 장애로 연관되지는 않으며, 환경적 상호작용에 의해 영향을 미치게 된다.

(1) 유전적 요인

유전은 행동발달에 있어서 바람직한 행동이나 바람직하지 않은 행동이 모두 강한 영향을 미친다는 사실이 실제 연구결과에서 나타났다(Pinker, 2002; Weiner, 1999). 유전자가 다양한 종류의 정서 및 행동적 문제, 즉 범죄성, 주의력결핍, 과잉행동, 조현병, 우울증, 뚜렛장애, 자폐증, 불안 등의 원인이라는 주장은 놀라운 일이 아니다(Asarnow

& Asarnow, 2003).

유전성과 장애의 연관성에 대한 연구는 전통적으로 쌍생아 및 특정 개인의 친척 간 출현율 조사를 통해 이루어져 왔다. 혈족관계를 참조하는 연구들은 가족구성원의 특성을 비교한다. Kallmann(1956)은 10년 동안 병원에 수용된 조현병 환자의 생물학적 친척들을 추적 연구하였다. 30년 가까운 추적을 통해 조현병이 인구의 약 1%에서 발생하는데 부모 중 한 명이 조현병이면 자녀의 1/6이 조현병이었고, 부모 모두가 조현병이면 자녀의 2/3 이상이 영향을 받았다고 보고하였다. 조현병은 유아기에 시작되는 경우는 거의 없으며, 청소년기 중 후반에 시작되는 경우가 일반적이다(Asarnow & Asarnow, 2003). 조현병과 같은 몇몇 중증장애는 유전적 영향이 분명하지만 유전자 체계가 어떻게 작용하는지는 알기 어렵다. 대부분의 정서 · 행동장애의 유형은 유전적 영향이 불분명하고, 교육자들에게는 환경적 요인이 훨씬 더 중요하게 다가온다(Leber et al., 1998).

(2) 뇌 손상 및 뇌의 기능장애

뇌는 출생 전, 출생 시, 출생 후 매우 다양한 방식으로 외상을 입을 수 있고, 미세한 뇌 손상은 심각한 아동기 비행과 성인 범죄와 같은 반사회적인 행동을 일으키는 원인이 된다(Bower, 1995; Dell Orto & Power, 2000). 외상성 뇌 손상은 새로운 장애유형은 아니지만 그것이 아동 및 청소년의 신경학적인 손상의 원인으로 증가되고 있기 때문에 특수교육의 범주로 분리하여 만들어졌다(Hallahan & Kauffman, 2003).

외상으로 인한 뇌 손상은 모든 유형의 뇌 손상을 포함하지는 않는다. 그 한계는 다음과 같다(Dell Orto & Power, 2000).

- 외부의 힘에 의해 뇌 손상이 생기는 경우
- 퇴행적이거나 선천적인 상태로 인해 야기되는 손상이 아닌 것
- 의식이 줄어들거나 변화된 상태
- 손상의 결과로 일어나는 신경학적 또는 신경행동적 기능장애

외상성 뇌 손상을 경험한 아동이나 청소년의 약 절반 정도는 특수교육이 필요하며,

일반학급으로 돌아온 아동에게도 조절이 필요하다(Tyler & Mira, 1999).

외상성 뇌 손상으로 인해 일어날 수 있는 결과들은 많은 심리사회적 문제를 포함하고 있으며, 몇 가지 목록은 다음과 같다(Dell Orto & Power, 2000).

- 부적절한 태도 또는 매너리즘
- 유머를 이해하지 못하거나 사회적 상황을 읽지 못함
- 쉽게 피로해지고, 좌절하고 화를 잘 냄
- 비합리적인 걱정 또는 불안
- 과민성
- 감정의 기복이 심함
- 우울함
- 한 가지 생각이나 행동을 고집함

적절한 행동에 도움이 되고 이를 지원하는 환경을 만드는 것은 뇌 손상의 결과를 효과적으로 다루는 가장 큰 문제이며, 다학문적인 노력이 필요한 힘든 과정이다(Suzman, Morris, & Milan, 1997).

(3) 영양실조, 알레르기, 기타 건강과 관련된 문제들

아동이 심각한 영양실조라면 장기적인 결과로 무감각, 사회적 위축 그리고 학교생활의 실패 등이 나타난다. 또한 굶주림과 영양 부족이 학업 및 사회적 학습에 집중하는 능력을 방해한다. 그러므로 빈곤가정 아동의 영양에 대한 관심은 당연하다(Tanner & Finn-Stevenson, 2002). 비만, 수면장애, 손상, 질병들을 포함하는 다양한 다른 건강과 관련된 장애들이 아동집단에서 발견되었다(Peterson, Reach, & Grabe, 2003). 특정 음식이나 약물, 꽃가루, 먼지, 곤충의 침에 대한 알레르기가 있는 것을 알고 있지만 이러한 알레르기가 정서 및 행동문제들을 일으킨다는 증거는 없다. 그러나 교사, 부모들은 음식물이 문제행동을 일으키는 주요한 요인이라고 믿는다(McLoughlin & Nall, 1994).

(4) 기질

유순한(easy) 기질의 아동은 새로운 자극에 대해 규칙적이고 적절하고 긍정적인 반응을 보이는 특성이 있으며, 반응에 대해 경미하거나 보통의 긴장을 나타내고, 긍정적인 분위기를 가지고 있다. 까다로운(difficult) 기질을 가진 아동은 다루기 힘든 행동을 하는 경향이 더 많이 나타난다. 까다로운 기질의 아동은 생물학적인 기능이 불규칙적이고, 새로운 자극에 대해 부정적인 반응을 보이며 환경 변화에 느리게 적응하고, 부정적인 기분을 자주 보이며, 거의 긴장된 반응을 보인다(Keogh, 2003). 사회적 환경과 아동의 행동방식이 잘 맞지 않으면 까다로운 기질을 악화시킬 수 있다. 그러나 이러한 위험성은 부모와 교사들이 아동의 행동을 조절하는 방식에 의해 더 높아질 수도 있고, 더 낮아질 수도 있다(Henderson & Fox, 1998).

2) 환경적 원인

(1) 가족요인

가족요인은 다른 요소들 사회경제적인 지위, 가족에게 영향을 미치는 외부요인, 아동의 나이, 성, 기질적 특성과 복합적인 상호작용을 하면서 정서·행동 발달을 예언할 수 있도록 나타난다. 위험(risk)이 있을 원인요소를 조사하고 특별한 사건이나 조건들이 정서·행동장애와 같은 결과를 가져올 가능성을 증가시킬 것이라는 예측을 할 수 있다. 예를 들어, 몇몇 위험요소들이 함께 나타날 때 가난, 부모의 반사회적 행동, 지역사회의 폭력, 까다로운 기질의 아동에게 장애가 나타날 가능성은 두 배 이상 높다(Garmezy, 1987).

연구에 따르면, 반사회적 아동들의 부모는 비일관적인 훈육을 하고 행동문제를 다루기 위해 지나친 벌을 사용하며 자녀들과 친사회적 활동을 하는 데 시간을 보내지 않고 자녀의 활동 및 장소를 감시하지 않으며, 올바른 행동에 사랑과 애정을 보이지 않는 경향이 있다(Biglan, 1995).

(2) 학교요인

아동들의 행동을 이해하기 위한 생태학적 접근은 환경의 모든 현상은 상호연관성이 있다는 가정하에 시작된다. 생태학상의 한 요소의 변화는 다른 요소의 변화에 영향을 준다. 학교에서의 성공이나 실패는 가정이나 사회의 행동에 영향을 준다(Kauffman, 2005).

아동들의 정서・행동문제들의 발달에 기여하는 학교 관련 요인은 학업 실패, 적절한 행동에 대한 불명확한 규칙들과 기대, 일관성이 없고 처벌적인 훈육 그리고 다양한 학습자의 욕구에 대한 개별화교육의 실패에 기인한 비효율적인 교육 등이 있다(Mayer, 1995). 아동들과 관계함에 있어서 교사의 성향은 모든 학교문제의 발생에 있어서 중요한 요인이 될 수 있다(Keogh, 2003). 학교에서의 실패가 심각하고 지속적인 비사회적 행동에 의한 것이라면 그 아동은 성인이 되더라도 정신건강에 큰 문제를 갖게 될 가능성이 높다(Walker et al., 2004).

(3) 문화요인

문화요인으로는 국가, 민족, 종교, 이웃, 대중매체, 동료집단, 사회적 지위, 복지 등이 있다. 아이들과 가족, 학교, 교사의 가치관이나 기대가 다른 문화적 표준과 갈등을 일으킨다면 정서 및 행동발달에 해로운 영향을 주거나 해결하기 어려운 문제가 발생할 것이다. 상이한 문화가 다른 방향에서 아이들의 행동을 이끌고 있다는 점에서 상이한 문화는 기대의 갈등을 유발하고 아이가 문화적 표준을 거스르는 행동을 할 가능성을 높여준다(Osher et al., 2004).

또래집단은 정서・행동장애에 영향을 미친다. 불량집단 참여, 약물과 알코올중독 그리고 이탈된 성행동은 지역사회에서 반사회적 생활양식을 나타내고 유지하는 기여요인들이다(Biglan, 1995).

대중매체는 인쇄물, 라디오, TV, 영화, 인터넷상의 전자적 정보 등을 포함한다. 대중매체가 아이들의 행동에 미치는 영향에 대한 사회적 관심은 책과 잡지가 널리 유통되면서 시작되었다(Donelson, 1987). Huesmann 등(2003)의 연구에 따르면 TV을 통해 폭력을 자주 접하고 자란 아이가 성인이 되면 대인관계에 있어서 폭력적인 성향을 보일 위험성이 대단히 높다는 주장을 제시하였다.

교육자들은 문화적 요인이 아이들의 정서 · 행동상의 문제에 어떤 영향을 주는지 확실히 알고 있어야 한다. 행동과 행동교정에 대한 부모님들의 사고방식을 이해하려면 우선 문화와 공동체의 규범에 대한 언급이 필요하다. 특히, 그것이 가정에서의 체벌과 학교에서의 체벌문제와 같이 논쟁의 소지가 많은 경우에는 더욱 그렇다(Fisher, 2003).

표 9-2 정서 · 행동장애의 위험요인

<table>
<tr><th colspan="2">구분</th><th>영역</th><th>위험요인의 예</th></tr>
<tr><td colspan="2" rowspan="3">생물학적 위험요인</td><td>유전</td><td>• 유전적 영향</td></tr>
<tr><td>신체적 환경</td><td>• 뇌장애</td></tr>
<tr><td>기질</td><td>• 까다로운 기질</td></tr>
<tr><td rowspan="8">심리사회적
위험요인</td><td rowspan="3">심리적
위험요인</td><td>정서</td><td>• 낮은 자아존중감</td></tr>
<tr><td>학습</td><td>• 부적절한 행동의 학습</td></tr>
<tr><td>인지</td><td>• 인지적 왜곡
• 인지적 결함</td></tr>
<tr><td rowspan="5">사회적
위험요인</td><td>가족</td><td>• 부적절한 양육방식
• 부부갈등
• 부모의 정신병리
• 아동학대
• 빈곤</td></tr>
<tr><td>또래</td><td>• 긍정적 또래관계의 부재
• 바람직하지 않은 또래사회화</td></tr>
<tr><td>학교</td><td>• 학생-교사 간 갈등관계
• 부적절한 행동관리</td></tr>
<tr><td>지역사회</td><td>• 불리한 지역사회</td></tr>
<tr><td>대중매체</td><td>• 대중매체의 부정적 영향</td></tr>
</table>

출처: 이승희(2017). 정서·행동장애개론. 서울: 학지사.

4 정서 · 행동장애의 분류

특정 장애에 대한 분류는 그 장애가 지니고 있는 본질이나 원인, 과정, 중재 등과 밀접한 관계를 맺고 있어야 한다. 이상적 분류체계는 범주를 구성하고 있는 행동을 측정할 수 있도록 조작적으로 정의된 범주가 포함되어 있어야 한다. 그리고 무엇보다 분류체계는 신뢰할 수 있어야 한다. 한 개인이 일관성 있게 동일한 장애를 가진 것이 여러 관찰자에 의해서 분류되어야 하고, 특정 개인을 한 범주 내에 배정하였던 결과는 일정한 기간 동안 일관성 있게 유지되어야 한다. 이와 더불어 분류체계는 타당성이 유지되어야 한다. 특정 범주 내에 배정하는 작업은 다양한 관찰방법이나 평정척도를 통해서 결정되어야 하고, 동일한 범주에 속하는 경우에는 특정 문제행동 유형의 출현을 높게 예측할 수 있어야 한다(윤점룡 외, 2017).

1) 정신의학적 분류

실험적 절차에 의해 질환을 분류하는 신체의학에서 사용하는 체계를 표방하여 정신의학에서도 증명되었거나 혹은 가정할 수 있는 정신질환과 관련하여 분류체계를 고안하였다. 역사적으로 많은 정신의학적 분류체계는 신뢰성을 갖지 못하였으며, 치료나 특히 교육적 중재를 위해서는 어떤 시사점을 제공해 주지 못하였다. 그러나 정신의학적 분류는 폭넓게 사용되고 있으며, 정서 · 행동장애아를 교육할 경우 교육자는 정신의학적 분류명칭에 자주 직면하게 된다. 최근에 정신의학적 분류를 활용하는 사람들이 많이 늘어나고 있다. 현재 사용하는 분류체계는 객관성이 더욱 높아지고 있으며 신뢰성도 높아지고 있다. 그럼에도 정신의학적 범주는 특수교육 적합성을 결정짓는 기준과 부합하지 않은 점이 있기 때문에 정신의학적 진단을 통해서는 특수교육 대상 아동을 발견하기가 쉽지 않다.

가장 보편적으로 사용되고 있는 정신의학적 분류는 미국정신의학회(American Psychiatirc Association: APA)에서 고안한 체계이다. 표준이 되는 정신의학적 체계는 APA에서 가장 최근에 개편한 『정신장애의 진단 및 통계편람(Diagnostic and statisctical

Maunual of Mental Disorders: DSM)』이라는 지침서에 제시되어 있다. 현재 다섯 번째 개정판으로 DSM-5가 2014년에 출간되었으며, 한국어판을 2015년 서울대 의과대학 교수인 권준수 외 13인이 번역하여 학지사에서 출판하였다. 한국어판에서는 'mental disorders'를 '정신질환'으로 번역하면서 그 이유를 대부분의 정신질환에 장애(disorder)를 사용하여 정신능력의 결함이 있는 것으로 오해를 할 우려가 있고 '장애'라는 용어 사용을 최소화하기 위한 조치라고 설명하였다. DSM-5는 정신질환을 22개 주요한 범주로 나누고 그 하위 범주로 300여 개 이상의 질환을 포함하고 있다. DSM-5에 포함된 주요한 정신질환의 범주를 열거하면 〈표 9-3〉과 같다.

표 9-3 소아기 및 청소년기 주요 장애(DSM-5)

1. 신경발달장애(Neurodevelopmental Disorders): 지적장애, 의사소통장애, 자폐스펙트럼장애, 주의력결핍 과잉행동장애(ADHD), 특정학습장애, 운동장애, 틱장애
2. 조현병 스펙트럼 및 기타 정신병적 장애(Schizophrenia Spectrum and Other Psychotic Disorder)
3. 양극성 및 관련 장애(Bipolar and Related Disorders)
4. 우울장애(Depressive Disorders)
5. 불안장애(Anxiety Disorders)
6. 강박 및 관련 장애(Obsessive-Compulsive and Related Disorders)
7. 외상 및 스트레스 관련 장애(Trauma-and Stressor-Related Disorders)
8. 해리장애(Dissociative Disorder)
9. 신체증상 및 관련 장애(Somatic Symptom and Related Disorders)
10. 급식 및 섭식 장애(Feeding and Eating Disorders)
11. 배설장애(Elimination Disorder)
12. 수면-각성장애(Sleep-Wake Disorders)
13. 성기능부전(Sexual Dysfunction)
14. 성별 불쾌감(Gender Dysphoria)
15. 파괴적, 충동조절 및 품행 장애(Disruptive, Impulse-Control, and Conduct Disorders)
16. 물질관련 및 중독 장애(Substance-Related and Addictive Disorders)
17. 신경인지장애(Neurocognitive Disorders)
18. 성격장애(Personality Disorders)
19. 변태성욕장애(Paraphilic Disorders)
20. 기타 정신질환(Other Mental Disorders)
21. 약물치료로 유발된 운동장애 및 약물치료의 기타 부작용(Medication-Induced Movement Disorders and Other Adverse Effects of Medication)
22. 임상적 주의의 초점이 될 수 있는 기타의 상태(Other Condition That May Be A Focus of Clinical Attention)

출처: 윤점룡 외(2017). 정서 및 행동장애아의 교육. 서울: 학지사.

2) 행동적 차원의 분류

정신의학적 분류는 장애의 유형을 식별하는 데 주로 초점을 맞추고 있다. 행동적 차원의 분류는 하나의 행동 유형을 나타내는 정도가 얼마나 서로 다른지를 설명해 준다. 행동적 차원의 분류란 높은 상관관계를 맺고 있는 행동들끼리의 집합을 의미한다. 행동평정척도에 의해 행동적 차원의 분류를 결정하기 위해서는 요인 분석과 같은 통계적 절차를 필요로 한다. 즉, 행동문제를 하나의 행동적 차원의 분류로 규정하기 위해서는 통계적 분석을 통해서 분류된 행동이 함께 발생하는 경향이 있음을 밝혀야 한다.

행동적 차원이나 유형과 관련된 연구에 의해서 다음의 2가지 행동문제 유형을 발견할 수 있다. 그중 하나는 외현화 행동문제 범주이다. 이 범주에서는 공격성, 타인에 대한 반항, 충동성, 불복종 행동 등이 포함된다. 다른 하나는 내재화 행동문제 범주이며, 여기에는 불안, 사회적 위축, 우울 등이 포함된다. 외현화 행동문제와 내재화 행동문제의 구체적인 예를 소개하면 〈표 9-4〉와 같다.

표 9-4 외현화와 내재화 행동문제의 예

외현화 행동문제	내재화 행동문제
• 사물이나 사람을 향한 공격적 양상을 반복적으로 보인다. • 과도하게 언쟁한다. • 신체적이거나 언어적인 방법으로 다른 사람의 복종을 강요한다. • 합리적인 요청에 응하지 않는다. • 지속적인 역정내기(tantrum)의 양상을 보인다. • 지속적인 거짓말 또는 도벽의 양상을 보인다. • 자기조절력 결핍 및 과도한 행동을 자주 보인다. • 타인이나 교사와의 만족할 만한 인간관계를 개발하고 유지하지 못하거나 물리적 환경의 파괴 등의 특정 행동을 보인다.	• 슬픈 감정, 우울함, 자기비하 감정을 보인다. • 환청이나 환각을 경험한다. • 공포나 불안의 결과로 심각한 두통이나 기타 신체적인 문제(복통, 메스꺼움, 현기증, 구토)를 보인다. • 자살 생각을 이야기하고 죽음에 대하여 몰두한다. • 특정 생각이나 의견 혹은 상황에서 벗어나지 못한다. • 반복적이고 쓸모없는 행동에서 벗어나지 못한다. • 이전에 흥미를 보였던 활동에 대한 관심이 줄어든다. • 과도하게 놀림을 당하거나, 언어적으로나 신체적으로 학대를 강하거나, 무시되거나 또래들에 의하여 기피된다. • 활동 수준이 심각하게 제한된다. • 신체적, 정서적 또는 성적 학대의 증후를 보인다. • 만족할 만한 개인적인 관계 형성 및 유지에 방해가 될 정도의 위축, 사회적 상호작용 회피 또는 개인적인 돌봄의 결여와 같은 기타 특정 행동을 보인다.

행동적 차원의 분류체계를 주도하는 주요 개념은 모든 사람은 행동적 차원에 따라 그 표출의 정도에는 차이가 있지만 모든 차원의 행동 특성을 보일 수 있다고 보는 관점이다. 한 아동이 하나의 행동 차원에서만 높은 평정을 받는다고 생각하는 것은 자칫 위험한 발상이다. 많은 정서 · 행동장애아는 다양한 문제행동을 가지고 있으며, 실제로 여러 행동 차원에서 높은 평정을 받고 있기 때문이다. 행동평정척도 내의 항목에 대한 통계적 관련성에 따라 아동의 행동을 분류할 뿐이지 개인 자체를 분류하는 것이 아니다. 일부 정신의학적 분류체계에서도 이와 같은 같은 관점을 취하고는 있지만(즉, 장애 행동을 분류하는 것이지 개인 자체를 분류하는 것이 아니라는 관점), 행동적 차원의 분류체계가 더욱 신뢰성 있고 실험적 방법에 근거하여 분류한다는 장점이 있다.

이와 같은 실제적인 현상에 비추어 볼 때 장애의 정의에 대한 기본적인 개념과 관련하여 정서 · 행동장애의 문제는 '옳다, 그르다'의 현상을 구분하는 작업이 아니라, 우리가 '장애'라고 표찰하기 전에 한 개인의 행동이 타인의 행동과 어떻게 서로 다른지를 밝히는 판단의 작업이다. 즉, 분명하고 명백한 가치체계에 근거하여 판별하게 되는 독단적인 결정 과정을 의미한다. 일반 범주 내에 속하는 장애 유형의 하위 영역을 분류할 때도 동일한 개념을 적용한다. 한 개인의 행동에 문제가 있다고 제안하기 전에 특정한 요인이나 행동 차원에서 얼마나 높은 평정척도 점수를 획득했는지 판단하는 작업이다. 판단은 통계적 분석에 근거해야 하나 통계적 분석만으로 판단을 내리는 것은 충분하지 못하다. 정신의학적 분류체계와 마찬가지로, 행동적 차원의 분류체계에서도 단독 분류만으로 특수교육 서비스의 적합성을 결정하는 것은 충분한 조건이 되지 못한다.

정신의학적 분류체계를 사용하느냐 또는 행동적 차원의 분류체계를 사용하느냐와 관계없이 연구자와 임상 전문가들은 아동이 한 가지 이상의 문제나 장애를 보이는 경우를 자주 발견하였다. 복합적 분류는 단일 양상의 분류보다 더욱 빈번하게 나타날 수 있는 경우이다. 예를 들어, 품행장애를 함께 동반할 수도 있으며, 전반적 발달장애는 배설장애를 동반할 수도 있고, 아동의 행동이 양극단의 방향으로 빠르게 변화할 수 있다는 특성을 고려하였을 때 아동은 외현화 및 내재화 문제행동 항목에 모두 높은 평정을 받을 수도 있을 것이다. 행동이나 학업의 중복성 문제를 가진 경우, 극단적으로 상이한 복합적인 문제에 대해서는 중재 방법이 없으나, 하나의 개별문제를 위해서는 효과적인 중재 방법이 많이 개발되어 있다(Kauffman & Landrum, 2013).

3) Quay의 양적 분류

Quay의 양적 분류체계에서 주요 행동 차원적 분류와 그에 따른 행동 특성은 다음과 같다(김일명 외, 2013).

(1) 품행장애

일반 아동도 싸우고 때리고 소리 지르고 또 대부분의 일탈된 아동들이 나타내는 행동을 하지만, 품행장애(conduct disorder) 아동은 그 정도가 매우 심한 공격적 행동을 표출한다. 그들은 또래에게 인기가 없으며, 외형적 품행장애 아동은 다른 아동들을 죄책감 없이 고의적으로 괴롭힌다. 이런 아동들이 나타내는 사회화되지 않은 공격적 행동은 신체적 또는 언어적 공격성을 특징으로 한다. 또한 이 장애는 어린 연령에서도 나타나고, 사회화된 공격성보다 더 흔하다. Quay가 제시한 품행장애의 행동 증후는 다음과 같다.

- 신체적 · 언어적 공격 : 다른 사람들과 싸움, 난폭함, 버릇없고 무례함
- 불순종 : 반항, 부정적, 비협조적, 불복종
- 방해 : 관심 끌기, 떠들썩함, 산만함
- 자기통제 부족 : 울화 터트리기, 쉽게 흥분함, 화를 잘 냄, 무책임
- 대인관계 손상 : 불성실, 거짓말을 잘함, 냉담함

이와 같은 품행장애 관련 행동 증상은 다른 사람의 권리를 직접적으로 방해하는 행동을 포함한다.

(2) 사회화된 공격성

품행장애 아동과 마찬가지로 사회화된 공격성(socialized aggression)을 보이는 아동은

비장애아동보다 심한 정도의 공격적인 행동을 한다. 그러나 품행장애 아동과 다르게 이들은 또래에게 인기가 있고, 그들의 비행 하위문화의 규준과 규칙을 준수한다. 그러나 사회화된 공격성을 나타내는 아동들은 전문적인 비행인은 아니다. 왜냐하면, 비행은 법적 용어이나 사회화된 공격 유형은 또래집단 상황 내의 비행활동과 관계가 있기 때문이다.

사회화된 공격행동은 품행장애보다 덜 흔하며, 아동기나 성년기 이후에 더 빈번하게 발생한다. 이 범주의 특정 행동 증상은 또래집단 상황에서 발생하는 비행활동을 포함한다. 비록 사회화된 공격성이 주로 기초 범죄행동을 포함하지만, 법적 용어의 비행은 사회화된 공격성과 직접적으로 같지는 않다. 사회화된 공격성의 경우, 사람들의 권리를 방해하는 행동은 나타날 수도 있고 나타나지 않을 수도 있다. 품행장애와 관련된 명백한 반사회적 행동과는 다르게 사회화된 공격성과 관련된 많은 행동은 내향적인 반사회적 행동으로 나타난다. 그들은 비폭력적이고 직접적으로 사람들과 대적하지 않는다.

(3) 주의력 결함/미성숙

주의력 결함/미성숙(inattention-immaturity) 부류에 속하는 아동은 학습장애 범주에 속하는 아동들이 경험하는 문제를 가진다. 그들의 문제는 인지적이고 통합적인 것이며, 충동 통제와 좌절에 대한 인내심뿐만 아니라 사고 과정과 기억에서 문제를 경험한다. 또한 시청각 자극을 조직하고 해석하는 데 어려움을 가지며, 쉽게 감정이 자주 변하고 종종 무력감을 나타낸다. 그들의 결함은 종종 학습 결함으로 개념화되고, 행동은 어린 아동의 행동과 유사하다.

(4) 불안/위축

아동의 불안과 위축(anxiety-withdrawal)은 일반적으로 쉽게 나타난다. 여기서 논의되는 아동은 전형적으로 자기 의식적이고, 과잉반응하며, 사회 기술에 결함을 나타내는 특성을 보인다. 그들은 환상에 빠져들고, 사회적으로 고립되며, 우울과 공포를 느끼고, 정상적인 활동 참여를 잘하지 못하며, 신체적 질환을 호소한다. 불안/위축과 관련된 행동 증후는 다음과 같다.

- 성공에 대한 기대가 낮음
- 자의식적
- 열등감
- 쉽게 당황함
- 조심함
- 불안과 두려움
- 사랑을 받지 못한다는 감정
- 우울
- 실패의 두려움 때문에 새로운 일을 꺼림
- 과민반응

이러한 많은 행동적 증상은 전형적으로 신경증과 연관이 있다.

(5) 정신증적 행동

정신증적 행동(psychotic behavior)을 보이는 아동은 병리학적으로 심한 정도에 속한다. 자신과 현실에 대한 태도가 전반적으로 손상되어 있으며, 대개 손상은 일상생활을 방해하고 관찰자가 이해할 수 없을 정도로 심각하다.

(6) 과잉행동

과잉행동(hyperactivity)을 보이는 아동은 종종 과잉행동, 주의력결핍장애, 주의력 결핍 및 과잉행동장애라고 명명된다. 그리고 그들의 문제는 빈번하게 과잉행동과 관련되어 있다. 이러한 과잉행동에 대한 설명은 다양하지만, 그들의 문제는 전형적으로 불안정하고 예측할 수가 없으며, 주의가 산만하고 충동적이며, 성급하고 파괴적인 특징이 있다.

표 9-5 정서 · 행동장애 아동들의 행동 사례

공격행동	불안-위축	미숙	사회화된 공격
• 싸우기, 때리기, 폭행 • 분열적 행동 • 무례함 • 건방짐 • 비협조적, 부정적 행동 • 다동성 • 주의산만 • 주의집중 시간이 짧음 • 다른 아동에 비해 과제지향적이지 못함	• 근심, 두려움, 수줍음 • 겁먹기, 긴장, 위축 • 우울, 슬픔 • 남의 앞에 나서기 꺼림 • 과잉행동적 • 자주 소리 지름 • 대인관계 및 학업성취에 영향을 주는 자존감 열등	• 서투름 • 쉽게 좌절됨 • 주도성 부족 • 수동적 • 지저분함 • 주의집중 시간이 짧음 • 사회적 부적절성	• 폭행 • 비행 • 집단 파괴적 행동 • 파괴적 • 불복종, 적대적 • 무단결석 • 거짓말하기 • 물건 남용 • 언어적 학대

출처: 김이영 외(2015). 특수교육학개론. 경기: 양서원.

5 정서 · 행동장애의 특성

정서 · 행동장애아는 일반적으로 싸우기, 때리기 등의 공격적 행동과 무례함, 불복종, 적대감, 거짓말 등의 특성을 나타내고, 주의집중 능력이 제한적이며, 두려움, 수줍음, 긴장, 좌절, 수동성 등의 특성을 보이기도 한다. 그러나 이 모든 특성은 정서 · 행동장애를 가지지 않은 아동에게서도 발견될 수 있다. 단지 정서 · 행동장애아동은 이 특성의 강도나 지속 시간이 훨씬 강하고 오랜 기간 동안 지속적으로 나타난다는 차이점을 가지고 있다. 정서 · 행동장애아의 지능과 적응행동 그리고 학업 특성에 대해 살펴보면 다음과 같다(강대옥 외, 2016).

1) 지능 특성

지능은 정서 · 행동장애를 진단하는 데 필수 요건이 아니다. 즉, 정서 · 행동장애아는 지능이 높을 수도 있고 낮을 수도 있다. 정서 · 행동장애아의 지능에 대한 연구는 과거로부터 지속적으로 이루어져 왔는데, 결과는 다소 차이가 있다. 과거에는 이들의 지능이 평균 수준 이상이라고 알려졌으나, 이후로 계속된 연구에서는 정서·행동장애아의 지능이 비장애아에 비하여 다소 떨어지는 것으로 보고하고 있다. 또한 증상이 심한 정서·행동장애아의 경우에는 지적 기능이 지적장애아의 수준에 이른다고 밝혀졌는데, 이와 관련하여 Kauffman과 Landrum(2009)은 지능이 정서·행동장애아의 학업성취 및 사회적응 능력을 가장 잘 예언해 줄 수 있는 변인이라고 하면서 지능 관련 연구 결과들을 토대로 하여 정서·행동장애아의 가상적 지능 분포를 제시하였는데, 이들의 지능은 비장애아에 비해 약 5~10 정도가 낮은 것으로 보고하였다.

2) 적응행동 특성

정서·행동장애아는 학교생활을 성공하기 위해서 필요한 주의해서 듣기, 지시 따르기, 도움 청하기, 무관자극 무시하기 등에 어려움을 겪고, 자신을 소개하기, 사과하기, 대화 나누기 등의 능력이 부족하다. 또한 분노나 좌절과 같은 극한 감정을 유발하는 상황에 적절히 대처하지 못한다. 이와 같은 무능력은 교실 내에서 교사나 친구들과의 관계에 부정적 영향을 끼치게 되고 나아가 자아개념 손상이나 주변인들로부터의 고립 현상을 가져와 문제는 악순환된다. 이러한 문제를 유발하는 요인은 정서·행동장애아가 기본적인 사회 기술을 갖추고 있지 못하다는 점과 과다행동, 산만성, 충동성 등의 행동 특성을 갖기 때문인 것으로 알려져 있다. 특히 주의력결핍 과잉행동장애아의 경우에는 과다행동과 산만성 그리고 충동성을 동시에 가지므로 다른 사람들로부터 긍정적인 반응을 얻기가 상당히 어렵다.

3) 학업 특성

앞서 언급한 정서·행동장애아의 일반적인 특성 때문에 그들의 학업성취는 낮다. 정상적인 지능을 가진 아동이라고 하더라도 주변 환경과의 부정적인 상호작용으로 인하여 자신의 잠재능력이 학업성취에 완전히 반영되지 못한다고 볼 수 있다. 이처럼 자신의 잠재력과 성취도 간에 불균형이 심한 아동이 많기 때문에 많은 정서 · 행동장애아는 학습장애를 동반하는 것으로 보고되고 있다. 이와 관련하여 정서 · 행동장애아는 특히 읽기와 산수 학습에 있어서 또래에 비해 의미 있는 정도로 지체되어 있다고 알려져 있다.

10장부터는 정서 · 행동장애를 좀 더 구체적으로 나누어 설명하고자 한다.

Chapter 10

주의력결핍 과잉행동장애 상담

1. 주의력결핍 과잉행동장애의 정의
2. 주의력결핍 과잉행동장애의 유병률
3. 주의력결핍 과잉행동장애의 원인
4. 주의력결핍 과잉행동장애의 특성
5. 주의력결핍 과잉행동장애아의 상담

1 주의력결핍 과잉행동장애의 정의

학교 또는 공공장소에서 소위 말썽꾸러기로 불리는 아동 대부분은 1~2분 이상을 한 곳에 집중하지 못하고 모터를 달아놓은 것처럼 눈에 보이는 모든 것에 반응하며 부모나 다른 사람들이 하는 이야기를 거의 듣지 않는 것처럼 보인다. 또한 말이 많고 자신의 차례를 기다리지 못하며, 다른 사람들을 방해하여 눈총을 받는다. 한마디로 집중력이 부족하고 과도하게 활동적이고 충동적인 행동을 보이는데 발달과정에서 일시적으로 나타날 수 있다. 그러나 이러한 행동 특성이 지속적, 빈번하게 나타날 경우 주의력결핍 과잉행동장애(Attention Deficit Hyperactivity Disorder: ADHD)로 진단된다.

주의력결핍 과잉행동장애는 상당히 오랜 시간을 거치며 개념화되었다(Barkely, 2003; Milich, Balentine, & Lyname, 2001). ADHD에 대한 진지한 임상적 관심은 영국 의사인 George Still(1902)이 '왕립의사 아카데미'에서 강연한 출판물에서 '도덕적 통제의 결함이 있는'으로 정의한 20명의 아동집단에 대해 처음으로 보고했다. 이와 비슷한 특징을 가진 아동들에 대한 관심으로 미국에서는 1917~1918년에 유행한 뇌염을 앓고 난 뒤 알려지게 되었다. 이후에 미세뇌손상으로 발전했고 많은 경우에 대뇌 외상의 증거가 없다는 점에서 이 명칭에 대한 의문이 제기되자 마지막에는 미세뇌기능장애(MBD)로 발전했다. 1950년대 후반까지는 이러한 아동들의 과잉행동과 운동 불안정성이 강조되었고 '과잉운동증', '과잉운동증후군', '과잉행동아동증후군' 등의 용어로 다양하게 사용되었다.

1970년대까지의 연구들은 이 장애의 특성을 이해하는 데 있어서 과잉행동과 더불어 지속적인 주의집중과 충동적 통제의 중요성을 강조하면서 장애가 4가지 중요한 결함으로 구성된다고 이론화하였다(Douglas, 1972).

첫째, 주의와 노력의 투자, 조직화와 유지

둘째, 충동적 행동을 억제하는 능력

셋째, 상황의 요구에 맞추어 각성 수준을 조절하는 능력

넷째, 즉각적인 강화를 추구하는 성향이 비정상적으로 강하다.

과잉행동에 초점이 맞추어져 있던 것이 과잉행동의 중요성은 감소되면서 주의력결핍이 부각되었다. 이러한 개념사의 변화는 DSM-III(APA, 1980)에 반영되어 가장 중요한 임상적인 특징을 주의력결핍으로 보고 주의력결핍장애(Attention Deficit Disorder: ADD)라고 명명하고 이 범주 내에서 과잉행동을 수반한 주의력결핍장애, 과잉행동을 수반하지 않은 주의력결핍장애, 잔재형 주의력결핍장애 등 3가지 유형으로 나누었다.

1980년대에 접어들면서 DSM-III가 '과잉운동' 대신 '주의력결핍'이라는 용어를 진단명으로 채택한 것은 이러한 아동들, 특히 여아의 경우에는 문제의 핵심이 과잉행동보다는 오히려 주의력결핍에 있다는 학계의 잠정적인 판단을 함축하고 있었다.

그 후 연구들에서 과잉행동을 수반하지 않은 주의력결핍장애는 그 발병률이 매우 낮고 또한 임상적으로도 진단을 내리기가 어려운 면이 있다고 생각되어서 DSM- III-R(APA, 1987)에서는 최근에 사용하고 있는 ADHD라고 명명하였고, DSM-III에서 명명한 과잉행동을 수반하지 않은 주의력결핍장애에 대해서는 미분화된 주의력결핍장애라고 명명하였다.

최근 DSM-5(APA, 2013)는 DSM-IV-TR(APA, 2000)의 진단준거와의 특이한 차이로 주의점을 추가하여 감별진단의 명료성을 높였으며 후기 청소년이나 성인(17세 이상)의 경우에는 부주의, 과잉행동-충동성 각각의 증상에 대해 5가지 증상만 충족되어도 진단할 수 있도록 차별화하였으며, 심각도(경도, 중등도, 중도)를 명시하도록 하는 등의

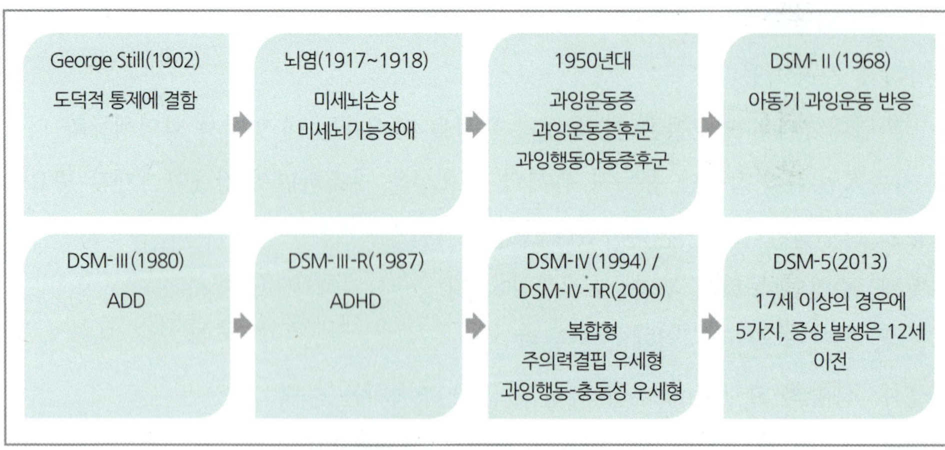

그림 10-1 주의력결핍 과잉행동장애의 역사

변화가 있었다. 몇 가지의 부주의 또는 과잉행동–충동성 증상이 12세 이전에 나타나야 하는 것으로 연령을 조정하기도 하였다.

표 10-1 DSM-5의 주의력결핍 과잉행동장애 진단준거

A. 기능 또는 발달을 방해하는 부주의 그리고/또는 과잉행동-충동성의 지속적인 양상이 '1. 부주의' 그리고/또는 '2. 과잉행동-충동성'과 같이 나타난다.

1. 부주의: 다음 증상 가운데 6가지 이상의 발달수준에 맞지 않고 사회적 및 학업적/직업적 활동에 직접적인 부정적 영향을 미칠 정도로 최소한 6개월 동안 지속되어 왔다.
   주의: 이 증상들은 단지 적대적 행동, 반항, 적개심, 과제나 지시에 대한 이해 실패의 표출로 나타나는 것이 아니다. 연령이 높은 청소년과 성인들의 경우(17세 이상), 최소한 5가지 증상이 요구된다.
   a. 자주 세부사항에 면밀한 주의를 기울이지 못하거나 학교과제, 작업 혹은 기타 활동에서 부주의한 실수를 범한다.(예: 세부사항을 간과하거나 놓침, 일이 부정확함)
   b. 자주 과제 또는 놀이활동에서 주의력을 지속하는 데 어려움을 보인다.(예: 강의, 대화, 혹은 장문읽기 중에서 계속 주의를 집중하기 어려움)
   c. 자주 다른 사람이 직접 말을 할 때 경청하지 않는 것처럼 보인다.(예: 분명한 주의산만 요인이 없을 때조차 마음이 다른 곳에 있는 것처럼 보임)
   d. 자주 지시에 끝까지 따르지 않고 학교과제, 집안일, 또는 직장임무를 완수하지 못한다.(예: 과제를 시작은 하지만 빨리 집중력을 잃게 쉽게 곁길로 빠짐)
   e. 자주 과제와 활동을 조직하는 데 어려움을 보인다.(예: 순차적 과제를 해나가기 어려움, 자료와 소지품을 정리하기 어려움, 뒤죽박죽의 비조직화된 작업, 서툰 시간관리, 최종기한을 맞추지 못함.)
   f. 자주 지속적인 정신적 노력이 요구되는 과제에의 참여를 회피하거나 싫어하거나 또는 꺼린다.(예: 학교과제 또는 숙제; 연령이 높은 청소년과 성인의 경우에는 보고서 준비하기, 서식 완성하기, 긴 서류 검토하기)
   g. 자주 과제나 활동에 필요한 물건을 잃어버린다.(예: 수업준비물, 연필, 책, 도구, 지갑, 열쇠, 안경, 휴대폰)
   h. 자주 외부자극에 의해 쉽게 산만해진다.(예: 연령이 높은 청소년과 성인의 경우에는 관련이 없는 생각이 포함될 수도 있음)
   I. 자주 일상 활동에서 잘 잊어버린다.(예: 집안일 하기, 심부름하기; 연령이 높은 청소년과 성인의 경우에는 전화 회답하기, 청구서 납부하기, 약속 지키기)
2. 과잉행동 및 충동성: 다음 증상 가운데 6가지 이상이 발달수준에 맞지 않고 사회적 및 학업적/직업적 활동에 직접적인 부정적 영향을 미칠 정도로 최소한 6개월 동안 지속되어 왔다.
   주의: 이 증상들은 단지 적대적 행동, 반항, 적개심, 과제나 지시에 대한 이해 실패의 표출로 나타나는 것이 아니다. 연령이 높은 청소년과 성인들의 경우(17세 이상), 최소한 5가지 증상이 요구된다.
   a. 자주 손발을 만지작거리거나 의자에 앉아서도 몸을 꼼지락거린다.
   b. 자주 계속적인 착석이 요구되는 상황에서 자리를 이탈한다.(교실, 사무실이나 기타 작업장, 또는 자리에 머물기가 요구되는 기타 상황에서 본인의 자리를 이탈함)

c. 자주 부적절한 상황에서 돌아다니거나 기어오른다.(주의: 청소년이나 성인의 경우, 좌불안석감으로 제한될 수도 있음)

d. 자주 여가활동에서 조용히 즐기거나 참여할 수 없다.

e. 자주 "모터에 의해 질주하는" 것처럼 행동하면서 "끊임없이 활동한다."(예: 식당이나 회의에서처럼 장시간 가만히 있는 것이 불가능하거나 불편함; 다른 사람들이 가만히 있지 못하거나 계속하기 어렵다는 것을 경험할 수도 있음)

f. 자주 지나치게 말을 많이 한다.

g. 자주 질문이 채 끝나기 전에 답을 불쑥 말한다.(예: 다른 사람의 말을 중간에 가로채서 자기가 대신 마무리함, 대화에서 차례를 기다리지 못함)

h. 자주 자신의 차례를 기다리는 데 어려움을 보인다.(예: 줄 서서 기다리는 동안)

i. 자주 타인을 방해하고 간섭한다.(예: 대화, 게임, 혹은 활동에 참견함, 요청이나 허락 없이 타인의 물건을 사용하기 시작함; 청소년과 성인의 경우에는 다른 사람이 하고 있는 일을 간섭하거나 꿰찰 수도 있음)

B. 몇몇 부주의 또는 과잉행동-충동성 증상이 12세 이전에 있었다.

C. 몇몇 부주의 또는 과잉행동-충동성 증상이 2가지 이상의 상황에서 나타난다.(예: 가정, 학교, 또는 직장에서; 친구 또는 친척과; 기타 활동에서)

D. 증상들이 사회적, 학업적, 또는 직업적 기능을 방해하거나 그 질을 낮춘다는 명백한 증거가 있다.

E. 증상들이 조현병이나 다른 정신증적 장애의 경과 중에만 국한해서 나타나는 것이 아니며 다른 정신장애(예: 기분장애, 불안장애, 해리장애, 성격장애, 물질중독 또는 위축)에 의해 더 잘 설명되지 않는다.

다음 중 하나를 명시할 것:

314.01(F90.2) 복합형: 지난 6개월 동안 준거 A1(부주의)과 준거 A2(과잉행동-충동성) 모두를 충족한다.

314.00(F90.0) 부주의 우세형: 지난 6개월 동안 준거 A1(부주의)은 충족시키지만 준거 A2(과잉행동-충동성)는 충족하지 않는다.

314.01(F90.1) 과잉행동-충동성 우세형: 지난 6개월 동안 준거 A2(과잉행동-충동성)는 충족시키지만 A1(부주의)은 충족하지 않는다.

다음의 경우 명시할 것:

부분관해: 이전에는 진단준거를 충족시켰고 지난 6개월 동안에는 진단준거를 충족시키는 것보다 적은 증상을 보이며 그 증상들이 여전히 사회적, 학업적, 또는 직업적 기능에 손상을 초래한다.

현재의 심각도 명시할 것:

경도: 진단을 내리기 위해 요구되는 바를 초과하는 증상이 있더라도 소수이며 그리고 그 증상들이 사회적 혹은 직업적 기능에 경미한 손상만 초래한다.

중등도: "경도"와 "중도" 사이의 증상 또는 기능적 손상이 나타난다.

중도: 진단을 내리기 위해 요구되는 바를 초과하는 증상이 많거나 특히 심각한 몇몇 증상이 있고 또는 그 증상들이 사회적 혹은 직업적 기능에 현저한 손상을 초래한다.

출처: 김동일 외(2016). 특수아상담. 서울: 학지사.

ADHD는 아동의 흔한 정신과적 질환으로서 과잉행동(hyperactivity), 부주의(inattention), 충동성(impulsivity)이 그 주요 증상으로 주의집중결함은 인지영역의 장애인 반면, 과잉행동과 충동성은 행동영역의 장애들로서 여러 가지 문제를 야기한다. 즉, 가정생활뿐만 아니라 학교생활에서 통제가 어렵고 학습부진이나 학습장애, 공격적 행동, 분노발작 또는 또래들과의 잦은 싸움으로 인한 사회적 고립감 및 소외감 등을 나타낸다. 이상과 같은 문제들이 내면화되면서 정서적 불안정, 사회적 위축, 자존감의 결여 등이 부수적으로 수반된다. 이러한 행동문제들은 학령전기 아동에게서는 발달과정상 정상적으로 나타날 수 있는 현상이지만 ADHD 아동은 유아기부터 신경행동학적 특성이 비장애아와 다를 수 있어 이를 발달장애로 보기도 한다.

2 주의력결핍 과잉행동장애의 유병률

ADHD 아동의 약 50% 정도는 청소년기 ADHD로 이행되고 이들 청소년 ADHD의 30~70%는 성인기에서도 사회심리적 문제를 야기한다. ADHD는 빠르게 3, 4세 무렵부터 시작되어 평생을 두고 지속되는 만성적인 장애로 학령전기 또는 학령기에 흔히 관찰되며 출현율은 연구자에 따라 다양하지만 학령기 아동의 5~20%가 이 장애를 보이는 것으로 알려져 있고, 우리나라의 경우 소아정신과 외래 장애아동 중 8.7%와 비장애아의 7.6%가 이 장애를 갖고 있다고 보고하고 있다(조수철 외, 1994). 아동기에서 청소년기로 가면서 더 많이 나타나는 품행장애와는 대조적으로, ADHD는 아동기에서 연령이 증가하는 청소년기로 가면서 출현율이 감소한다(Wicks-Nelson & Israel, 2009). 이와 같은 출현율 감소는 ADHD 증상이 아동기에는 확연히 드러나다가 청소년기에는 덜 심하게 나타나는 경향이 있기 때문이다. 하지만 Barkley(2003)에 따르면 초등학교 때 ADHD로 진단된 아동의 50~80%가 청소년기에도 계속해서 ADHD를 유지한다.

ADHD의 문제행동은 가정보다는 학교와 같은 집단상황에서 더 두드러지며 놀이상황보다는 학습상황에서 더 심각해지는 특성이 있기 때문에 대부분의 ADHD는 학령기 이후에 진단되는 경향이 있다. 하지만 ADHD의 발달력을 조사해 보면 절반의

ADHD는 4세 이전부터 ADHD의 행동특성을 뚜렷이 나타내기 시작했던 것으로 보고하고 있다(김동일 외, 2016).

남녀 성비는 국내 연구를 종합한 결과 김민동(2010)은 남자 대 여자가 5.1:1로 남아가 약 5배 정도 높게 나타났다고 보고하였으며 미국의 경우 APA(2000)에서 제시한 비율은 4:1~9:1이었고, APA(2013)에서는 아동은 2:1, 성인에서는 1.6:1의 성비로 출현한다고 보고하였다.

3 주의력결핍 과잉행동장애의 원인

1) 신경학적 요인

ADHD와 관련 있는 뇌는 전두엽과 그 아래 연결된 두정엽, 측두엽, 뇌량, 소뇌 등이 거론되고 있다. 예를 들면, 이러한 영역들의 부피가 감소하였다는 보고가 있었고(Durston et al., 2004; Sowell et al., 2003), 몇몇 영역에서는 회질의 증가와 백질의 감소가 발견되었다. 전두엽과 선조체 간의 연결에 특히 관심이 집중되었다. 우선 전두엽의 기능과 손상은 억제력, 작업기억, 실행기능, 고차적인 운동통제 등 ADHD의 핵심증상과 관련이 있다(Semrud-Clikeman et al., 2000). 뿐만 아니라 평균보다 작은 우측 전두영역, 꼬리핵, 창백핵이 ADHD와 관련이 있다(Barkely, 2006e).

신경생물학적인 또 다른 연구주제는 뇌의 생화학 기제다. ADHD에는 여러 가지 신경전달물질이 관여되었을 수 있지만, 가장 확실한 증거는 도파민과 노르에피네프린의 결핍이며 이 물질은 전두엽과 관련된 뇌 영역의 기능에 중요하다. ADHD 치료를 위한 각성제 사용이 뉴런의 시냅스 전막의 도파민과 노르에피네프린 재흡수를 차단함으로써 이 물질들이 시냅스에 더 오래 머물도록 하다는 것이다.

이 같은 뇌 연구로부터 몇 가지 결론을 도출할 수 있다. 첫째, 전두엽과 선조체 영역의 이상이 핵심적인 것으로 보이기는 하나 전두-소뇌 신경망을 포함하는 다른 영역도 관련이 있다(Durston et al., 2007). 둘째, 뇌의 각성 저하 가능성이 시사되었다. 셋째, 도파민과 노르에피네프린의 결핍이 시사되었다. 넷째, ADHD는 주의와 행동 조절에 관여하는 뇌 영역 또는 뇌 신경망의 다양한 이상으로 인한 복합적인 장애이다(윤점룡 외, 2017).

2) 유전적 요인

ADHD 아동들의 직계가족의 10~35%가 장애를 가지며 ADHD 아동들의 형제가 장애를 가질 확률은 거의 32%에 이른다(Biederman, Faraone, & Lapey, 1992). 또 다른 증거는 입양된 아동들의 연구에서 나오는데, Cantwell(1975)은 과잉행동 아동들이 친부모들이 양부모보다 더 높은 수준의 과잉행동을 보인다고 보고했다.

쌍생아에 대한 연구들은 ADHD에 유전적 요인이 작용함을 보여주는 또 다른 증거이다. 이러한 연구에서는 이란성 쌍생아보다 일란성 쌍생아가 더 높은 일치도를 보였다.

분자생물학 연구에서도 작은 영향력을 미치는 몇 개의 유전자를 밝혀냈는데 정량적 특성 위치(Quantitative Trait Loci: QTLs)가 그것이다. 환경에 예민한 DRD4 유전자와 DAT1 유전자를 연구하였는데 둘 다 도파민과 관련이 있다(Plomin, 2005). ADHD와 관련이 있다는 증거는 많지만 그 관련성이 항상 발전하는 것은 아니다.

3) 출산 합병증과 태아기 요인

일부 연구는 출산과정에서 손상을 입었거나 저체중이었던 아동 가운데 ADHD 가능성이 높다고 보고하고 있다. 최근에는 어머니의 흡연(Milberger, Beiderman, Faraone, Chen, & Jones, 1996)이나 임신 중의 흡연(Mick, Biderman, Prince, Fischer, & Faraone, 2002), 저체중 출산 등이 ADHD와 관련되어 있음이 밝혀지고 있다. 태아기 요인에서 인과관계를 찾기 어렵지만 태아기 때 산모의 흡연과 음주가 위험할 수 있는 것 같다. 핀란드에서 이루어진 대규모 표집의 연구에서는 산모의 흡연이 다른 변인을 통제한 이후에도 과잉행동과 상관이 있다는 것을 보여 주었다(Kotimaa et al., 2003).

수년간 다양한 환경적 독소들이 ADHD 증상의 원인으로 가정되어 왔고, 영양 요인, 납중독, 출생 전 약물이나 알코올에 대한 노출 등이 주로 거론되었다(Barkley, 1998). 예를 들면, Feingold(1975)는 특정 식품첨가물(예: 인공색소, 방부제)이 아동기의 과잉행동을 유발할 수 있다고 주장했다.

4) 심리사회적 요인

심리사회적 요인으로 가족 요인이 특히 중요하게 여겨지고 있다. 가정의 경제 곤란, 가족 간의 갈등, 별거, 정신건강과 적응 기술의 취약성 같은 가정 문제들과 아동의 ADHD가 관련이 있는 것으로 연구되었다(McGee, Prior, Williams, Smart, & Sanson, 2002).

어머니가 우울증이나 불안장애 병력이 있는 가정에 ADHD 남자 아동이 있을 경우가 많았다(Nigg & Hinshaw, 1998). Tully 등(2004)은 저체중으로 태어났던 5세 쌍생아들의 ADHD 증상을 관찰하였는데 어머니의 따뜻한 보살핌이 효과가 있었다. 그러나 가족 요인에 대한 연구결과의 일관성이 부족하고 가족의 심리사회적 환경이 유전 요인이나 아동의 ADHD 특성과 어떻게 상호작용하는지에 대해 별로 알려진 것이 없으므로 유의하여 접근해야 할 것이다(윤점룡 외, 2017).

심리사회적 위험요인 가운데 가장 주목할 만한 것은 부모-아동 간 그리고 교사-아동 간 상호작용이다(Barkley, 2006). ADHD의 원인에 대한 초기이론에서는 부모의 부적절한 양육방식이 ADHD의 심각한 정도에 중요한 영향을 미친다고 하였다. 일단 자녀에게 ADHD 증상이 나타나면 부모는 상당한 스트레스를 받게 되는데 이때 부모의 대처방식에 따라 아동의 증상이 얼마나 심각하게 또 얼마나 오래 지속되는지가 부분적으로 결정된다. 따라서 ADHD 아동을 위한 중재계획에는 부모교육과 부모참여 반드시 포함되어야 한다(신현균 외, 2000).

비슷한 조건이 ADHD 아동에 대한 교사의 지도방식에도 적용된다. 즉, 교사의 부적절한 지도방식이 ADHD의 정도에 영향을 미친다는 것이다. 예를 들어, 교사가 ADHD 아동의 행동을 강화하거나 또래와의 상호작용을 못하게 함으로써 아동에게 과도한 관심을 보일 수 있다. 따라서 ADHD 아동을 위한 중재계획에서 교사와의 협력과 의견도 반드시 포함되어야 한다(신현균 외, 2000).

4 주의력결핍 과잉행동장애의 특성

1) 주의력 결핍

주의 문제는 아동이 같은 나이의 다른 아동들만큼 주의를 유지하지 못하거나 과제나 놀이활동에 반응하지 못하고, 규칙이나 지시를 따르지 못하는 데에서 나타난다. 이 문제는 또한 아동이 같은 또래의 다른 아동들보다 더 조직적이지 못하고 주의가 산만하고 쉽게 잊어버리는 데에서도 나타난다. 부모나 교사들은 이들이 그 연령대에 기대되는 만큼 듣지 않고 주의 집중할 수 없고 쉽게 주의가 산만해지고 과제를 마치지 못하고 백일몽을 꾸며 활동을 더 자주 바꾼다고 불평한다(Barkle, Depaul, & McMurray, 1990). 이러한 특징들은 정상 아동들과 비교할 때 과제로부터 더 잘 이탈하고 다른 아동들만큼 과제를 마치지 못하고 자신에게 요구된 활동으로부터 더 쉽게 한눈을 팔고 지루한 활동을 정확하게 수행하는 데 있어서 지구력이 떨어지고 일단 중단된 활동으로 돌아가는 것이 더 느릴 뿐만 아니라 또 덜 돌아가는 특징이 있다(Milich & Lorch, 1994; Schachar, Tannonck, & Logan, 1994).

주의에는 서로 다른 많은 유형이 있기 때문에 아동이 주의력결핍이 있다고 말하는 것으로는 충분하지 않다. 선택적 주의는 관련된 자극에만 집중하고 환경으로부터의 방해자극에 산만해지지 않는 능력이다. 즉, 어떤 과제를 하고 있을 때 주변의 자극에 의해 얼마나 쉽게 산만해지는가로 선택적 주의의 결핍을 기술하는 데 통상적으로 사용하는 용어는 산만이다. 주의 용량은 우리가 주의를 기울일 수 있는 단기기억 속에 있는 정보의 양이다. 즉, 불러주는 숫자를 듣고 몇 자리 숫자까지 기억하는가를 뜻하는 것이다. 주의지속은 시간이 지나면서 혹은 피곤할 때 지속적으로 관심의 초점을 유지하는 능력이다. 주의지속에 대한 다른 용어로는 주의경계가 있다. 지속적 주의를 평가하는 방법에는 연속 수행검사(Continuous Performance Tests: CPT)가 있다.

2) 과잉행동-충동성

Barkley(2006)는 ADHD 아동의 과잉행동을 언제나 뛰어다니고 가만히 있지 못하며 안절부절못하고 얌전히 앉아 있지 못하는 것으로 묘사한다. 교실에서 수업 중에 꾸준히 앉아 있는 일은 그들에게는 불가능할 수 있다. 안절부절못하고 몸부림치고 기어오르며 목적 없이 교실을 뛰어다니고 보이는 것은 모두 만지며 연필을 소리 나게 두드리거나 혹은 다른 아동들을 난폭하게 밀칠 수도 있다. 부모와 교사들은 ADHD가 있는 아동을 '모터로 움직이는', 즉, 언제나 끊임없이 활동하며 이야기하는 것으로 묘사하곤 한다. 아동의 행동은 매우 힘이 넘치며 격렬하고 목표지향적이지 않다. 이들은 매우 행동적이지만 높은 에너지 수준을 가지고 있는 다른 아동들과는 달리 자신이 해야 할 과제를 끝내는 일이 별로 없고 해야 할 과제와 상관없는 일을 하거나 다른 사람에게 말을 걸어 방해한다.

충동성은 자신의 즉각적인 반응을 억제할 수 없거나 행동하기 전에 생각할 수 없는 특성이라고 할 수 있다. ADHD 아동은 보지도 않고 도로에 달려들거나 원상태를 어떻게 할 것인지 전혀 생각하지 않고 값비싼 시계를 분해할 수도 있다. ADHD 아동은 상황적 요구나 다른 사람의 기대에 따라 멈추거나 조절하기가 매우 어렵다. 그 결과 ADHD 아동은 질문이 아직 끝나지 않았는데도 틀린 대답을 하거나 부적절한 말들을 불쑥 해버릴 수도 있다. 충동적인 아동은 일반적으로 빨리 반응하거나 너무 자주 반응하면서 기다리거나 차례를 지키는 것을 어려워한다. 또한 ADHD 아동은 대화를 자주 방해하고 다른 사람의 행동을 방해하고 스스로 당황하게 되면 좌절해서 심한 욕을 하는 경우도 있다. 주의와 마찬가지로 충동성도 서로 다른 유형을 가지고 있다. 이 유형은 인지적 충동성과 행동적 충동성이다. 인지적 충동성은 비조직화, 성급한 사고, 그리고 지시에 대한 요구를 반영한다. 행동적 충동성은 교실에서 큰 소리로 외치거나 자신의 행동의 결과를 고려하지 않은 채 행동하는 것이다. 인지적 충동성과 행동적 충동성은 행동의 차원을 분리시키면 전자는 부주의성과 관계가 있으며 후자는 과잉행동과 관련이 있고 둘 다 학업성취의 문제를 예언한다. 그러나 행동적 충동성만 반사회적 행동을 예언하므로(White, Moffitt, Caspi, Bartusch, Needles, & Stouthamer-

Loeber, 1994) 행동적 충동성은 반항성과 품행문제에 대한 위험의 구체적 신호가 될 수 있다.

3) 운동기술

운동조절장애는 ADHD 아동 가운데 절반가량에게 영향을 미치며, 이는 비교집단보다 많은 숫자이다. 행동이 서투르고(Barkely, 2006a), 운동발달 지표가 늦게 나타나며 스포츠도 잘 못하는 등의 어려움을 보인다. 가벼운 신경학적 징후를 보일 수 있으며 여러 검사에서 미세한 운동조정과 타이밍에 결함이 나타난다. 흔히 운동화 끈 묶기, 그림 보고 그리기, 단추 끼우기 등을 수행하는 데 어려움을 보인다. ADHD 아동은 복잡한 동작과 순서가 포함된 과제에서 특히 어려움을 겪는데, 이는 행동의 조직화와 조절 같은 상위 통제 과정에 ADHD가 영향을 주고 있음을 시사한다(Kalff et al., 2003).

4) 지능과 학업성취

집단의 평균으로 비교해보면 ADHD 아동은 지능검사에서 비교집단에 비해 평균 9점 정도 더 낮게 나타났다(Barkely, 2006b). 이들의 지능은 일반적인 지능의 범위에 속하며 때로 영재의 범주까지도 포함된다. 많은 아동들이 읽기, 수학, 기타 학업 영역에서 특정한 학습장애를 나타내는데 이는 낮은 지능 때문이 아니다. 낮은 학업성취도는 ADHD 아동에게 매우 두드러지는 특징이다. 학교 입학 이전의 기술 결핍이 학령전 ADHD 아동에게서 나타난다는 보고가 있으며(DuPaul, McGoey, Eckert, & VanBrakle, 2001), 입학 초기 몇 년 동안 학업 문제가 뚜렷이 나타날 수 있다. 이들의 학업 실패는 낮은 학교 성적, 학년 진급의 지연, 특수학급 배치를 통해 알 수 있다. ADHD 아동의 56%는 개별학습지도를 필요로 하고 30%는 유급을 하고, 30~40%는 적어도 한 번씩 특수학급에 배치된 경험이 있다(Barkely, 2006b).

표 10-2 주의력결핍 및 과잉행동장애 아동들의 학습 특징

- 처음에는 잘하다가 시간이 지날수록 못한다.
- 부주의하여 실수를 잘한다.
- 대충 급하게 해버린다.
- 문제를 끝까지 풀지 않는다.
- 시간 개념이 부족하여 시험 시간을 맞추지 못한다.
- 문제 내용을 잘 파악하지 못한다.
- 중요한 핵심이 무엇인지 혼동한다.
- 유사한 문제에서 실수를 자주 한다.
- 싫어하는 것은 끝까지 피해버린다.
- 해야 될 과제를 미룬다.
- 잘 잊어버린다.

5) 실행기능

ADHD 아동은 실행기능(executive function)의 문제로 해석되는 여러 가지 실험 및 신경심리 과제에서 장애를 나타낸다. 실행기능이란 목표지향적인 행동에 필요한 여러 인지과정을 가리키는데, 활동의 계획, 조직화 및 자기조절과 관련이 있으며, 작업기억, 언어적인 자기조절, 행동억제, 정서조절, 운동통제 등이 포함된다. 이러한 상위과정들은 뇌 전두엽 및 연결망과 연관이 있다.

6) 적응기능

ADHD 아동은 그들의 전반적인 지능수준에 비해 일상적인 적응행동의 많은 영역에서 문제를 보인다. 불일치의 정도는 비교집단 아동이나 다른 장애가 있는 아동들에 비해 더 크다. 많은 아동들이 자신의 능력수준보다 더 미성숙한 행동을 하며 일반적으로 예상되는 정도보다 더 많은 성인의 감시·감독을 필요로 한다.

일상생활에 필요한 기술을 학습하지 못하기도 하지만 이미 알고 있는 기술을 제대로 수행하지 못하는 것이 더 치명적일 것이다(Barkely et al., 2002). ADHD 아동이 목표지향적인 행동을 하도록 돕는 실행기능의 장애를 포함하기 때문에 이를 '알기' 영역

의 장애라기보다 '하기' 영역의 장애로 보는 것이 더 적절할 것이다(Clark, Prior, & Kinsella, 2002).

7) 사회적 행동과 사회적 관계

많은 ADHD 사례에서 보고되는 사회성 문제들은 성인들이 전문가의 도움을 구하게 만드는 중요한 이유이기도 하다. 산만하고 과도하게 활동적이고 부적절하게 말이 많고, 다른 사람을 방해하므로 다른 사람들로부터 부정적인 반응을 얻게 되며 이러한 특성이 때로 ADHD와 연결되는 불복종 및 공격성과 합쳐지면 이들의 사회성 문제는 더욱 가중된다.

ADHD의 사회성 문제에 대해 여러 가지 보고가 있다. 사회적·정서적인 단서를 제대로 처리하지 못하는 것뿐일 수도 있다(Cadesky, Mota, & Schachar, 2000). 아니면 어떤 것이 적절한 행동인지 알지만, 흥분하거나 자극을 받았을 때는 적절한 행동을 하는 것이 불가능할 수도 있다. 이들이 문제를 일으킬 것으로 예상되는 사회적인 목표를 세울 수도 있다. ADHD 복합형의 아동이 자신의 사회성, 품행, 학업능력에 대해 긍정적인 편향을 갖고 있다는 점도 사회성 문제와 관련이 있다(Gerdes, Hoza, & Pelham, 2003; Hoza et al., 2004). ADHD 아동은 자신이 남들에게 미치는 부정적인 영향을 알지 못하며 다른 사람과 자신과의 관계를 지나치게 긍정적으로 평가하며 다른 사람이 자신을 좋아하고 받아들여 준다고 과대평가한다.

또래 및 교사와의 관계에서는 사회적 행동에 대한 특성으로 인해 ADHD 아동은 친구를 사귀고 친구관계를 유지하는 데 어려움이 있다. 또래 친구들은 그들을 좋아하지 않으며 그들을 거부한다. ADHD 아동을 단지 몇 번만 보고 나면 이들이 방해꾼이고 예측 불허인 것을 곧바로 알아차리고 거부와 물러서는 반응을 보인다(de Boo & Prins, 2007). 충동적이고 과잉행동적인 아동에 대해서는 부정적인 반응을 강하게 나타내는 반면, 주의력결핍문제만 있는 아동은 무시당하는 경향이 있다(Hinshaw, 2002).

가족관계에서 ADHD는 가족 간의 상호작용에 부담을 준다. 일반적으로 부모-자녀 간의 갈등이 생겨나면서 부모가 자녀에게 주는 보상은 줄어들고 자녀에 대해 더 부정적이고 지시적이 된다. 부정적 상호작용은 빠르면 학령 전 아동기부터 나타날 수 있는데(DuPaul, McGoey, Eckert, & VanBrakle, 2001), 이 시기는 부모에게 특히 스트레스이며, 어머니가 딸보다 아들에게 더 많은 지시와 보상을 주고 상호작용도 더 감정적이고 적대적이라는 증거가 있다. 부정적인 상호작용은 아동의 행동에서 기인하는 듯이 보이는데 갈등은 아동이 반항적인 것과 깊은 관련이 있다. ADHD나 적대적 반항장애가 있는 청소년의 가정에서는 보통의 가정보다 더 많은 말싸움과 부정적 의사소통, 적대감이 나타난다(Edwards, Barkley, Laneri, Fletcher, & Metecia, 2001).

ADHD와 연결된 광범위한 가족 기능 장애도 당연히 부모-자녀 관계에 영향을 미친다. 부모의 스트레스, 부모 역할에 대한 자신감 저하, 친척과의 교류 감소, 음주 증가, 결혼생활의 갈등 증가, 별거, 이혼 등이 이들 가정에서 나타나는 문제이다. ADHD 자녀를 둔 부모들도 유전적으로 ADHD를 포함한 다양한 문제의 가능성을 갖고 있다(Barkely, 2006). 부정적인 가족 프로파일은 아동이 반항적이 되거나 품행문제를 나타내는 것과 특히 관련이 있다.

5 주의력결핍 과잉행동장애아의 상담

주의력결핍 과잉행동장애아들은 다양한 증상을 가지고 있고 그 원인 또한 아직 정확하게 밝혀지지 않은 복합적 측면을 지니고 있으므로 치료 역시 다차원적인 방법들을 병행하는 것이 효과적이라 하겠다. 특히 개개인의 특성들이 모두 다르므로 전문가와 상담하여 개인에게 적합한 개입방법들을 선택하여 활용하는 것이 필요할 것으로 생각된다.

1) 약물치료

약물치료는 주의력결핍 과잉행동장애에 대한 주요 치료방법으로 미국에서는 대략 150만 명의 아이들이 약물치료(예: 중추신경각성제 [메틸페니데이트, methylphenidate])를 받고 있다(Safer & Zito, 2000). 특히, 학령기 전 유아와 중등교육을 받고 있는 학생들에게 약물치료는 꾸준히 증가(Olfson, Marcus, Weissman, & Jensen, 2002)하였으며, 아동의 연령에 따라 약물치료를 받는 기간은 다르지만, 평균적으로 2년에서 7년이다(Safer & Zito, 2000).

또한 다른 장애아보다 주의력결핍 과잉행동장애아들의 투약 효과에 대한 연구가 더 많이 수행되고 있다. 대다수의 아동들에게 각성제 처방이 단기간에 행동적, 학업적, 사회적 기능을 향상시켰음이 지속적으로 밝혀졌다(Dupaul et al., 1998). 그러나 약물치료(pharmacotherapy)의 문제점(즉, 부작용의 가능성, 장기적인 효과에 대한 불충분한 증거 등)은 주의력결핍 과잉행동장애에 대한 중다처치 접근을 선호하는 계기가 되었다(Barkley, 1998). 각성제는 행동수정과 같이 다양한 방법과 함께 사용하게 될 때, 주의력결핍 과잉행동장애의 문제행동(예: 학업 저성취 등)에 더욱 효과적인 것으로 나타났다(MTA Cooperative Group, 1999).

그러나 주의력결핍 과잉행동장애아의 약물처치는 이미 밝혀진 효과와 투약이 광범위하게 사용되는 것과 관련해 다음과 같은 사실들에 대해 알리는 것이 중요하다(김동일 외, 2016).

- 주의력결핍 과잉행동장애를 치료하기 위해 사용되는 약물의 유형
- 투약과 관련된 부작용과 그로 인해 나타나는 행동
- 아동 개인에게 투약을 실시할 때 고려해야 할 요인들
- 학교 상황에서 처치 효과를 평가하는 방법들
- 의사나 다른 치료 전문가들과 함께 평가 자료에 관해 논의하는 방법
- 투약의 문제점 등

신경각성제 약물치료(psychostimulant medications)는 중추신경계의 각성을 증가시킨다. 주의력결핍 과잉행동장애아들에 대한 투약은 정상인과 유사한 생리적, 행동적 효과를 보여준다(Rapoport et al., 1980). 뇌내(腦內)의 특정 신경전달물질(예: 도파민[dopamine])에 대한 신경각성제 작용상의 유사성 때문에, 교감신경자극제(sympathomimetic compounds)로 볼 수 있다(Donnelly & Rapoport, 1985). 세 가지 주요한 중추신경계 각성제

는 메틸페니데이트(methylphenidate; 〈Ritalin, Concerta, Metadate〉), 덱스트로암페타민(dextroamphetamine; 〈Dexedrind〉), 혼합된 암페타민〈Adderall〉이다. 이 중에서 메틸페니데이트는 약물치료를 받는 아동의 80%에게 투여되는 가장 널리 사용되는 각성제다(Safer & Zito, 2000).

페모린(Permoline; 〈Cylert〉)은 과거에 주의력결핍 과잉행동장애아들에게 사용되었던 약물이다. 그러나 최근에는 간독성(hepatoxicity)에 대한 심각한 우려 때문에 사용되고 있지 않다. 이 세 가지 각성제 이외에 다른 종류의 각성제(카페인 등)는 그다지 효과적이지 않고, 임상적으로 사용되지 않는다.

최근의 연구에서는 체중이 소아기의 연령범위에서 메틸페니데이트(methylphenidate)에 대한 복용량의 결정에 큰 영향을 끼치지 않는 것으로 나타났다(Rapport & Denney, 1997). 다음에서 논의하는 바와 같이 일단 아동에 대한 적절한 복용량이 결정되면, 투약은 하루에 한 번이나(지속적인 약물 효과가 있을 경우엔) 두 번(아침식사와 점심식사 후) 이루어진다.

약물은 중추신경자극제의 일종으로 신경전달물질의 생성을 자극하는 역할을 하여 과잉행동이나 충동성이 눈에 띄게 줄어드는 것으로 알려져 있다. 그러나 대부분의 각성제들이 그렇듯이 효과가 빨리 나타나는 대신 효과의 지속시간은 4~5시간 정도밖에 되지 않아 주기적으로 약을 복용해야 한다.

식욕 부진, 불면증, 메스꺼움, 과민성 등의 부작용을 동반하기는 하나 대부분이 약물에 적응하는 과정에서 나타나는 일시적인 현상인 경우이고, 약물은 24시간 이내에 체외로 배출된다. 그러나 개인차에 따라 약물의 효과나 부작용이 다를 수 있으므로 의사와 상담 후 복용량을 조절하는 것이 필요하다.

ADHD치료 약물은 크게 중추신경자극제와 비중추신경자극제로 분류되며 각 계열의 약물은 작용기전, 효과 발현속도, 지속시간, 주요 부작용 등에서 차이를 보인다. 따라서 아동의 상태와 필요에 따라 적절한 약물을 선택해야 하며 이는 담당 의사와 충분히 관찰하여 복용해야 한다.

표 10-3 ADHD 약물치료의 종류 및 특성

<table>
<tr><th>약물명</th><th>작용기전</th><th>특징</th><th>대표 상품 및 효능</th><th>부작용</th></tr>
<tr><td rowspan="3">메틸페니데이트
(Methylphenidate)</td><td rowspan="3">• 뇌의 도파민, 노르에피네프린 재흡수 차단
• 농도 높여 중추신경계 자극
• 주의력, 집중력, 각성수준 향상</td><td rowspan="3">• ADHD 핵심 증상에 빠르고 강력한 효과</td><td>• 페니드 정/페로스핀 정
– 속효성
– 약 3~4시간 지속
– 1일 2~3회 복용
– 필요에 따라 용량 및 복용시간 조절 용이
– 주의력행상
– 과잉행동 감소
– 수면 발작 예방
– 작업 효율 향상</td><td>• 불면증
• 식욕감퇴 및 체중감소
• 심혈관계 부작용(고혈압)
• 자극과민성, 일시적 우울감, 공격적 행동
• 지속 발기증/통증성 발기
• 장기복용 의존성
• 어지럼증과 메스꺼움</td></tr>
<tr><td>• 콘서타 OROS
– 서방형
– 약 10~12시간 지속
– 1일 1회 복용
– 복용편의성 높음
– 지속적인 효과
– 정제 통째로 삼켜야 함</td><td>• 아침 공복 혹은 식후 복용(늦게 복용할 경우 수면에 문제 유발)
• 약물 간의 상호 작용이 많아 처방전 약 공유
• 식욕저하, 체중 감소, 두통, 복통
• 짜증이 많고 과민함</td></tr>
<tr><td>• 메드키넷 리타드 정
– 속효성 이후 서방형 성분
– 1일 1~2회 복용
– 약 8시간 지속</td><td>• 불면
• 식욕저하
• 두통, 복통</td></tr>
<tr><td>아토목세틴
(Atomoxetine)</td><td>• 뇌의 도파민, 노르에피네프린 재흡수 선택적 억제
• 시냅스 내 노르에피네프린 농도 증가
• ADHD 증상 개선</td><td>• 효과 점진적 발현
• 틱장애아 불안장애 동반 환자에게 유리</td><td>• 스테라테라
– 서서히 니타남 (1~2주 꾸준히 복용)
– 24시간 지속, 최소 10~12시간
• 아토목신
• 도모틴
• 아목세틴
• 아토모테라
• 아토세라</td><td>• 복통, 식욕저하, 구토, 두통
• 졸림, 어지럼증
• 짜증
• 캡슐 개봉 금지 (눈 자극 우려)
• 드물게 자살 생각/행동 위험 증가
• 간 손상</td></tr>
</table>

약물명	작용기전	특징	대표 상품 및 효능	부작용
클로니딘 (Clonidine)	• 교감 신경계 억제 작용 • 메틸페니데이트나 아토목세틴만으로 효과 부족 또는 부작으로 어려운 경우 사용	• 과잉행동 • 충동성 • 공격성 • 틱증상 효과 • 집중력 향상	• 켑베이 이알 서방정 – 1일 2회 복용 – 취침 시 0.1mg으로 시작, 매주 0.1mg/일씩 증가 조정	• 졸림 • 탈모 • 안절부절못함 • 흥분 • 틱상태 악화 • 저혈압 유발 • 심계항진 • 알레르기 반응 (두드러기, 호흡곤란 등)
신경 안정제 (Antipsychotics)	• 뇌의 도파민D2 수용체, 세로토닌 5-HT2A 수용체 억제	• 의욕저하, 무기력, 감정표현 감소 개선 • 파괴적 행동장애의 치료 • 조현병의 환각, 망상, 불안 및 흥분 상태를 치료	• 리스페리돈/리스팬정 – 1일 1회	• 졸림 • 기립성 저혈압 • 유즙 분비 • 월경 불순 부작용 • 식욕증진 • 체중증가
			• 할리페리돌 – 경구용 정제, 용액, 그리고 근육 주사 형태로 제공	• 운동장애 (경직, 떨림, 불안정성) • 불면증 • 피로감 • 구강건조

2) 인지행동치료

인지행동치료는 아동 및 청소년 스스로가 자신의 충동성을 통제하고 행동을 조절할 수 있기 위하여 일반적인 대응법을 학습시키는 것을 목표로 한다. 행동치료기법을 포함하지만 궁극적으로는 아동의 생각이나 문제해결 방식을 함께 변화시켜 행동의 변화를 유도하는 것이다. ADHD 아동 및 청소년들은 여러 다양한 가능성을 생각하지 못한 채 성급하게 반응하는 경향이 강하므로 자기지시훈련을 통해 단계적이고 체계적으로 인지적 충동성을 억제하는 방법을 습득하게 하는 것이 효과적이다.

특히 Meichenbaum(1977)의 언어적 자기지시(verbal self-instructional training)가 효과적으로 사용되고 있는데 이 기법은 문제해결 과정에서 사용하는 생각과 행동을 구체적인 언어로, 밖으로 표현하게 하는 것으로 '무엇을 생각하느냐'가 아니라 '어떻게 생각하느냐'의 사고과정에 따라서 행동할 수 있도록 하여 자기 자신의 행동을 언어로 조절할 수 있는 능력을 기를 수 있게 한다(김영숙 외, 2001).

행동치료는 대개 유관성 원리에 기초한 행동관리에 초점을 맞추지만 ADHD 아동에게는 학습과제 및 교실 환경의 조직화와 구조화도 중요하다. 학급규칙을 잘 보여줄 수 있도록 붙어 있고 잘 조직화되어 있으며 예측 가능한 교실 환경이 ADHD 아동에게 특히 도움이 된다. ADHD 아동의 책상을 다른 아동의 책상으로부터 좀 떨어지도록 배치하고 교사 가까이에 앉히면 부적절한 행동에 대한 또래 아동의 강화를 줄일 수 있고 교사의 모니터링과 피드백을 촉진할 수 있다. 학습 과제 자체와 관련해서 몇 가지 유용한 전략이 있는데 그중 하나는 과제 안에서 자극을 증가시키는 것이다. 예를 들면, 색깔, 모양, 녹음자료 등을 이용하여 과제 지속시간이 아동의 주의 폭을 벗어나지 않도록 하고 학습 자료와 형식을 다양화한다. 과제와 관련된 선택을 할 수 있게 해주면 작업 생산성이 촉진된다는 증거가 있다. 또한 세분화된 과제, 명확한 규칙, 빠른 피드백이 포함된 컴퓨터 학습은 주의력과 작업생산성을 향상시킨다.

교실의 학습 환경과 행동치료 프로그램을 시행하는 데는 교사의 영향력이 절대적이다. 따라서 교사는 부정적인 유관 규칙보다는 긍정적인 유관 규칙을 선호하며 약물치료만 하는 것보다 행동치료와 병행하는 것을 선호하고 시간 소모가 많은 치료법(예: 반응대가)보다는 시간이 덜 드는 방법(예: 알림장)을 선호한다. 일반적으로 교사의 지식, 신념, 태도, 융통성, ADHD 아동에게 많이 나타나는 방해 행동에 대한 인내심, 상호작용 방식 등이 학교에서의 치료 프로그램 성공 여부에 중요한 요인이 될 수 있다(윤점룡 외, 2018).

그 외에 아동이나 청소년들의 바람직하지 못한 행동을 없애거나 줄이고, 바람직한 행동을 증가시키기 위해 보상과 처벌을 체계적으로 활용하는 방법으로, 구체적인 행동치료법인 '토큰강화법', '타임아웃' 등을 사용하기도 한다.

3) 사회 기술 훈련

ADHD 아동과 청소년들은 과잉행동과 부주의함, 충동성 등으로 인해 가족, 학교 교사에게도 많은 지적을 받게 되고 또래들과 어울리지 못하는 경우가 대부분이다. 이들의 학교적응이나 사회적응을 도와주기 위해서는 문제해결 기술, 분노 다스리기 등의 직접적인 사회 기술 훈련이 필요하다. 모델링 및 역할연습, 과제, 비디오 녹화 등을 통해 필요한 기술을 학습하고 일반화하도록 해야 한다. 또한, 학습 및 과제 수행에 기본이 되는 주의 집중력 증진훈련도 포함시켜야 한다.

4) 부모교육

ADHD 아동 및 청소년의 상담에 있어서 중요한 한 가지는 부모교육이다. 자녀들의 끊임없는 문제행동으로 인해 부모들은 많이 지쳐 있고, 부모-자녀 관계 역시 부정적인 상태가 대부분이다. 특히 비순응, 거짓말, 도둑질, 감정폭발, 적대적 반항장애나 품행장애 행동 양상을 함께 보일 경우, 부모들은 자신들이 부모 역할에 대한 기술과 지식이 부족하다고 여기면서 자녀 양육에 대해서도 심각한 스트레스를 받는다. 이 상황에서 부모가 더 강압적으로 많은 지시와 처벌을 하게 되면 자녀들은 더욱 부정적이고 거부적으로 반응하게 된다. 따라서, ADHD 자녀들의 행동은 반항하기 위함이 아니고, 자기 스스로 조절하기 어렵기 때문임을 부모가 이해해야 하고 이들의 치료에 약물이 얼마나 중요한가 등을 교육시키는 것이 ADHD의 치료에 더욱 효과적이다.

이를 위해서는 부모가 ADHD 자녀의 문제점을 이해하고 좀 더 긍정적인 방법으로 자녀를 대할 수 있도록 효과적인 의사소통 기법, 보상과 처벌을 주는 방법, 감정을 표현하는 방법 등을 교육하는 것이 필요하다. 이를 통해 부모와 자녀의 관계가 개선되고 효과적인 의사소통이 이루어짐으로써 치료와 더불어 ADHD 아동과 청소년이 긍정적 자기상을 가질 수 있게 된다(권석만, 2003).

이상에서 볼 때, ADHD 아동이나 청소년에게는 어릴 때부터 적절한 치료적 개입을 제공하는 것이 필요하겠다. 부모나 교사가 아동의 문제를 알아차리지 못하거나 나이가 들면 괜찮아질 거라고 생각하고 치료를 하지 않으면 발달단계를 거치면서 종종 더욱 많은 문제를 경험하게 된다. 따라서, 부모와 교사가 더 많은 주의와 관심을 갖고 ADHD 아동과 청소년을 양육하고 교육하는 것이 중요하다. 동시에 증상의 상황에 따른 변이와 가정, 학교, 사회적 기능에 미치는 영향 등을 파악하기 위해 다차원적이고 정확한 진단을 통한 조기치료가 절실히 필요하다.

부모상담에서 주로 핵심적으로 다루어야 할 것은 ADHD가 징후에 주는 영향이 무엇이 있는지, ADHD인 징후를 어떻게 도와줘야 하는지를 알려주는 것이다. 구체적으로 다음과 같은 방법들이 있다.

- ADHD 아동과 부모는 오랫동안 누적된 갈등으로 관계가 나빠져 있는 경우가 많다. 따라서 부모상담에서는 부모-자녀 관계를 다시 회복하는 것을 최우선으로 한다.
- 아이에게 문제가 있는 것이 아니라 ADHD가 문제를 만든다는 것을 이해한다.
- 부모의 능력을 증가시킨다.
- 순종하지 않음과 무능력을 구별하는 것을 배운다.
- 가정의 규칙을 명료화하는 것이 필요하다.
- 규칙을 지키기 어려운 행동 문제를 돕기 위해 1주일에 하나 정도의 규칙을 반복적으로 연습하는 것이 좋다.
- 과제나 할 일은 가급적이면 시각적으로 제시한다. 진행 정도를 그래프나 칭찬스티커판 등으로 표기하면 변화를 시각적으로 보게 한다.
- 방이나 집은 정리하기 쉽게 함을 만들어 정해진 자리에 바로 정리하도록 알려준다.
- 공부하는 공간도 깔끔한 것이 좋기에 물건이 쌓여 있는 책상보다 상에다 간단한 필기도구만 두고 해야 할 과제를 하도록 한다.
- 준비물을 잊고 가지 않도록 신발장 앞에 준비물 함을 따로 마련한다.
- 가급적 한 번에 한 가지씩만 처리하도록 지도한다.
- 생각지 못한 일이 닥쳤을 때 일반아동보다 당황하기 쉽다. 일의 순위를 알려주고 천천히 반복해서 지시한다.
- ADHD 아동이 갖고 있는 장점들도 많다. 그런 면을 발견해서 칭찬하고 격려한다. 그리고 아이의 작은 변화나 발전에도 감탄하고 만족해한다.

• 알림장 쓰기나 숙제 등을 잘할 수 있도록 선생님의 확인증, 부모의 점검이 있도록 긴밀한 연락을 한다.

참 고 ADHD 질문지형 평가도구[5)]

① Conners 부모평정척도

Conners 부모평정척도(Conners Parent Rating Scale: CPRS)는 Conners가 1970년에 처음 개발한 93문항으로 구성된 것과 Goyette 등(1978)이 그것을 개정하여 만든 문항 개정판(CPRS-R)이 있으며, 주로 개정판을 사용하고 있다.

이 검사는 ADHD를 처음으로 진단하는 것으로 사용되기보다는 약물효과나 부모훈련효과 혹은 아동의 자기조절 훈련의 효과를 알아보고자 하는 데 더욱 효과적이다. 그리고 3세부터 17세 아동 570명을 대상으로 한 진단기준도 보고되고 있다.

CPRS는 각 문항을 0점부터 3점까지 평정하도록 되어 있으며 채점은 '전혀' '조금' '꽤' '매우'를 각각 0, 1, 2, 3점으로 하여 요인별(품행, 학습, 심신, 충동-과잉행동, 불안, 과잉행동 지수)로 소계를 내고 그것을 요인별 문항 수로 나누어 개인의 요인별 점수를 구한다.

ADHD의 진단은 2가지 기준을 적용할 수 있는데 하나는 과잉행동 지수의 점수가 1.5 이상의 경우이고 다른 하나는 각 요인별로 규준집단의 평균치에서 상위 2 표준편차 이상인 경우이다. 이 검사 또한 ADHD 아동의 부모가 일상생활에서 관찰한 사항을 체크하는 것으로 부모가 갖는 행동의 인지척도에 의해서 평가되므로 객관적인 평가가 되기 어렵고 행동의 양을 4점 척도('전혀', '조금', '꽤', '매우')로 계량화하는 기준 또한 객관적이지 못하고 경향성만 제시한다고 볼 수 있다.

② 가정상황 질문지

가정상황 질문지(Home Situation Questionnaire: HSQ)는 Barkley(1987)가 개발한 것으로 '어떤 상황에서 문제가 발생하는가?', 즉 상황변인에 대한 평정을 하는 질문지이다. 부모는 16개의 각 항목을 읽고 그 상황에서 문제가 발생하는지에 대해 '예, 아니요'로 답을 하고 '예'로 답한 경우에 1부터 9까지 문제의 정도를 평정하도록 되어 있다. 따라서 평정점수는 두 가지로 산출된다. 즉, '예'로 대답한 항목의 수와 문제의 정도에 대한 평균치가 그것이다. 기준을 보고한 연구자들은 5항목 이상에서 '예'로 선택된 아동의 경우 문제

5) 이 부분은 윤점룡 외(2018). 정서 및 행동장애아 교육(3판)에서 인용함

의 정도 기준에서 평균 상위 2 표준편차 이상의 점수를 받게 될 것이며 7항목 이상에서 '예'라고 선택된다면 문제를 가지고 있을 확률은 거의 100%에 가깝다고 보고하였다.

DuPaul과 Barkley(1990: 서경희 외, 1999 재인용)는 몇 개의 문항을 수정하여 HSQ를 개정(HSQ-R)하였는데 개정된 HSQ-R의 기준은 6세부터 12세까지 연령별로 보고하고 있다.

이 검사도구는 각 상황(예: 혼자서 놀면서, 다른 아동과 함께 놀면서, 식사시간, 옷 입을 때 등)에서 부모의 지시에 따르거나 순종하는 일에 문제가 나타나는가를 평정하는 도구로서 부모의 주관성 개입이 가능하다. 즉, 어떤 상황에서 부모가 지시를 할 때 아동의 성취 기준을 제시하지 못함으로써 부모의 주관에 의해, 부모가 아동에게 기대하는 수준에 의해 평가될 수 있다. 다음으로는 아동의 주관성 개입이다. 즉, 아동의 감정이 배제된 평가도구인 것이다. 예를 들어, 아동이 평가 전에 친구와 싸우고 집에 왔거나 외부 자극에 의해 우울함을 느끼고 있을 때 부모가 순종을 요구한다면 올바른 평가가 이루어지는 것에 문제가 발생할 수 있다. 여기에서 제시한 변인이 통제되어야 객관성을 확보할 수 있다.

③ Conners 교사평정척도

Conners 교사평정척도(Conners Teacher Rating Scale: CTRS)는 처음 Conners(1969)가 39문항으로 구성하였으나 Goyette 등(1978)이 이것을 바탕으로 개정(CTRS-R)하여 28문항으로 구성되었다.

CTRS-R은 행동문제, 과잉행동 등을 측정하는 데 유용하지만 우울이나 불안 등의 문제를 측정하는 데에는 유용하지 않다. 따라서 ADHD를 진단하기 위해 이 검사만을 사용하는 것은 적합하지 않다. 그러나 3세부터 17세 아동 383명을 대상으로 한 진단기준이 보고되고 있다. CTRS-R은 약물효과 혹은 처치 프로그램의 효과를 알아보는 데 효과적으로 이용된다.

CTRS-R의 채점은 0점(전혀)부터 3점(매우)까지 요인별(품행문제, 과잉행동, 부주의-수동성, 과잉행동 지수)로 점수를 합하고 그것을 요인별 문항 수로 나누어 개인의 요인별 점수를 산출한다. 이 중에서 과잉행동 지수의 점수가 1.5 이상이거나 각 요인별로 평균보다 상위 2 표준편차 이상의 점수를 받으면 ADHD로 진단될 수 있다. 이 검사 도한 CPRS가 갖는 문제점처럼 ADHD 아동을 가르치는 교사가 학교생활에서 관찰한 사항을 체크하는 것으로 교사가 갖는 행동의 인지척도에 의해 주관적인 평가가 될 위험에 노출되어 있으며 행동의 양을 4점 척도(전혀, 조금, 꽤, 매우)로 계량화하는 기준 또한 객관적이지 못하므로 경향성만을 제시한다.

④ 주의력결핍 과잉행동장애 종합 교사평정척도

주의력결핍 과잉행동장애 종합 교사평정척도(The ADD-H Comprehensive Teacher's Rating Scale: ACTeRS)는 미국 일리노이 대학교 아동행동 · 발달연구소의 연구자들(Ulmann & Aleator, 1984)이 개발한 평정척도로 5세부터 12세까지 1,000명 이상의 아동으 대상으로 표준화하였다.

이 검사는 주의집중(6문항), 과잉행동(5문항), 사회성 기술(7문항), 적대적 행동(6문항) 등의 영역에 대한 아동 행동 특성을 파악하는 24개의 문항으로 구성된 검사도구이다. 이 검사를 개발한 연구자들은 ADHD의 가장 주된 결함을 주의력결핍으로 보았기 때문에 주의집중 영역을 특별히 중요하게 다루었다. 즉, 주의집중 영역에서 낮은 점수를 받는가의 여부는 ADHD를 진단함에 있어 중요한 변인이 된다. 여아의 경우 주의집중 영역에서 17점을 받으면 백분위 점수 20 이하이며 14점을 받으면 백분위 점수 10 이하이다. 남아의 경우 15점이 백분위 점수 20 이하이며, 13점이 백분위 점수 10 이하이다. 주의집중 영역에서 백분위 점수 10 이하의 점수를 받으면 다른 영역에서 몇 점을 받았는지에 상관없이 ADHD로 진단된다고 하였다. 백분위 점수가 10~25이면 ADHD일 가능성이 많은데 이때는 다른 영역의 점수를 참조하여 진단하여야 한다. 예를 들어, 어떤 아동이 주의집중 영역에서 백분위 점수 20점을 받았고 다른 영역에서도 손을 가만히 못 둔다거나 과잉행동적인 요소가 발견되었다면 그 아동은 ADHD로 진단될 수 있다. 그러나 주의집중 영역에서 백분위 점수 25 이상인 경우에는 ADHD로 진단되지 않는다. 한편 과잉행동 영역에서는 여아의 경우 15점이 백분위 점수 20에 18점이 백분위 점수 10에 해당되며 남아의 경우 17점이 백분위 점수 20에 20점이 백분위 점수 10에 해당된다.

이 도구는 교사가 24개 항목을 읽고 아동 행동을 또래의 행동과 비교하여 가장 근접한 번호에 o표 하도록 되어 있는 5점 척도로 된 평정척도이다. 여기서 또래 행동의 표준이 제시되지 않으므로 이로 인한 기준의 혼란을 야기할 수 있다. 즉, 모범생의 기준으로 아동을 평가할 수 있으며 최소한 이 정도는 되어야지 하는 교사의 주관으로도 평가될 수 있다.

⑤ 학교상황 질문지

학교상황 질문지(School Situation Questuinnaire: SSQ)는 HSQ와 마찬가지로 어떤 상황에서 아동의 문제행동이 나타나는지를 교사가 평가하도록 고안된 것이다. 교사는 학교의 12가지 상황에서 대상 아동의 문제행동이 나타나는지의 여부와 어느 정도(가볍게 1부터 심각하게 9까지)로 나타나는지를 평가하도록 되어 있다. HSQ와 마찬가지로 문제가 되는 상황의 수('예'로 표시된 문항 수)와 정도의 평균치를 산출하여 5가지 상황 이상에서

"예"에 표시가 되면 문제를 가질 가능성이 크다.

SSQ는 Breen과 Altepeter(1990)에 의하여 판별기준이 보고되었고, DuPaul(1990)이 8개 문항으로 재구성한 개정판을 보고하였다.

이 검사도구는 HSQ와 마찬가지로 각 상황(예: 등교 시, 개별적으로 과제를 수행하는 동안, 소집단 활동 시간 동안 등)에서 교사의 지시에 따르거나 순종하는 일에 문제가 나타나는가를 평정하는 도구로서 교사의 주관성 개입이 가능하다. 즉, 어떤 상황에서 교사가 지시를 할 때 아동의 성취기준을 제시하지 못함으로써 교사의 주관에 의해 부모가 아동에게 기대하는 수준에 의해 평가될 수 있다. 다음으로는 아동의 주관성 개입이다. 즉, 아동의 감정이 배제된 평가도구인 것이다. 예를 들어, 아동의 평가 전에 쉬는 시간에 친구와의 관계 등 외부자극에 의해 우울함을 느끼고 있을 때 교사가 순종을 요구한다면 올바른 평가가 이루어지는 것에 문제가 발생할 수 있을 것이다. 이처럼 변인들이 통제되어야 객관성을 확보할 수 있다.

⑥ 축약형 질문지

축약형 질문지(Abbreviated Symptom Questionnaire: ASQ)는 Goyette 등(1978)이 CPRS- R과 CTRS에서 ADHD의 핵심적인 병리요인에 대한 문항을 모아서 재구성한 것이다. Conners는 Goyette 등에 의한 축약형이 가장 유용하다고 밝혔다. 연구자들은 3세부터 17세 아동 570명을 대상으로 한 기준을 보고하였다. ASQ의 채점은 CPRS-R과 마찬가지로 '전혀'부터 '매우'까지 각각 0, 1, 2, 3점을 부가하여 총점이 18~20점 이상이면 ADHD를 의심해 보아야 한다. 이 검사 또한 CPRS와 CTRS가 갖는 문제점처럼 ADHD 아동의 부모가 일상생활에서 관찰한 사항을 체크하는 것으로 부모가 갖는 행동의 인지척도에 의해 일방적이고 주관적인 평가가 될 위험에 노출되어 있으며 행동의 양을 4점 척도(전혀, 조금, 꽤, 매우)로 계량화하는 기준 또한 객관적이지 못하므로 경향성만을 제시한다.

사례 ADHD 아동

아인(가명)이는 초등학교 1학년에 재학 중인 남아이다. 담임교사의 적극적인 권유로 상담을 받게 되었다. 아인이의 주호소 문제는 장난이라고 하면서 친구를 때리는 빈도가 빈번하고, 친구의 사소한 실수도 용납하지 못하고 보복에 가까운 폭력으로 이어져 학부모들로부터 항의 전화를 받는 일이 자주 일어났다. 심하게는 친구가 같이 가주지 않는다는 이유로 친구의 얼굴에 책을 던져 친구의 눈가가 찢어지고, 공포감에 학교를 등교하지 못하는 일이 벌어져 아인이는 1학기를 마지막으로 다른 학교로 전학을 가게 되었다. 또 수업시간에는 짝꿍의 필기구를 바닥에 떨어뜨리거나 책상을 흔들어 수업집중하지 못하도록 방해를 하며, 교사의 지시 따르기를 전혀 하지 않고, 수업 참여를 거부하는 등의 행동으로 책상에 엎드리거나, 이상한 소리를 내어 수업에 방해를 주었으며 수업 중에 일어나서 교실을 돌아다니거나, 교실 바닥에 누워서 이상한 행동들을 보이고 심한 경우에는 교실 문을 열고 복도를 향해 소리를 지르는가 하면 옆 반 선생님께 소리를 지르고 도망가는 등의 문제행동을 보였다.

이러한 아인이의 상황을 부는 단순하게 '남자아이라 장난이 심해서요.'라고만 보고하였다. 우선 소아정신과 검사로 아인이에게 ADHD진단이 내려졌고, 약물치료를 권고 받았으나 약물에 대한 부정적인 인식으로 부가 거부하여 심리상담을 진행하기로 했다. 부, 모, 담임교사와 상담사 모두가 아동에 대한 문제행동 정보를 공유하며 아동의 상담이 시작되었다.

부의 성격은 온순하고 조용한 성격으로 우유부단하게 아인이에게 모든 것을 허용하는 듯했고, 부의 보고에 의하면 아인이가 만 3세 되었을 때에 이혼을 하여 부가 조모의 도움을 받으며 아이를 양육하고 있고, 이혼의 과정에서 부와 모, 모와 조모의 심한 다툼을 자주 목격하게 되었으며, 이혼귀책 사유가 모에게 있어 약 1년간 모를 만나지 못했다고 보고했으며, 유치원에 다닐 때에도 친구들을 자주 때려 선생님께 야단맞는 일이 많았다고 보고했다.

담임교사의 주호소 문제는 친구들에게 도구를 사용하는 폭력을 휘둘러 위협을 주거나 직접 폭력을 가하는 일과 수업 진행이 안 될 정도의 방해 행동들 때문에 다른 학부모들로부터 민원을 듣는 일이었으며, 아인이의 이런 모습을 안타까워하며 도움을 주고자 하는 열정이 가득해 보였다.

부에게는 아인이가 스스로의 감정을 읽고 정의할 수 있도록 상황 설명과 함께 아동이 어떤 기분이었을지 구체적으로 설명해 주도록 하였고, 담임교사에게는 관심과 사랑을 요구하는 행동이 보일 때는 살짝 손을 잡아 주거나 귓속말로 지적할 것을 요청했다. 또한 상담실에서는 표정카드를 이용하여 사람이 가질 수 있는 다양한 감정과 그 감정의 표현 방법에 대해 이야기해 보고 직접 표정을 지어 보거나 동작으로 표현해 보도록 하였으며, 친구가 미워지거나 화가 나는 상황이 되면 큰 숨 세 번을 쉬고, 그래도 안 되면 소리를 지르기로 약속을 했다.

가정에서는 부의 사소한 감정을 아인이와 나누며 실제 상황에서 언어적으로 표현할 수 있는 방법을 느낄 수 있게 하였고, 학급에서는 아인이가 바른 행동을 했을 경우 구체적으로 무엇을 잘했는지 이야기해 주고 보상으로 수업 후 담임교사와 교실에 남아 아인이를 안아주거나 지지해 주고 이를 알림장에 기재해 가정에서도 격려를 받을 수 있도록 하는 등 온전히 아인이의 감정 읽어 주기에 초점을 두고 상담이 진행되었다.

상담이 6개월 진행되었을 무렵 아인이는 이렇게 이야기를 했다.

'왜 사람들이 나 착해졌다고 하지?'

'내가 왜 친구들을 안 때리지?'

비록 상담기간 중 강제전학을 하게 되었지만, 멈추지 않고 구체적인 상담 목표를 세워 가정과 학교, 상담사의 협력으로 아인이의 문제행동들이 긍정적인 행동으로 수정되길 바란다.

Chapter 11

적대적 반항성장애 상담

1. 적대적 반항성장애의 정의
2. 적대적 반항성장애의 유병률
3. 적대적 반항성장애의 원인
4. 적대적 반항성장애의 특성
5. 적대적 반항성장애아의 상담

1 적대적 반항성장애의 정의

장애가 없는 대부분의 아동도 때론 반항적이고 적대적이며, 공격적인 행동을 할 수 있지만, 적대적 반항성장애로 진단되는 아동·청소년은 지속성에서 차이를 보인다. 지난 6개월 이내에 4개 이상의 반항적인 행동이 또래에 비해 빈도를 초과하여 지속적으로 나타나 가정 및 학교맥락 등에서 빈번한 문제가 있으면서, 품행장애의 진단준거에 포함되지 않을 경우 적대적 반항성장애(oppositional defiant disorder: ODD)로 진단된다.

일부 학자들은 이를 품행장애와 질적으로 다른 장애가 아니라 품행장애의 가벼운 형태로 간주하기도 한다. 국제질병분류(International Classification of Diseases: ICD-10, WHO, 1992)에서는 적대적 반항장애를 품행장애의 한 아형으로 분류하지만(이근후, 1995), DSM-5(APA, 2013)에서는 품행장애와는 별개로 분류하고 있다. DSM-5(APA, 2013)에서는 적대적 반항성장애가 '파괴적, 충동-조절, 및 품행장애'라는 새로운 주요 범주에 포함되어 있으며, 그 정의는 〈표 11-1〉과 같다.

표 11-1 DSM-5의 적대적 반항성장애 진단준거

A. 화난/성마른 기분, 논쟁적/반항적 행동, 또는 복수심이 최소한 6개월 지속되는데 다음 8가지 증상 가운데 아래 범주와 상관없이 적어도 4가지 증상을 보이고 형제자매가 아닌 사람 1인 이상과의 상호작용에서 표출된다.

화난/성마른 기분
1. 자주 버럭 화를 낸다.
2. 자주 과민해지거나 쉽게 언짢아진다.
3. 자주 화가 나 있고 원망스러워 한다.

논쟁적/반항적 행동
4. 자주 권위자 또는 성인(아동과 청소년의 경우)과 논쟁한다.
5. 자주 권위자의 요구나 규칙에 따르기를 적극적으로 무시하거나 거부한다.
6. 자주 고의적으로 타인을 귀찮게 한다.
7. 자주 본인의 실수나 잘못된 행동을 타인의 탓으로 돌린다.

복수심
8. 지난 6개월 이내에 두 차례 이상 악의에 차 있거나 앙심을 품은 적이 있다.

주의: 이러한 행동들의 지속성과 빈도는 정상한계 내의 행동을 징후적인 행동과 구별하는 데 사용되어야만 한다. 5세 미만의 아동들의 경우 달리 언급되지 않는다면(준거 A8), 행동이 적어도 6개월 동안 거의 매일 발생해야 한다. 5세 이상의 경우, 달리 언급되지 않는다면(준거 A8), 행동이 적어도 6개월 동안 최소한 1주일에 1회 발생해야 한다. 이와 같이 빈도준거는 증상을 정의하기 위한 최소 빈도수준의 지침을 제공하고 있으나 다른 요인들(예: 행동의 빈도와 강도가 개인의 발달수준, 성별 및 문화에 비추어 정상범위를 벗어나는지의 여부)도 고려되어야만 한다.

B. 행동의 교란이 자신 또는 본인의 직접적인 사회적 맥락(예: 가족, 또래집단, 직장동료)에 있는 사람들의 고통과 관련이 있다. 또는 행동의 교란이 사회적, 학업적, 직업적 혹은 기타 중요한 기능영역에 부정적으로 영향을 미친다.

C. 행동들이 정신증적 장애, 물질사용장애, 우울장애 또는 양극성 장애의 경과 중에만 국한해서 나타나는 것이 아니다. 또한 파괴적 기분 조절곤란장애의 진단준거를 충족시키지 않는다.

현재의 심각도 명시할 것:
경도: 증상이 1가지 상황(예: 집에서, 학교에서, 직장에서, 또래와)에서만 나타난다.
중등도: 일부 증상이 적어도 2가지 상황에서 나타난다.
중도: 일부 증상이 3가지 이상의 상황에서 나타난다.

출처: 윤점룡 외(2017). 정서 및 행동장애아 교육(3판). 서울: 학지사.

2 적대적 반항성장애의 유병률

적대적 반항성장애는 약 3세경에 시작될 수 있지만, 전형적으로는 약 8세경에 두드러지게 나타나며, 청소년기 이후에는 사라진다. DSM-5에 따르면, 적대적 반항성장애의 유병률은 학령기 아동은 1~11%이다. 아동·청소년의 적대적 반항성장애 출현율은 품행장애처럼 다소 다양하게 보고되고 있으며 중앙값은 3%로 추정된다(Wicks-Nelson & Israel, 2009). 품행장애와 마찬가지로 적대적 반항성장애 역시 여아에 비해 남아에게서 더 많이 보고되고 있다. 사춘기 이전에는 남자가 여자보다 약 1.4배 정도 더 많이 발생하지만, 사춘기 이후엔 남녀 성비가 비슷하게 나타난다(APA, 2013). 그러나 성별 차이는 아직 명확하지 않으며 DSM 진단준거가 여아들에게 적합한지에 대한 의문이 제기되어 왔다(Lober et al., 2000; Maughan, Rowe, Messer, Goodman, & Melzer, 2004; Waschbusch & King, 2006).

감별진단 발달단계의 특정 시기 즉, 어릴 때의 적대행동은 정상적이므로 구분되어야 한다. 적대적이고 반항적인 행동은 평범한 문제이며 특히 유아원 시기(약 3~5세)와 청소년기에 빈번하게 나타난다(Lober et al., 2000). 스트레스가 심할 때 적대행동이 일시적으로 나타나는 경우가 있는데 이때는 적응장애로 진단하여야 한다. 품행장애, 조현병, 기분장애의 경우에도 적대행동이 나타나는데 이런 경우에는 적대적 반항장애로 진단하지 않는다. 적대적이고 거부적인 행동은 ADHD, 인지장애, 지적장애 등의 경우에도 발현될 수 있는데 이때는 문제행동의 심한 정도와 기간에 따라 적대적 반항성장애의 진단을 내릴 수도 있다.

적대적 반항성장애의 경과와 예후는 병의 심한 정도와 지속 기간, 품행장애, 학습장애, 기분장애, 물질관련장애(Substance-Related Disorders) 등과 같은 질환의 공존 여부 및 가족관계에 따라 경로가 다양하다. 적대적 반항성장애 환자의 약 1/4 정도는 예후가 좋아서 수년 내에 호전되기도 한다. 증상이 그대로 유지되고 다른 사람의 권리를 침해하는 품행장애로 이행되는 경우에는 그 예후가 상당히 좋지 않다.

3 적대적 반항성장애의 원인

발달학적 특성으로 보아 정상적인 적대적 행동은 18~24개월에 절정에 달한다. 이 시기의 유아는 자기주장을 고집하고 작은 일에도 화를 내고 성질을 부린다. 이런 자기주장과 타인에 대한 거부적 행동은 아주 어릴 때는 정상적으로 본다. 이런 과정을 거치면서 유아는 자율성, 주체성, 내적 기준과 자기조절을 확립해 나간다. 그러나 이런 행동이 연령이 높아져도 연장되어 발생되면 병리로 흐르게 된다.

적대적 반항성장애에서 생물학적 위험요인보다 심리사회적 위험요인이 더 영향력이 있을 가능성이 있다(Waschbusch, 2002). 더불어 주로 기질, 애착, 사회적 인지 등 아동·청소년의 개인적 요인 및 환경적 요인과도 관련이 있다.

1) 생물학적 위험요인

부모 가운데 한쪽 부모가 적대적 반항성장애 및 기분장애, 품행장애, 주의력결핍/과잉행동장애(ADHD), 반사회적 성격장애 또는 물질관련장애를 겪었던 경험이 있는 경우 그렇지 않은 경우에 비해 장애 발생률이 높다(김미경, 2008). 그렇기 때문에 적대적 반항성장애, 품행장애와 주의력결핍/과잉행동장애(ADHD)의 공존장애가 유전적인 취약성에 의해 발생한다고 보고된 바 있었다(Comings et al., 2000; Nadder, Rutter, Silberg, Maes, & Eaves, 2002).

한편 뇌장애와 관련된 연구에 의하면 적대적 반항성장애는 전전두엽의 이상, 세로토닌이나 도파민의 시스템 이상 등과 관련이 있는 것으로 보인다(Connor, 2002). 파괴적 행동을 보이는 아동·청소년은 대인관계 상황에 대한 인지적 과정에서 특징적인 결함을 보인다. 적대적 반항성장애를 가진 소년과 주의력결핍/과잉행동장애(ADHD)를 가진 소년은 사회적 단서를 부호화하고 반응을 보이는 데 어려움이 있다는 실험연구도 있었다. 여기서 적대적 반항성장애를 가진 소년은 문제에 대해 더욱 공격적인 행동을 나타냈고, 공격적인 행동을 나타내는 본인의 능력에 대해서 자신감을 보인다고 보고했다(Matthys et al., 1999).

또한 적대적 반항성장애는 양육하기 어렵고 감정적 과잉반응을 보이는 기질과도 관련이 있는 것으로 연구되었다(Frick & Morris, 2004). 아동의 정서적 과민반응과 좌절에 대한 낮은 내성은 성장하면서 주변과의 미성숙한 상호작용을 통해서 적대적 반항성장애의 발병에 영향을 미친다. 즉, 아동의 강한 자기주장적인 기질 행동에 대해 환경이 힘이나 권위로 억제하려는 과정에서 적대적 반항성장애적인 특성을 강화할 수 있다.

2) 심리사회적 위험요인

아동·청소년의 적대적 반항성장애의 유발과 유지에 관련된 다양한 심리사회적·환경적 위험요인들이 있다. 예를 들어, 부적절한 양육방식, 부부갈등, 가정폭력, 부모의 정신병리, 아동학대(Greene et al., 2002), 가족 간 낮은 결속력(Mash & Wolfe, 2010) 등이 적대적 반항성장애와 관련이 있는 것으로 알려져 있다. 그중 지나치게 가혹하거나 비일관적인 부모의 훈육방법은 자녀의 반항적 행동을 유발할 수 있다고 알려졌다(Steiner & Remsing, 2007; Thomas, 2010).

행동주의자들에 따르면, 아동의 적대적 반항성 행동은 가정에서 조작적 조건형성을 통해 강화되고 모방학습을 통해 학습된 행동이라고 장애를 설명한다. 즉, 아동의 반항적이고 적대적인 행동은 자신의 요구를 관철시키거나 혹은 부모의 요구를 철회하게 하는 등의 보상적인 결과를 통해 강화된다고 한다. 또한 부모의 관심 증가가 행동을 강화시킬 수도 있다. 적대적 반항성 행동이 가족에게서 모방학습을 통해 학습되고, 강화될 수 있다고 주장한다(권석만, 2013).

아동의 부적응적인 학교생활로 인한 학업 실패 및 사회적 고립을 경험함으로써 적대적 반항장애를 야기할 수 있다.

이와 같은 심리사회적 위험요인들은 앞서 살펴본 생물학적 위험요인과 함께 상호작용하여 적대적 반항성장애의 위험을 높인다(Frick & Morris, 2004).

4 적대적 반항성장애의 특성

적대적 반항성장애는 뚜렷하게 반항적이고 불복종적이고 도발적인 행동을 보이지만, 규칙 위반 혹은 타인의 권리 침해 등과 같은 반사회적 행동이나 공격적 행동이 두드러지지 않는 특징을 갖는다. 즉, 품행장애와 달리 타인의 권리에 대해 중대한 침해가 없으면서 따지고 말을 잘 안 듣는 행동이 뚜렷하며, 또한 뻔뻔하고 부정적이고 도발적이다.

적대적 반항성장애 아동 및 청소년들의 경우, 어른의 말을 듣지 않고 논쟁적이며, 합리적 요구에 대해서도 투쟁적이고, 반항하는데 이러한 행동을 높을 수준으로 보여 성인을 화나게 하는 등의 특징이 있다. 이러한 아동 · 청소년은 자신의 문제행동을 정당화하기 위해 친구나 타인을 곧잘 비난한다. 하지만 논쟁에서 때론 자기학대적 태도를 취한다. 즉, 부모와의 논쟁에서 지거나 자존심이 손상될 때는 오히려 자기가 원하는 것을 기꺼이 포기해 버린다(예: '그래, 내가 그거 안 사고 말아'). 가벼운 정도의 수동-공격적이거나 비열한 행동을 하는 경우도 있지만, 때로는 지나치게 순종적이거나 완벽하게 행동하기도 한다. 장애가 만성화되면 대부분의 인간관계에서 문제가 빈번히 발생해 또래관계는 물론 학교 상황 등에서 어려움을 경험한다.

적대적 반항장애의 증상들은 한 가지 상황에서만 제한적으로 나타날 수도 있으며 가정 내에서만 문제를 보이는 경우가 가장 흔하다. 반항적 행동은 형제자매 간에서 흔히 보일 수 있기 때문에 형제자매가 아닌 다른 사람들과의 상호작용에서도 나타나는지 확인할 필요가 있다. 적대적 반항장애의 경우, 전형적으로 성인과의 상호작용이나 개인적으로 잘 아는 또래들과의 관계에서 그 증상들이 나타나는 경향이 있으므로 임상 면담이나 검사장면에서는 그 증상이 명확하게 파악되지 않을 수도 있으니 유의해야 한다(권주수 외, 2015). 즉, 아동·청소년에게 익숙한 대상들에게는 적대적 혹은 반항적 행동을 보이지만, 밖에서나 학교에서는 그렇지 않을 수도 있다. 따라서 진찰 시에서는 장애가 보이지 않는 수가 있음을 유의해야 한다.

적대적 반항성장애 아동·청소년의 지능은 정상이나 학업성적이 나쁜 경우가 많다. 대개 좌절해 있고 열등감이 있으며 우울하고 참을성이 적은 경우가 흔하다. 청소년기에는 술이나 정신활성물질(본드, 부탄가스 등)을 남용하기 쉬우며, 자주 행동장애나 기분장애로 발전되기도 한다.

5 적대적 반항성장애아의 상담

적대적 반항성장애를 겪은 아동·청소년들은 다른 정신장애도 함께 경험하는 경우가 많다. 주의력결핍 과잉행동장애가 가장 흔하며 성장하면서 우울장애, 불안장애를 겪을 가능성이 높다(김지훈 외 2012; Lavigne et al., 2001). 따라서 적대적 반항성장애의 평가는 포괄적으로 이루어지는데, 중재는 이러한 평가로부터 수집된 정보에 의거하여 계획된다.

적대적 반항성장애만을 평가하는 사정도구는 찾기 힘든 반면에 적대적 반항성장애, 품행장애, 주의력결핍/과잉행동장애(ADHD)와 연관된 문제행동을 두루 평가하기 위해 개발된 사정도구는 있다. 그 예로 『Eyberg 아동행동검사(Eyberg Child Behavior Inventory: ECBI)』가 있다. ECBI는 2~17세 아동 · 청소년을 대상으로 하는 부모용 도구로서 7점 척도의 36개 문항으로 구성되어 있다(Burns & Patterson, 1990). 물론, 적대적 반항성장애 평가에서 공존장애가 의심되는 경우에는 이와 관련된 평가도 필요하다.

개인 상담에서 아동 · 청소년과의 좋은 치료관계를 통해 아동 · 청소년이 자기행동의 파괴성과 위험을 이해하고 자존심을 회복하여 외부로부터의 지배에 대해 자동적인 방어를 할 필요가 없음을 치료목표로 세우게 된다. 이후 치료적 관계 속에서 독립과 새로운 적응 기술을 습득하도록 도와준다. 또한 적대적 및 반항적 행동중재를 통해 이들이 보이는 바람직하지 않은 문제행동을 무시하고, 바람직한 행동은 선택적으로 칭찬하고 격려하고 강화한다. 그리고 부모에게는 이런 방법으로 문제행동을 개선시킬 수 있음을 교육시키고, 아동 · 청소년을 다루는 기술에 대해 부모와 상담하고 지도하여야 한다.

적대적 반항성장애는 이후 다룰 품행장애(conduct disorder)와 위험요인 및 치료요인에서 공통점이 다수 증명되었기 때문에, 두 장애의 치료 및 상담 개입을 분리해서 살펴보지 않고, 적대적 · 반항적 · 공격적인 특성을 포함한 파괴적 행동장애에 대한 중재로 살펴볼 수 있다(김동일 외, 2016).

Chapter 12

품행장애 상담

1. 품행장애의 정의
2. 품행장애의 유병률
3. 품행장애의 원인
4. 품행장애의 특성
5. 품행장애아의 상담

1 품행장애의 정의

18세 이하 인격이 완성되기 전인 아동기와 청소년기에는 일시적으로 심리적인 문제로 인해 공격성, 일탈행동이 나타나기도 하지만, 대부분의 아동과 청소년은 이러한 문제들을 잘 극복하면서 건강하게 성장한다. 하지만 일부 아동과 청소년은 사회적 기준을 의도적이고 반복적으로 위반하는 반사회적 행동(antisocial behavior)을 보인다. 이와 같이 타인의 권리를 침해하거나 나이에 적합한 사회규범을 위반하는 행동을 반복적이고 지속적으로 보이는 것을 품행장애(conduct disorder: CD)라고 한다(김지훈 외, 2012).

일반적으로 학자와 임상가들이 모두 전적으로 동의하는 품행장애에 대한 정의는 뚜렷하지 않다. 현재는 DSM-5(APA, 2013)에서 제시하는 진단준거를 널리 사용하고 있고(〈표 12-1〉 참조), '파괴적, 충동-조절 및 품행장애'라는 새로운 주요범주에 포함되어 있다. DSM 분류체계에 따르면, 적대적 반항성장애보다 더 심하게 진행이 된 경우 품행장애로 진단하게 된다(강제욱 외, 2012).

표 12-1 DSM-5의 품행장애 진단준거

A. 타인의 기본권리 또는 연령에 맞는 주요 사회적 규범이나 규칙을 위반하는 행동양상이 반복적이고 지속적으로 나타나는 것으로 다음 15가지 증상 가운데 아래 범주와 상관없이 최소한 3가지 증상을 지난 12개월 동안에 보이고 그 중 적어도 1가지 증상을 지난 6개월 동안에 보인다.

사람과 동물에 대한 공격성

1. 자주 타인을 괴롭히거나 위협하거나 협박한다.
2. 자주 신체적 싸움을 도발한다.
3. 타인에게 심각한 신체적 해를 입힐 수 있는 무기(예: 방망이, 벽돌, 깨진 병, 칼, 총)를 사용한 적이 있다.
4. 사람들에게 신체적으로 잔혹하게 한 적이 있다.
5. 동물들에게 신체적으로 잔혹하게 한 적이 있다.
6. 피해자와 대면한 상태에서 절도를 한 적이 있다.(예: 강도, 날치기, 강탈, 무장강도)
7. 누군가에게 성적 행위를 강요한 적이 있다.

재산의 파괴

8. 심각한 손해를 입히고자 의도적으로 방화한 적이 있다.
9. 타인의 재산을 의도적으로 파괴한 적이 있다.(방화는 제외)

사기 또는 절도

10. 누군가의 집, 건물 또는 차에 침입한 적이 있다.

11. 물품이나 호의를 얻기 위해 또는 의무를 회피하기 위해 자주 거짓말을 한다.(즉 타인을 속임)
12. 피해자와 대면하지 않은 상태에서 귀중품을 훔친 적이 있다(예: 무단침입 없는 들치기, 위조)

심각한 규칙 위반

13. 부모의 금지에도 불구하고 밤늦게까지 자주 집에 들어오지 않는데 이러한 행동이 13세 이전에 시작된다.
14. 부모 또는 부모대리인과 함께 사는 동안 적어도 2회 밤에 돌아오지 않고 가출한다.(또는 장기간 돌아오지 않는 1회의 가출
15. 학교에 자주 무단결석을 하는데 이러한 행동이 13세 이전에 시작된다.

B. 행동의 교란이 사회적, 학업적 또는 직업적 기능에 임상적으로 유의한 손상을 초래한다.

C. 18세 이상의 경우, 반사회적 성격장애의 진단준거를 충족시키지 않는다.

명시할 것:
- 아동기 발병형: 10세 이전에 품행장애의 특성으로 최소한 1가지 증상을 보인다.
- 청소년기 발병형: 10세 이전에 품행장애의 특성으로 어떤 증상도 보이지 않는다.
- 명시되지 않은 발병: 품행장애 진단준거는 충족시키지만 발병이 10세 이전인지 또는 이후인지를 결정할 만한 충분한 정보가 없다.

명시할 것:
- 제한된 친사회적 정서: 이 명시어에 적합하기 위해서는 다음 특성들 가운데 최소한 2가지가 적어도 12개월 걸쳐서 다양한 관계와 상황에서 지속적으로 나타나야만 한다. 이러한 특성들은 어떤 상황에서 이따금 발생하는 것이 아니며 이 기간 동안에 개인이 보인 대인 간 기능 및 정서적 기능의 전형적인 양상을 반영한다. 따라서 명시어를 위한 준거를 사정하기 위해서는 다양한 정보원이 필요하다. 개인의 자기보고에 더하여 장기간에 걸쳐 그 개인과 알고 지낸 다른 사람들(예: 부모, 교사, 동료, 대가족구성원, 또래)로부터의 보고를 고려하는 것이 필요하다.
- 후회나 죄책감 결여: 어떤 잘못을 저질렀을 때 나쁜 기분이나 죄책감을 느끼지 않는다(잡혔을 때 그리고/ 또는 벌에 직면했을 때만 표현하는 후회는 제외)본인 행동의 부정적인 결과에 대한 염려가 전반적으로 결여되어 있다. 예를 들어 누군가를 다치게 한 후에 후회하지 않거나 규칙을 위반한 결과에 개의치 않는다.
- 무감각한-감정이입의 결여: 타인의 기분을 무시하거나 개의치 않는다. 냉담하고 배려심이 없는 것으로 보인다. 본인의 행동이 타인들에게 미치는 영향보다는 자신에게 미치는 영향에 더 관심이 있는 것으로 보이며 이는 본인이 타인들에게 상당한 해를 초래한 경우에도 마찬가지다.
- 수행에 대한 무관심: 학교, 직장 또는 기타 중요한 활동에서의 부실한/문제가 있는 수행에 대해 관심을 보이지 않는다. 기대치가 분명한 때조차 수행을 잘하기 위해 필요한 노력을 하지 않으며 본인의 수행이 부실한 탓을 전형적으로 타인에게 돌린다.
- 피상적이거나 불충분한 감정: 피상적, 위선적 혹은 허울뿐인 듯한 방식을 취할 때(예: 나타나는 감정과 모순되는 행동; 감정의 표현여부를 빠르게 전환) 또는 이득을 위해 감정적 표현을 사용할 때(예: 타인을 조정하거나 협박하기 위해 보이는 감정)를 제외하고는 타인에게 기분을 표현하거나 감정을 보이지 않는다.

현재의 심각도 명시할 것:

- 경도: 진단을 내리기 위해 요구되는 바를 초과하는 품행문제가 있더라도 소수이며 그리고 품행문제가 타인에게 비교적 가벼운 해를 끼친다.(거짓말하기, 무단결석, 허락 없이 밤늦게까지 집에 들어가지 않기, 기타 규칙위반)
- 중등도: 품행문제의 수와 타인에 대한 영향이 "경도"에 명시된 것과 "중도"에 명시된 것의 중간이다. (예: 피해자와 대면하지 않은 상태에서 절도하기, 기물파손)
- 중도: 진단을 내리기 위해 요구되는 바를 초과하는 품행문제가 많거나 또는 품행문제가 타인에게 상당한 해를 끼친다.(예: 성적 강요, 신체적 잔혹함, 무기사용, 피해자와 대면한 샅태에서 절도하기, 무단 칩입)

출처: 윤점룡 외(2017). 정서 및 행동장애아 교육(3판). 서울: 학지사.

2 품행장애의 유병률

DSM-5에 따르면 연간 2~10%가 품행장애로 진단되고, 평균 4%의 유병률을 보인다. 이렇듯 품행장애는 보다 빈번히 진단되는 아동기 행동장애 중 하나이지만 아동기에서 청소년기로 가면서 더 많이 나타난다(김지훈 외, 2014). 일반적으로 7~15세 사이에 시작되고, 시간이 지나면서 경미한 문제행동은 좋아질 수 있지만, 심각한 수준의 경우엔 반사회적 성격장애나 다른 심리적 문제로 진단될 수 있다(오경자 외 역, 2014; Mash & Wolfe, 2010). 품행장애를 보이는 아동의 50% 정도는 성인기 이후 만족할 만한 사회적 적응을 할 수 있다고 알려져 있으며, 중년기 이후에는 반사회적 행동 문제의 빈도가 감소되는 경향이 있다고 한다. 하지만 품행장애의 공격성에 과잉행동이 더해지는 경우 성인기의 범법행위를 예측할 수 있는 강력한 요인이 된다. McCord(1978)의 연구에 따르면, 13세에 극단적인 공격 행동을 보이는 아동의 50%가 성인이 되어서 범죄 행위를 저질렀고, 낮은 정도의 공격성을 보인 아동은 14%만 성인기에 범죄를 저지르고 그 심각성도 적었다. 15세 이전에 적어도 3가지 품행문제를 나타내는 아동·청소년의 1/4 정도는 성인기에 반사회적 성격으로 굳어질 수 있다. 그 밖에 학업 실패 및 정학과 퇴학, 법률적 문제, 싸움으로 인한 신체 손상, 사고, 성병, 십대의 원치 않는 임신, 성매매, 피살, 가족의 포기, 약물중독, 자살이나 타살 등과 같은 심각한 후유증을 초래한다.

품행장애는 여아보다 남아에게서 4~12배 정도 더 많이 진단된다(Sadock, Kaplan, & Sadock, 2007). 또한 10세 이전에 품행장애를 경험하는 비율도 남아가 여아에 비해 더 높다(김지훈 외, 2012). 이와 관련해서는 DSM의 품행장애 진단준거가 남성적 공격성 표현을 강조함으로써 여아의 품행장애가 과소평가된다는 주장도 있다(Crick & Grotpeter, 1995; Crick, Ostrov, & Werner, 2006; Crick & Zahn-Waxler, 2003). 즉, 남아가 주로 신체적 공격성(physical aggression)을 보인다면 여아는 주로 관계적 공격성(relational aggression)을 보이는데 DSM 진단준거가 남아의 공격성에 초점을 맞추고 있다는 것이다. 이것의 맹점으로 80%의 신체적으로는 공격적이지 않지만, 관계적으로 공격적인 여아들이 파악되지 못한다고 하였다.

자기보고용 품행장애 사정도구는 어린 아동에게는 잘 사용되지 않는데, 이는 품행문제를 정확히 보고하는 능력에 제한이 따르기 때문이라고 할 수 있다(Wicks-Nelson & Israel, 2009). 물론 품행장애의 평가에서 공병이 의심될 경우 그에 대한 적절한 평가 및 개입도 필요하다. 품행장애를 겪는 아동과 청소년들은 다른 정신장애도 함께 경험하는 경우가 많다. 품행장애의 1/3은 주의력결핍 과잉행동장애(ADHD)를 수반하기도 한다(오경자 외 역, 2014). 추가로 흔히 나타나는 장애로 우울장애, 불안장애 등이 있다(김지훈 외, 2012; 김지훈 외, 2014). 유아기에 발현된 품행장애는 종종 청소년기까지 지속되고 이후의 성인기 생활에도 상당한 영향을 미친다.

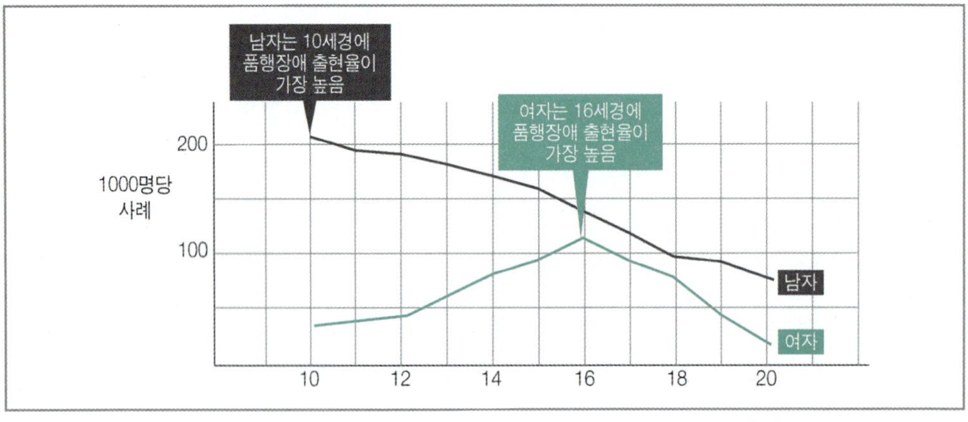

그림 12-1 성별과 연령에 따른 품행장애의 출현율

3 품행장애의 원인

품행장애는 적대적 반항성장애보다 발달적으로 진보한 형태이며, 이 두 장애의 관련 요인이 유사하다는 연구가 있다(하은혜 외, 2012). 품행장애는 다양한 생물학적 및 심리사회적 요인들이 보다 복합적으로 상호작용해 장애로 발전된 형태이다.

1) 생물학적 위험요인

아동·청소년의 품행장애는 유전적 요인이 영향을 미치는 것으로 알려져 있다. 반사회적 성격장애나 알코올 의존이 있는 부모의 자녀에게서 품행문제가 더 자주 발생한다는 사실은 품행장애의 유전 가능성을 시사한다. 특정 유전자와 품행장애의 연관성은 명확하지 않지만, 현재까지 보고된 바로는 2번과 19번 염색체가 관련이 높다(Dick et al., 2004).

뇌손상, 뇌기능장애 같은 뇌장애도 관련이 있는 것으로 보인다. 신경생물학적 연구들은 품행장애를 호르몬이나 유전자 또는 염색체의 이상으로 설명하고 있다. 예를 들어, Pennington(2002)은 낮은 전전두엽의 뇌 용적, 낮은 자율신경계 각성, 낮은 세로토닌 수준 등과 관련성에 대해 연구한 바 있다. 조수철 외(2014) 연구에서 보면, 자기공명영상 결과를 통해 건강한 대조군에 비해 품행장애 아동·청소년에게서 전두엽, 측두엽, 해마, 섬엽 등의 부피가 감소되는 등 뇌의 구조적 이상이 나타났다. 또 품행장애 아동·청소년에게 부정적인 정서를 유발하는 그림을 제시했을 때 건강한 대조군에 비해 오른쪽 등쪽 전방 대상회(right dorsal anterior cingulate cortex)와 해마의 활성도 이상 등 뇌기능에 이상이 있는 것으로 나타났다.

다음의 신경생물학적 요인으로는 품행장애 아동의 혈액 내 세로토닌 농도가 높거나 척수액 내의 세로토닌 대사물인 5-하이드록시인돌아세트산(5-hydroxyindoleacetic acid: 5-HIAA)이 높다는 연구결과가 있다. 또한 품행장애의 공격적 행동은 테스토스테론 수치와도 관련이 있다. 테스토스테론과 품행장애와의 관련성은 체내 코르티솔

수치(스트레스 지수), 부모-자녀 관계나 비행 또래의 존재 여부 등 임상적 특징이나 주변의 환경에 영향을 받아 다양하게 변화 가능하다(조수철 외, 2014; Popma et al., 2008).

마지막으로 까다로운 기질도 품행장애의 위험요인으로 간주된다. 즉, 까다로운 기질을 가진 아동은 느리거나 순한 기질을 가진 아동에 비해 품행장애를 보일 가능성이 높다(Center & Kemp, 2003). 하지만 까다로운 기질이 품행장애를 반드시 예측하지는 않는다. 품행장애에서는 생물학적 위험요인보다는 심리사회적 위험요인 더 영향력이 있다(Kearney, 2006; Waschbusch, 2002).

2) 심리사회적 위험요인

아동·청소년 품행장애의 유발과 유지에 관련된 다양한 심리사회적 위험요인들(예: 부모의 부적절한 양육방식, 부부갈등, 부모의 정신병리, 양육자의 잦은 교체, 빈곤, 신체적 또는 심리적 학대, 일탈된 또래와 지속적인 관계, 폭력적인 이웃환경 및 대중매체 등)은 적대적 반항성장애와 유사한 면이 있다. 이러한 심리사회적 위험요인들도 적대적 반항성장애와 마찬가지로 아동과 청소년의 품행장애와 관련이 높은 것으로 알려져 있다(김지훈 외, 2012; 김지훈 외, 2014).

가정 관련 요인으로는 부모의 강압적이고 처벌적인 양육태도나 무관심하고 방임적인 양육태도, 비일관적 양육태도 등이 관련이 있다. Patterson과 그의 동료들(1989)의 연구는 역기능적인 양육과 품행장애 간의 연계에 대해서 종단적으로 보여준다. 여기서 가장 핵심적인 것은 강압이론(coercion theory) 또는 강화의 덫(reinforcement trap)이라 불리는 상호작용 양식의 발견이다. 강압이론에 따르면, 가혹한 대인관계 양식, 적대적 모델링, 반항성 불응행동 등에 대한 강화를 통해 아동·청소년들의 반사회적 행동을 촉진하는 것으로 나타난다. 아울러서 역기능적 양육에는 부모의 우울, 빈곤과 관련된 스트레스 상황, 매일 반복되는 말다툼, 부부간의 불화나 부모의 교육 수준 등도 높은 관련성을 보이고 있다(Coleman & Webber, 2002). 부모의 이혼도 품행장애의 원인으로 작용할 수 있지만, 이혼 그 자체라기보단 이혼한 부모 간의 적대감, 분노 및 고통의 지속과 유지가 아동의 문제행동에 더욱 중요한 요인이 된다. 그 밖에 부모의 정신장애, 아동학대, 반사회적 태도나 범죄행동, 물질 의존과 남용 등이 아동·청소년 품행장애를 촉발하는 데 기여하게 된다.

또래요인은 아동·청소년의 품행문제에 상호 영향을 주고받는다. 또래로부터의 배척이나 비행청소년과의 어울림, 음주 등은 품행장애의 공격 행동을 강화하고 증가시키는 데 관련이 있다. 공격적인 아동은 또래로부터 거부당할 위험이 높아지고, 이렇게 거부당한 공격적인 아동의 품행문제는 시간이 흐름에 따라 심각도가 커진다. 또래로부터 거부당한 아동·청소년은 상대적으로 일탈집단과 교류하기 쉬운데, 이는 그들로부터 문제행동은 모델링하고 강화되면 반사회적 행동의 기회가 증가되기 용이하다(Dishion, Andrews, & Crosby, 1995).

사회경제적 요인들도 아동·청소년의 품행장애에 영향을 미친다. 생활상의 빈곤은 모든 아동과 성인에 있어서의 불리한 정신건강의 결과와 관련이 있다. 예를 들어 실직한 부모, 지지적인 사회적 안전망의 부족, 폭력적인 지역사회 분위기 등이 위험요인으로 알려져 있다. 이 중 폭력적인 지역사회 분위기는 아동의 품행문제에 직접효과가 있을 뿐만 아니라, 공격성의 수용 가능성에 대한 아동의 생각에도 영향을 미칠 수 있다(Guerra, Huesman, & Spindler, 2003).

4 품행장애의 특성

품행장애 아동·청소년은 종종 유아기 때에 까다로운 기질, 짧은 주의집중, 충동적이면서 미숙한 자기조절, 과잉행동, 언어와 의사소통의 어려움 등에 있어서 문제를 보인 경험이 있을 수 있다. 이러한 개인적 특성은 사회적 환경에서 더욱 비난받기 쉬운 아동으로 만들고, 이후 아동의 적절한 사회적 인지발달에 많은 부정적인 영향을 주며 적절한 사회적 행동기술을 성공적으로 학습하는 데 있어서 장애물이 된다.

품행장애 아동·청소년은 사람이나 동물을 거칠고 잔인하게 대하며, 폭력, 방화, 도둑질, 거짓말, 가출, 무단결석 등 난폭하거나 무책임한 행동을 한다(권석만, 2013; 육기환, 1998).

어떤 행동들을 품행장애라고 정의하는가에 대해서는 학자 및 임상가들 간에 어느 정도는 의견일치를 보이고 있지만, 이러한 행동들을 분류하는 방법에 있어서는 차이가 있다. 품행장애의 경우는 대개 통계학적 분석 결과 2가지 유형으로 구분되고 있다. 첫 번째 유형은 비사회화된 공격성 또는 공격적 행동이라고 명명할 수 있다. 이는 싸움, 불순종, 비협조성, 무분별함, 무례함, 파괴적 행동, 분노폭발 등이 포함된 행동을 의미한다. 두 번째 유형은 사회화된 폭력 또는 비행이라고 명명한다. 여기에는 나쁜 친구 사귀기, 비행을 일삼는 친구들에 대한 충성, 무단결석, 도벽, 거짓말하기, 방화 등이 포함된다.

품행장애로 진단된 아동·청소년의 대다수는 적대적 반항성장애의 진단기준도 충족된다. 하지만 이 두 장애 사이에는 다음과 같은 차이가 있다. ① 발병연령에서 차이를 보인다. 발병연령은 적대적 반항성장애가 평균 6세, 품행장애가 평균 9세 정도로 적대적 반항성장애가 2~3세 일찍 나타난다(Loeber, Green, Lahey, Christ, & Fick, 1992). ② 적대적 반항성장애로 진단 받은 일부의 아동에게서만 품행장애로의 발달적 진행이 발생한다. 적대적 반항성장애 7~12세 남아를 추적한 연구에 결과에 따르면 이들 중 1/2이 3년 동안 품행장애로 진행하지 않고, 적대적 반항성장애 진단을 유지하였다. 다른 1/4은 적대적 반항성장애 진단준거를 더 이상 충족하지 않았다(Loeber, Green, Lahey, Christ, & Thomas, 1993). 이를 통해서 대부분의 품행장애는 적대적 반항성장애 진단준거를 충족하지만, 적대적 반항성장애가 대부분 품행장애로 진행되지 않는다(Hinshaw, Lahey, & Hart, 1993)는 것을 알 수 있었다.

품행장애와 관련해 살펴볼 용어는 비행(delinquency)과 사회적 부적응이다. 품행장애(conduct disorder)가 정신건강체계에서의 용어라면 비행(delinquency)은 법체계에서 사용하는 용어이다(Webber & Plotts, 2008). 즉, 비행은 법률용어로 보통 18세 이하의 아동과 청소년이 범하는 중대범죄나 지위위반을 의미한다(Wicks-Nelson & Israel, 2009). 여기서 중대범죄(index crime)란 아동·청소년뿐만 아니라 성인에게도 불법이 되는 행위(예: 절도, 폭력, 살인 등)를 의미한다. 또 지위위반(status offence)이란 아동과 청소년에게만 불법이 되는 행위(예: 무단결석, 가출, 원조교제 등)라는 용어로 사용된다(Webber & Plotts, 2008). 다음으로 사회적 부적응이란 목적지향적, 자의적이며 또래 준거집단에 의해 강화되는 것으로 여겨지는 행동문제의 한 패턴이라고 학교체계에서 사용하는 용어이다(Merrell, 2003). 이와 같이 아동과 청소년이 보이는 반사회적 행동에 대해 정신건강체계, 법체계, 학교체계에 따라 각기 다른 용어가 사용되고 있음을 알 수 있다.

5 품행장애아의 상담

품행장애의 여부를 결정할 경우 생활연령을 고려하는 것은 중요하다. 일반적인 아동의 경우는 연령이 증가하면서 공격행동이 감소하는 경향이 있다. 하지만 품행장애의 경우는 어려서부터 연령에 적절하지 않은 공격성을 보이며, 비교적 오랜 기간 동안 공격행동이 지속적으로 나타난다(Walker, Ramsey, & Gresham, 2004). 전형적으로 학교에 입학한 후에 무단결석을 시작하고, 학업에 어려움이 생기고, 알코올 남용을 거쳐 무분별한 성적인 행동이 나타나고, 점차 약물남용, 비행, 학업 중단의 과정을 거치게 된다. 전체적으로 연령이 증가하면서 떼쓰기와 다툼은 줄어들지만, 거짓말은 연령과 무관하게 일관을 보이고, 훔치기는 10세까지 증가하다가 점차 줄어들며, 무단결석과 약물남용은 연령이 높아지면서 점차 증가하는 추세를 보인다.

품행장애는 생물학적 위험요인과 심리사회적 위험요인에 연관되어 있고, 여러 공병이 흔히 함께 나타난다. 따라서 품행장애의 평가는 포괄적으로 이루어져야 하는데, 이를 토대로 중재를 계획 및 실행하게 된다. 즉, 품행장애의 중재는 생물학적 중재와 함께 심리사회적 중재도 실시된다. 품행장애 아동·청소년의 증상과 심각성의 정도에 따라서 치료는 법적인 처벌, 가족에 대한 중재, 사회적 지지의 제공, 개인이나 가족의 정신병리에 대한 정신치료, 약물치료 등 다양하게 이루어지고 있다. 치료 장소도 마찬가지로 가정, 학교, 병원(외래, 입원, 주간치료센터), 기숙학교, 특수한 비행 프로그램, 교도시설 등 매우 다양하다. 최근에는 정서·행동장애 학생의 학업, 사회성 기술 등과 관련된 교육적 중재에 대한 관심 및 요구도 높아짐에 따라 치료적 접근방법도 치료하는 사람들이 가진 품행장애에 대한 개념에 따라서 다양하게 시행되고 있다.

앞서 살펴본 적대적 반항성장애와 품행장애는 개별적인 장애라는 인식도 있지만,

서로 연속성을 가지고 있는 연관된 장애로 보는 인식도 있다. 일부의 적대적 반항성장애의 특성은 추후 품행장애로 진행되기도 하고, 적대적 반항성장애가 품행장애의 가벼운 형태라는 인식도 존재한다(홍강의 외, 2014; Achenbach et al., 1989). 더 나아가 두 장애는 위험요인과 치료요인에서 공통특징을 상당 부분 가지고 있기에(홍강의 외, 2014), 적대적, 반항적이고 공격적인 특성을 포함한 파괴적 행동장애에 대한 치료적 개입을 적용할 수 있다.

치료의 필수적인 사항은 다음과 같다. 첫째, 바람직하지 못한 행동을 억제하고 견제해주는 구조(틀 및 경계)를 확고히 한다. 둘째, 안전과 치료 환경을 동시에 제공해 주는 효과적인 한계를 설정한다. Sprague와 Walker(2000)는 파괴적 행동장애아의 교육과 치료적 개입을 위한 연구를 기반으로 〈표 12-2〉와 같은 지침을 제공하고 있다.

표 12-2 파괴적 행동장애아의 교육과 치료적 개입을 위한 지침

- 가능한 빠른 시기에 치료한다.
- 행동적 위험요인은 물론 강점도 파악해 이를 치료에 활용한다.
- 가족구성원을 치료의 파트너로 참여시킨다.
- 반사회적 행동에 효과적인 치료의 특성에 초점을 맞춘다.

품행장애의 경우 치료를 시작하는 연령이 매우 중요한데 이는 비적응적인 행동이 오래되면 될수록 더 견고한 증상이 되어 치료하기 어렵다. 파괴적 행동장애의 경우 연령이 다양하기 때문에 13세 이전에 치료하는 것이 가장 치료적 효과성을 띈다는 연구결과도 존재한다(Webster-Stratton & Reid, 2010). 아동 · 청소년의 생물학적 위험요인뿐만 아니라 다양한 심리사회적 위험요인이 적대적 반항성장애나 품행장애 등의 파괴적 행동장애에 영향을 주기 때문에 보다 복합적인 개입이 필요하다. 이번 장에서는 아동 · 청소년에 초점을 둔 개입에서 심리사회적 변인에 초점을 둔 개입으로 나눠서 살펴볼 것이다.

(1) 아동 · 청소년에 초점을 둔 개입법

① 약물치료

적대적 반항성장애의 경우 치료를 요하는 주의력결핍 과잉행동장애(ADHD), 우울장애 등의 공병이 없는 경우 약물치료를 적용하는 경우는 드물다. 마찬가지로 품행장애도 약물치료만으로는 치료적 효과성을 보이지 않는다. 다만, 공격성 및 이자극성(irritability)과 같은 행동을 즉시 조절해야 할 경우가 있다면 심리사회적 개입법과 함께 약물치료를 병행하는 것이 효과적이다.

표 12-3 파괴적 행동장애 약물치료

파괴적 행동장애 (적대적 반항성장애, 품행장애 등)	공격성	• 리튬(lithium), 리스페리돈(risperidone) 등의 항정신병약물 • 발프로익 에시드(valproic acid) 등 기분조절제 • 프로프라놀롤(propranolol) 등 베타차단제
	ADHD	• 메틸페니데이트(methylphenidate), 클로니딘(clonidine) 등 중추신경자극제
	우울증	• 이미프라민(imipramine) 등 항우울제

출처: 조수철 외(2014); Meltzer et al.(2011).

② 인지행동중재

적대적 반항성장애와 품행장애 아동 · 청소년에게 인지행동적 접근의 효과성이 입증되고 있다(Kazdin, 2010; 오경자 외 역, 2014). 모델링(modeling), 강화(reinforcement), 연습(practice), 역할놀이(role playing) 등과 같은 직 · 간접적인 훈련들의 조합을 통해 보다 바람직한 행동양식을 습득하게 한다. 파괴적 행동장애아에게 일차적으로 초점을 맞춘 상담은 부모 및 교사 등 다른 성인과 또래와의 상호작용 및 적절한 사회적 기술(social skills)을 가르치는 것 등의 다양한 내용으로 실시되어야 한다(Donohue, DeCato, Azrin, & Teichner, 2001). 중증 파괴적 행동장애인 경우에는 입원치료 기관에서의 24시간 행동치료 프로그램이 적용되기도 한다. 만약 다른 치료법을 사용하는 과정에서 어려움을 겪는 경우, 가정 등의 환경적 영향이 큰 경우, 위험성 높은 품행의 문제를 보이는 경우라면 입원치료를 고려할 수도 있다.

파괴적 행동장애 아동·청소년에 대한 인지행동적 중재 중 문제해결 기술훈련(problem-solving skills training)의 특징은 <표 12-4>와 같다.

표 12-4 파괴적 행동장애에 대한 문제해결 기술훈련의 특징

1. 청소년이 상황에 접근하는 방법에 대해 강조해 행동보다는 사고과정에 초점을 맞춘다.
2. 대인관계에서 발생하는 문제해결을 위한 단계적 접근법을 학습한다.
3. 조직화된 과제(예: 게임, 학습활동, 이야기 등)를 사용한다.
4. 적극적인 치료자 및 상담자의 역할(예: 단서제공, 피드백, 격려 및 칭찬 등)을 통해서 보다 바람직한 인지과정을 배우고, 이를 특수한 문제에 적용시켜 학습된 기술의 사용을 촉진한다.
5. 연습, 역할극, 모델링, 재강화 등의 여러 인지행동적인 기법을 다양하게 실시한다.

③ 개인 및 집단상담

개인상담은 파괴적 행동장애의 특징인 반항적, 적대적이고 반사회적 행동의 바탕이 되는 갈등 및 심리적 과정에 초점을 맞춰 이뤄진다. 개인상담을 통해서 상담자와 새로운 대인관계를 경험하면서 자신의 행동에 대한 통찰을 제공하고, 새로운 행동양식을 함께 탐색하는 경험을 하게 된다.

집단상담에서는 자신과 유사한 문제를 가진 집단원을 대상으로 집단응집력, 보편성 등을 경험하며 고유한 심리사회적 느낌과 경험을 공유하게 된다. 예를 들어, 분노와 대처 기술 훈련에서 파괴적 행동장애아는 집단회기에 참여해 자신의 분노를 더 효과적으로 관리하고 문제를 해결하며 사회기술을 쌓고, 원하는 바람직한 목표를 설정하며, 또래의 압력에 대처하는 법을 배우기도 한다(Lochman et al., 2011).

④ 기타 보조 프로그램

마음을 잘 열지 않는 청소년들의 경우 그림, 붓글씨, 종이 공작과 같은 미술치료, 음악치료, 놀이치료, 심리극 등을 통하여 자신의 숨은 감정을 표현하고 승화시킬 수 있는 기회를 제공한다. 또한 수공예, 꽃꽂이, 요리 실습 등 작업치료를 실시하면서 청소년들은 실제 기술을 배우고 자신들이 만든 작품을 보면서 성취감을 향상시킬 수도 있다. 이 외에 레크리에이션이나 운동을 통하여 욕구불만을 해소하고 집단에서의 소속감을 증진시키는 것도 필요하다(윤점룡 외, 2013).

(2) 심리사회적 변인에 초점을 둔 개입법

① 부모교육 및 가족상담

파괴적 행동장애의 치료에서는 아동·청소년의 발달과 밀접하게 영향을 주고받는 부모에 대해서 고려해보아야 한다. 부모훈련 및 교육 프로그램을 통해 파괴적 행동장애의 문제행동에 대처하는 부모의 역할을 강화하고, 자녀의 비행과 부모의 관심 사이의 악순환을 단절시키며, 일관된 한계 및 경계를 짓도록 교육해야 한다. 즉 부모가 가정에서 파괴적 행동장애의 행동을 변화시키기 위한 훈련을 받는 것이다. 부모가 아동·청소년을 대하는 태도가 변해야 아동·청소년도 변화하게 되고, 부모-자녀 간의 의사소통도 수월해지며 관계도 개선될 수 있기 때문이다(김청송, 2014).

학령 전 아동에게 사용하는 접근 중 하나는 '부모-자녀 상호작용 치료'이다(Querido & Eyberg, 2005; Zisser & Eyberg, 2010). 상담자는 부모에게 아동과 긍정적으로 상호작용하고, 안정된 한계 및 제한을 주고, 일관되게 행동하며 훈육결정에서 공정하고 아동에 대해 적절한 기대 설정을 가르친다. 또한 상담자는 아동에게 사회적 기술을 가르치는데, 아주 어린 아동의 경우 '비디오 모델링' 등을 활용한다(오경자 역, 2014; Webster-Stratton & Reid, 2010).

학령기의 아동·청소년에게는 상담자는 부모관리 훈련(Parent Management Training: PMT)을 사용한다. 부모관리 훈련은 가족적 개입으로 가족 간 긍정적인 재강화를 촉진하고 명쾌한 의사소통을 확립하는 것 등을 목표로 한다. 상담자는 부모를 훈련시키며 가정에서 적절하게 실시할 수 있는 절차나 방법 등을 교육하고 제시한다. 이것을 통해 부모는 보다 효과적으로 자녀를 대하는 법을 배우고, 부모와 자녀가 행동지향적 가족치료에 참여하게 된다(Forgatch & Patterson, 2010). 가족은 상담자와 함께 상담의 목표를 설정하고, 매뉴얼이나 상담과제 등의 도움을 받아 과거의 부모의 문제행동을 찾아내고, 바람직한 행동에서만 보상을 하는 법 등을 배우게 된다.

② 학교에서의 중재

품행장애 학생들의 문제점을 조기에 발견해서 교육적 중재를 제공하면 이들이 성장하여 사회에 미칠 수 있는 부정적 영향을 미리 감소시킬 수 있다(박미화 외, 2010).

학령기 품행장애 학생들을 관리하는 데 있어서는 무엇보다도 담임교사의 역할이 중요하다. 담임교사가 품행장애에 대해 어떻게 인식하고 있으며 어떻게 지도하느냐는 매우 중요한 부분이다. 담임교사나 학교에서 파괴적 행동장애 아동·청소년들의 행동관리에 특별한 관심을 가지고 긍정적 행동지원(Positive Behavior Support: PBS), 개별화 교육계획(Individualized Education Plan: IEP)과 직업 및 전환 교육 등을 적용하여 학습에 관련된 문제를 도와주는 것이 필요하다.

③ 지역사회에서의 중재

파괴적 행동장애 아동·청소년의 대인관계 능력을 증진시키는 데 도움이 될 수 있는 지역사회 프로그램이 필요하다. 답사와 견학, 야영 수련회, 봉사활동, 독서 프로그램, 강연회나 세미나 참석, 심리극 활동 등 다양한 정신건강과 연관된 수련 활동은 품행장애의 문제행동 개선에 도움이 된다. 나아가 이러한 활동은 친사회적 행동을 증진시키고 반사회적 행동을 감소시켜 줄 것으로 기대하고 있다.

(3) 파괴적 행동장애를 위한 구체적인 상담 프로그램-사회적 기술훈련 프로그램

파괴적 행동장애아에게 적절한 상담개입은 부모 및 교사 등 다른 성인과 또래와의 상호작용을 위한 적절한 사회적 기술(social skills)을 가르치는 것 등에 있다. 이들은 일반적으로 조작적 중재, 사회적 학습, 인지·행동적 절차 등으로 분류할 수 있는데 구체적인 내용은 〈표 12-5〉에서 알 수 있다.

표 12-5 사회적 기술 중재전략의 고찰

기본특성	조작적 중재	사회적 학습	인지-행동적 중재
중재초점	관찰 가능한 행동, 선행 및 결과사건	관찰 가능한 행동과 매개과정	문제해결 기술과 관련된 관찰 가능한 행동
중재절차	강화	모델링, 역할놀이, 자기교수	지도하기, 문제해결, 자기교수

기본특성	조작적 중재	사회적 학습	인지-행동적 중재
중재조건	개인이나 집단, 직접적, 자연적 환경	개인이나 소집단, 직접 또는 또래-매개, 유사 또는 자연환경	개인이나 소집단 직접적; 아날로그
수행통제	외향적	내향적 및 외향적	내향적
결과평가	목표행동의 빈도 변화	학습된 반응과 반응수행 상의 변화	행동에 대한 사고의 변화와 적절한 수행능력의 변화

출처: 윤치연 외(2006). 특수아 상담 및 치료교육 프로그램. 서울: 학지사.

대부분의 사회적 기술훈련 프로그램의 목표는 모든 시간, 장면, 개인의 친사회적 행동의 일반화이다. 프로그램의 효과는 다른 상황에서도 일반화되어야 하며, 계속 유지되는 안정성을 보여야 한다. 일반화가 촉진되기 위해선 다음과 같은 요소들로부터 도움을 받을 수 있다.

- 자연적 환경에서 강화되고 유지되는 친사회적 행동의 교수
- 다양한 긍정적 · 사회적 대체반응
- 가능한 한 자연적 환경에서의 훈련 상황
- 자연적으로 일어나도록 훈련 시 제공하는 후속결과의 용암
- 새롭고 적절한 상황에서 긍정적 · 사회적 기술을 적용한 강화
- 사회적 목표설정, 정확한 자기보고, 수행에서의 자기 감시를 통한 강화
- 또래 아동의 훈련 포함 등

파괴적 행동장애가 보일 수 있는 규칙위반에 대해서 〈표 12-6〉과 같이 '학교 규칙 따르기' 사회적 기술훈련 프로그램을 적용해 볼 수 있다.

표 12-6 사회적 기술훈련 프로그램 '학교 규칙 따르기'

주　　제	학교에서 지켜야 할 규칙 따르기	
학습목표	학교에서 지켜야 할 규칙을 따를 수 있다.	
학습단계	교수-학습활동	준비물
주변 정리하기 게임	• 자신의 주변에 어지러진 물건을 스스로 정리하기 • 학교에서 자신이 정리해야 할 물건들에 대해 이야기 • 학교에서 자신의 물건을 제대로 정리하지 않으면 발생하는 문제 이야기	바구니 4개, 장난감, 장난감 사진, 그림카드
수업시간의 규칙	• 그림카드를 보며 수업시간에 어떻게 하는 것이 바른 수업태도인지를 이야기 • 자신이 수업시간에 잘못했던 점을 이야기하고 어떤 문제가 있었는지 이야기	
수업시간 외의 규칙	• 수업시간 외 학교생활에서 지켜야 할 규칙이 어떤 것들이 있는지 이야기	
형성평가	• 등·하교 시 인사말을 사용해 인사할 수 있는가?	

출처: 윤치연 외(2006). 특수아 상담 및 치료교육 프로그램. 서울: 학지사.

Chapter 13

우울장애 상담

1. 우울장애의 정의
2. 우울장애의 분류
3. 우울장애의 원인
4. 우울장애의 특성
5. 우울장애아의 상담

DSM-5(Diagnostic and Statistical Manual of Mental Disorders)에선 기분장애를 '우울장애'와 '양극성 및 관련 장애'로 분리해 기술하고 있다. 이들의 공동적인 특징은 슬픔, 공허감, 과민한 기분 등이 표출되며, 신체적 및 인지적 변화가 동반되어 개인의 기능 수행에 어려움을 야기한다는 것이다. 13장은 우울장애를 14장은 양극성 및 관련 장애를 제시하였다.

1 우울장애의 정의

우울이란 용어는 BC 400년 전에 Hippocrates가 'melancholia'로 기술하면서 처음 사용되었다. Bleuler은 우울한 감정 상태, 정신운동 지연 및 의지의 억압이 우울의 3대 기본요소라고 주장하면서 'melancholia'와 동의어로 'depression'이라는 용어를 사용하게 되었다.

우울은 슬픔, 에너지 저하, 죄책감, 자기가치감 감소 등의 특징을 가지며, 판단, 지각, 기억, 인지, 태도, 사고, 대인관계 등 광범위한 측면에 악영향을 미치는 부정적인 마음 상태이다(Beck, 1967). 우리는 생활 속에서 크고 작은 실패와 상실 등으로 인해 좌절을 경험하게 되고, 그 결과 어느 정도 시간이 지나면 우울한 기분에서 벗어나 다시 정상적인 삶을 회복한다. 이때 경험하는 일시적인 우울한 기분은 매우 정상적이다. 그러나 정상적인 우울 상태에서 항상 쉽게 벗어나는 것은 아니며, 악화되어 임상적인 우울 상태로 발전하기도 한다. 이러한 임상적인 우울상태를 우울장애(depressive disorder), 우울증(depression)이라고도 한다(권석만, 2000). DSM-5에서는 우울장애는 파괴적 기분조절부전장애(disruptive mood dysregulation disorder), 주요우울장애(major depressive disorder), 지속성 우울장애(기분 저하증, persistent depressive disorder), 월경 전 불쾌감 장애(premenstrual dysphoric disorder) 등으로 분류하고 있다(APA, 2013).

아동 · 청소년의 우울증은 어떤 척도를 사용해 측정하느냐에 따라서 달라질 수 있다. 일반적으로 보면, 우울증은 6~12세에 2~3%, 청소년기에 6~9% 나타난다. Reinherz 등(2000)은 청소년기, 즉 15~18세가 우울을 경험할 확률이 가장 높은 시기라고 하였다. 또 청소년기 우울증은 자살률 증가에 영향을 미치고 있어, 이러한 유병률은 매우 심각한 사회적 문제라고 할 수 있다.

성별도 우울장애의 출현율과 관련이 있는 것으로 알려져 있다. 대개 6~12세까지 아동기에는 성차가 나타나지 않는 것으로 보고되고 있다(Fleming, Offord, & Boyle, 1989). 하지만 청소년기에는 여아의 출현율이 남아의 출현율보다 높아져 성인기와 비슷한 2:1에 근접하기 시작한다(Hankin et al., 1998). 남자 청소년은 주로 외현화로 심리적 문제를 발산하는 경향이 있지만, 여자 청소년의 경우엔 내현화 문제로 심리적 문제를 발산하는 것이기 때문으로 볼 수 있다. 또한 아동의 우울은 외현화 행동장애가 있을 때 간혹 간과되기 쉽다. 교사는 이러한 우울 징후에 주의하여야 하며, 평가를 위해 의뢰하여야 한다(김진호 외, 2013).

우울장애의 평가에서 공존장애가 의심될 경우 그에 대한 평가도 필요하다. 우울장애를 겪는 아동·청소년들은 다른 정신장애도 함께 경험하는 경우가 많다. 추가로 흔히 나타나는 장애로는 불안장애, 품행장애, ADHD 등이다(Birmaher & Brent, 2007; 이승희, 2017). 일반적으로 아동·청소년기의 우울장애는 예후가 좋지 않다. 그 이유로는 첫째, 약물치료에 대한 반응이 성인기의 우울장애에 비하여 덜하다. 둘째, 정신치료에 대한 반응도 아직 분명히 확립되지 않았다. 셋째, 우울장애를 보이는 아동의 70% 이상이 불안 증상을 호소하거나 불안장애를 보이고 있으며, 품행장애 또는 적대적 반항성장애, 주의력결핍 과잉행동장애 등 공병이 발견되기 때문이다(조수철, 2000; 이봉건 역, 2005 재인용).

본 장에서는 아동·청소년에게서 주로 보일 수 있는 파괴적 기분조절부전장애, 주요우울장애, 지속성 우울장애를 위주로 살펴보고자 한다.

2 우울장애의 분류

학자와 임상가들 모두 동의하는 정의는 없지만 현재에는 미국정신의학회(APA)가 발행하는 DSM에 제시된 진단준거가 널리 사용되고 있다. DSM-5(APA, 2013)에서는 '기분장애'가 삭제되면서, '양극성 및 관련 장애'와 '우울장애'로 분리되었다. DSM-5의 우울장애에서 '파괴적 기분조절부전장애(disruptive mood dysregulation disorder: DMDD)' 라는 새로운 하위범주가 포함되었다.

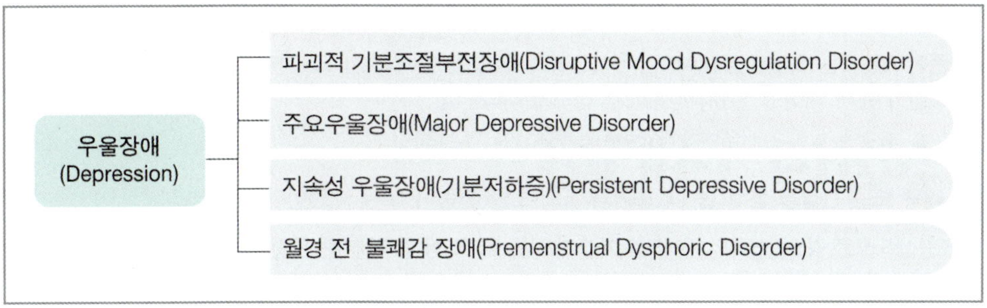

그림 13-1 우울장애의 하위 범주

1) 파괴적 기분조절부전장애

파괴적 기분조절부전장애(disruptive mood dysregulation disorder: DMDD)는 주로 약 10세 이전에 시작되며, 6세 이전이나 18세 이후에는 진단될 수 없다. 잦은 분노발작을 보이는데 이는 전형적인 좌절에 대한 반응으로 폭언이나 사물, 자신, 타인에 대한 공격 형태로 나타난다. 이러한 증상들은 발달 수준에 부적절하게 일주일에 평균 3회 이상 빈번하게 발생한다. 또한 분노발작 기간에 기분이 지속적으로 과민하거나 거의 매일, 하루 중 대부분 화가 나 있는 모습을 보인다.

A에서 H까지는 시간 환경에 다른 준거이며, I에서 K까지는 배제 준거에 따른 진단 준거이다.

표 13-1 DSM-5의 파괴적 기분 조절곤란장애 진단준거

A. 언어적으로(예: 언어적 분노) 그리고/또는 행동적으로(예: 사람이나 사물에 대한 신체적 공격) 나타나는 심한 울화폭발이 반복된다. 이러한 울화폭발은 상황이나 화낼 이유에 비해 강도나 지속기간에서 너무 지나치다.

B. 울화폭발이 발달수준에 맞지 않다.

C. 울화폭발이 1주일에 평균 3회 이상 나타난다.

D. 울화폭발이 나타나지 않는 기간의 기분도 하루의 대부분 그리고 거의 매일 지속적으로 성마르거나 화가 나 있으며 이러한 기분은 타인(예: 부모, 교사, 또래)에 의해 관찰 가능하다.

E. 준거 A~D가 12개월 이상 나타나고 있다. 그 기간에 A~D의 모든 증상 없이 연속 3개월 이상 지속된 적이 없다.

F. 준거 A와 D는 3가지 상황(예: 집, 학교, 또래와 있음) 중 최소한 2가지 상황에서 나타나며 이러한 상황 가운데 적어도 1가지 상황에서 심하게 나타난다.

G. 6세 이전 또는 18세 이후에 첫 진단을 내려서는 안 된다.

H. 내력 또는 관찰을 통해 볼 때 준거 A~E의 초발 연령이 10세 이전이다.

I. 조증삽화 또는 경조증삽화의 준거(지속기간 제외)를 1일 이상 충족시키는 뚜렷한 시기가 나타난 적이 없다.
주의: 아주 긍정적인 사건이 있거나 기대되는 맥락에서 나타나는 발달적으로 적절한 기분고양은 조증 또는 경조증 증상으로 간주되어서는 안 된다.

J. 행동들이 주요우울장애의 삽화 동안에만 국한해서 나타나는 것이 아니며 다른 정신장애(예: 자폐스펙트럼장애, 외상후 스트레스 장애, 분리불안장애, 지속성 우울장애)에 의해 더 잘 설명되지 않는다.
주의: 이 진단은 주요우울장애, 주의력결핍 과잉행동장애, 품행장애, 물질사용장애 등과는 공존할 수 있지만 적대적 반항장애, 간헐성 폭발장애, 또는 양극성장애와는 공존할 수 없다. 파괴적 기분조절부전장애와 적대적 반항성장애의 준거를 둘 다 충족시키는 사람은 파괴적 기분 조절곤란장애로 진단되어야 한다. 만약 조증삽화 또는 경조증삽화를 경험한 적이 있다면 파괴적 기분조절부전장애 진단을 내려서는 안 된다.

K. 증상들이 물질의 생리적 영향이나 다른 의학적 또는 신경학적 상태에 기인하지 않는다.

출처: 이승희(2017). 정서·행동장애개론. 서울:학지사.

2) 주요우울장애

주요우울장애(major depressive disorder)는 체중 변화와 자살 사고를 제외하고 우울 기분이 하루 중 대부분, 거의 매일 존재하는 것과 흥미나 즐거움의 상실이 주된 특징이다. 아동의 경우 슬픈 기분보다는 과민한 기분을 보이며 식욕, 체중, 수면, 정신운동활동의 변화, 에너지 감소, 무가치감 또는 죄책감, 생각하고 집중하고 결정하기 어려움, 반복되는 죽음에 대한 생각 또는 자살사고, 계획 및 시도 등 최소한 4개의 증상이 있어야 한다. 이들은 빈번히 울거나 과민하고 강박적으로 반추하며, 불안감, 공포증, 건강에 대한 과도한 염려와 통증(예: 두통, 관절, 복부 또는 기타 부위의 통증)을 호소하며 높은 자살률과도 관련이 있다. 아동의 경우 분리불안이 나타날 수 있다.

표 13-2 DSM-5의 주요우울장애 진단준거

A. 다음 증상 가운데 5가지 이상이 동일한 2주 기간 동안 나타나고 그 증상들은 이전 기능으로부터의 변화를 의미한다. 나타나는 증상들 중 적어도 하나는 (1) 우울한 기분 또는 (2) 흥미나 즐거움의 상실이다.
주의: 다른 의학적 상태에 명백히 기인하는 증상들은 포함되지 않는다.
1. 하루의 대부분 그리고 거의 매일 우울한 기분이 주관적인 보고(예: 슬픔, 공허감, 절망감을 느낀다)나 타인에 의한 객관적인 관찰(예: 울 것처럼 보인다)에서 드러난다.
(주의: 아동과 청소년의 경우는 성마른 기분으로 나타날 수도 있다)
2. 모든 또는 거의 모든 활동에서 현저하게 저하된 흥미나 즐거움이 하루의 대부분 그리고 거의 매일 나타난다.(주관적인 설명 또는 관찰에서 드러난다)
3. 체중조절을 하고 있지 않는 상태에서의 유의한 체중감소 또는 체중증가(예: 1개월 동안 5%이상의 체중변화)가 나타나거나 거의 매일 식욕감소 또는 식욕증가를 보인다.
4. 거의 매일 불면 또는 과다수면이 나타난다.
5. 거의 매일 정신운동성 초조 또는 지체가 나타난다.(단순히 주관적인 좌불안석감 또는 처진 느낌이 아니라 타인에 의해 관찰 가능하다)
6. 거의 매일 피로 또는 활력상실이 나타난다.
7. 무가치감 또는 과도하거나 부적절한 죄책감(망상적일 수도 있음)이 거의 매일 나타난다.(단순히 병이 있다는 것에 대한 자책이나 죄책감이 아니다)
8. 저하된 사고력이나 집중력 또는 우유부단이 거의 매일 나타난다.(주관적인 설명 또는 타인에 의한 관찰)
9. 반복되는 죽음에 대한 생각(단지 죽음에 대한 두려움만이 아님), 특정한 계획 없이 반복되는 자살생각, 또는 자살시도나 자살수행을 위한 특정계획이 나타난다.

B. 증상들이 사회적, 직업적, 또는 다른 중요한 기능영역에서 임상적으로 유의한 고통이나 손상을 초래한다.

C. 삽화가 어떤 물질의 생리적 영향이나 다른 의학적 상태에 기인하지 않는다.
주의: 준거 A~C는 주요우울삽화를 나타낸다.
주의: 중대한 상실(예: 사별, 재정적 파산, 자연재해에 따른 손실, 심각한 의학적 질병이나 장애)에 대한 반응은 준거 A에 기술된 우울삽화와 유사한 강렬한 슬픔, 상실에 대한 반추, 불면, 식욕부진, 체중감소를 포함할 수 있다. 비록 이러한 증상들이 이해될 수 있거나 상실에 대해 적절하다고 간주된다 하더라도 중대한 상실에 대한 정상적인 반응과 더불어 존재하는 주요우울삽화 또는 주의 깊게 고려되어야만 한다. 이러한 결정을 내리기 위해서는 개인사와 상실상황에서의 고통의 표현에 대한 문화적 규준에 근거하여 임상적 판단을 내리는 훈련이 필연적으로 요구된다.

D. 주요우울삽화의 출현은 조현정동장애, 조현병, 조현양상장애, 망상장애, 또는 달리 명시된 혹은 명시되지 않는 조현병 스펙트럼과 기타 정신증적 장애에 의해 더 잘 설명되지 않는다.

E. 조증삽화 또는 경조증삽화가 나타난 적이 없다.
주의: 만약 조증성향 또는 경조증성향 삽화 모두가 물질로 유발되었거나 다른 의학적 상태의 생리적 영향에 기인한다면 이러한 배제는 적용되지 않는다.

출처: 이승희(2017). 정서·행동장애개론. 서울: 학지사.

3) 지속성 우울장애(기분부전증)

지속성 우울장애(persistent depressive disorder)는 아동의 경우 적어도 1년 동안 우울 기분이 없는 날보다 있는 날이 더 많고 하루 종일 우울 기분이 지속된다. 주요우울장애가 선행했을 수 있고, 주요우울증상은 지속성 우울장애 중에 나타날 수 있다. 2년간 주요우울장애 진단기준을 충족시키는 증상을 가질 경우 주요우울장애뿐 아니라 지속성 우울장애의 진단도 추가해야 된다.

지속성 우울장애는 우울 기간 동안 식욕부진/과식, 불면/과다수면, 기력 저하/피로감, 자존감 저하, 집중력 감소/우유부단, 절망감 등 증상 중 적어도 2개 이상 나타나야 하고 이러한 모습들은 일상적인 경험의 대부분을 차지하고 있기 때문에 지속성 우울장애로 보고되지 않을 가능성도 있다.

표 13-3 DSM-5의 지속성 우울장애(기분부전증) 진단준거

이 장애는 DSM-IV의 만성 주요우울장애와 기분부전장애를 통합한 것이다.

A. 적어도 2년 동안, 하루의 대부분 우울한 기분이고 그런 날이 그렇지 않은 날보다 더 많으며 이는 주관적인 설명이나 타인에 의한 관찰로 드러난다.
주의: 아동과 청소년의 경우는 성마른 기분으로 나타날 수도 있으며 지속시간이 적어도 1년이 되어야 한다.

B. 우울할 때 다음 증상 가운데 2가지 이상이 나타난다.
1. 식욕부진 또는 과식
2. 불면 또는 과다수면
3. 기력저하 또는 피로
4. 자존감 저하
5. 집중력 저하 또는 우유부단
6. 절망감

C. 교란이 나타난 2년(아동 또는 청소년의 경우는 1년) 동안 한 번에 2개월 이상 준거 A와 B의 증상을 보이지 않은 적이 없다.

D. 주요우울장애의 준거가 2년 동안 계속 나타날 수도 있다.

E. 조증삽화 또는 경조증삽화가 나타난 적이 없고 순환성 장애의 준거를 충족시킨 적이 없다.

F. 교란이 지속적인 조현정동장애, 조현병, 망상장애, 또는 달리 명시된 혹은 명시되지 않는 조현병 스펙트럼과 기타 정신증적 장애에 의해 더 잘 설명되지 않는다.

G. 증상들이 물질(예: 남용약물, 치료약물)이나 다른 의학적 상태(예: 갑상선기능저하증)의 생리적 영향

에 기인하지 않는다.

H. 증상들이 사회적, 직업적, 또는 다른 중요한 기능영역에서 임상적으로 유의한 고통이나 손상을 초래한다.

출처: 이승희(2017). 정서·행동장애개론. 서울: 학지사.

3 우울장애의 원인

우울장애의 원인을 크게 생물학적 요인과 개인 심리내적 요인 및 환경적 요인 등으로 나눠서 설명할 수 있다.

표 13-4 우울장애의 원인

이론적 모델	주요 강조점
정신역동이론	대상 상실에 대한 내재화, 화가 내부로 바뀜, 자존감의 상실
애착이론	불안정한 초기 애착, 자기와 타인에 대한 왜곡
행동주의이론	강화의 상실 혹은 강화의 질, 강화를 받을 수 있는 기술의 부족
인지이론	우울한 도식, 왜곡되거나 부적응적인 인지 구조, 과정 및 결과, 자기・세계・미래에 대한 부정적인 관점, 낮은 문제해결력
대인관계이론	상실을 통한 슬픔과 관련되는 관계 기능 손상, 논쟁과 대립, 대인관계 손상, 편부모, 사회적 위축
신경생물학 이론	신경화학적 비정상성, 신경생리학적 비정상성, 신경호르몬의 비정상성
사회환경이론	스트레스 생활환경과 일상적인 취약 요인, 사회적 지지, 대처 및 평가 등 보호요인
감정조절이론	정서적인 고통과 비탄을 장기간 경험, 감정 상태의 조절 실패

출처: 윤점룡 외(2017). 정서 및 행동장애아 교육(3판). 서울: 학지사.

1) 생물학적 요인

우울증에 대한 생물학적 유전요인의 여부는 많은 학자와 임상자들에 의해 연구되어 왔으며, 여전히 논란이 되는 부분이다. 특히 우울장애 아동 · 청소년에 대한 연구결과가 성인에 비해 명확성과 일관성이 유지되지 않아도, 생물학적 영역에서 이상요인이 있다고 알려져 있다. 일반적으로 유전적 요인이 아동 · 청소년 우울증에 영향을 미친다(Rice, Harold, & Thapar, 2002). 우울증을 겪은 부모의 자녀는 청소년기에 우울증을 겪을 가능성이 3~5배 높다(Hammen, 2009). 또 쌍생아 연구결과 대부분 일란성 쌍생아가 이란성 쌍생아보다 우울증 일치율이 높은 것으로 나타났다. 200명의 쌍생아를 조사한 연구에서 일란성 쌍생아의 우울증 일치율이 46%로 나타나 우울증의 유전적 요인을 뒷받침하게 되었다(McGuffin et al., 1996). 뿐만 아니라 Kamali와 McInnis(2011)는 우울증이 일정 유전자와 관련이 있다는 증거를 발견하기도 하였다. 따라서 이러한 연구결과들을 통해서 우울증이 유전될 가능성이 있고, 이는 우울증의 생물학적 요인이 있을 가능성을 시사한다.

흔히 생화학적 연구에서는 노르에피네프린, 세로토닌, 아세틸콜린 같은 신경전달물질의 영향을 강조한다(Wicks-Nelson & Allen, 2003). 아동기 우울증의 생물학적 요인과 관련된 연구들은 주로 신경내분비 조절과 수면주기, 성장호르몬 등의 연구가 있다. 카테콜아민은 신경전달물질인 노르에피네프린, 세로토닌, 도파민 등을 포함하는 호르몬인데, 우울증은 이러한 카테콜아민(Catecholamine)의 결핍으로 생긴다는 가설이 있다. 또한, 우울증은 시상하부의 기능장애, 내분비장애와 관련되어 있다는 주장도 있다(이승희, 2017).

뇌손상이나 뇌기능장애 같은 뇌장애도 아동 · 청소년의 우울장애 위험요인으로 주목받고 있다. 예를 들어 우울장애가 있는 아동이 편도체의 크기가 감소되어 있다거나(Rosso et al., 2005), 우울장애가 있는 청소년의 전전두피질에 구조적 이상이 있다는 연구결과가 있다(Zalsoman, Brent, & Weersing, 2006). 우울장애를 가진 아동 · 청소년은 보상과 관련된 뇌영역의 활성도가 낮은 것으로 보인다(Forbes, Shaw, & Dahl, 2007). 따라서 낮은 수준의 보상 지향성은 우울장애의 발병과 재발을 예측하는 것으로 보고되고 있다(Forbes, 2006).

2) 개인 심리내적 요인

우울장애의 심리내적 요인으로 많이 이야기되는 개인 심리적 특성으로는 자아존중감, 사회적 지지, 정서조절, 자아정체감, 분노조절 등이 있다(김동일 외, 2016).

(1) 정신역동이론

초기 정신역동이론들은 우울을 공격 본능이 우울 정서로 전환된 것으로 보았다. Freud는 사랑하던 대상의 상실에 대한 반응으로 느끼게 되는 슬픔 · 분노가 자신에게 방향성을 틀면서, 자책과 죄책감을 느끼게 되고 이로 인해 자존감이 저하되면서 우울증이 발현된다고 보았다.

(2) 애착이론

Bowlby에 따르면 우울증은 어머니와 자녀 간 발생하는 애착관계에 문제로 귀인한다. 애착의 질이 필수적으로 우울증을 예언하는 과학적 결과는 많지 않지만, 초기의 붕괴된 애착관계는 우울증의 취약요인으로 작용하게 된다. 어린 시절 유아의 욕구가 부모로부터 계속 충족되지 않을 경우, 유아는 자신을 무가치하고, 사랑받지 못하는 존재로 받아들이거나 타인을 믿을 수 없는 존재로 받아들이게 된다. 이것은 이후 정서 경험과 관련된 생물학적 행동체계를 통제하도록 한다. 예를 들면, 초기의 안정 애착 경험은 이후의 스트레스를 감소시키지만, 불안정 애착 경험은 이후의 정서 경험을 통제하지 못하게 할 수도 있기 때문에, 불안정 애착은 차후 우울증의 위험요인이 되기도 한다.

(3) 행동주의이론

행동주의 관점에서는 우울을 정적 강화에 대한 결핍과 관련되었다고 본다. 아동은 종종 불안을 겪기 때문에 강화를 경험하지 못할 수 있고, 환경 내에서의 변화는 보상의 기회를 제한시킬 수 있다(윤점룡 외, 2017). 또한 우울증을 대인관계에서 나타나는 효율적 대처방식이나 기술의 부족의 결과로 보기도 한다. 그러나 이 이론은 우울증의 원인에 영향을 주는 다른 요인들보다 일관되고, 직접적인 방향성을 띠지는 않는다.

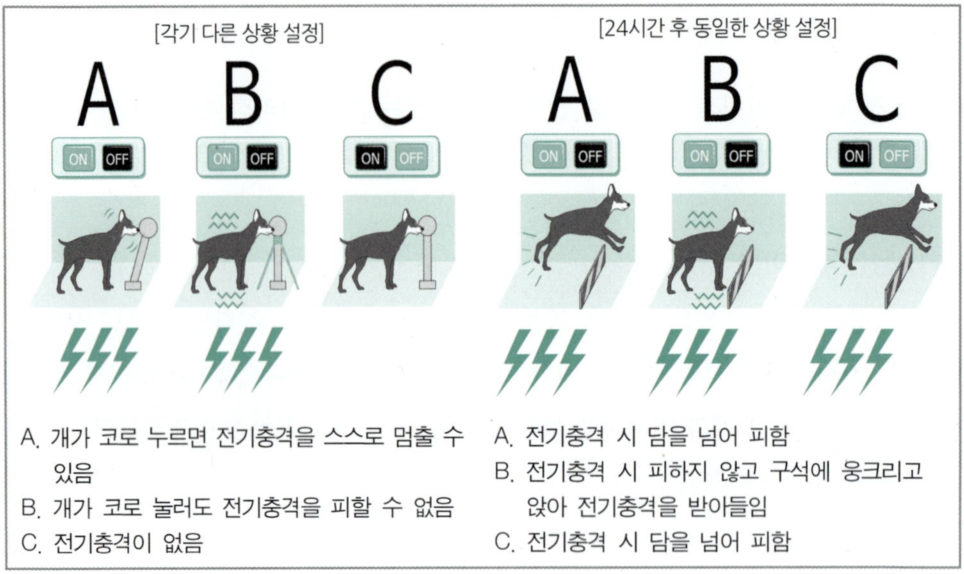

그림 13-2 Seligmann의 회피학습을 통한 공포의 조건형성실험

출처: 이동귀(2016). 상식으로 보는 세상의 법칙: 심리학. 경기: 북이십일 21세기북스.

Seligmann은 긍정적인 강화의 결핍과 반복된 부정적인 실패경험의 결과 학습된 무력감이 나타난다고 보았다(〈그림 13-2〉 참고). 이러한 학습된 무력감을 우울의 기본 모델로 강조하였다. 학교현장에서 학습된 무력감은 학교 및 가정에서 학습이나 적응행동에서 실패 경험이 지나치게 누적되는 경우, 연습에 의해서 향상될 수 있음에도 어떠한 시도조차 하지 않는 것으로 나타난다.

(4) 인지이론

아동·청소년 우울의 인지모델은 성인 우울의 인지적 과정을 기초하고, 이러한 인지이론들은 부정적인 사고와 기분의 관계에 초점을 맞춘다.

Beck은 임상실험·관찰을 통해서 우울증 환자의 인지형태와 사고과정상의 왜곡을 발견하고 우울증의 모형을 제시하였다. 기본적으로 3요소로 구성되어 있는 우울증 환자의 인지형태는 자기 자신(self)에 대한 부정적 견해, 경험 및 세계(world)에 대한 부정적 견해, 장래(future)에 대한 부정적 견해를 말한다. 이 중 우울증을 유발하는 일차적인 요인은 부정적이고 비관적인 자신의 생각이라는 것이다.

우울장애의 개인은 3가지 차원, 원인소재 차원, 안정성 차원, 통제성 차원에서 자기 주변에서 발생하는 부정적인 사건들을 내적이고, 안정적이고, 전반적으로 귀인하는 경향성이 있다. 한편 긍정적인 사건에 대해서는 외적이고, 불안정적이고, 특징적으로 귀인하게 된다.

Beck이 강조한 인지적 왜곡은 아래의 〈표 13-5〉와 같다. 이처럼 부정적인 사고를 많이 하게 되면 그 결과 우울장애에 취약하게 될 수 있다.

표 13-5 우울장애의 인지적 왜곡

인지적 왜곡	내용
흑백논리	사건의 의미를 이분법적 범주인 둘 중 하나로 해석하는 오류
과잉일반화	한두 번의 사건에 근거해 일반적인 결론을 내리고 무관한 상황에도 그 결론을 적용하는 오류
선택적 주의	상황·사건의 주된 내용은 무시하고 특정한 일부 정보에만 주의를 기울여 전체를 해석하는 오류
의미 확대 및 축소	사건의 중요성이나 의미를 지나치게 과장하거나 축소하는 오류
임의적 추론	결론을 내리기에 충분한 근거가 없음에도 결론을 성급하게 내려 버리는 오류

출처: 김동일 외(2016). 특수아상담. 서울: 학지사.

최근 여러 연구에서 우울증의 발달에 있어서 성인의 우울증을 설명하기 위한 앞의 요소를 아동 및 청소년에게 적용해 나가고 있다. 우울 아동은 세 가지 영역에서 인지 문제들을 보인다. 첫째, 부정적인 사고로 불리는 정보 처리의 편향 혹은 특정 상황에서의 사고의 오류를 나타내는 정서적 반응을 보인다. 둘째, 우울은 부정적인 인지 3요소와 관련된다. 셋째, 우울 아동은 자기비판적 신념과 태도를 포함하여 정보 처리와 관련된 기억에서의 부정적인 인지도식을 가진다. 이러한 인지도식은 심지어 모순된 증거가 있다 할지라도, 잘 바뀌지 않으며 특히 스트레스에 직면하게 될 경우 우울에 쉽게 빠지게 할 수 있다(윤점룡 외, 2017).

3) 환경적 요인

부정적 스트레스 사건 및 심리사회적 환경요인들은 우울 에피소드의 발생에 지대한 영향을 미친다고 본다. 스트레스 사건들은 단독으로 발생하거나 사회적 지지의 부족 또는 부모의 자녀양육의 실패와 같은 다른 위험요인들이 혼합되어 발생하기도 한다. 이러한 스트레스 요인에 우울에 대한 스트레스 취약성이 개인 내적으로 존재한다면, 우울증과 밀접하게 관계 맺게 된다.

부모에게 애정을 많이 받고 자라면 안정감과 신뢰감을 느끼나, 그렇지 않은 경우 불안, 우울을 느낄 수 있다(Symonds, 1949). 우울은 부모의 방치나 과잉간섭 등과 같은 부정적 양육태도와 높은 상관을 보이고(허묘연, 2004), 부모의 우울장애(Brent & Weersing, 2007), 아동학대(Barbe, Bridge, Birmaher, Kolko, & Btrnt, 2004) 등과도 관련이 있다. 부모-자녀의 부적절한 의사소통으로 인한 갈등은 우울에 정적으로 영향을 주고(권정연, 2005), 역기능적 의사소통 역시 우울을 높일 수 있다고 보았다(김선희, 2008). 우울하지 않은 아동과 비교했을 때 우울 아동은 정서적인 분리를 경험하며, 가족에 대한 친밀감이 부족하다(조현춘 외, 2001 재인용). 환경적 요인 중 이러한 가족 및 가정의 붕괴는 우울의 출현과 유지에 관련되어 있다고 주장된다. 부부갈등 시 자녀에게 배우자에 대한 감정을 투사하는 것, 삼각관계를 형성하는 것 등은 자녀에게 분노와 같은 부정적 정서를 유발한다. 결국, 자녀 자신은 무엇을 해도 부모의 갈등이 해결되지 않음에 무력감을 느끼며, 우울증으로 나타나기도 한다. 나아가 이혼한 가정의 경우, 이 같은 무력감을 많이 느낄 수 있고, 아동·청소년 자녀는 부모의 이혼을 자책하며 삶에 대한 부정적 시각을 갖게 되고, 우울증으로 발현되기도 한다(김동일 외, 2016).

학교 환경적 요인은 청소년기 우울증에 많은 영향을 서로 주고받는다. 아동·청소년과 교사와의 관계에서 교사의 차별대우, 부정적 피드백 등은 아동·청소년에게 매우 큰 영향을 미친다(김동일 외, 2016). 또한 또래친구와의 관계에서의 문제 역시 우울증으로 직결되는 문제일 수 있다. 또래들로부터의 무시 또는 거부(Nangle, Erdley, Newman, Mason, & Carpenter, 2003) 등은 우울증과 관련이 있는 것으로 알려져 있다.

최근 아동·청소년의 심각한 문제 중 하나는 인터넷 중독이다. 인터넷 중독은 비행과 함께 우울증에도 정적 영향을 미치는 것으로 알려져 있다. Young과 Rodgers(1997)는 인터넷 중독자들이 높은 우울증상을 보인다고 하였으며, 김동일 등(2013)은 메타분석을 통해 우울, 불안 등의 내재화 문제에 인터넷 중독이 높은 상관을 보인다는 것을 밝혔다.

4 우울장애의 특성

Comer(2014)는 우울은 기분이 처지고, 슬픈 상태이며 인생이 어둡고, 무망감처럼 느껴지는 것이라고 하였다. 우울장애를 정서증상, 동기증상, 인지증상, 행동증상, 신체증상으로 나눠 〈표 13-6〉처럼 설명하고 있다.

표 13-6 우울장애와 관련된 증상

정서증상	동기증상	인지증상	행동증상	신체증상
슬픔 낙담 비참함 공허함 굴욕적 기분 즐거움 상실 불안 분노 등	욕구 상실 등 (출근, 대화, 성관계, 식사 등에 대한 욕구 상실)	자신에 대한 극단적 · 부정적 생각 자기비난 무력감 무망감 자살사고 등	비활동성 비생산성 하루종일 침대에 누워있기 등	두통 소화불량 변비 현기증 식욕저하/증대 수면부족/과다 등

출처: 김동일 외(2016). 특수아상담. 서울: 학지사.

우울장애 아동 · 청소년은 자신의 슬픔을 떨쳐버리지 못하고 일상생활, 사회적 관계, 학업 수행 등 전반적인 기능에 방해를 받는다. 우울장애 아동 · 청소년의 일반 증상은 정서, 신체, 인지 및 행동 특성 등에서 다양하게 나타난다(이성봉 외, 2010). 다음은 학급에서 보일 수 있는 우울증상과 특징을 〈표 13-7〉로 정리한 것이다.

표 13-7 학급에서 나타나는 우울증상과 특징

우울증상	특징
동기결여	학업에 관심이 없다.
긍정적 정서 결여	행동 강화인을 찾기 어렵다.
집중력 결여	과제에 주의집중하고 끝내기 어렵다.
인내심 부족	과제를 끝내는 데 실패한다.
사회적 관계 손상	교사나 또래와의 관계 형성이 어렵다.
슬픔/잦은 눈물	위축되고 또래로부터 소외되며, 학습할 에너지가 없다.
인지적 편견	실패에 대한 지나친 지각을 하며, 피드백을 부정적으로 해석한다.
고조된 자의식	집단활동에 참여하기 어렵다.
초조/공격성	급우들의 활동에 방해가 되며, 학습을 하지 못하며 과제를 끝내지 못한다.
위축	다른 사람과 어울리지 못하며 무시당하는 경향이 있다.

출처: 윤점룡 외(2017). 정서 및 행동장애아 교육(3판). 서울: 학지사.

아동의 우울은 일반적으로 슬프거나 불행해 보이지만, 이러한 불행함에 대해 불평하지 않고, 그것에 대해 인식하지 못할 수도 있다. 우울장애 아동에게서 가장 눈에 띄는 주요 증상은 위축이나 성마름이다. 따라서 우울장애 아동은 친구들과 어울리지 못하고 혼자서 그리고 무관심하게 대부분의 시간을 보내고, 한때 재미있었던 활동도 전혀 즐겁지 않게 느낄 수 있다. 동기가 저하되고, 무엇을 하면 쉽게 피로해지며 졸리기도 한다. 반면 화를 쉽게 내고 울음을 그치지 않으면서 소리를 지르는 증상이 나타나기도 한다. 대소변을 싸기도 하고, 스스로를 고립시켜 본인만의 생각에 사로잡혀 있으며, 간혹 성기를 만지는 자위행위로 우울증이 나타나기도 한다. 그러나 아동기의 우울증은 청소년기 또는 성인기와는 다르게 미래에 대한 공포·걱정이 없다는 것이다. 아동기는 발달상 시간 개념의 발달이 미숙해 현재의 감정이 미래까지 투사되지는 않는다.

청소년기의 우울은 성인기 우울과는 다른 특징을 보인다. Davis(2005)는 이를 가면성 우울증이라고 불리는데, 이별불안, 학교 공포증, 과잉행동, 학교 성적 저하, 반사회적 행동, 물질 남용, 중독 등의 비행이 함께 나타난다. 이처럼 청소년 우울증은 위장된 우울증이라고 불린다. 우울감을 해소하기 위해 외현화 행동장애로 보이기도 하고, 온몸

이곳저곳이 아프거나 소화장애가 나타나기도 한다. 여러 가지 문제가 발생해도 그것을 방관하거나 냉소적으로 바라본다. 열등감이 많으며, 의기소침, 갑작스러운 기분변화, 불안, 또래관계의 어려움 등이 나타난다. 청소년기 우울장애는 인지적 기능면에서 성인의 수준과 유사해, 부정적인 경험 시간변화에도 안정적으로 발생하고, 좌절이 지속될 것이라고 생각하며, 미래에 대한 두려움을 느낄 수 있다. 그러나 성인기 우울증과의 차이점은 충동성으로 설명될 수 있다. 성인기에 비해 청소년기는 발달상 사고나 행동에 대해 신중한 고려가 결여되고, 충동적으로 행동할 경향성이 높다. 때문에 청소년기 우울증으로 인한 자살시도가 상대적으로 많고, 자살성공률도 높은 편이다.

아동·청소년의 우울장애와 관련하여 한 가지 추가적으로 살펴볼 사항은 자살[suicide, 또는 자살행동(suicidal behavior)]이다. 자살행동에는 실제자살(completed suicide)뿐만 아니라 자살시도(suicide attempt)와 자살생각(suicidal ideation)도 포함된다(Wicks-Nelson & Israel, 2009). 그러나 유념할 점은 우울장애를 가지고 있는 모든 사람이 자살행동을 보이지는 않으며 자살행동을 보이는 모든 사람이 우울장애를 가지고 있는 것은 아니라는 것이다. 즉 우울장애는 자살행동의 위험요인이기는 하지만 자살행동의 필요조건도 충분조건도 아니다. 아동과 청소년의 자살행동은 다양한 정신장애(우울장애, 양극성장애, 불안장애, 품행장애)와 관련이 있으며 정신장애의 수가 많을수록 자살행동의 위험도 증가한다(Wicks-Nelson & Israel, 2009).

5 우울장애아의 상담

우울장애는 다양한 생물학적 위험요인과 심리사회적 위험요인에 연관되어 있고 다른 정신장애(예: 불안장애, 품행장애: ADHD)도 함께 나타난다. 따라서 상담에선 다양한 생물학적 중재와 심리사회적 중재가 함께 실시된다. 다음은 우울장애의 중재법과 그 주요내용이다(〈표 13-8〉 참고). 하지만, 여기선 우울장애의 생물학적인 요인에 중재를 가하는 약물치료와, 개인 심리내적 요인, 환경적 요인에 대한 중재법에 대해서 살펴보고자 한다.

표 13-8 우울장애의 중재법과 주요 내용

중재	주요 내용
행동치료	• 주된 치료목표는 정적인 강화를 이끌어 내는 행동을 증가시키고 환경으로부터의 벌을 줄이는 것 • 행동치료에는 사회적인 능력과 대인관계 기술을 가르치고 불안관리 훈련과 이완훈련이 포함됨
인지치료	• 일차 목표는 자신의 비관적이고 부정적인 사고, 억압적인 신념과 편견, 실패에 대해서는 자신을 비난하고 성공에 대해서 자신을 인정하지 않는 자신의 귀인 양식을 깨닫도록 도와줌 • 일단 이런 억압적인 사고 패턴을 인식하게 되면, 아동은 부정적이고 비관적인 관점을 긍정적이고 낙관적인 관점으로 바꾸는 법을 배우게 됨
자기조절법	• 주된 목표는 자신의 장기목표에 맞게 행동을 조직화하는 법을 가르치는 일 • 자기조절 치료는 자신의 생각과 기분을 스스로 모니터링, 단기보다 장기 목적을 중시, 좀 더 적응적인 귀인 양식과 현실적인 자기평가 기준을 갖도록 하며 자기강화의 증가와 자기 처벌의 감소를 강조
인지행동치료	• 심리사회적인 중재의 가장 일반적인 형태인 CBT는 행동적, 인지적, 자기조절법 등의 요소를 통합시킨 접근법 • 귀인 양식에 대한 재훈련을 통해 비관적인 신념들을 바꾸고자 함
대인관계치료	• 우울을 지속시키는 가족 간의 상호 교류를 탐구 • 우울 청소년에 대한 개인치료에 가족치료 회기를 보충적으로 실시하여 자신의 부정적인 인지양식과 우울이 다른 사람들에게 어떤 영향을 미치는지를 이해하고, 가족, 동료들과의 즐거운 활동을 증가시키도록 격려함
지지적 치료	• 지지적 치료는 우울 청소년이 다른 사람과 연합하고, 지지받고 있다는 것을 느끼도록 안전하고 지지적인 환경을 제공하고자 함 • 청소년의 자존감을 향상시키고 우울 증상을 줄이고자 함
약물치료	• 항우울제(예: 이미프라민, 아미트리프틸린, 데시프라민), 모노아민 산화효소 억제제(MAOIs), 플루옥세틴과 설트랄린 같은 새로운 선택적 세로토닉 억제제(SSRIs)를 사용해서 기분장애와 우울의 다른 증상들을 치료
학교중심중재	• 개인에 초점을 두는 것과 다양한 집단 프로그램을 사용 • 상담, 문제해결, 인성교육, 인지적 재구조화, 이완훈련, 사회성 기술훈련 등

출처: 윤점룡 외(2017). 정서 및 행동장애아 교육. 서울: 학지사.

1) 약물치료

Copeland(2002)에 따르면, 우울증을 치료하기 위한 약물을 크게 3가지로 분류하고 있다. 첫째는 1950~1970년대까지 개발된 제1세대 항우울제(삼환계 항우울제)로, 세로토닌, 노르에피네프린의 재흡수를 방지해 이러한 신경전달물질을 늘리는 역할을 한다. 둘째는 모노아민 산화효소 반응 억제제로, 모노아민 산화효소 억제를 통해서 시냅스에 신경전달물질이 많이 남아 있도록 돕는다. 마지막은 제2세대 항우울제로 이전의 약물보다 부작용이 적고 안전한 약물로 알려져 있다. 대표적으로 선택적 세로토닌 재흡수 억제제, 선택적 노르에피네프린 재흡수 억제제 등이며, 노르에피네프린, 세로토닌, 도파민 등에 혼합해 영향을 줄 수 있는 약물도 있다(김동일 외, 2016).

아동·청소년에게 항우울제를 처방하는 것에 대해서는 여전히 논란거리다. 식약처에선 18세 이하의 청소년에게는 약물 투약을 금지하였다. 그럼에도 우리나라에선 아동·청소년의 항우울제 복용자 수는 증가하고 있다. 아동·청소년에게 약물을 투여했을 때 신체발달 및 심리적 적응에 대한 장기간의 효과에 대한 안정성 여부가 검증되지 않았다. 따라서 치료에 약물만을 단독으로 사용하는 것보다는 심리치료와 병행하는 경우가 바람직하다.

2) 심리치료 및 상담

심리치료 및 상담은 특히 약물치료와 달리 부작용이 없으며 치료 효과가 비교적 지속적이어서 재발률이 낮다는 장점을 지니고 있다.

(1) 인지행동치료

Beck은 역기능적 인지도식(dysfunctional cognitive schema)의 변화를 강조하였다. 사람들이 스트레스 상황 등에서 자동적 사고를 가지고 있기 때문에 인지적 오류(cognitive error)가 유발되고 문제가 발생한다고 보았다. 여기서 자동적 사고란 어떤 환경에 대해 자기도 모르는 사이에 떠오른 생각·심상을 의미한다. 또 인지삼제란 개념을 제시해 내담자가 자신, 미래, 세상 및 경험에 대해 바라보는 주요 인지패턴을 설명하고 있다. 따라서 인지행동치료에선 자동적 사고 및 인지삼제를 확인하고 재구성하도록 돕는다. Beck의 인지행동치료의 상담 목표는 자동적 사고의 변화, 인지오류 제거, 인지도식 재구성화라고 하였다. 이를 위해서 다음과 같이 상담이 진행된다.

- 내담자가 자동적 사고에 주의를 기울임
- 자동적 사고가 행동과 정서에 미치는 영향력을 살핌
- 자동적 사고로 인한 현실적 고통을 객관적으로 검토
- 자동적 사고를 합리적 사로로 변화시키도록 격려
- 인지적 오류를 확인하고 역기능적 가정을 재구성화
- 행동과제 부여 등

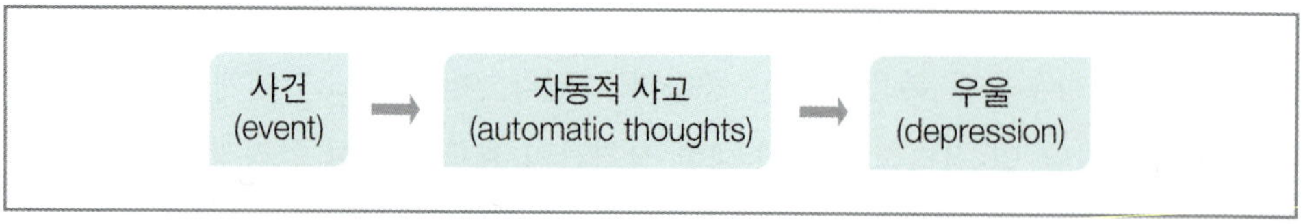

그림 13-3 인지행동치료의 자동적 사고

Ellis의 합리적 정서행동치료(rational emotive behavior therapy)는 인간이 가진 감정, 사고, 행동 중 사고에 초점을 두었다. 인간의 왜곡된 사고, 비합리적 신념으로 사건을 해석하고 경험하기 때문에 우울이 발생한다고 보았다. 여기서 비합리적 신념(irrational belief)이란 사건을 합리적이지 못한 방법으로 지각하고 받아들이는 것을 의미한다. Ellis는 ABCDEF 이론을 통해서 비합리적 신념을 논박하고 이를 변화시키는 것을 상담목표로 삼는다. 상담과정 동안 내담자는 비합리적 신념이 자신의 정서장애를 지속시키는 것에 대해 직면하고, 이를 수정하고 포기함으로써 보다 합리적 신념을 발전시키도록 한다. 이때의 상담자는 인지적 가설을 가르치고, 비합리적 신념의 부정적인 결과에 대해서 보여주며, 신념의 변화를 위한 적극적인 역할을 수행한다.

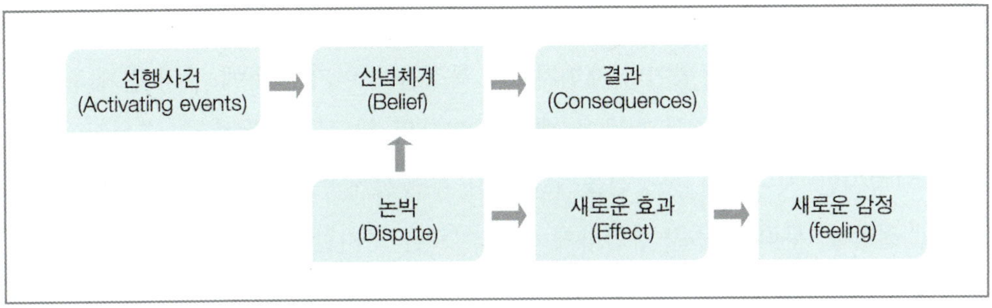

그림 13-4 합리적 정서행동치료의 ABCDEF 이론

(2) 대인관계치료 및 가족상담

병리를 지속시키는 가족 간의 상호 교류를 강조할 뿐 아니라 부정적인 인지 양식을 강화하는 우울이 다른 사람들에게 어떤 영향을 미치는지를 이해시키고, 가족, 또래들과의 즐거운 활동을 증가시키도록 격려하는 대인관계 치료도 효과적이다. 위축을 경험하는 우울증 아동·청소년에게 또래와 긍정적인 상호작용을 위한 방법을 교수하고, 긍정적 강화를 받을 수 있도록 돕는다. 이를 위해서 적극적 지시, 역할놀이, 모델링 등을 활용한다.

가족상담가들은 아동·청소년의 우울증은 한 가족의 체제 속에서 일어나는 문제로 본다. 우울증은 가족의 갈등에서 유발되는 경향이 높기 때문에 우울장애 아동·청소년만을 상담해서는 변화가 일어날 수 없고, 재발될 가능성도 있다. 따라서 부모들이 치료 및 상담에 참여해 긍정적인 양육법을 강화해 부모-자녀 관계를 재정립하고, 가족 내 역기능적 의사소통을 보다 기능적으로 발전시키는 등의 가족상담 프로그램도 효과성을 보인다.

(3) 학교중심의 중재법

여기서는 개인에 초점을 두는 것과 다양한 집단 프로그램을 사용하는 것 등이 있다. 주로 상담, 문제해결, 인성교육, 인지적 재구조화, 이완훈련, 사회성 기술훈련 등이 개인 혹은 집단으로 이루어지는 것을 포함한다.

이때의 교사는 학급에서 발달적으로 보일 수 있는 우울의 특성에 대해서 이해하고 있어야 한다. 아동 · 청소년기의 우울증은 대부분 위축, 집중 곤란, 동기 결여 등의 문제를 보이지만, 다양한 공병이나 개인차적인 특징을 보이기 때문에 주의 깊게 관찰하는 것이 필요하다. 우울증의 학생을 대하는 교사의 태도는 따뜻하고, 수용적이어야 한다. 그렇지만 지나치게 동정심을 표하거나 우울장애 아동 · 청소년에게 동조하면 그들이 절망감, 무력감 등을 경험하게 되어 치료를 포기할 수 있다. 교육장면에서의 우울장애 아동 · 청소년을 위한 치료교육 목표는 다음과 같다(윤점룡 외, 2017).

- 지지적 환경에서 부정, 절망감, 분노, 죄의식, 비난, 무기력, 후회, 희망, 안심에 대한 느낌을 인식하고 계속적으로 표현하도록 한다.
- 아동 · 청소년의 자존감을 강화하면서 점진적으로 스트레스 원인을 분석한다.
- 아동 · 청소년의 정체감, 통제, 선택의 인식과 행동에 대한 책임감을 증진한다.
- 타인과 건전한 대인관계를 갖도록 격려한다.
- 부적절한 감정을 이해시키고, 스트레스 원인에 적절한 대처를 찾도록 한다.

교사는 우울장애를 보이는 아동 · 청소년의 치료적 연계에 대해서도 생각해, 의사나 치료자와 필요하다면 협력해야 한다. 심한 우울장애의 경우 약물치료를 하고 있을 수 있다. 따라서 교사는 이 학생을 담당하는 주치의와 주기적으로 의논해, 행동변화, 약물의 효과 및 부작용 등에 대해서 이야기 나누는 것이 필요하다. 또 학생이 심리치료나 상담을 받고 있다면, 치료자 혹은 상담자와 협력해 서로의 치료적 목표 및 교육적 목표를 보완 · 강화해야 한다.

특히 심한 우울장애를 보이는 아동 · 청소년의 경우 자살 가능성 여부를 주의 깊게 살펴야 한다. 우울증에서 벗어나려고 하는 시기에 특히 조심해야 한다. 우울장애에서 회복할 때, 아동 · 청소년은 갑작스런 에너지의 회복을 경험할 수 있다. 이때 자살할 수 있는 기회와 에너지를 회복하게 되고, 이런 아동 · 청소년은 판단력 결핍과 함께 극단적 선택의 결과, 현실적 위험에 대해서 평가할 능력이 미흡할 수 있기 때문이다.

Chapter 14

양극성장애 상담

1 양극성장애의 정의

양극성장애(bipolar disorder)는 우울한 기분에서 고양된 기분 상태로 극단적인 기분의 변화가 주기적으로 나타나는 것이 주된 특징이다. 대체로 갑자기 고양되는 조증상태가 나타났다가 얼마 뒤 사라진 후 어느 정도 정상적인 생활을 하다가 서서히 우울증을 나타낸다는 공통점이 있다. 이처럼 조증과 우울증이 교대로 나타나는 경우가 많아 조울증(manic depressive illness)이라고 부르기도 한다(조용래, 2000).

DSM-5에서는 양극성장애를 독립된 진단범주로 분류하고 양극성 및 관련장애(bipolar and related disorders)라는 명칭의 장애범주에 제1형 양극성장애, 제2형 양극성장애, 순환감정장애가 포함되어 있다.

양극성장애에 대해 모든 학자가 동의한 정의는 없지만 DSM에 제시된 진단준거가 널리 사용되고 있다.

표 14-1 DSM-5의 조증 삽화 준거

A. 비정상적으로 고양되거나 과대하거나 성마른 기분과 비정상적으로 증가된 목적지향적 활동이나 활력이 적어도 1주간 하루의 대부분 그리고 거의 매일 지속되는 뚜렷한 기간이 있다.(입원이 필요하다면 지속기간은 상관없음)

B. 기분교란과 증가된 활력이나 활동이 나타나는 기간 동안 다음 증상 가운데 3가지 이상(단지 기분이 성마른 상태라면 4가지 이상)이 심각한 정도로 나타나며 평상시 행동과는 다른 눈에 띄는 변화를 보인다.

1. 팽창된 자존감 또는 과장
2. 감소된 수면욕구(예: 단 3시간의 수면으로도 충분하다고 느낌)
3. 평소보다 증가된 수다스러움 또는 계속 말을 해야 할 것 같은 압박감
4. 사고의 비약 또는 생각들이 질주하는 주관적 경험
5. 보고되거나 관찰되는 주의산만(즉, 중요하지 않거나 관계없는 외적 자극에 너무 쉽게 주의가 이끌림)
6. 목적지향적 활동(직장이나 학교에서의 사회적 활동 또는 성적 활동)의 증가 또는 정신운동성 초조(즉, 무의미한 비목적지향적 활동)
7. 고통스러운 결과를 초래할 가능성이 높은 쾌락적 활동에의 과도한 몰두(예: 흥청망청 물건사기, 무분별한 성행위, 어리석은 사업투자)

C. 기분교란이 사회적 또는 직업적 기능에 현저한 손상을 야기할 만큼 또는 자해나 위해를 방지하기 위해 입원이 필요할 만큼 충분히 심각하거나 또는 정신증적 특징이 있다.

D. 삽화가 물질(예: 남용약물, 치료약물 또는 기타 치료)의 생리적 영향 또는 다른 의학적 상태에 기인하지 않는다.

주의: 항우울 치료(예: 약물치료, 전기경련요법) 중에 발현하지만 그 치료의 생리적 영향을 넘어서는 완전한 증후군적 수준에서 지속되는 완전 조증삽화는 조증삽화의 충분한 증거이며 따라서 제 I형 양극성장애 진단이 내려진다.

주의: 준거 A~D는 조증삽화를 구성한다. 제 I형 양극성장애로 진단되기 위해서는 일생 동안 적어도 1회 조증삽화가 요구된다.

출처: 이승희(2017). 정서·행동장애개론. 서울: 학지사.

표 14-2 DSM-5의 경조증 삽화 준거

A. 비정상적으로 고양되거나 과대하거나 성마른 기분과 비정상적으로 증가된 활동이나 활력이 적어도 연속 4일간 하루의 대부분 그리고 거의 매일 지속되는 뚜렷한 기간이 있다.

B. 기분교란과 증가된 활력이나 활동이 나타나는 기간 동안 다음 증상 가운데 3가지 이상(단지 기분이 성마른 상태라면 4가지 이상)이 심각한 정도로 지속되며 평상시 행동과는 다른 눈에 띄는 변화를 보인다.

1. 팽창된 자존감 또는 과장
2. 감소된 수면욕구(예: 단 3시간의 수면으로도 충분하다고 느낌)
3. 평소보다 증가된 수다스러움 또는 계속 말을 해야 할 것 같은 압박감
4. 사고의 비약 또는 생각들이 질주하는 주관적 경험
5. 보고되거나 관찰되는 주의산만(즉, 중요하지 않거나 관계없는 외적 자극에 너무 쉽게 주의가 이끌림)
6. 목적지향적 활동(직장이나 학교에서의 사회적 활동 또는 성적 활동)의 증가 또는 정신운동성 초조
7. 고통스러운 결과를 초래할 가능성이 높은 쾌락적 활동에의 과도한 몰두(예: 흥청망청 물건사기, 무분별한 성행위, 어리석은 사업투자)

C. 삽화는 증상이 없을 때의 개인의 특성과는 명백히 다른 기능변화를 동반한다.

D. 기분교란과 기능변화는 타인에 의해 관찰 가능하다.

E. 삽화는 사회적 또는 직업적 기능에 현저한 손상을 야기하거나 입원이 필요할 만큼 심각하지 않다. 만약 정신증적 특징들이 있다면 그 삽화는 정의상 조증이다.

F. 삽화가 물질(예: 남용약물, 치료약물 또는 기타 치료)의 생리적 영향에 기인하지 않는다.

주의: 항우울 치료(예: 약물치료, 전기경련요법) 중에 발현하지만 그 치료의 생리적 영향을 넘어서는 완전한 증후군적 수준에서 지속되는 완전 경조증삽화는 경조증삽화 진단의 증거로 충분하다. 그러나 1가지 또는 2가지 증상(특히 항우울제 사용에 뒤따라 증가된 성마름, 안달 또는 초조)이 경조증삽화의 진단을 위해 충분한 것으로 또는 반드시 양극성장애 소질을 나타낸 것으로 간주되지 않기 위해서 주의가 필요하다.

주의: 준거 A~F는 경조증삽화를 구성한다. 경조증삽화는 제I형 양극성장애에서 흔히 나타나지만 제I형 양극성 장애의 진단을 위해 요구되지는 않는다.

출처: 이승희(2017). 정서·행동장애개론. 서울: 학지사.

아동 · 청소년기에는 양극성장애가 비교적 드문 것으로 알려져 왔으며 따라서 출현율에 대한 자료가 드물다. 14~18세 청소년들을 대상으로 한 연구(Lewinshon, Klein, & Seelery, 1995)에서 평생출현율을 약 1%로 보고했다. 하지만, 최근에 아동과 청소년의 양극성장애 출현율이 증가하고 있다. 우리나라에서도 2006과 2016년 사이에 20세 미만의 양극성 환자 2,159명에서 2,969명으로 증가한 것으로 보고되었다(건강보험심사평가원, 2016).

양극성장애 출현율은 연령과 성별과 관련이 있는 것으로 알려져 있다. 일반적으로 사춘기 이후보다 그 이전의 출현율이 더 낮다. 성인의 경우 성별 출현율에 차이가 없는 것으로 추정되지만 13세 이전의 경우 남아의 출현율이 여아의 출현율보다 높다(정유숙, 홍현주, 2012).

양극성장애를 겪는 아동과 청소년들은 다른 정신장애도 함께 경험하는 경우가 많다. 그중 가장 흔한 것은 ADHD(61~93%)이고, 그 다음이 적대적 반항성장애와 품행장애(43~91%), 불안장애(13~59%) 등이다(Lewinshohn et al., 1995).

양극성장애는 대체로 급성이고, 만성적이며 재발을 되풀이하는 것으로 알려져 있다. 아동 · 청소년기에 발병되는 양극성장애에 대한 추적조사는 그리 많지는 않으나, 추적조사에 관한 연구결과에선 아동 · 청소년기에 발생되는 양극성장애가 기본적으로 성인기에 비하여 예후가 좋지 않다(윤점룡 외, 2017).

2 양극성장애의 분류

제1형 양극성장애(bipolar I disorder)는 주요우울 삽화 준거와 함께 조증 삽화 준거를 충족시키는 경우이고, 제2형 양극성장애(bipolar II disorder)는 주요우울 삽화 준거와 함께 경조증 삽화 준거를 충족시키는 경우이다. 순환성 장애(cyclothymic disorder)는 우울증과 경조증을 나타내지만, 주요우울 삽화 준거와 경조증 삽화 준거는 충족시키지 않아야 한다.

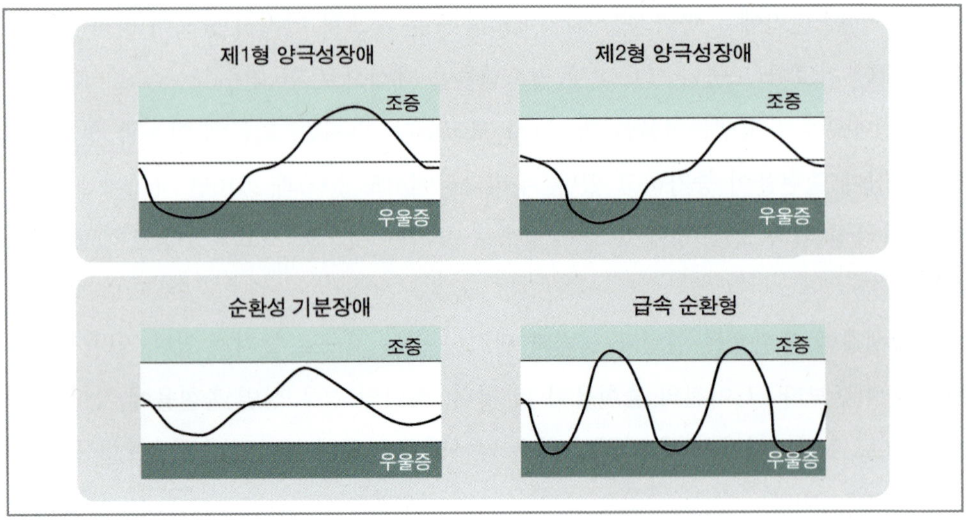

그림 14-1 양극성장애의 하위범주

출처: 국가건강정보포털 의학정보

1) 제1형 양극성장애

제1형 양극성장애(bipolar I disorder)는 조증이 반복적으로 나타나거나 조증과 우울증이 교대로 나타나는 기분장애이다. 주된 증상은 팽창된 자존감과 과대성향, 수면욕구의 감소, 평소보다 말이 많고 말을 많이 하려는 경향성, 사고의 비약이나 사고가 분주하다는 주관적 경험, 산만함 등이 있다(전석균, 2015).

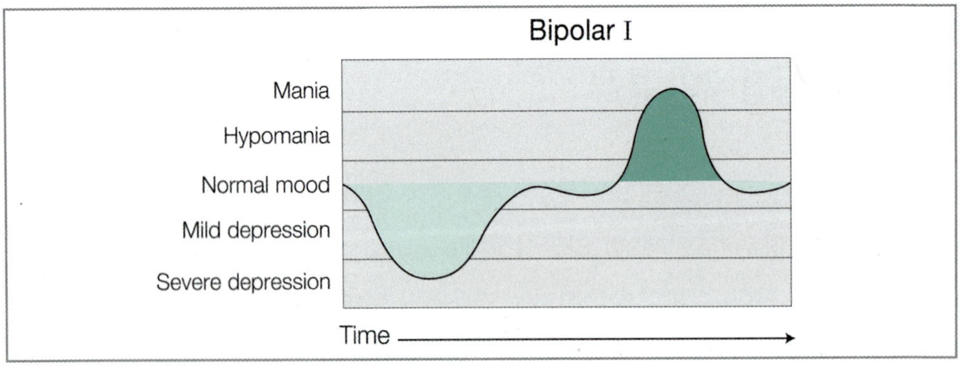

그림 14-2 제1형 양극성장애

출처: Franci, M. M. (2006). Adapted from Bipolar Disorder, A Guide for Patients and Families. (2nd ed.). reprinted with permission of the Johns Hopkins University Press.

조증 삽화로 인해 기분은 행복감에 차 있고, 고양되고 즐거운 상태를 보인다. 무비판적인 자신감에서 과장된 자신감으로 다양하게 모습을 보이며, 아동에서는 자신의 능력에 대한 과대한 믿음과 기대를 보인다. 사고가 비약되어 말 표현이 이를 따라가지 못하는 모습이 관찰되고, 주의산만, 여러 가지 활동과 계획을 행동하는 목표지향적 활동을 보인다. 아동의 경우 여러 과제를 수행하는데 비현실적인 계획을 세우거나 성에 대한 집착이 발달적으로 부적절하게 보일 수 있다. 이러한 모습은 타인도 알 수 있을 정도이다.

표 14-3 DSM-5 제1형 양극성장애의 진단준거

* 제1형 양극성장애를 진단하기 위해서는 조증삽화에 대한 다음의 진단기준을 충족시켜야 한다. 조증 삽화는 경조증이나 주요 우울 삽화에 선행하거나 뒤따를 수 있다.

[조증 삽화]

A. 비정상적으로 들뜨거나, 과민한 기분 및 목표지향적 활동과 에너지 증가가 적어도 1주일간 거의 매일 하루 종일 지속된다.

B. 기분장애 및 증가된 에너지와 활동을 보이는 기간 중 다음 증상 중 3가지 이상 평소 모습에 비해 뚜렷하고 분명한 변화가 나타난다.
   1. 팽창된 자존감 또는 과장된 자신감
   2. 수면욕구 감소(단 3시간의 수면으로도 충분하다는 느낌)
   3. 평소보다 말이 많아지거나 계속 말을 함
   4. 사고의 비약 또는 사고가 연달아 일어나는 주관적인 경험
   5. 주의산만이 보고되거나 관찰됨
   6. 목표지향적 활동(직장이나 학교에서의 사회적 혹은 성적 활동)이나 흥분된 운동성 활동의 증가
   7. 고통스러운 결과를 초래할 쾌락 활동에 지나치게 몰두함(과도한 쇼핑 등 과소비, 무분별한 성행위, 어리석은 사업 투자 등)

C. 기분장애가 사회, 직업 기능의 현저한 손상을 초래할 정도로 아주 심각하거나 자해나 타해를 예방하기 위해 입원이 필요 또는 정신병적 양상이 동반된다.

D. 증상이 물질(예: 남용약물, 치료약물)의 생리적 효과나 다른 의학적 상태로 기인하지 않아야 한다.

[경조증 삽화]

A. 비정상적으로 고양되거나 과대하거나 성마른 기분과 비정상적으로 증가된 활동이나 활력이 적어도 연속 4일간 하루의 대부분 그리고 거의 매일 지속되는 뚜렷한 기간이 있다.

B. 기분교란과 증가된 활력이나 활동이 나타나는 기간 동안 다음 증상 가운데 3가지 이상(단지 기분이 성마른 상태라면 4가지 이상)이 심각한 정도로 지속되며 평상시 행동과는 다른 눈에 띄는 변화를

보인다.

1. 팽창된 자존감 또는 과장
2. 감소된 수면욕구(예: 단 3시간의 수면으로도 충분하다고 느낌)
3. 평소보다 증가된 수다스러움 또는 계속 말을 해야 할 것 같은 압박감
4. 사고의 비약 또는 생각들이 질주하는 주관적 경험
5. 보고되거나 관찰되는 주의산만(즉, 중요하지 않거나 관계없는 외적 자극에 너무 쉽게 주의가 이끌림)
6. 목적지향적 활동(직장이나 학교에서의 사회적 활동 또는 성적 활동)의 증가 또는 정신운동성 초조
7. 고통스러운 결과를 초래할 가능성이 높은 쾌락적 활동에의 과도한 몰두(예: 흥청망청 물건사기, 무분별한 성행위, 어리석은 사업투자)

C. 삽화는 증상이 없을 때의 개인의 특성과는 명백히 다른 기능변화를 동반한다.

D. 기분교란과 기능변화는 타인에 의해 관찰 가능하다.

E. 삽화는 사회적 또는 직업적 기능에 현저한 손상을 야기하거나 입원이 필요할 만큼 심각하지 않다. 만약 정신증적 특징들이 있다면 그 삽화는 정의상 조증이다.

F. 삽화가 물질(예: 남용약물, 치료약물 또는 기타 치료)의 생리적 영향에 기인하지 않는다.

출처: 윤점룡 외(2017). 정서 및 행동장애아 교육(3판). 서울: 학지사.

2) 제2형 양극성장애

제2형 양극성장애(bipolar II disorder)는 1회 이상의 주요우울 삽화와 1회 이상의 경조증 삽화가 있는 것이 특징이다. 조증 삽화가 있으면 제2형 양극성장애의 진단은 내릴 수 없다. 주요우울 삽화는 최소 2주 이상 지속되어야 하고, 경조증 삽화는 최소 4일 동안 지속되어야 하며, 삽화기간 중에는 진단에 필요한 증상들이 하루 종일 거의 매일 나타나야 하고 평상시 행동과 기능 수준에 비해 뚜렷한 변화가 나타나야 한다.

여기서는 주로 주요우울 삽화가 특징이며, 예측할 수 없이 기분변동이 지속되고, 제1유형 양극성장애보다 만성적이고 심각하며, 자살 위험성도 높다. 제2형 양극성장애는 성인기 전체에 걸쳐 시작할 수 있지만, 평균 발병연령은 20대 중반으로 제1형 양극성장애보다 늦고 주요우울장애보단 빠르다.

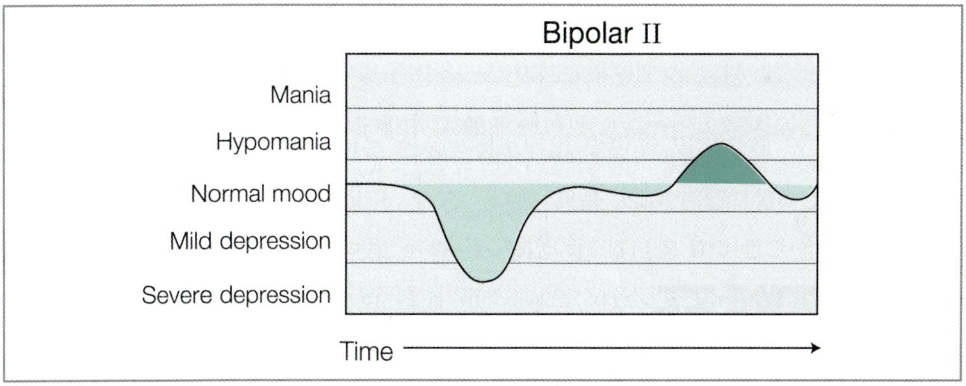

그림 14-3 제2형 양극성장애

출처: Franci, M. M. (2006). Adapted from Bipolar Disorder, A Guide for Patients and Families. (2nd ed.). reprinted with permission of the Johns Hopkins University Press.

3) 순환성 장애

순환성 장애(cyclothymic disorder)는 다수의 경조증 기간과 우울증 기간이 적어도 2년 동안(아동·청소년 경우 1년)이 있어야 한다. 경조증 증상과 우울증 증상은 경조증 삽화와 우울증 삽화의 기준을 완전하게 충족하기에는 빈도, 심도, 광범위성, 기간이 불충분하다. 오랜 기간 우울증과 경조증을 나타내지만 주요우울장애나 양극성장애의 조증 삽화와 같이 심한 상태는 나타내지 않는 것이 특징으로 한다. 경미한 조증 증상과 우울 증상이 번갈아 나타나는 만성적인 기분장애다. 성인기 초에 주로 발병하고, 보통 중등도나 심한 직업적·사회적 기능의 장애를 나타낸다. 경조증 삽화에서는 정력적이고 활동적이고 오랫동안 일을 하여도 지치지 않으며 쉽게 일을 벌여 놓고 끝맺음을 못하고 수면시간도 짧아진다. 그러다가 우울 상태로 빠지면 무력감, 절망감 등의 부적절한 느낌을 지니고, 사회적으로 고립되어 지내려는 모습을 보이는 특징이 있다(최정윤 외, 2015).

표 14-4 DSM-5 순환성장애의 진단준거

A. 최소 2년 동안(아동, 청소년의 경우 1년) 다수의 경조증 기간(경조증 삽화의 진단기준을 충족하지 않는)과 우울증 기간(주요우울 삽화의 진단기준을 충족하지 않는)이 있어야 한다.

B. 2년 동안(아동, 청소년의 경우 1년) 경조증 기간과 우울증 기간이 절반 이상 차지해야 하고, 증상이 없는 기간이 2개월 이상 지속되어서는 안 된다.

C. 주요우울 삽화, 조증 삽화 또는 경조증 삽화가 존재하지 않는다.

D. 진단기준 A의 증상이 조현정동장애, 조현병, 조현양상장애, 망상장애 등으로 설명되지 않는다.

E. 증상이 물질(예: 남용약물, 치료약물)의 생리적 효과나 다른 의학적 상태(예: 갑상선기능항진증)로 인한 것이 아니어야 한다.

F. 증상이 사회, 직업 또는 다른 중요한 기능에서 임상적으로 현저한 고통이나 손상을 초래한다.

출처: 윤점룡 외(2017). 정서 및 행동장애아 교육(3판). 서울: 학지사.

3 양극성장애의 원인

1) 생물학적 요인

성인을 대상으로 한 연구들에 의하면 양극성장애는 유전 가능성이 높은 것으로 알려져 있다. 이러한 유전의 영향을 양극성장애가 사춘기 이전에 발병한 경우 더 강력하다고 할 수 있다(Mick & Faraone, 2009). 또한 아동·청소년의 양극성장애에 대한 구조적 및 기능적 뇌영상 연구결과는 성인의 양극성장애와 유사한 것으로 보고되고 있다(Pfeifer, Welge, Strakowski, Adler, & DelBello, 2008). 제1형 양극성장애의 경우 환자의 약 50%가 그들의 부모 중 적어도 한 사람은 기분장애를 겪은 병력이 있다. 부모 중 한 사람이 제1형 양극성장애일 경우 자녀에게 기분장애가 발생할 가능성은 약 25%이며, 부모 모두 제1형 양극성장애일 경우 자녀에게 기분장애가 발생할 가능성은 50~75%나 된다고 보고된 바 있다(권석만, 2015 재인용). 또 양극성장애가 있는 부모의 자녀가 심각한 우울과 과민성, 기분통제의 어려움의 특성을 보인다는 연구결과들이 있다(Chang, Steiner, & Ketter, 2000; 임영식 외, 2005; 최정윤 외, 2006).

양극성장애는 세로토닌, 도파민 등의 신경전달물질이 양극성장애의 중요한 역할을 하는 것으로 알려져 있다. 양극성장애에서 우울 삽화에서의 신경생화학적 요인은 우울장애의 원인과 동일하다. 조증은 카테콜아민을 산화시켜 비활성화시키는 MAO (monoamin oxidase)의 활동성 저하로 카테콜아민의 양이 증가되어 생긴다고 본다. 그리고 신경내분비의 조절 이상도 양극성장애와 관련되어 있다는 연구결과도 보고되고 있다. 예를 들어 갑상선 기능저하증은 우울증을 타나내는 반면, 갑상선 기능항진증은 이차적 조증을 일으킨다고 한다. 또한 갑상선 기능저하증과 순환성 양극성장애가 관련이 있다는 연구도 있다(조용래, 2000).

2) 개인 심리내적 요인

아동과 청소년 양극성장애의 심리사회적 위험요인은 거의 알려진 바가 없다. 양극성장애에 대해서는 보다 신경생물학적 위험요인에 초점을 두는 경향이 있기 때문이다. 하지만 아동·청소년기에 발생하는 심리사회적 위험요인은 양극성장애 증상이 나타날 확률, 증상의 정도, 다른 정신장애가 나타날 확률 등에 영향을 미칠 수 있으므로 향후 아동과 청소년 양극성장애에 대한 연구는 이러한 영향들에 주의를 기울일 필요가 있다(Wicks-Nelson & Israel, 2009).

(1) 정신역동이론

정신역동이론에서는 양극성장애의 조증 삽화 증세를 무의식적 상실이나 자존감 손상에 대한 방어나 보상반응으로 보고 있다. Freud는 조증이 우울장애와 핵심적 갈등은 동일하지만 에너지가 외부로 방출된 것이라고 생각했다. 즉, 무의식 대상의 상실로 인한 분노가 외부로 방출된 것을 조증 삽화의 증세로 보았다(최정윤 외, 2015).

(2) 인지적 이론

인지적 입장에서는 조증과 우울증 모두 현실을 해석하는 인지적 왜곡과 관련이 있다고 본다. 즉, 우울 삽화는 상실·실패를 주제로 하는 자동적 사고와 관련이 있고,

조증 삽화는 획득 · 성공을 주제로 하는 자동적 사고와 관련이 있다고 본다. 또한 조증을 보이는 사람은 생활경험을 해석하는 과정에서 우울을 보이는 사람이 나타내는 '과잉일반화의 오류', '선택적 추상화', '과대망상적 사고' 등 대부분의 인지적 오류를 범하는 경향성이 있다. 이러한 인지적 오류를 통해 조증을 보이는 사람은 생활 경험 속에서 획득 · 성공을 지각하고, 자신의 경험에 무조건적인 긍정적인 가치를 부여하며 자신의 노력에 비해 비현실적으로 긍정적 결과를 기대하고 자신의 능력을 과대평가한다(윤점룡 외, 2017).

4 양극성장애의 특성

양극성장애 역시, 발달이 계속되는 아동 · 청소년기에 진단을 내릴 수 있는가 하는 논란이 많았다. 아동 · 청소년기 양극성장애는 실제보다 적게 보고될 가능성이 큰데 그 이유는 다음과 같다. 첫째, 임상가들은 발달단계에 있는 이들에게 심각한 진단을 내리는 것과 항정신약물을 투여하는 것을 꺼리는 경향이 있기 때문이다. 둘째, 아동 · 청소년기 내담자에서는 양극성장애와 ADHD가 혼동되는 경우가 많기 때문이다(조수철 외, 2006).

아동기의 양극성장애는 성인기의 양극성장애와 차이가 없지만, 연령이 어릴수록 임상적인 특성이 비전형적으로 나타날 수 있다. 약 9세 이하의 아동에서는 과잉운동 증상이 발견되며, 자극에 대한 민감성, 공격 행동이 두드러지게 보고된다. 12세 미만의 아동에게선 조증인 감정상태가 보이며, 9세 이하의 집단과 비교했을 땐 사고의 비약이 많은 편이다(조수철, 2000).

청소년기의 양극성장애의 임상적 특성은 각 시기의 발달단계와 관계가 있으며, 이러한 점이 성인기의 양극성장애와의 차이점이다. 청소년기의 양극성장애는 흔히 조현병의 증상을 동반하는 경우가 많다. 청소년기는 성인기의 양극성장애에 가까운 임상적인 특성을 보이지만, 일반적으로 주기가 짧고, 정신병적 증상(예: 망상, 환청, 환시 등)이 흔히 발견된다(Ballenger et al., 1982; 이승희, 2017).

조수철(2000)이 제시한 주요한 임상적 특징은 다음과 같다.

- 지나친 자신감 등으로 표현되는 반항적 증상
- 자신의 신체적 · 정신적 능력에 대한 과대망상적 사고
- 공격적, 성적 행동화
- 과잉운동, 안절부절의 증상(때론 신경성 식욕부진증이 증상으로 표현됨)
- 자살에 대한 사고

5 양극성장애아의 상담

양극성장애는 생물학적 위험요인에 비해 심리사회적 위험요인은 거의 알려진 바가 없다. 따라서 생물학적 중재 중 약물치료가 양극성장애의 중재에 많이 사용되고, 때에 따라 양극성장애의 다면적 특징으로 인해 약물치료 전략은 달라지기도 한다(전덕인, 2009). 하지만 약물치료의 효과성은 연구와 실제에 차이가 있는데, 심리사회적 요인이 계속해서 영향을 주기 때문이다. 또 다른 정신장애를 동반하는 경우가 많기 때문에 심리사회적 중재도 함께 고려할 필요가 있다.

(1) 약물치료

양극성장애는 생물학적 원인이 있는 심리장애로 간주되기 때문에 증상을 완화시키고 경과를 조절하기 위해서는 장기간 약물치료를 받아야 한다. 기본적으로 아동 · 청소년기의 양극성장애에 대한 치료의 원칙은 성인과 유사하다. 급성조증에 대하여는 항정신병 약물로 치료를 우선 시도한다. 왜냐하면 조증일 경우에는 재산의 낭비, 가족이나 타인에게 해를 가하는 행동 등이 나타날 수 있기 때문에 정도에 따라서 입원치료를 하기도 한다. 급성조증의 상태가 호전된 후 지속적으로 치료가 필요한지 임상적인 상태에 따라서 결정한다. 만약 장기적인 치료가 필요하다고 판단되는 경우에는 리튬과 카바마제핀 등의 항조증 약물을 사용한다.

(2) 심리치료 및 상담

우울장애와 조증 증세를 반복하기 때문에 이러한 증세가 시작되는 초기의 변화를 자각하여 증세가 악화되지 않도록 스스로 심리적 안정을 취하거나 전문가의 치료를 받아야 한다. 또한 시키는 일이 중요하다.

양극성장애의 심리치료에는 인지행동치료와 대인관계치료가 효과적이다. 인지행동치료는 일상생활 속에서 경험하는 부정적 경험의 인지적 재구성뿐 아니라 전구 증상을 감지하고 장애로 발전하지 않도록 본인의 인지와 행동을 수정하도록 도와준다. 이것은 반복되는 조증 삽화와 우울 삽화로 파생된 기능장애를 개선하게 위함이다. 예를 들어 조증 삽화의 예방을 위해서 수면을 비롯한 규칙적인 일상생활을 유지하고 감정 조절 및 의사소통 기술을 습득하도록 한다. 대인관계치료는 대인관계의 안정과 사회적 일상생활의 규칙성을 강조하며 안정적 대인관계를 유지할 수 있도록 한다.

표 14-5 행동기술 훈련

내용	교육활동	평가
사회적 상호작용과 관련된 행동을 기술한다.	학생에게 교정행동을 가르친다.	학생은 문제행동과 바람직한 행동을 식별하는가?
학생이 사용할 긍정적인 사회적 기술들을 논의한다.	학생에게 효과적인 대인관계기술의 예를 보인다.	학생이 습득할 수 있는 특수한 기술들을 말하는가?
이러한 특수한 기술들을 통합할 수 있는 방법을 분석한다.	이러한 새로운 행동을 위해 역할극을 사용하고 실제를 지도한다.	학생은 사회적 행동인 새로운 기술을 보이는가?
다른 상황에서 새로운 기술을 사용할 수 있도록 격려한다.	실제 환경에서 할 수 있는 과제를 준다.	학생은 주어진 과제를 성취하기 위한 능력이 있는가?
새로운 기술을 학생 생활과 기능의 다른 상황에서 일반화하는 것을 논의한다.	새로이 습득된 사회적 기술과 일반화에 대한 피드백, 격려, 칭찬을 한다.	학생은 다른 사람들과의 사회적 상호관계 속에서 새로운 사회적 행동을 완수할 수 있는가?

출처: 윤점룡 외(2017). 정서 및 행동장애아 교육(3판). 서울: 학지사.

학교중심적 중재에서 교사의 역할은 다음과 같다. 양극성장애 아동·청소년은 과도한 행동, 주의력 결핍, 사고의 비약, 판단력 부족, 빠른 기분 변화를 보인다. 따라서 이들에게 간단한 설명과 간결하고 사실적인 답변을 해야 한다. 집중, 명료화, 직면의 의사소통 기술 등을 통해서 양극성장애 학생의 생각과 행동을 일부 통제할 필요가 있다. 또한 자기조절 능력을 길러 자신의 행동에 대해서 스스로 모니터링할 수 있고, 자신의 긍정적인 면도 있다는 것을 알려주어야 한다. 바람직한 사회성 기술을 알려주기 위해, 교수(가르치기), 모델링, 시연, 피드백 등 4가지 행동기술훈련(behavioral skills training) 절차를 사용할 수 있다(안병환 외, 2013).

Chapter 15

불안장애 상담

1. 불안장애
2. 분리불안장애
3. 선택적 함구증
4. 특정 공포증
5. 사회불안장애
6. 공황장애
7. 광장공포증
8. 범불안장애

1 불안장애

불안 또는 공포는 지각된 위협에 대해 3가지 유형의 복잡한 양상으로 나타난다(Barrios & O'Dell, 1998). 이 3가지 양상은 〈표 15-1〉과 같다. 이들 중 한두 가지는 불안장애를 가진 여러 아동들에게서 명백히 나타나기 때문에 증상의 3가지 범주 또는 그에 따르는 반응 양상을 이해하는 것이 필요하다.

표 15-1 지각된 위협에 대한 3가지 양상

외현적 행동 반응	생리적 반응	주관적 반응
도망치기 떨리는 목소리 눈감기 등	심장박동 및 호흡 변화 근육긴장 복통 등	무섭다는 생각 자기비난 신체 위험에 대한 심상 등

출처: Wicks-Nelson & Allen(2003). Behavior disorders of chidhood(5th ed.). New Jersey: Pearson Prentice Hall.

공포(fear)는 연령이 증가하면서 약간 감소하기는 하지만 학교와 관련된 공포는 꾸준히 남아 있고 사회적인 공포는 오히려 증가한다. 유아와 아동·청소년의 가장 일반적인 공포의 시기 유형이 〈표 15-2〉에 제시되어 있다.

표 15-2 아동·청소년의 일반적인 공포 및 걱정

연령	공포와 걱정의 유형
0~6개월	지지의 상실, 큰 소음
7~12개월	낯선 사람
1세	부모로부터의 분리, 상처, 화장실 문제, 낯선 사람
2세	큰 소음, 동물(특히, 개), 어두운 방, 부모로부터 분리
3세	어둠, 동물, 부모로부터의 분리
4세	부모로부터의 분리, 어둠, 소음, 동물, 신체 상처
5세	동물, 어둠, 부모로부터의 분리, 신체 상처
6세	유령(귀신), 신체 상처, 천둥과 번개, 어둠, 부모로부터의 분리
7~8세	유령(귀신), 어둠, 무당, 혼자 있는 것, 신체 상처, 부모로부터의 분리
9~12세	학교 시험, 학교성적, 신체 손상 또는 상처, 외모, 천둥과 번개, 죽음
청소년기	인간관계, 외모, 학교, 미래, 동물, 초자연적인 현상, 자연재해

출처: 조현춘 외(2001). 아동이상심리학. 서울: 시그마프레스.

불안장애(anxiety disorder)는 아동·청소년들의 가장 흔한 심리 및 정신건강 문제이다(Gelfand & Drew, 2003). 우리는 정상적인 성장과정에서도 불안을 경험한다. 그러나 심한 불안 때문에 고통을 받고 있는 아동·청소년은 학교나 교우관계 및 자유활동 등을 회피함으로써 자신의 삶에 지속적으로 부정적인 영향을 미치게 된다(Jensen, 2005).

흔히 아동의 불안은 가볍고 일시적인 장애로 간주되어 왔다. 정상적인 생활 경험에서 초래된 일시적 불안은 시간이 지나면 사라진다고 하지만, 정도의 차이만 있을 뿐 불안장애가 있는 아동은 청소년기와 성인기에도 지속적인 적응상의 문제를 보일 가능성이 높다. 불안장애는 아동기와 청소년기에 일찍 시작되어 성인기까지 이어지고 시간의 경과에 따라 악화될 수 있으며 우울증까지 유발할 가능성이 있기 때문에 조기 발견하여 중재하는 것이 중요하다.

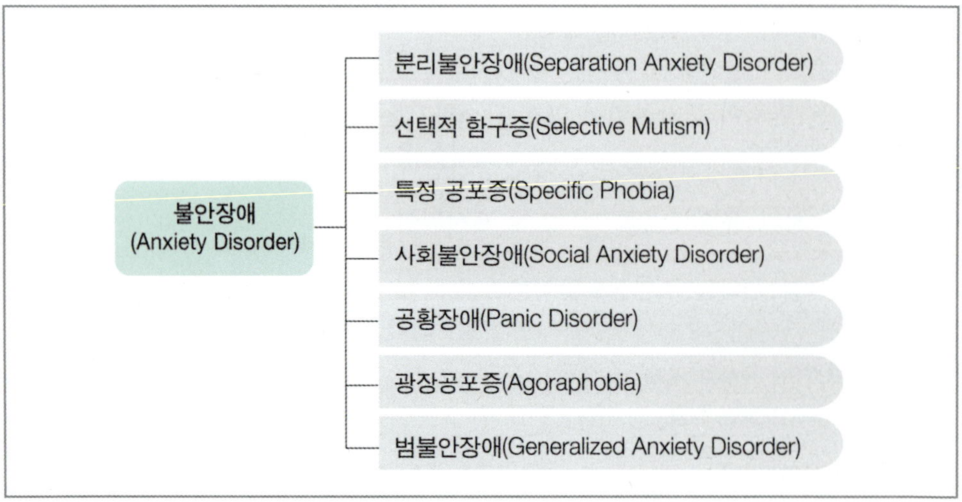

그림 15-1 불안장애의 하위 범주

DSM-5(Diagnostic and Statistical Manual of Mental Disorders)에서는 아동의 반응 및 회피의 원인을 정의하는 범주로 불안장애의 하위 범주를 구분하고 있는데 DSM-5에서는 아동 및 청소년이 보일 수 있는 불안장애를 7개 유형으로 분류하고 있다(American Psychiatric Association, 2013). 불안장애의 하위 범주는 다음과 같다. 분리불안장애(separation anxiety disorder), 선택적 함구증(selective mutism), 특정 공포증(specific phobia), 사회불안장애(social anxiety disorder), 공황장애(panic disorder), 광장공포증(agoraphobia), 범불안장애(generalized anxiety disorder)이다.

이후에는 하위 범주별로 자세히 살펴볼 것이다. 하위 범주별로 기술된 원인, 특성이 유사한 측면이 있을 수 있는데, 이것은 불안장애가 하나의 연속된 스펙트럼으로 존재하기 때문이다. 또한 각 하위 범주별로 제시된 상담 및 중재법은 해당 불안장애에 보다 적합할 수 있지만, 반드시 제시된 것만이 해결책은 아니다. 불안장애에 대한 중재는 불안의 유형과 심도에 따라 달라져야 하지만, 한 가지 치료법보다는 다양한 치료법을 통합하는 접근이 훨씬 효과적인 것으로 보인다.

2 분리불안장애

1) 분리불안장애의 정의

분리불안은 영유아기에 흔히 나타나는 정상적인 불안이다. 하지만 분리불안장애(separation anxiety disorder)는 집이나 주요애착대상으로부터의 분리에 대해 나이에 적절하지 않게 지속적으로 과도한 불안, 걱정을 하는 것이다. 이러한 불안으로 인해 등교거부, 외출거부 등을 보인다. 이별과 연관된 반복적인 악몽을 꾸기도 하며, 이별이 예상될 때 신체적 증상을 호소한다.

학교생활에서 발견되는 분리불안 행동을 다음과 같다(김동일 외, 2016).

- 부모에 대한 집착
- 극도의 심한 울음
- 떨어져야 하는 일의 시행거부
- 두통이나 구토와 같은 신체적 병
- 폭력적이고 감정적인 분노발작

- 학교등교거부
- 저조한 학교성적
- 건전한 태도로 다른 아이들과 상호작용의 어려움
- 혼자서 잠자기 거부
- 악몽

표 15-3 DSM-5의 분리불안장애 진단준거

A. 집이나 애착대상으로부터 분리에 대해 발달적으로 부적절하고 과도한 두려움이나 불안을 느끼는 것으로 다음 증상 가운데 최소한 3가지가 나타난다.

1. 집이나 주요애착대상으로부터의 분리를 예상하거나 경험할 때 반복적으로 나타나는 과도한 고통
2. 주요애착대상의 상실 또는 주요애착대상에게 닥칠 가능성이 있는 해(예: 병, 부상, 재난 또는 사망)에 대한 지속적이고 과도한 걱정
3. 주요애착대상으로부터의 분리를 초래하는 불안한 사건(예: 길잃기, 납치되기, 사고당하기, 병들기)의 경험에 대한 지속적이고 과도한 걱정
4. 분리에 대한 두려움으로 인해 집에서 멀리 외출하거나 학교, 직장 또는 다른 곳에 가는 것을 지속적으로 꺼리거나 거부함
5. 집이나 기타 장소에서 혼자 또는 주요애착대상 없이 있는 것에 대한 지속적이고 과도한 두려움이나 꺼림
6. 집 떠나 잠을 자거나 가까이 주요애착대상 없이 잠을 자는 것에 대한 지속적인 꺼림이나 거부
7. 분리와 관련 있는 반복되는 악몽
8. 주요애착대상으로부터의 분리가 발생하거나 예상될 때 신체적 증상(예: 두통, 복통, 구역질, 구토)에 대한 반복되는 호소

B. 두려움, 불안, 회피가 아동과 청소년에서는 최소한 4주 그리고 성인에서는 전형적으로 6개월 이상 지속적으로 나타난다.

C. 사회적, 학업적, 직업적 또는 기타 중요한 기능영역에 임상적으로 유의한 고통이나 손상을 초래한다.

D. 장애가 다른 정신질환으로 더 잘 설명되지 않는다. 예를 들어, 자폐스펙트럼장애에서 변화에 대한 과도한 저항으로 인해 집 떠나기를 거부하기, 정신증적 장애에서 분리에 대한 망상이나 환각이 있는 경우, 광장공포증에서 신뢰하는 사람이 동반되지 않는 외출 거부하는 경우, 범불안장애에서 건강문제나 다른 해로운 일이 중요한 대상에게 생길까봐 걱정하는 것, 질병불안장애에서 질병이 발생할까봐 걱정하는 것 등이다.

출처: 윤점룡 외(2017). 정서 및 행동장애아 교육(3판). 서울: 학지사.

2) 분리불안장애의 유병률

분리불안장애는 12세 미만 아동들에서 가장 흔한 불안장애인데 아동기 출현율 4.1%로 보고되었다(Shear, Jin, Ruscio, Walters, & Kessler, 2006). 소아기 정신건강 진료의뢰의 약 절반은 분리불안장애 의심 사례로 볼 수 있다(Pincus, Santucci, Ehrenreich & Eyberg, 2008). 대개 7~8세 무렵에 나타나지만 학령기 전에 발생하고 드물게 청소년기에도 발생하며 성인기로 연령이 증가함에 따라 빈도가 감소한다고 알려져 있다(이영식 외, 2014). 그러나 실제 성인기 출현율은 알려진 것보다 훨씬 더 높을 것이라는 주장도 있다(Shear et al., 2006).

성별에 따른 출현율 차이는 확실하지 않다. 어떤 연구는 남아에 비해 여아의 출현율이 더 높다고 보고하지만 성차가 없는 것으로 보고하는 연구도 있다(Wicks-Nelson & Israel, 2009).

아동의 3~4%는 분리불안장애가 있고, 대부분은 회복될 수 있지만, 이후 정서장애로 발전되기도 하는데 우울이 제일 빈번하다(김동일 외, 2016). 분리불안장애를 겪는 아동은 다른 불안장애인 범불안장애와 특정 공포증도 함께 경험하는 경우가 많다(APA, 2013). 분리불안장애의 증상은 일반적인 기분 및 정신건강에 문제를 나타내는 경우가 있어, 이후 약 1/3은 성인이 되어서 심리장애로 진단될 수 있다(Pincus et al., 2008).

3) 분리불안장애의 원인

(1) 생물학적 요인

6세 쌍생아 연구에서 유전성이 73%로 추정되어(APA, 2013), 아동기 분리불안장애는 유전적 영향이 있는 것으로 볼 수 있다. 또한 행동억제(behavioral inhibition)의 기질적 특성을 가진 아동에게서 분리불안장애가 나타날 확률 증가하는 것으로 보인다. 하지만 분리불안장애 아동을 대상으로 수행된 구조적 및 기능적 뇌영상 연구는 아직 찾아보기 힘들다(이영식 외, 2014).

(2) 개인 심리내적 요인

정신역동적 관점에서는 분리불안장애를 어머니에 대한 강력한 애착과 부모를 향한 공격적 충동으로 설명한다. 어머니와 강한 애착을 형성한 아동으로 하여금 분리가 되었을 때, 어머니에게 무슨 일이 발생했을지도 모른다는 불안을 갖도록 한다. 어머니에게 무슨 일이 일어날지 모른다는 불안을 가진 아동은 부모를 향한 공격적 소망이 이루어졌을지 모른다는 불안감을 경험하게 된다.

기질적으로 낯선 이나 상황에 대해서 저항·회피적인 특성을 지닌 아동, 수줍거나 소심한 성격의 아동도 분리불안을 경험하게 되고, 이후 심리사회적 요인과의 상호작용을 통해서 장애로 발전될 가능성이 크다.

(3) 환경적 요인

부모의 양육태도도 분리불안장애와 관련성이 있다. 부모의 과잉보호, 과도한 참견은 분리불안장애의 위험성을 증가시킬 수 있다(이영식 외, 2014). 주양육자와의 불안정적 애착이 형성된 아동도 분리불안장애의 위험을 높인다. 또한 가족력에 불안, 우울장애가 있거나, 밀착형 가족구조 등을 보일 경우 아동은 의존적이고 부모의 사랑을 갈망하는 유형으로 성장할 가능성이 커지고, 분리불안장애에 취약하게 된다. 분리불안장애는 심리사회적 스트레스 사건(예: 이사, 전학, 이혼, 가까운 가족이나 애완동물의 사망 등) 후에도 발생할 가능성이 높으며, 사회경제적 계층도 위험요인으로 작용하게 된다(김동일 외, 2016).

4) 분리불안장애의 특성

분리불안장애 아동·청소년의 관련 특징을 살펴보면 다음과 같다. 집이나 주요애착대상으로부터 분리될 때 분리불안 아동·청소년은 사회적 위축, 무감동, 슬픔을 보이고, 과제와 놀이에 집중하지 못한다. 아동·청소년이 두려움을 느끼는 주제 및 상황, 대상은 다양하고, 연령별로 차이를 보인다. 주로 죽음이나 죽는 것에 대한 걱정이 흔하며 등교거부, 학업장애와 사회적 고립이 초래되기도 한다. 분리가 예상되어 기분이 상할 때는 화를 내거나 때로는 분리를 강요하는 사람을 구타하기도 한다. 혼자 있을 때(특히, 밤에) 어린 아동은 일상적이지 않은 지각 경험(예: 누가 자기 방을 훔쳐본다, 무서운 형체가 자기에게 다가온다, 누군가가 자신을 주시하고 있다 등의 느낌)을 보고하기도 한다. 분리불안장애 아동·청소년은 지나치게 요구하고 강요하고 지속적인 관심을 갈구한다. 이러한 과도한 요구는 양육상 좌절의 원인이 되고 이로 인해 가족 내에 분노와 갈등을 일으킬 수 있다. 때로 이들은 지나치게 양심적이고 복종적이며 다른 사람을 기쁘게 해 주려고 한다. 이들은 신체 증상(예: 복통, 두통, 오심, 구토 등)을 호소하여 신체검사와 내과적인 처치를 받게 되기도 한다.

아동·청소년의 분리불안장애와 관련하여 한 가지 추가적으로 살펴볼 사항은 등교거부(school refusal)이다. 왜냐하면 분리불안장애 진단준거에 제시된 증상 중 하나이기 때문이다. 그러나 분리불안장애 진단을 받기 위해서는 8가지 증상 가운데 3가지만 나타나도 되기 때문에 분리불안장애를 가진 모든 아동·청소년이 반드시 등교거부를 하지는 않는다. 또한 등교거부를 하는 모든 아동이 분리불안장애를 보이는 것도 아니다(Last & Strauss, 1990). 등교거부는 분리불안장애를 의심해 볼 수 있는 요인이기는 하지만 등교거부가 분리불안장애를 반드시 예측하는 것은 아니다. 등교거부를 나타내는 아동·청소년의 일부는 특정 공포증, 사회불안장애로 진단되는 경우도 있다. 이들은 또래와의 갈등, 평가, 발표, 새로운 사람을 만나는 것에 대한 두려움 때문에 등교를 거부할 수 있다(Wicks-Nelson & Israel, 2009). 또한 등교거부는 무단결석과 다르다. 무단결석 학생들은 보통 학교에 가는 것을 두려워하는 학생으로 묘사되지 않고 품행문제를 나타내는 문제학생으로 묘사되는 경우가 많다.

5) 분리불안장애아의 상담

분리불안장애는 생물학적 위험요인과 심리사회적 위험요인에 연관되어 있고 다른 불안장애 등과도 공병으로 흔히 함께 나타난다. 따라서 분리불안장애의 평가 및 중재는 포괄적으로 이뤄진다.

(1) 약물치료

특별한 치료약은 없으나, 경우에 따라서 항우울제를 사용한다. 하지만 약물에 대한 부작용 및 연령, 증상 등을 다양하게 살펴보아야 한다. 오랜 지속성을 가진 심한 증상의 경우, 등교거부가 심각해지는 경우 등에서 선택적으로 사용하기도 하고, 정도에 따라서는 입원치료를 통해서 부모와 분리-결합하는 과정을 점진적으로 수행하기도 한다.

(2) 심리치료 및 상담

부모의 불안을 함께 조절할 수 있도록 가족치료가 필요하며 분리를 시도하고 훈련하는 행동치료가 효과적이다. 가장 효과적인 치료법은 인지행동치료(cognitive behavioral therapy: CBT)로 아동은 불안에 대처하는 기술을 배운다. 예를 들어 심호흡과 이완훈련(relaxation training)이 있다. 이완훈련은 자율적 각성이 되는 신체 반응 대신, 근육의 긴장을 감소시키고 심장박동과 호흡을 느리게 하며 손을 따뜻하게 한다. 이러한 신체적 반응을 경험한 사람들은 불안 감소를 보고하게 된다. 가장 많이 알려진 4가지 이완훈련으로는 점진적 근육이완(muscle relaxation), 횡격막 호흡(diaphragmatic breathing), 주의집중 연습(attention-focusing exercise), 행동이완 훈련(behavioral relaxation training)이 있다.

부모-자녀 상호작용 요법도 분리불안장애를 보이는 아동·청소년에게 효과적이다. 부모-자녀 상호작용 요법은 3가지의 주요 치료단계로 구분될 수 있다.

표 15-4 부모-자녀 상호작용의 치료단계

치료단계	내용
1단계 자녀-중심 상호작용(CDI)	• 부모-자녀관계의 향상을 목표 • 포근하게 하기, 주의 기울이기, 칭찬하기 등 • 자녀의 안전감을 강화시킴
2단계 용기-중심 상호작용(DBI)	• 자녀가 느끼는 불안의 원인에 대해서 부모교육 • 불안감을 일으키는 상황과 관련해 능동적인 반응에 대한 보상체계를 수립함
3단계 부모-중심 상호작용(PDI)	• 자녀와 명확히 소통하는 방법을 부모교육함

출처: 김동일 외(2016). 특수아상담. 서울: 학지사.

놀이치료를 통해 아동이 양육자에 대한 신뢰감 및 안정감을 가지도록 하는 것도 효과성이 있다. 부모교육을 통해서 부모는 아동이 스스로 성장할 수 있도록 하며, 불안을 자극하는 말이나 행동을 중지하는 것 등을 알게 된다.

3 선택적 함구증

1) 선택적 함구증의 정의

선택적 함구증(selective mutism) 아동은 집에서나 다른 장면에서는 큰 소리로 자주 이야기하지만 사회적 상황에서는 이야기를 하지 않는 것이 특징이다. 선택적 함구증의 필수증상은 다른 상황에서는 말을 잘함에도 불구하고 말을 해야 하는 특정한 사회적 상황(예: 학교, 놀이 친구와 함께 있을 때)에서는 말을 하지 않는 것이다. 이 문제가 교육 혹은 직업 성취나 사회적 의사소통을 저해하며 적어도 1개월 이상 지속되고 입학 후 초기 1개월이라는 대부분의 아이들이 말하기 어려워하는 기간에만 국한되지 않아야 한다.

표 15-5 DSM-5 선택적 함구증 진단준거

A. 다른 상황에서는 말을 할 수 있음에도 불구하고 말을 해야 하는 특정 사회적 상황(예: 학교)에서 일관되게 말을 하지 않는다.
B. 장애가 학습이나 직업상의 성취 혹은 사회적 소통을 방해한다.
C. 이러한 증상이 최소 1개월 이상 지속된다.(학교생활의 첫 1개월에만 국한되지 않는 경우)
D. 사회적 상황에서 필요한 말에 대한 지식이 부족하거나 언어가 익숙하지 않은 것으로 인해 말을 하지 않는 것이 아니다.
E. 장애가 의사소통장애(예: 아동기 발병 유창성장애)로 더 잘 설명되지 않고 자폐스펙트럼장애, 조현병 또는 다른 정신병적 장애의 경과 중에만 발생되지 않는다.

출처: 윤점룡 외(2017). 정서 및 행동장애아 교육(3판). 서울: 학지사.

2) 선택적 함구증의 유병률

선택적 함구증은 비교적 드문 장애로 어린 아동에게서 더 많이 발생하며 DSM-5에 보고된 유병률은 0.03~1%이다(APA, 2013). 주로 5세 이전 3~4세에 발병하는데 사회적 관계가 증가하는 학교생활 전까지는 발견이 되지 않을 수도 있다. 남아보단 여아에게 선택적 함구증이 생길 확률이 더 높고, 입학 후 문제가 뚜렷해지면서 진단과 치료를 하는 경우가 많다(Bergman, Piacentini, & McCracken, 2002). 흔히 사회불안장애가 동반되며, 선택적 함구증이 호전되어도 사회공포증 증상이 남을 가능성이 있다.

3) 선택적 함구증의 원인

선택적 함구증은 분리불안장애와 마찬가지로 유전적인 원인이 취약성으로 작용할 수 있다. 이 외에 정신적 충격, 가족 내 갈등, 불안, 부모의 억제와 과잉보호적이고 지시적 양육태도 등에 원인이 있다. 언어발달 시작 시기의 정신적으로 충격적인 경험과 관련이 있을 수 있는데, 이후 증상은 학습된 행동패턴으로 강화를 받아 유지되기도 한다. 또 선택적 함구증은 언어의 비유창성으로 인해 놀림을 받으면서도 강화될 수 있다(Cunningham, McHolm, Boyle, & Patel, 2004). 발달 초기 낯선 사람에 대한 반응의 고착 또는 퇴행으로 인해 선택적 함구증이 나타날 수 있다. 예를 들어서, 낯선 사람에 대한 아동의 반응이 불안정한 어머니로 하여금 아동을 과보호하게 되면서, 아동은 부모에게 의존하게 되며 어머니와 강하게 밀착된다. 이후 아동은 이를 유지하기 위해 침묵을 이용할 수 있다. 이러한 양상은 아동의 건강한 발달을 방해하고 더욱 양육자에게 의존적으로 만들고, 침묵으로 회피하게 된다.

4) 선택적 함구증의 특성

선택적 함묵증 아동은 표준말로 의사표현을 하지 않고 몸짓, 고개 끄덕이기, 머리 흔들기, 몸 잡아당기기, 밀치기 등으로 어떤 경우에는 단음절의 짧고 일정한 목소리로 어떤 경우에는 변경된 목소리로 의사표현을 한다. 대표적인 특징으로는 심한 부끄러움, 사회적인 어려운 상황에 대한 두려움, 사회적 위축, 매달림, 강박적 특성, 거절증, 울화, 통제하거나 반항하는 행동(특히, 집에서)이 있다. 또한 사회 및 학업 기능에 심한 손상이 초래되기도 하며 또래들에 의해 놀림당하고 희생양이 되는 경우가 흔하다. 일반적으로 정상 언어기술을 지니고 있으나 때로는 의사소통장애나 조음에 이상을 일으키는 의학적 상태를 수반하기도 한다(윤점룡 외, 2017). 언어장애나 발달장애 또는 심각한 정신병리로 인한 결과가 아니라, 특정한 상황에 한한 지속적인 함구증(최소 1개월 이상)이다. 선택적 함구증은 일부러 말을 안 하는 것보다는, 사회적 상황에서 말을 못하는 심리적 문제로 보는 것이 적합하다.

5) 선택적 함구증의 상담

나이가 들면서 사라질 수도 있지만, 그대로 방치하면 학교 및 사회적 상황에서 문제가 발생하게 된다. 1개월 정도는 함구증을 보이는 아동을 지켜보지만, 6개월 이상 지속된다면 전문가의 치료적 개입이 필요하다. 아동의 지능수준과 치료기간은 중요한 변인으로 작용한다. 10세 이전의 아동은 치료적 개입의 영향을 크게 받기 때문에 조기중재가 중요하다(김동일 외, 2016).

(1) 약물치료

선택적 함구증을 말을 하고 싶어도 하지 못하는 것으로 보는 말하기 실패의 개념으로 정의하는 학자들은 선택적 함구증을 사회공포증의 하위유형으로 보기도 한다. 따라서 사회공포치료약물인 페넬진(phenelzine), 플루옥세틴(fluoxetine) 등을 사용하기도 한다.

(2) 부모교육 및 가족치료

선택적 함구증 아동은 낯섦에 대해서 어색하고 불안을 느낄 수 있기 때문에 치료적 과정에 오랜 시간을 기울여야 한다. 환경적으로 부모의 강요, 심한 체벌, 과잉보호, 지시적 양육태도 등을 보이는 경우가 많기 때문에 부모교육 및 가족치료를 통해서 부모는 보다 바람직한 양육태도를 형성하는 데 도움을 받을 수 있다. 가정이나 학교에서는 비언어적 활동이 점진적으로 증가되도록 격려해야 한다. 강요보다는 정상적인 대화방식을 유지해야 한다. 부모는 아동에게 다양한 사회적 상황을 격려하며, 아동이 위협적으로 느끼지 않는 상황에서 타인과 대화하는 것을 돕는다.

(3) 개인상담

놀이치료 등과 같은 아동 개인상담을 통해 다양한 대화패턴을 경험해보고, 사회적 상황에서 규칙적이고 반복적인 노력을 할 수 있도록 하는 것이 효과적이다. 선택적 함구증 아동에게 말을 하라고 강요하는 대신에, 놀이에 표현된 의미에 주목하는 것이 필요하다. 주로 표현되는 놀이의 주제는 가족 간의 갈등, 아동의 스트레스 등이다. 선택적 함구증 아동은 놀이를 통해 자신의 느낌을 안전하게 표현하며, 수용 받는 긍정적 경험을 하면서 점차 침묵을 포기하게 된다. 또한 말하기 놀이를 통해서 자연스럽게 말을 할 수 있도록 하고, 점차 말하는 대상을 확장시킨다. 나아가 집단활동에도 참여해 봄으로써 다양한 사회적 상황, 상대 등을 통해서 대화하는 것에서 오는 불안 및 두려움을 극복하도록 한다.

행동치료에서는 선택적 함구증을 강화시키는 요인을 찾아내 소거하고, 말하는 행동에 대해서는 강화를 제공할 수 있다. 하지만 이와 같은 방법은 시간과 노력이 많이 들고 효과가 장기적으로 유지되기 어렵다. 선택적 함구증이 있는 아동을 치료할 때는 일대일 상황에서 제스처 등을 통한 비언어적 방법으로 반응을 이끌어주는 것이 필요하다. 또한 쉬운 숙제로 자신감을 불어넣어 주고 녹음기와 전화 등을 통한 간접적인 대화를 통해 익숙해지도록 도와준다.

(4) 학교중심 중재

학교에서도 선택적 함구증 아동을 위해서 다음과 같은 중재를 적용할 수 있다. 먼저 교사와 아동 간의 긍정적이고 지지적인 관계가 형성되어야 한다. 이러한 관계 속에서 교사는 아동이 사적으로 말하도록 격려할 수 있다. 하지만 가장 중요한 것은 지지해주고 압력을 주지 않으면서 언어적 참여를 격려하는 것이다. 언어적 활동과 비언어적 활동을 번갈아가면서 하고, 아동이 흥미를 느끼고 안전감을 느낄 수 있도록 다양한 매체를 활용할 수 있다. 또 벌이나 말하도록 해 보상을 주는 것은 침묵을 유지시킬 수 있기 때문에 이와 같은 행동은 가급적 피하는 것이 바람직하다. 그리고 아동을 모든 규칙적인 집단활동에 참여시켜 다양한 사회적 상황을 경험할 수 있도록 기회를 제공하는 것도 필요하다.

프로그램 15-1 말을 하지 않으려는 행동 교정하기

주제	사회적 회피 · 고립 등의 상황에서 바람직한 행동하기	
학습목표	자신이 표현하고 싶은 것을 말로 표현할 수 있다.	
학습단계	교수-학습활동	준비물
자신의 행동 관찰하기	• 자신이 하루동안 사용하는 말을 모두 적어 본다. • 자신이 의사소통방법으로 동작을 사용하는 것과 친구들이 의사소통방법으로 말을 사용하는 비디오를 보고 느낌을 말한다.	비디오 테이프
모방 학습하기	• 물건을 원할 때 교사가 "○○을 주세요."라고 하는 모습을 따라 말한다. - 물건을 원할 때 손으로 물건을 가리키면 교사로부터 거절당한다. - 교사가 "○○을 주세요."라고 말하면 물건을 줄 것이라는 소리를 듣는다. - 교사가 "○○을 주세요."라고 하며 물건을 원하는 시범을 보이고 물건을 집는다. - 계속 말을 하지 않으면 친구가 교사에게 "○○을 주세요." 하고 물건을 받아 가는 모습을 본다. • 비디오 속의 친구의 모습을 보고 말한다. - 오줌을 누고 싶을 때 "화장실 가고 싶어요."라고 하고 가는 모습의 비디오를 본다. - 친구들에게 말로 인사하는 친구들의 모습을 담은 비디오를 보고 따라한다. • 친구의 행동을 모방하여 말을 한다. - 간식을 받을 때 "고맙습니다."라는 말을 할 때 간식을 받는다. • 하나의 동작을 할 때마다 말로 먼저 실행하고 행동을 하면 강화물을 받는다. 〈유의사항〉 • 천천히 한 단어씩 따라하게 한다.	비디오 테이프, 간식, 강화물.
형성평가	자신의 요구를 말로써 표현하는가?	

출처: 윤치연 외(2004). 특수아 상담 및 치료교육 프로그램. 서울: 학지사.

4 특정 공포증

1) 특정 공포증의 정의

일부 아동은 특정 공포를 갖고 있고, 그것이 10세까지 빨리 발달했다가 이후 점차 사라지게 된다. 그러나 이러한 공포가 연령에 부적절하게 시작되었거나 비합리적이거나 과장해서 지속되어, 특정 사건이나 사물의 회피를 가져오고, 정상적인 생활에 지장을 초래하는 것을 특정 공포증(specific phobia)이라고 한다. 전에는 특정 공포증을 단순공포증으로 불렀다. 다른 사람들 앞에서 당황하거나 수행에 대한 두려움으로 특징되는 사회공포증과 달리, 대상이나 상황에 대해 현저하며 지속적인 공포를 갖는 것을 말한다. 아동기에 흔히 나타나는 공포증은 주로 높은 장소, 어둠, 천둥과 같은 큰 소리, 주사, 벌레, 개, 작은 동물 등을 포함한다.

학교공포증도 아동기에 흔하기는 하지만 정확한 진단 및 치료계획을 위해서는 등교를 거부하는 행동에 대한 기본적인 동기를 파악해야 한다. 진단을 받으려면 공포가 6개월 이상 지속되어야 하고 기능상의 현저한 장애나 스트레스가 유발되어야 한다.

표 15-6 DSM-5의 특정공포증 진단준거

A. 특정 사물이나 상황(예: 비행기 탑승, 고소, 동물, 주사를 맞음, 피를 봄)에 대한 현저한 두려움 또는 불안이 나타난다.
   주의: 아동의 경우에는 두려움이나 불안이 울기, 성질 부리기, 몸 굳기 또는 매달리기로 나타날 수 있다.

B. 공포성 사물 또는 상황은 거의 예외 없이 즉각적인 두려움이나 불안을 유발한다.

C. 공포성 사물 또는 상황을 적극적으로 회피하거나 그렇지 않으면 심한 두려움이나 불안을 느끼면서 견딘다.

D. 두려움이나 불안이 특정 사물 또는 상황에 의해 표출되는 실제적 위험과 사회문화적 맥락에 비해 심하게 나타난다.

E. 두려움, 불안, 회피가 전형적으로 6개월 이상 지속된다.

F. 두려움, 불안 또는 회피가 사회적, 직업적 또는 기타 중요한 기능영역에 임상적으로 유의한 고통이나 손상을 초래한다.

G. 교란이 공황성향 증상이나 기타 무력화 증상과 관련된 상황(광장공포증에서), 강박사고와 관련된 사

물 또는 상황(강박장애에서), 외상성 사건을 상기시키는 것(외상 후 스트레스장애에서), 집 또는 애착 대상으로부터의 분리(분리불안장애에서), 또는 사회적 상황(사회불안장애에서)에 대한 두려움, 불안 및 회피와 같은 다른 정신장애의 증상에 의해 더 잘 설명되지 않는다.

명시할 것: 공포성 자극에 근거하여 부호화하시오.

- 동물형(예: 거미, 곤충, 개)
- 자연환경형(예: 고소, 폭풍, 물)
- 혈액-주사-상해형(예: 주사바늘, 침습의료절차)
- 상황형(예: 비행기, 엘리베이터, 밀폐된 장소)
- 기타형(예: 질식이나 구토를 초래하는 상황, 아동의 경우 큰 소리 또는 분장인물)

출처: 윤점룡 외(2017). 정서 및 행동장애아 교육(3판). 서울: 학지사.

2) 특정 공포증의 유병률

특정 공포증은 아동기와 청소년기에 비교적 흔하게 나타난다. 아동기의 경우 5% 정도로 추정되며, 청소년기의 경우는 3~4%로 추정된다. 일반적으로 특정 상황에 대한 공포가 특정 대상에 대한 공포보다 늦은 연령에 나타난다(김은정 외, 2000; 이영식 외, 2014). 성차도 보이는데, 특정 공포증은 보통 남아보다 여아의 출현율이 더 높다(Silveman & Moreno, 2005). 특정 공포증을 겪는 아동·청소년은 흔히 분리불안장애, 범불안장애, 사회불안장애, 다른 불안장애, 우울장애도 동반할 수 있다(이소영 외, 2012; 이영식 외, 2014).

3) 특정 공포증의 원인

특정 공포증은 다른 불안장애와 마찬가지로 유전적 영향이 있는 것으로 보인다. 또한 어릴 적부터 유난히 겁이 많은 아동은 기질적 특성과 관련이 있다. 그리고 특정 공포증은 심리사회적 요인도 관련된 것으로 보인다. 예를 들어, 위험에 대한 부모의 양육태도가 있다(이소영 외, 2012; 이영식 외, 2014). 부모가 잠정적인 위험에 대해 지나친 염려와 과도한 표현을 보이면 자녀는 세상을 위험한 장소로 보게 되면서 과도하게 안전을 염려할 수 있다.

4) 특정 공포증의 특성

아동의 공포증 반응은 불안의 3가지 측면, 즉, 인지적 · 행동적 · 생리적 측면에서 나타난다. 공포증 아동의 인지는 공포자극에 노출됨과 동시에 어떤 끔찍한 일이 일어날 거라고 예측하는 것으로 특징지어진다. 또한 이로 인해 걱정, 근심이 많고 항상 공포자극에 대해 경계하는 행동을 보인다. 심장박동이 빨라진다거나 땀을 흘린다거나 손 또는 몸을 떤다거나 위장에 탈이 나는 등 생리적 증상을 나타낸다. 특정 공포증의 유형에는 동물형, 자연환경형(예: 고공, 폭풍, 물), 혈액-주사-손상형, 상황형(예: 비행기/엘리베이터 타기, 폐쇄된 장소), 기타형(예: 큰 소리, 전설적 인물과 같은 자극) 등이 있다.

표 15-7 특정 공포증의 하위유형

유형	내용
동물형	동물, 곤충 등에 공포감을 느끼는 경우
자연환경형	고공, 폭풍, 물 등 자연환경을 두려워하고, 공포감을 느낌
혈액-주사-손상형	피를 보거나 주사와 같은 침습적인 의료상황에서 두려움
상황형	비행기, 엘리베이터 등 주로 폐쇄된 장소 및 공간에 대한 공포감
기타형	구토, 광대, 눈, 큰 소리 등에서 공포 및 두려움

특정 공포증을 가지고 있는 아동은 특정 사물이나 상황을 둘러싸고 있는 확실히 식별할 수 있는 뚜렷하고 지속적인 공포를 보인다. 특정 공포증을 가지고 있는 아동은 위험이나 위협이 거의 없는 어떤 것에 대해서도 극도의 통제할 수 없는 공포를 나타내고 그러한 사물이나 상황을 항상 경계하는 것처럼 보인다. 특정 공포증은 때로 심장박동 수가 늘거나, 땀을 흘리거나, 숨이 차거나, 손이나 몸을 떨거나, 위장에 탈이 나는 등 공황반응과 일치하는 생리적 증상을 보이기도 한다.

5) 특정 공포증의 상담

특정 공포증은 공병이 함께 나타나는 경우가 많아, 평가 및 중재/상담은 포괄적으로 이뤄진다. 특정 공포증에는 행동적 접근법이 효과적이다. 여기에는 이완훈련, 체계적 둔감법, 실제상황 둔감법, 홍수법, 모델링 등이 있다.

이완훈련(relaxation training)은 공포와 불안 문제를 구성하는 자율적 각성의 경험을 감소시키는 전략이다. 체계적 둔감법(systematic desensitization)은 공포를 야기하는 자극을 상상하면서 공포를 이완에 이용하는 것이다(Wolpe, 158; Wolpe, 1961, 1990; 윤점룡 외, 2017). 치료자가 불안을 야기하는 장면을 점진적으로 묘사하는 것을 내담자가 상상하면서, 이에 발생하는 불안에 대해서 이완하면서, 공포 반응을 감소시키는 것을 학습한다.

그림 15-2 체계적 둔감법 절차

실제상황 둔감법(in vivo desensitization)은 접촉 둔감법(contact desensitization)이라고도 불린다. 이는 내담자가 실제 공포를 야기하는 자극에 점진적으로 접근하거나 점진적으로 노출된다는 점을 제외하고는 체계적 둔감법과 유사하다. 하지만 실제상황 둔감법에서는 체계적 둔감법과 다르게 공포 반응을 대체하는 반응으로서 이완을 유지하면서 각 위계상황을 직접 경험하도록 한다.

홍수법(flooding)은 내담자가 오랫동안 충분한 강도로 공포자극에 노출되는 것을 의미한다. 내담자는 공포자극이 있을 때, 높아진 불안을 경험하지만, 이후에 시간이 지나면서 소거 저항(respondent extinction)의 과정을 통해 불안 수준이 점차 감소하게 되는 것에 근거를 두고 있다. 하지만 내담자가 최초로 공포 자극에 노출되면 공포로 인해 매우 불안해지기 때문에 홍수법 절차가 진행되는 상황에서 회피할 수 있고 공포가 더 악화될 수 있는 악영향이 있다. 따라서 내담자에 대해서 충분히 사정하고, 평가한 뒤, 적합하다고 판단되면 전문가에 의해서만 실행되는 것이 바람직하다.

또한 모델링(modeling)은 특히 아동의 공포에 있어 성공적인 치료법이다. 모델링 절차에서 아동은 다른 사람이 공포자극에 접근하거나 공포활동에 참여하는 것을 관찰한 후에 유사한 행동을 더욱 쉽게 수행할 수 있게 돕는 것을 말한다. 영화나 비디오 모델링 절차는 아이들이 수술이나 다른 의학적 치료 그리고 치과 치료에 대한 공포를 극복하는 데 널리 사용되어 왔다.

5 사회불안장애

1) 사회불안장애의 정의

아동·청소년기 후기에 접어들면서 사회적이고 평가적인 요소들을 가진 과제를 수행하기를 요구받는다. 또 타인이 자신을 평가하고 있다는 것을 스스로 인식하기 시작한다. 이러한 사회적 요구와 자의식의 발달로 인해 사회적 상황이나 수행 상황에서 두려움이나 불편함을 느끼는 사회불안(social anxiety)이 흔히 나타난다(Wicks-Nelson & Israel, 2009). 사회불안장애(social anxiety disorder)는 관찰되거나 당황스러운 장면에 노출되면 성인과 또래와의 사회적 또는 수행 상황에서 현저하고 지속적인 두려움, 사회불안을 크게 느끼는 것을 말한다.

표 15-8 DSM-5의 사회불안장애(사회공포증) 진단준거

A. 타인이 면밀하게 주시할 가능성에 노출되는 1가지 이상의 사회적 상황에 대해 현저한 두려움이나 불안이 있다. 이러한 사회적 상황에는 사회적 상호작용(예: 대화하기, 낯선 사람 만나기), 관찰받기(예: 먹기 또는 마시기), 타인들 앞에서 수행하기(예: 연설하기) 등이 포함된다.
주의: 아동의 경우에는 불안이 성인들과의 관계에서뿐만 아니라 또래들과의 관계에서도 나타나야 한다.

B. 자신이 부정적 평가를 받는 방식으로 행동하거나 불안증상을 보일까 봐(예: 수치스럽거나 당혹스럽기, 거절당하거나 타인을 화나게 하기) 두려워한다.

C. 그러한 상회적 상황은 거의 매번 두려움이나 불안을 유발한다.
주의: 아동의 경우에는 두려움이나 불안이 울기, 성질 부리기, 몸 굳기, 매달리기, 움츠러들기, 또는 사회적 상황에서의 발표 실패로 나타날 수 있다.

D. 그러한 사회적 상황을 회피하거나 또는 과도한 두려움이나 불안을 느끼면서 견딘다.

E. 두려움이나 불안이 사회적 상황에 의해 표출되는 실제적 위협과 사회문화적 맥락에 비해 심하게 나타난다.

F. 두려움, 불안 또는 회피가 전형적으로 6개월 이상 지속된다.

G. 두려움, 불안 또는 회피가 사회적, 직업적 또는 기타 중요한 기능영역에 임상적으로 유의한 고통이나 손상을 초래한다.

H. 두려움, 불안 또는 회피가 물질(예: 남용약물, 치료약물)이나 다른 의학적 상태의 생리적 영향에 기인하지 않는다.

I. 두려움, 불안 또는 회피가 공황장애, 신체이형장애, 또는 자폐스펙트럼장애와 같은 다른 정신장애의 증상에 의해 더 잘 설명되지 않는다.

J. 만약 다른 의학적 상태(예: 파킨슨병, 비만, 화상이나 상해에 의한 손상)가 있다면 두려움, 불안 또는 회피가 이러한 상태들과 명백하게 관련이 없거나 극단적이다.

명시할 것:

• 수행 단독형: 두려움이 공공장소에서의 발표나 수행에 국한되는 경우

출처: 윤점룡 외(2017). 정서 및 행동장애아 교육(3판). 서울: 학지사.

2) 사회불안장애의 유병률

아동 · 청소년의 사회불안장애 출현율은 대개 1~2%로 아동기보다 청소년기를 거치면서 점차 높아지다가 후기 청소년기를 지나면 더 이상 증가하지 않는다(Costello, Egger, & Angold, 2005). 사회불안장애는 수줍음을 많이 타는 경우에 5세 이전에도 발생할 수 있지만, 75%가 8~15세 사이에 발생하게 된다(APA, 2013).

성별에 따른 출현율 차이는 아직 확실하지 않다. 남녀 출현율이 비슷하다는 견해가 있는 반면 2:3 정도로 남아에 비해 여아의 출현율이 더 높다는 보고도 있다(이소영 외, 2012). 사회불안장애의 성차에 대해서는 일치되는 연구결과를 찾을 수 없다.

사회불안장애를 겪는 아동 · 청소년은 흔히 다른 불안장애나 우울장애도 동반하는 경우가 많다(이소영 외, 2012; 이영식 외, 2014).

3) 사회불안장애의 원인

아동 · 청소년의 사회불안장애는 유전적 영향이 있는 것을 가족연구 및 쌍생아연구를 통해 알 수 있다(김은정, 2000; 이소영 외, 2012).

또한 행동억제의 기질적 특성이 사회불안장애와 관련이 있는 것으로 보고되었다(김은정, 2000; 이소영 외, 2012; 이영식 외, 2014). 행동억제는 수줍음, 사회적 위축 및 회피, 사회적 불편감, 낯선 상황이나 사람 등에 의한 두려움 등으로 나타나며(김은정, 2000), 어릴 때 이런 기질적 특성을 보인 사람은 성장 후에도 스스로를 과도하게 통제, 억압하는 경향이 있다(이소영 외, 2012).

뿐만 아니라 아동과 청소년의 사회불안장애에는 심리사회적 위험요인과도 관련이 있다. 다른 사람들이 보고 있는 사회적 상황이 창피하고 당황스러운 충격적인 경험과 짝지어지게 되면 사회적 상황이 불안을 유발하게 된다(김은정, 2000; 이영식 외, 2014). 그리고 사회적 상황에서 두려워하고 있는 다른 사람의 관찰을 통해서도 사회적 두려움을 배울 수 있다(김은정, 2000; 이소영, 심세훈, 2012). 다른 불안장애와 마찬가지로 과잉보호, 거부 등을 보이는 부모의 양육태도가 다른 취약성 요인 · 위험요인과 상호작용해 사회불안장애를 증가시키기도 한다(김은정, 2000; 이소영 외, 2012).

4) 사회불안장애의 특성

사회불안장애 아동 · 청소년은 낯선 사람에 대한 공포로서 정상적인 것으로 여겨지는 연령 이후에도 오랫동안 타인에 대해서 계속 움츠러드는 경향이 있다. 다른 아동이나 성인들 앞에 있을 때는 얼굴이 빨개지고 조용하며, 위축되고, 부모에게 매달리고 숨으려고 한다. 또한 사회불안장애 아동 · 청소년은 또래관계에서도 어려움을 느껴 거의 친구가 없으며, 집단활동에 참여하기를 꺼린다. 예를 들어 학교에서도 또래 앞에서 소리 내어 책을 읽거나 말하기, 교사에게 도움 청하기, 체육활동, 시험, 학교식당에서 식사하기와 같은 사회적 접촉 등 다양한 상황에 대해 두려움을 느낀다. 이러한 아동 · 청소년은 학급 일정 동안 흔히 따로 떨어져 고립되어 있거나 특정 친구한 명과 함께 짝을 이루는 경우가 많다. 또한 집단이나 학교 모임 등과 같이 사회적 상황에 참석하는 것도 꺼린다. 그뿐 아니라 가정에서도 가족 모임에 빠지려 하고 전화나 초인종 소리에 응답하기를 피하려고 하며 친구나 가족을 만날 때 말 없이 조용히 있는 경우가 많다.

사회불안장애 아동·청소년들은 두려움을 느끼는 상황에서 수치감과 부정적 평가 그리고 거절 등에 대한 심한 염려를 나타낸다. 특히 나이가 어릴수록 복통이나 기타 질병과 같은 신체적 호소가 빈번하게 나타나고, 나이가 더 든 아동·청소년의 경우에는 발표하는 동안 얼굴이 붉어지거나 손이 떨리거나 또래들 앞에서 말할 때 목소리가 떨리거나 다른 사람들이 눈치를 챌 만큼 땀을 흘리는데 이는 이들의 사회불안장애를 더욱 가중시킨다(이현진 외, 2001).

5) 사회불안장애아의 상담

사회불안장애는 다른 불안장애, 우울장애를 동반하는 경우가 많다. 따라서 사회불안장애를 평가하고 중재할 때는 보다 포괄적으로 이뤄져야 한다. 사회불안장애 중재도 앞서 나온 불안장애의 중재 및 상담과 유사하다.

인지행동치료는 사회불안장애 아동·청소년의 불안에 기여하는 사고를 어떻게 수정할 수 있는지, 공포와 불안에 어떻게 대처할 수 있는지에 관해 가르친다. 사회불안장애에 대한 교육, 사고 및 행동에 저항하고 변화를 증진시키도록 생각을 바꾸게 하는 훈련, 역할놀이, 자기강화훈련을 시킨다.

체계적 둔감법도 사회불안장애를 중재하는 데 효과적이다. 사회불안을 유발하는 자극이나 상황에 대한 불안위계목록을 작성한 뒤 가장 약한 강도의 불안상황에서부터 가장 심한 강도의 불안상황을 상상하게 되는 것이다. 불안을 일으키는 상상 후에는 즉시 가장 유쾌하고 즐거웠던 상황을 상상해 이완시켜, 자율적 각성을 완화시킨다. 이런 식으로 불안을 유발하는 자극을 단계적으로 시행하고, 상상에서 더 이상 그 상황이 불안을 일으키지 않을 때까지 그 과정을 반복하는 것이다. 이후 공포 반응에 이완을 유지하면서 각 위계 상황을 직접 경험하도록 실제 상황으로도 일반화할 수 있다.

표 15-9 학교공포증 아동의 행동 특성

• 학교에 갈 때면 흔히 머리나 배가 아프다고 한다. • 한 자리에 오래 앉아 있지 못하고 자주 움직인다. • 힘든 일을 잘 참지 못하고 쉽게 포기한다. • 또래들과 잘 어울리지 못한다. • 나이에 비해 생각하는 것이나 행동이 어리다. • 학교성적이 늘 좋지 않고 잘 하려는 마음도 없는 것 같다 • 무슨 일을 하려고 하면 미리 걱정을 많이 하는 편이다. • 늘 의기소침해 있으며, 무엇을 하고 싶다는 의욕이 별로 없다. • 늘 방 안에만 있고 잘 나오지 않는다. • 갑자기 말수가 줄어들고 외출을 두려워한다. • 밖에 나가 있는 시간이 많고 갑자기 전화 통화량이 많아진다. • 거친 말씨나 행동이 나타난다.

출처: 윤치연 외(2004). 특수아 상담 및 치료교육 프로그램. 서울: 학지사.

6 공황장애

1) 공황장애의 정의

공황(panic)은 그리스 신화에 나오는 신인 '판(Pan)'의 이름에서 유래되었다. 숲과 들에서 동물을 지키는 목동의 신이었던 판은 사람이 숲이나 들에 들어오면 공포감을 조성해 동물을 방어했는데 이 때문에 판으로부터 당황과 공황을 의미하는 'panic'이라는 말이 유래했다(박현순, 2000).

명백한 이유 없이 극단적인 불안이 매우 빨리 그리고 빈번히 일어나는 격렬하고 분명한 경험을 공황발작(panic attack)이라고 한다. 이것은 아동과 청소년이 경험하는 또 다른 형태의 불안이라 할 수 있다. 공황발작은 촉발인자의 존재 여부에 따라서 단서가 없는 공황발작, (상황과 밀접하게 관련이 있는) 단서가 있는 공황발작, 상황에 따라 일어나는 공황발작으로 나뉜다. 공황발작은 압박감, 절박감 그리고 탈출하고 싶은 충동에 의해서 나타나기도 한다. 비록 공황발작은 짧지만 일주일 또는 한 달에 몇 번씩 일어날 수 있고 그 증상 또한 심각하다.

하지만 공황발작(panic attack)과 공황장애(panic disorder)는 차이가 있다. 공황장애

(panic disorder)는 뜻하지 않은 공황발작(panic attack)이 반복적으로 발생한 후 미래의 발작 경험에 대한 공포, 발작 자체 혹은 그 결과의 의미에 대한 걱정, 발작으로 인한 행동상의 변화 등이 한 달 이상 지속되는 것을 말한다.

표 15-10 DSM-5의 공황장애 진단준거

A. 예기치 못한 공황발작이 반복된다. 공황발작이란 강한 두려움이나 불쾌감이 갑작스럽게 발생하여 몇 분 이내에 최고조에 도달하는 것인데 이때 다음 증상 가운데 4가지 이상이 나타난다.
 주의: 강한 두려움이나 불쾌감의 갑작스러운 발생은 평온한 상태에서 나타날 수도 있고 불안한 상태에서 나타날 수도 있다.
 (1) 심계항진, 심장의 두근거림 또는 심장박동수의 증가
 (2) 발한
 (3) 전율 또는 떨림
 (4) 숨가쁜 느낌 또는 숨막히는 느낌
 (5) 질식할 것 같은 느낌
 (6) 가슴통증 또는 가슴압박감
 (7) 구역질 또는 복부불편감
 (8) 현기증, 불안정감, 아찔함 또는 어지러움
 (9) 오한 또는 열감
 (10) 감각이상(마비감 또는 찌릿찌릿한 감각)
 (11) 비현실감(현실이 아닌 것 같은 느낌) 또는 이인증(나에게서 분리된 느낌)
 (12) 통제력 상실에 대한 두려움 또는 "미쳐버릴지 모른다"는 두려움
 (13) 죽을지 모른다는 두려움

 주의: 문화특수성 증상들(예: 이명, 목통증, 두통, 통제불가능한 비명이나 울음)이 나타날 수도 있다. 그러나 이러한 증상들을 요구되는 4가지 증상의 하나로 간주해서는 안 된다.

B. 최소한 1가지 발작이 있은 후 다음 중 하나 또는 둘 다가 1개월(또는 그 이상)동안 나타난다.
 (1) 추가 발작 또는 발작의 결과(예: 통제력 상실, 심장마비, "미쳐버리기")에 대한 지속적인 염려 또는 걱정
 (2) 발작과 관련된 유의한 부적응적 행동변화(예: 운동이나 친숙하지 않은 상황을 회피하는 것 같이 공황발작을 피하기 위한 의도적 행동)

C. 교란이 물질(예: 남용약물, 치료약물)이나 다른 의학적 상태(예: 갑상선기능항진증, 심폐장애)의 생리적 영향에 기인하지 않는다.

D. 교란이 다른 정신장애에 의해 더 잘 설명되지 않는다(예: 사회불안장애에서처럼 두려운 사회적 상황에 반응하여, 특정공포증에서처럼 한정된 공포성 사물이나 상황에 반응하여 강박장애에서처럼 강박사고에 반응하여, 외상후 스트레스장애처럼 외상성 사건을 상기시키는 것에 반응하여, 또는 분리불안장애에서처럼 주요애착대상으로부터의 분리에 반응하여 공황발작이 나타나는 것만은 아님)

출처: 윤점룡 외(2017). 정서 및 행동장애아 교육(3판). 서울: 학지사.

2) 공황장애의 유병률

공황발작과 공황장애를 경험하는 많은 성인들이 청소년기 혹은 그 이전에 증상이 시작되었다고 보고한다(Wicks-Nelson & Israel, 2009). 즉, 사춘기 아동 · 청소년기에게도 공황발작, 공황장애가 일어날 수 있음을 의미한다(Suveg, Aschenbrand, & Kendall, 2005). 그렇지만 공황발작이나 공황장애는 아동기에는 매우 드물며 청소년기에 나타나기도 하지만 주로 초기 성인기에 시작된다. 단, 첫 번째 공황발작은 아동기인 10세 경부터 나타나기도 한다(이소영 외, 2012).

구체적인 출현율을 살펴보면, 사춘기 이후 청소년기 공황발작은 출현율이 2~18%로 다소 흔하다. 이에 비해 사춘기 이전 청소년기 공황장애는 1% 정도로 드물게 나타날 뿐만 아니라(이소영 외, 2012), 중기 또는 후기 청소년기 이전에는 극히 드물게 진단된다(Suveg et al., 2005).

성별에 따른 출현율에 차이도 공황발작과 공황장애에서 다소 다르게 나타난다. 공황발작은 성별에 관계없이 비슷하게 나타나지만 공황장애는 여아들이 더 빈번하게 경험하는 것으로 보고되고 있다(Suveg et al., 2005).

공황장애를 겪는 아동과 청소년의 90%가 다른 불안장애를 동반하며, 주로 범불안장애와 외상 후 스트레스장애 등이다. 공황장애 아동 · 청소년은 공황증상과 광장공포증을 함께 수반하기도 한다. 또한 주요우울장애를 동반하는 경우도 흔하다(이소영 외, 2012).

3) 공황장애의 원인

공황장애는 유전적 영향이 있는 것으로 보이는데, 유전성은 약 30~40%로 추정된다(Barlow & Craske, 2000). 또한 아동의 행동억제와 같은 기질적 특성도 공황장애가 나타날 확률을 증가시킨다(이소영 외, 2012).

공황장애에도 다른 불안장애 하위 유형과 마찬가지로 심리사회적 위험요인도 관련된 것으로 보인다. 예를 들면, 신체증상에 대한 잘못된 믿음을 갖는 인지적 왜곡이 있다(Barlow & Craske, 2000). 즉, 심장박동수의 증가, 어지러움, 복부불편감 등의 신체 증상을 해롭다고 생각한다. 심장이 빨리 뛴다는 것은 심장질환을 의미한다. 어지러움은 곧 기절한다는 것을 의미하고, 위가 꾸르륵거린다는 것은 점차 장에 대한 통제력을 잃어간다는 것을 의미한다고 굳게 믿는다. 이러한 잘못된 믿음을 갖게 되는 원인은 완전히 알려져 있지 않지만 자녀의 신체건강을 지나치게 과보호하는 부모의 양육태도로 인해 자녀가 신체건강에 과도하게 집착하게 되고 집착은 신체증상이 위험하다는 믿음으로 발전할 수 있다고 보기도 한다(윤점룡 외, 2017).

4) 공황장애의 특성

공황발작은 촉발인자의 존재 유무에 따라 3가지 범주로 구분된다. 단서가 없는 공황발작, (상황과 밀접하게 관련이 있는) 단서가 있는 공황발작, 상황에 따라 일어나는 공황발작으로 나뉜다. 첫째, 단서가 없는 공황발작은 자발적으로 혹은 '불시에' 아무런 상황적 촉발인자 없이 발생한다. 둘째, 단서가 있지만 상황에 밀접하게 관련 있는 단서가 있는 경우 공황발작은 개인이 두려워하는 대상이나 상황을 접하거나 이를 예상하는 경우에 발생한다. 마지막으로 상황에 따라 일어나는 공황발작은 상황적 단서를 접할 때 발생하는데 그러한 단서를 접할 때마다 항상 일어나는 것은 아니며 단서를 접한 즉시 일어나기보다는 어느 정도 시간이 지난 후에 발생한다.

아동과 청소년의 공황장애 증상들 중에는 떨림, 심계항진, 어지럼증/현기증, 호흡곤란, 땀 흘림, 죽거나 자제력을 잃게 되는 불안 등이 가장 흔하게 나타난다. 또한 공황장애는 광장공포증을 동반하는 경우가 많기 때문에, 피할 곳이 없거나 난처한 상황 혹은 공황발작이 일어났을 경우 쉽게 도움을 받을 수 없는 상황에 처해 있을 때에 불안을 느낀다. 따라서 이들은 극장, 시장, 놀이터와 같은 상황을 피하고 집에 혼자 있기를 원할 수도 있다. 아동의 회피적인 행동은 학교 버스 타기, 체육시간 혹은 등교 거부 등과 같이 학교 상황까지 일반화될 수 있다.

5) 공황장애아의 상담

아동 · 청소년의 불안장애 치료의 약물에는 선별적 세로토닌 재흡수 억제제, 삼환계, 불안완화제(벤조디아제핀) 등이 있다. 그러나 일반적으로 아동 · 청소년의 불안장애를 치료하는 약물 효과에 대한 연구가 별로 없으며 약물치료의 안정성과 효용성을 보장하기 위해서는 더 체계적인 연구가 필요하다. 따라서 아동 · 청소년의 실제 치료에서는 약물치료가 첫 번째 선택은 아니며 심리치료의 보조적인 처치가 되기 쉽다.

다른 불안장애 하위 유형처럼 공황장애도 내담자에게 공포를 야기하는 자극, 불안 등에 직면해야 한다는 주장이 제기되고 있다. 구체적인 절차는 다양하지만, 불안이 유발되는 상황에 공황장애아를 직 · 간접적으로 노출시키는 전략이 효과적이라고 나타났다. 하지만 공황의 정도와 심각성, 다른 정신병리의 가능성 등 포괄적으로 평가한 뒤 적절한 치료법들을 활용하고 적용하는 것이 보다 효과적이다.

7 광장공포증

1) 광장공포증의 정의

광장공포증(agoraphobia)의 필수 증상은 즉각적으로 피하기 어려운 또는 곤란한 장소나 상황에 처해 있다는 불안 또는 공황발작이나 공황과 유사한 증상이 일어났을 때 도움받기 어려운 장소나 상황에 처해 있다는 불안이 일상생활에 영향을 줄 정도로 지속성과 심각성을 띠고 있는 것을 의미한다.

표 15-11 DSM-5의 광장공포증 진단준거

A. 다음 5가지 상황 중 2가지 이상의 경우에서 극심한 공포와 불안을 느낀다.
- (1) 대중교통을 이용하는 것(예: 자동차, 버스, 기차, 배 등)
- (2) 열린 공간에 있는 것(예: 주차장, 시장, 다리 등)
- (3) 밀폐된 공간에 있는 것(예: 상점, 공연장, 영화관 등)
- (4) 줄을 서 있거나 군중 속에 있는 것

(5) 집 밖에 혼자 있는 것

B. 공황 유사 증상이나 무능력하거나 당혹스럽게 만드는 다른 증상(예: 노인의 낙상에 대한 공포, 실금에 대한 공포)이 발생했을 때 도움을 받기 어렵거나 그 상황에서 벗어나기 어려울 것이라는 생각 때문에 그런 상황을 두려워하고 피한다.

C. 광장공포증 상황은 거의 대부분 공포와 불안을 야기한다.

D. 광장공포증 상황을 피하거나 동반자를 필요로 하거나, 극도의 공포와 불안 속에서 견딘다.

E. 광장공포증 상황과 그것의 사회문화적 배경을 고려할 때 실제로 주어지는 위험에 비해 공포와 불안의 정도가 극심하다.

F. 공포, 불안, 회피 반응은 전형적으로 6개월 이상 지속된다.

G. 공포, 불안, 회피가 사회적, 직업적 또는 다른 중요한 기능영역에서 임상적으로 현저한 고통이나 손상을 초래한다.

H. 만약 다른 의학적 상태(예: 염증성 장 질환, 파킨슨 병)가 동반된다면 공포, 불안, 회피 반응이 명백히 과도해야만 한다.

I. 공포, 불안, 회피가 다른 정신질환으로 더 잘 설명되지 않는다. 예를 들어, 증상이 특정 공포증의 상황 유형에 국한되어서는 안 된다. 사회불안장애에서처럼 사회적 상황에서만 나타나서는 안 된다. 강박장애에서처럼 강박사고에만 연관되거나 신체이형장애에서처럼 신체 외형의 손상이나 훼손에만 연관되거나, 외상 후 스트레스장애에서처럼 외상 사건을 기억하게 할 만한 사건에만 국한되거나, 분리불안장애에서처럼 분리에 대한 공포에만 국한되면 안 된다.

주의: 광장공포증은 공황장애 유무와 관계없이 진단된다. 만약 공황장애와 과장공포증의 진단기준을 모두 만족한다면 2가지 진단이 모두 내려져야 한다.

출처: 윤점룡 외(2017). 정서 및 행동장애아 교육(3판). 서울: 학지사.

2) 광장공포증의 유병률

광장공포증을 사회공포증이나 특정 공포증, 심한 분리불안장애와 변별, 진단하는 것은 대단히 어렵다. 따라서 그 유병률, 성차 등에 대한 수치나 연구 결과가 다양하다. 광장공포증은 공황장애와 상관이 높고, 다른 불안장애와 공병인 경우가 많다.

3) 광장공포증의 원인

다른 불안장애 하위 유형과 마찬가지로 행동억제는 광장공포증과 밀접하게 연관이 있다. 또한 아동·청소년기 심리사회적 스트레스 및 충격사건 등은 광장공포증의 발병에 위험요인으로 작동하게 된다. 하지만 광장공포증의 생물학적 원인에 대해서 구체적으로 밝혀지지 않았지만, 다른 불안장애 하위유형과 유사한 원인을 가지고 있을 가능성이 크다.

4) 광장공포증의 특성

광장공포증은 즉각적으로 피하기 어려운(또는 곤란한) 장소나 상황에 처해 있다는 불안 또는 공황발작이나 공황이 등장한다. 또 공황과 유사한 증상이 일어났을 때 주위에서 도움받기 어려운 장소나 상황에 처해 있다는 불안을 느끼는 것이 특징적이다. 이런 불안으로 인해 혼자 외출하기, 집 안에 혼자 있기, 군중 속에 있기, 자동차/비행기/버스로 여행하기, 다리 위에 있기, 엘리베이터 타기 등의 여러 상황을 회피하게 만든다. 그리고 이런 두려운 상황을 피하려 하기 때문에 개인의 일상 생활에 심각한 지장을 가져온다(윤점룡 외, 2017).

5) 광장공포증의 상담

약물치료는 다른 장애보다 불안장애에서 더 유용할 수 있지만, 부작용이나 지속성에서 의문이 있기 때문에 정확히 진단 후 사용되는 것이 바람직하다.

광장공포증에는 체계적 둔감법과 실제상황 둔감법 같은 노출치료가 효과적이다. 이완을 학습한 뒤, 공포 및 불안을 야기하는 상황에 대해서 위계목록을 작성한 뒤 낮은 수준의 불안부터 높은 수준의 불안에 이르기까지 이완기술과 함께 연습한다. 이후에는 공포나 불안을 야기하는 자극이 있는 실제적인 상황에서 이완을 유지하면서 각 위계 상황을 직접 경험하도록 하는 것이다.

8 범불안장애

1) 범불안장애의 정의

범불안장애(generalized anxiety disorder)는 특정 대상이나 상황에 초점이 맞추어지기보다는 생활 전반에 걸쳐 지속적으로 과도한 불안, 걱정을 나타내는 것이다. 아동 후기에 접어들면 자기성찰 및 미래에 대한 사고가 가능해져 실체가 없거나 발생확률이 거의 없는 일까지 걱정하는 내적인 불안이 나타나는데 지나치면 임상적 불안 상태인 범불안장애로 발전하기도 한다(이영식 외, 2014). 범불안장애 아동·청소년은 걱정의 이유에 대해서 알지 못하고, 사소한 일로 늘 걱정하고, 거의 모든 것에 걱정을 한다.

표 15-12 DSM-5의 범불안장애 진단준거

A. 여러 사건이나 활동(예: 작업 또는 학교수행)에 대한 과도한 불안과 걱정(염려하는 예견)이 최소한 6개월 동안 나타나지 않는 날보다 나타나는 날이 더 많다.

B. 당사자는 걱정을 통제하는 것이 어렵다는 것을 알게 된다.

C. 불안과 걱정이 다음 6가지 증상 가운데 3가지 이상을 동반한다.(적어도 몇 가지 증상은 지난 6개월 동안 나타나지 않은 날보다 나타난 날이 더 많음)
   주의: 아동에게는 1가지 항목만이 요구된다.
   1. 좌불안석 또는 극도의 긴장감이나 벼랑 끝에 선 느낌
   2. 쉽게 피곤해짐
   3. 집중곤란 또는 암담함
   4. 성마름
   5. 근육긴장
   6. 수면교란(잠이 들거나 잠을 유지하기 어려움 또는 밤새 뒤척이는 불만족스러운 수면)

D. 불안, 걱정 또는 신체적 증상이 사회적, 직업적 또는 기타 중요한 기능영역에 임상적으로 유의한 고통이나 손상을 초래한다.

E. 교란이 물질(예: 남용약물, 치료약물)이나 다른 의학적 상태(예: 갑상선기능항진증)의 생리적 영향에 기인하지 않는다.

F. 교란이 공황발작(공황장애에서), 부정적 평가(사회불안장애에서), 오염이나 기타 강박(강박장애에서), 애착대상으로부터의 분리(분리불안장애에서), 외상성 사건을 상기시키는 것(외상후 스트레스장애에서), 체중증가(신경성 식욕부진증에서), 신체적 증상(신체증상장애에서), 지각된 외모 결함(신체이형장애에서), 심각한 병(질병불안장애에서), 망상적 믿음의 내용(조현병 또는 망상장애에서)에 대한 불안이나 걱정과 같이 다른 정신장애에 의해 더 잘 설명되지 않는다.

출처: 윤점룡 외(2017). 정서 및 행동장애아 교육(3판). 서울: 학지사.

2) 범불안장애의 유병률

아동기와 청소년기의 범불안장애 출현율은 연구에 따라 다소 다양하다. 아동기의 경우 2.7~4.6%로 추정되며 초등학교 고학년에서 흔히 발생한다(이영식, 2014). 청소년기의 경우는 0.4~7%까지 다양하게 보고되고 있다(이소영 외, 2012).

성별에 따른 출현율 차이도 아동기와 청소년기가 다소 다르게 나타난다. 아동기에는 성별에 따른 출현율 차이가 없다가, 청소년기에 이르면 남아에 비해 여아의 출현율이 다소 높아지는 경향이 있다(이소영 외, 2012).

범불안장애를 겪는 아동·청소년들은 다른 정신장애도 함께 경험하는 경우가 많고, 추가로 흔히 나타나는 장애로 아동기에는 분리불안장애, 청소년기에는 우울장애나 사회불안장애가 있다(Masi et al., 2004).

3) 범불안장애의 원인

범불안장애는 다른 불안장애 하위 유형처럼 유전적 영향이 있는 것으로 보이는데, 유전성은 약 30%로 추정된다(이소영 외, 2012). 또한 범불안장애 아동을 대상으로 한 기능적 뇌영상 연구에서 부정적인 정서가 표현된 얼굴표정을 볼 때 편도체, 전전두엽이 활성화되는 것으로 보고된 바 있다(Blackford & Pine, 2012). 그리고 불안장애가 대표적으로 가지고 있는 아동의 행동억제와 같은 기질적 특성이 범불안장애가 나타날 확률을 증가시키는 경향이 있다(이소영 외, 2012).

또한 범불안장애에도 심리사회적 위험요인이 생물학적 요인과 함께 불안장애를 유발하는 데 관련된 것으로 보인다. 예를 들어, 주어진 상황에 내재하는 위험을 과대평가하는 인지적 왜곡(이용승, 2000), 지나치게 도덕적이거나 완벽을 추구하는 부모의 양육태도 등이 있다(이영식 외, 2014). 이러한 심리사회적 요인과 함께 생물학적 취약성 요인이 서로 상호작용해 범불안장애 아동·청소년에게 영향을 미치게 된다.

4) 범불안장애의 특성

범불안장애 아동 · 청소년은 계속적으로 사소한 일을 늘 걱정하고 있으며, 거의 모든 것에 관해서 걱정을 한다고 할 수 있다. 심지어 범불안장애 아동 · 청소년은 걱정이 유발되는 것에 대해 명백한 이유 없이도 모든 것에 대해 걱정을 한다.

흔히 걱정을 하게 되면 신체증상(예: 근육 긴장, 두통, 메스꺼움 등)과 더불어 경직되고 이완되지 않는 감정을 동반하게 된다. 또한 다른 증상들은 과민성, 정력 에너지, 잠드는 데의 어려움, 숙면이 안 되는 것 등과 같은 다양한 신체적 증세를 동반한다.

비록 다른 불안장애도 과도한 불안과 걱정으로 특징짓지만 다른 불안장애 하위의 불안장애가 보이는 불안은 특정 상황 또는 분리, 사회적 수행, 동물, 벌레와 신체감각과 같은 대상에 집중되어 있다. 대조적으로 범불안장애 아동이 경험하는 불안은 보편적이고 일반적이며 다양한 일상생활에 초점이 맞추어져 있다. 또한 범불안장애 아동은 미래에 일어날 사건에 대해 비현실적이며 지나친 걱정을 한다. 미래에 대한 걱정은 다양한 상황과 문제들에 초점이 맞추어지는데 다가올 휴가나 행사 및 활동 그리고 가족의 건강과 같은 가정 내 일상생활에서의 변화 등을 포함한다. 또한 학교생활, 운동, 대인관계 등에 대하여 완벽한 수준에 이르지 못할 때 자신을 심하게 비난하는 경향성을 보인다. 이들은 자기 자신을 몹시 의식화하며 다른 사람들로부터 자주 확인을 받고 안심하려는 완벽주의적인 특징을 지닌다.

5) 범불안장애아의 상담

범불안장애도 다른 불안장애 하위 유형과 마찬가지로 생물학적 요인에 대한 중재와 함께 심리사회적 요인에 대한 중재를 병행해야 한다.

인지행동치료에는 불안해하는 아동의 생각, 신념, 지각을 변화시키기 위한 여러 가지 방법들이 포함되어 있다. 이러한 방법들은 아동의 비적응적 인지구조를 변화시키면서 불안해하거나 회피하는 행동도 변화할 것이라는 전제하에 사용되고 있다. 아동의 불안장애를 치료하기 위한 인지행동치료법에는 인지적 자기관리법, 스스로 말하기 방법, 유쾌한 상상 등이 포함된다. 이는 아동에게 자신의 신념이나 인지를 스스로 관리하도록 하고 모델링과 시연 및 사회적 강화를 통해 아동에게 스스로 긍정적인 이야기를 하도록 가르친다(윤점룡 외, 2017).

Chapter 16

틱장애 상담

DSM(Diagnostic and Statistical Manual of Mental Disorders)-5에서는 신경발달장애(neurodevelopmental disorder)의 새로운 명칭하에 운동장애(motor disorder)의 하위 장애에 틱장애(tic disorder)가 위치하고 있다. 이렇듯 DSM-Ⅳ에서는 따로 구분되어 있던 틱장애가 운동장애의 하위 장애로 들어가게 되었다.

1 틱장애의 정의

틱장애(tic disorder)는 불수의적으로 갑자기 빠르고 반복적인 비율동적 동작이나 운동 증상이 몸의 어느 부위에서나 발현하는 것을 말한다. 위에서 설명했듯 DSM-5에서는 운동장애의 하위 장애로 위치하고 있다.

틱은 단독적인 틱에서 복합적인 틱으로 범위가 다양하다. 또 일시적인 것과 만성적인 것, 운동인 것과 언어적인 것, 단순한 것과 복잡한 것으로 분류한다. 그래서 이와 같은 틱장애들은 만성이냐, 일시적이냐, 운동이냐 구어냐에 따라서 하위로 구분하고, 발모벽과 상동운동형 운동장애와 같은 다른 반복운동장애로 구분하고 있다.

단순한 운동 틱에 예로는 눈 깜박거림, 찌푸리는 얼굴, 어깨 으쓱거림 등이 해당된다. 음성 틱의 예로는 코골기, 컹컹대기, 헛기침 등이 있다. 복잡한 음성 틱에는 애매한 단어 소리치기(coprolalia), 반향어, 자기 말의 마지막 구 반복하기(palialia) 등이 해당된다.

틱장애의 유병률은 그 차이가 큰 신경정신의학적 질환으로 유아기에 발병하기 쉬우며, 반복적인 스트레스 경험 및 상황에 노출되면 청소년기 및 성인기에도 나타난다. 발병률은 아동의 1% 정도이며, 남성이 여성보다 3~5배 더 많다. 만성적 틱은 뚜렛보다 2~4배 더 많고, 일과성 틱은 5~18%의 발생률을 보인다(홍강의 외, 1996).

일과성 틱장애의 진단기준을 만족시키는 아동의 유병률에 대한 연구보고는 현재로서는 드물다. 만성 운동 또는 음성 틱장애의 유병률은 학령기 아동의 약 1~2%의 비율을 가지고 있으며, 남아에게서 더 흔히 나타난다고 알려졌지만, 정확한 성비는 아직 연구된 것이 소수이다. 뚜렛장애의 경우, 가장 흔히 발병되는 연령은 만 7세 전후이며, 대개 18세 이전에 발병한다. 뚜렛장애는 다른 틱장애와 구분하고 있는데, 뚜렛의 경우 보다 만성적, 복잡한 운동 및 음성 틱 증상을 특징으로 한다. 학령기 아동의 경우 3~8%이며, 남아에게서 2~4배 더 발병되는 경향이 있다.

2 틱장애의 분류

1) 일과성 틱장애

한 개 또는 여러 개의 운동 또는 음성 틱이 나타나는데, 그 지속기간이 1년 이내의 경과를 갖는 틱을 일컫는다. ICD-10(international classification of diseases)에 의하면 틱장애의 일반적인 기준은 지속기간이 12개월을 초과하지 않는 것으로 정의 내리고 있다. 모든 틱장애 중 가장 흔한 형태의 틱이며, 4~5세 사이에서 가장 흔히 나타난다. '눈 깜빡거림', '얼굴 찡그림', '머리 흔들어 댐'이 가장 흔히 발견되는 틱의 형태이다. 한 번의 에피소드로 끝나기도 하고, 재발이 반복되기도 한다(윤점룡 외, 2017).

표 16-1 DSM-5 일과성 틱장애의 진단준거

A. 한 개 혹은 여러 개의 운동 혹은 음성틱
B. 틱은 자주 길어지거나 약해질 수 있지만, 틱이 처음 시작된 지 1년 이하 지속된다.
C. 이런 증상들이 18세 전에 나타난다.
D. 이런 장애는 어떤 물질(예: 코카인)의 생리적 효과나 또 다른 의학적 상태(예: 헌팅톤병, 바이러스후 뇌질환)에 기인하지 않아야 한다.
E. 뚜렛장애나 만성 혹은 음성틱장애 기준을 충족시키지 않아야 한다.

출처; 윤점룡 외(2017). 정서 및 행동장애아 교육(3판). 서울: 학지사.

2) 만성 운동 또는 음성 틱장애

틱 증상이 1년 이상 지속되는데, 근육 틱 또는 음성 틱 중 어느 한 가지만 나타나는 경우에 만성 운동 또는 음성 틱으로 진단받게 된다. 발병 연령은 18세 이전이어야 하며, 뚜렛장애의 진단기준을 만족시키는 경우에는 이 진단을 내려서는 안 된다. ICD-10에 의하면 틱장애의 일반적인 기준을 만족시키는데 운동 틱 또는 음성 틱 중 한 가지 종류만 나타나고, 틱의 지속 기간은 최소한 1년 이상이다. 대개는 다발성 틱의 형태로 나타나지만 팔·다리나 몸 등을 침범한 경우는 얼굴에만 생긴 틱보다 예후가 나쁘다(윤점룡 외, 2017).

표 16-2 DSM-5 만성운동 또는 음성 틱장애의 진단준거

A. 한 개 혹은 여러 개의 운동 혹은 음성 틱이 이 질병이 있을 동안에 지속되지만, 운동 및 음성 모두 있는 것은 아니다.
B. 틱은 자주 길어지거나 약해질 수 있지만, 틱이 처음 시작된 후 1년 이상 지속된다.
C. 이런 증상들이 18세 전에 나타난다.
D. 이런 장애는 어떤 물질(예: 코카인)의 생리적 효과나 또 다른 의학적 상태(예: 헌팅톤병, 바이러스후 뇌질환)에 기인하지 않아야 한다.
E. 뚜렛장애 기준을 충족시키지 않아야 한다.
- 세부 유형: 단일 운동 틱 수반형/단일 음성 틱 수반형

출처: 윤점룡 외(2017). 정서 및 행동장애아 교육(3판). 서울: 학지사.

3) 뚜렛장애

1885년 프랑스의 Gilles de la Tourette에 의하여 처음 보고되고, 1889년 수정해 증상을 다음으로 제시하고 있다.

첫째, 틱 증상이 비교적 체계적이며 근육과 근육의 협동작용에 의하여 일어난다.

둘째, 음성 틱이 반드시 운동 틱의 정점에서 나타나는 것은 아니다.

셋째, 병적놀람증(과도한 놀람 반응의 결과 뛰어오른다거나 반향어, 외설증 등이 동반되는 상태를 이름)은 뚜렛장애와 분명히 구별된다.

ICD-10에 의하면 뚜렛장애의 특징은 다발성의 근육 틱과 한 가지 또는 그 이상의 음성 틱이 나타나지만, 이 두 종류의 틱이 반드시 동시에 존재할 필요는 없다는 것이다. 대개 소아기 또는 청소년기에 발병한다. 소아기 발병일 경우에는 청소년기가 되면 증상이 악화되는 경향이 있으며, 전체적인 경과는 성인기까지 지속되는 경우가 많다. 음성 틱이 나타나기 전에 근육 틱이 선행되는 경우가 많다(윤점룡 외, 2017).

표 16-3 DSM-5 뚜렛장애의 진단준거

A. 반드시 그렇지 않지만, 여러 개의 운동 및 하나 이상의 음성 틱 모두가 이 질병이 있을 동안에 잠시 동안 나타난다.
B. 틱은 자주 길어지거나 약해질 수 있지만, 틱이 처음 시작된 후 1년 이상 지속된다.
C. 이런 증상들이 18세 전에 나타난다.
D. 이런 장애는 어떤 물질(예: 코카인)의 생리적 효과나 또 다른 의학적 상태(예: 헌팅톤병, 바이러스후 뇌질환)에 기인하지 않아야 한다.

출처: 윤점룡 외(2017). 정서 및 행동장애아 교육. 서울: 학지사.

3 틱장애의 원인

1) 생물학적 요인

쌍생아 연구에서 일란성 쌍생아의 틱장애 일치율은 77~100%(이란성 쌍생아는 23%)이며, 뚜렛장애의 경우, 일란성 쌍생아의 일치율은 53~56%(이란성 쌍생아는 8%)이다. 만성 틱장애의 경우, 일란성 쌍생아의 77~94%가 일치율(이란성 쌍생아는 23%)을 보인다. 뚜렛이나 만성 틱장애의 가족 간의 일치율은 15~53%라는 높은 수치를 보여준다. 따라서 유전의 요인이 뚜렛과 같은 틱장애에 위험요인임을 알 수 있다(김동일 외, 2016).

틱장애는 뇌의 기능적 · 구조적 이상도 발견되었다. 중추신경계 중 전두엽과 대뇌기저핵에 이상이 발견되었고, 최근 피질-선조체-시상-피질(CSTC; 운동증상, 전조충동, 감정적 이상반응 등을 일으킴) 회로의 기능적 결함에 의한 발생 가설에 대한 많은 연구가 이뤄지고 있다(Bloch et al., 2006).

뇌의 신경생리학적 이상도 뚜렛 또는 틱장애를 유발한다고 보았다. 특히, 1970년 할로페리돌(haloperidol)이라는 약물이 틱 증상을 억제한다고 보고되면서 도파민, 노르아드레날린, 세로토닌 등의 신경전달물질 원인이 된다고 알려졌다(Bloch et al., 2006). 또한 남성이 틱장애의 유병률이 높다는 점에서 남성호르몬과의 연관성에 대해서도 주목하고 있다.

2) 심리사회적 요인

부정적이거나 긍정적 스트레스(긴장/흥분) 상태가 지속되고, 부모가 아이에 대한 지나친 기대수준이나 강압적이고 처벌적인 훈육의 양육방식을 틱의 발생에 위험요인으로 작동하게 된다. 또한 임신 및 주산기 문제, 약물사용, 의학적 요인 등의 요인과도 관련이 높다(정용우 외, 2010).

일과성 틱장애의 경우, 선천적인 취약성 요인과 함께 심리사회적 요인이 결합된다면 만성 운동 또는 음성 틱장애나 뚜렛장애로 이행될 위험성도 있다. 일과성 틱장애의 원인이 심리적인 요인에 기인된 경우, 대개 일정 기간 지속되었다가 사라지는 경우도 있다(윤점룡 외, 2017).

만성 운동 또는 음성 틱장애의 경우 뚜렛장애와 동일한 원인을 찾을 수 있었다. 마찬가지로 유전적인 요인이 강하게 작용하고 있으며, 심리사회적 요인과 함께 할 경우, 지속성과 만성화를 야기한다. 만성 운동 또는 음성 틱장애의 경우, 가족 내에서 흔히 발생하며, 일란성 쌍생아의 일치율이 높아 유전적 요인을 중요하게 생각한다(김동일 외, 2016).

4 틱장애의 특성

틱장애는 뚜렷한 목적이 없는 특정한 근육의 불수의적 운동 또는 음성이다. 시간경과에 따라서 한 가지의 증상이 없어지고 다른 곳에 새로 생기는 식으로 증상이 돌아다니는 것을 특징으로 한다. 또 시간이 지남에 따라서 정도가 변화하기도 한다. 또한 긍정적(예: 흥분)이거나 부정적(예: 피로, 긴장) 스트레스 상황에서 증상이 심해지는 경우가 흔하며, 수면 중이나 한 가지 활동에 몰입했을 경우에는 증상이 일시적으로 완화되기도 한다. 대체로 잠을 잘 때는 증상이 없는 것으로 알려졌지만, 소수의 뚜렛장애 환자에게서 수면 중 틱이 나타난 연구결과가 있다(김동일 외, 2016 재인용).

▶ **단순 근육틱**

하나 혹은 소수의 근육군이 관여합니다.
눈 깜박거림, 눈알 빠르게 움직이기, 머리 흔들기, 코 찡긋하기, 머리 뒤로 젖히기

▶ **복합 근육틱**

여러 근육이 동시에 수축하고 마치 의도한 행동처럼 보일 수 있습니다.
냄새 맡는 것처럼 콧구멍 벌렁거리기, 자신을 치는 행동, 갑자기 일어나는 행동

▶ **복합 음성 틱**

자신도 모르게 사회적 상황과 맞지 않는 관계가 없는 단어나 구, 절 등을 말하는 것입니다.
"에고", "웃겼어"

▶ **단순 음성 틱**

빠르고 의미 없는 소리를 내는 것입니다.
가래 뱉는 소리, 킁킁거리는 소리, 기침 소리, 쉬 소리, 침 뱉는 소리

그림 16-1 틱의 분류와 대표적 행동의 예시

출처: 국가건강정보포털 의학정보

표 16-4 틱의 분류

틱		형태
운동 틱	단순	• 눈 깜박이기, 코 찡그리기, 목 움직이기, 얼굴 찡그리기 등 • 수백분의 1초 동안 나타남
	복합	• 손짓, 뛰기, 만지기, 누르기, 발 구르기, 사물 냄새 맡기, 무릎 구부리기, 배변행동증, 반향행동증 • 수초 동안 나타남
음성 틱	단순	• 헛기침하기, 킁킁거리기, 콧바람 불기, 새소리 내기, 트림하기 등 • 의미 없는 소리
	복합	• 갑작스럽게 단어나 구를 말하기 • 동어반복증, 반향언어증, 외설증, 음담패설

출처: 윤치연 외(2004). 특수아 상담 및 치료교육 프로그램. 서울: 학지사.

학습상황에서 주로 발견되는 틱은 다음과 같다(김동일 외, 2016).

- 머리 흔들기
- 얼굴 찡그리기
- 눈 깜박이기
- 코를 킁킁거리기
- 헛기침
- 어깨나 팔 · 다리의 움직임
- 한숨
- 이상한 소리 등

아동 · 청소년이 반복적인 행동이나 음성 등으로 의뢰되면 보다 자세한 관찰 및 평가로 다른 장애로 인한 증상인지, 틱 증상인지 등을 구분하는 것이 중요하다. 다음은 틱장애와 구별되는 기타장애이다.

발모벽(trichotillomania)은 자발적인 습관으로 머리를 뽑는 강박적인 행동으로 틱과는 구분되어야 한다. 틱장애의 특징을 가지고 있고, 강박장애 특징을 가지고 있을 수도 있다. 발모벽은 머리를 뽑는 활동을 통해서 안도감을 느끼게 되고, 머리를 뽑는 활동이 상당히 다양하게 나타난다는 점에서 강박장애(obsessive compulsive disorder)의 하위 장애로 분류된다(윤점룡 외, 2017).

상동형 운동장애(stereotypic movement disorder)는 자해적 행동 또는 비자해적, 비기능적, 리듬 행동으로 설명되며, 틱과는 구별된다. 예를 들어, 자신의 머리를 치기, 물기, 피부를 뜯어내거나 스스로 눈을 찌르기 등의 자해적 행동과 두드리기, 손가락 장난하기, 손뼉치기와 같은 비자해적 행동으로 나뉜다. 상동형 운동장애 아동·청소년은 지적장애아에게서 많이 나타난다(윤점룡 외, 2017).

5 틱장애아의 상담

틱장애는 틱장애로 진단 받은 아동·청소년의 경우 소아과 의사의 평가, 심리사정, 타 기관에서의 전문가 사정 등의 정보를 토대로 틱장애와 그 증상, 복합적인 문제 등을 진단하게 된다. 따라서 보다 복합적이고, 통합적인 중재법이 시행되는 것이 하나의 중재법만 시행했을 때보다 효과적이다.

1) 약물치료

뚜렛장애에 가장 효과적인 방법은 약물치료로 알려져 있다. 그러나 증상의 정도에 따라서 만성 틱장애, 뚜렛장애 등의 경우에만 약물치료를 병형한다. 할로페리돌(haloperidol)은 가장 강한 약물이지만, 부작용이 흔해 심한 틱장애와 뚜렛장애의 경우에만 사용한다. 대표적인 부작용으로 경련 발작(tardive dyskinesia)을 보인다. 증상이 약한 복합 틱장애의 경우에는 클로니딘(clonidine)과 같은 알파 아드레날린 길항제(alpha-adrenergic antagonist)를 사용한다. 충분한 효과가 나타나기까지 8~12주 정도 소요된다(김동일 외, 2016).

2) 심리치료 및 상담

틱장애는 증상에 대한 편견이나 오해 등으로 인해서 심리적 문제로 확대될 가능성이 있다. 따라서 틱장애 아동·청소년을 위한 지지적 상담이 반드시 병행되어야 한다. 여기에 일과성 틱장애나 만성 운동 또는 음성 틱장애의 경우, 증상이 심해지면 인지행동수정적 접근법이 효과적이다. 뚜렛장애의 경우 치료를 받지 않으면, 예후는 만성적이며, 이후 장애가 장기적으로 나타나면 적응이나 정서장애도 보일 수 있다. 이러한 여러 요인들은 자살시도라는 극단적인 선택을 야기하기도 한다. 그렇기 때문에 틱에 대한 일차적인 중재뿐만 아니라 이차적인 심리장애 등에 대한 예방 및 심리상담도 필요하다(김동일 외, 2016).

(1) 습관 반전

습관 반전 훈련은 뚜렛장애와 일시성·만성적 틱장애의 경우 그리고 발모벽에서 머리 뽑는 빈도를 현저하게 줄일 수 있는 것으로 나타났다. 습관 반전에는 틱 알기 훈련, 경쟁반응 훈련, 이완훈련과 상황관리 훈련이 해당한다. 틱 알기 훈련에서는 틱의 본질, 빈도, 선행사건 및 후속결과 등에 대해서 교육하는 것을 목표로 한다. 틱 알기 훈련 즉, 자기 모니터링을 통해서 틱장애 아동·청소년은 틱에 대해서 알고, 그것을 통제하고자 하는 동기를 가지며, 틱의 전조증상을 일찍 발견할 수 있게 된다. 틱 알기 훈련을 위해서 〈표 16-5〉와 같은 기록지를 활용할 수 있다.

표 16-5 일일 틱 증상 선행사건과 후속결과 기록지

시간	직전에 발생한 일	시간 중 틱의 횟수	직후 즉시 발생한 일
6:00~6:10		회	
7:00~7:10		회	
8:00~8:10		회	
9:00~9:10		회	
10:00~10:10		회	
11:00~11:10		회	
12:00~12:10		회	
13:00~13:10		회	
14:00~14:10		회	
15:00~15:10		회	
16:00~16:10		회	
17:00~17:10		회	
18:00~18:10		회	
19:00~19:10		회	
20:00~20:10		회	
21:00~21:10		회	
22:00~22:10		회	
23:00~23:10		회	
		총 회	

출처: 윤점룡 외(2017). 정서 및 행동장애아 교육(3판). 서울: 학지사.

이 기록지를 적는 활동을 통해서 3~4일 간 틱의 빈도와 영향에 대해서 가시적으로 알 수 있다. 아동·청소년은 기록지를 채우면서 10분 동안 발생한 틱의 횟수를 적고, 선행사건과 후속결과에 대해서 기록하게 된다. 이후 〈그림 16-6〉은 수개월 동안 확대해서 사용하게 되는 것이고, 기록지를 작성하면서 아동·청소년은 틱 증상이나 횟수 등의 변화를 알 수 있다.

표 16-6 일주일 틱 횟수 기록지

이 차트는 매일 특정 기간 중 발생하는 틱의 횟수를 기록하는 것입니다.

- 당신이 세어야 할 틱 유형:
- 당신은 매일 다음 시간에 세기 시작하세요:

틱이 발생한 시간을 아래에 표시하세요

- 당신은 매일 다음 시간에 세기를 마치세요.

횟수를 더하여 해당 요일의 그 수에 해당하는 칸에 기록하세요.
예를 들어, 월요일에 48회 틱을 하였다면 월요일의 48에 해당하는 칸에 x 표를 하세요.

	요일	월	화	수	목	금	토	일
틱의 수	50							
	48	x						
	46							
	44							
	42							
	40							
	38							
	36							
	34							
	32							
	30							
	28							
	26							
	24							
	22							
	20							
	18							
	16							
	14							
	12							
	10							
	8							
	6							
	4							
	2							
	1							

출처; 윤점룡 외(2017). 정서 및 행동장애아 교육(3판). 서울: 학지사.

이후 틱장애 아동·청소년에게 틱이 발생한 2분 동안 또는 틱이 발생하려는 전조 증상에 대해서 경쟁 반응을 하도록 훈련한다. 틱 행동과 관련 있는 것과 반대의 같은 크기의 근육긴장을 가지는 것이다. 예를 들어 눈 깜박거림의 틱 증상의 경쟁 반응은 눈 크게 뜨기이다.

이완훈련은 습관 반전 프로그램에 포함되는 것으로 아동이 스트레스 상황에서 자각 수준이 낮을 수 있도록 이완하는 것을 배움으로써 틱의 발생 빈도를 줄이게 한다. 근육긴장과 이완법, 심호흡, 시각상 등의 방법을 적용하는 것이 가장 효과적이다(김동일 외, 2016).

후속결과 중재법의 목적은 아동·청소년이 이러한 3가지 기술(자기 모니터링, 경쟁 반응 사용, 이완훈련)을 사용하고자 하는 동기를 부여하는 것이다. 자신의 불편한 습관에 대해서 살펴보고, 그 습관으로 인한 역기능적 후속결과를 적고, 틱을 줄임으로써 얻게 되는 기능적인 후속결과에 대해서는 논의하게 된다. 이로써 틱장애 아동·청소년의 치료적 동기를 활성화할 수 있다.

(2) 상황 역실행

틱 발생에 대해서 상황에 의거한 경쟁 반응법으로 틱이 발생할 때마다 30초 동안 계속해서 스스로 틱을 하도록 교육한다. 이러한 상황 역실행(negative)은 효과가 있는 것으로 나타났다. 집중실행(massed negative practice)은 틱장애 아동·청소년으로 하여금 의도적으로 가능한 한 빨리 틱 증상을 지속하고 반복하도록 하는 방법이다. 이러한 행동수정 방법은 틱장애의 효과성에 대해서 입증되고 있다(김동일 외, 2016 재인용).

(3) 부모교육 및 가족상담

다음은 틱이 나타났을 때 지켜야 할 주의사항이다. 틱 증상이 나타난 지 얼마 되지 않았고, 증상이 심각하지 않으면, 몇 가지의 주의사항을 지키는 것만으로도 증상의 악화를 방지하고, 틱 증상을 호전시킬 수 있다(위영만, 2009).

표 16-7 틱 증상 주의사항

- 아동의 틱 증상을 지적하거나 쳐다보지 않아야 한다.
- 컴퓨터, TV, 게임기, 핸드폰 등의 전자제품 사용을 제한해야 한다.
- 아동의 틱 증상에 민감하게 반응하지 않아야 한다.
- 적절한 운동이나 취미생활은 도움이 된다.
- 일시적인 악화에 민감하게 반응하지 않아야 한다.

출처: 위영만(2009). 우리아이 틱장애. 경기: 제이앤씨커뮤니티.

틱장애를 보이는 자녀는 위축, 열등감, 학습부진, 낮은 자아개념을 보여 정상적인 적응에 곤란함을 느낄 수 있다. 따라서 작은 행동이나 사소한 장점이라도 찾아 격려하고 지지해주는 것을 통해서 성취감을 느낄 수 있도록 해주는 것이 필요하다.

참고문헌

강대옥, 강병일, 김기주, 김남진, 김창평(2016). **특수교육학개론 2판**. 서울: 학지사.

강위영(1998). **자폐성아동의 이해**. 서울: 도서출판특수교육.

강위영, 정대영(2001). **학습장애아동교육**. 서울: 형설출판사.

강은숙, 박윤이, 이영민, 이지연, 이택영(2015). **특수아동 치료교육 및 심리상담**. 서울: 계축문화사.

강제욱, 박은진, 김성찬, 신의진, 신윤미, 정재석, 천근아, 윤기환(2012). 주의력 결핍 과잉행동장애에서 파탄적 행동장애의 공존과 약물치료. **소아청소년정신의학**, 23, s55-s65.

건강보험심사평가원(2001.4.29). 우울증보다 무서운 조울증; 진료인원 연평균 6.6.% 증가. http://www.hira.or.kr에서 인출.

고형일(2008). **세계의 수월성 교육**. 서울: 한국교육개발원.

교육과학기술부(2008). **「장애인 등에 대한 특수교육법령」 해설 자료집**.

교육부(2019). **특수교육통계**.

구자경(2005). 초등학교 담임교사-학부모 상담에서 교사의 경력, 상담관계 및 상담성과의 관계. 경인교육대학교 교육대학원 석사학위논문.

권경훈, 정해원(2010). 염색체 모자이즘의 임상적 의의. *Journal of Reproductive Medicine and Population, 23*, 66-70.

권석만(2000). **우울증(이상심리학 시리즈2)**. 서울: 학지사.

권석만(2013). **현대이상심리학**. 서울: 학지사.

권석만(2015). **현대 이상심리학(2판)**. 서울: 학지사.

권석만(2016). **이상심리학의 기초**. 서울: 학지사.

권요한, 김수진, 김요섭, 박중휘, 이상훈, 이순복, 정은희, 정진자, 정희섭(2015). **특수교육학개론**. 서울: 학지사.

권정연(2005). 부모-자녀 의사소통 및 정서 상태와 청소년 문제행동 간의 관계연구. 서울여자대학교 특수치료전문대학원 석사학위논문.

권준수, 김재진, 남궁기, 박원명, 신민섭, 유범희, 윤진상, 이상익, 이승화, 이영식, 이현정, 임효덕(2015). **정신질환의 진단 및 통계 편람(제5판)**. 서울: 학지사.

김동일, 고은영, 고혜정, 김병석, 김은향, 김혜숙, 박춘성, 이명경, 이은아, 이제경, 정여주, 최수미, 최종근, 홍성두(2016). **특수아상담**. 서울: 학지사.

김동일, 이대식, 신종호(2009). **학습장애아동의 이해와 교육(2판)**. 서울: 학지사.

김동일, 이윤희, 강민철, 정여주(2013). 정신건강 문제와 인터넷 중독: 다층메타분석을 통한 효과 검증. **상담학 연구**, 14(1), 285-303.
김미경(2008). **자폐장애 및 정서·행동장애의 이해**. 서울: 청목출판사.
김미숙(2008). **영재와 영재교육의 이해**. 한국수학교육학회 13회 국제수학영재교육세미나 프로시딩, 2,1-14.
김병석(2015). **상담교육과 실무에서의 존중과 격려**. 2015년 한국상담학회 연차대회 주제발표자료
김선희(2008). 부모-자녀 의사소통이 우울감에 미치는 영향: 정서인식의 명확성과 정서조절 양식을 매개로. 이화여자대학교 대학원 석사학위논문.
김영숙(2000). **자아존중감과 상담**. 경기: 교육과학사.
김영숙, 윤여홍(2002). **교사와 부모를 위한 특수아 상담의 이해**. 경기: 교육과학사.
김영옥, 홍지명, 김세루, 김권일(2008). 유아교육기관의 부모 상담 현황 및 교사와 부모의 요구분석. **유아교육학논집**, 12(1), 165-191.
김용욱, 이해균, 김성애, 이효신, 최성규, 김영한, 신윤희, 김성범(2016). **특수교육학개론**. 서울: 학지사.
김은정(2000). **사회공포증(이상심리학 시리즈7)**. 서울: 학지사.
김은정, 김지훈(2000). **특정공포증(이상심리학 시리즈7)**. 서울: 학지사.
김이영, 김선영, 김지영, 성연승, 안도연, 정희선(2015). **특수교육학개론**. 경기: 양서원.
김일명, 김원경, 조홍중, 허승준, 추연구, 윤치연, 박중휘, 이필상, 문장원, 서은정, 유은정, 김자경, 이근민, 김미숙, 김종인, 이신동(2013). **최신특수교육학 3판**. 서울: 학지사.
김지훈, 서완석(2012). 품행장애, 적대적 반항성장애, 대한소아청소년정신의학회 편저, **청소년정신의학**(pp. 119-142). 서울: 시그마프레스.
김지훈, 양영희(2014). 파탄적 행동장애·충동조절장애, 품행장애. 홍강의 편집, **DSM-5에 준하여 새롭게 쓴 소아정신의학**(pp. 383-394). 서울: 학지사.
김진호, 박재구, 방명애, 안성우, 유은정, 윤치연, 이효신(2013). **최신 특수교육(제10판)**. 서울: 시그마프레스.
김청송(2014). **사례중심의 이상심리학**. 경기: 싸이북스.
김치원(2012). 「발달장애인 지원 및 권리보장에 관한 법률(안)」의 제정과정. **부산복지포럼**, 9, 6-13.
김현주, 송은경, 신혜영(2002). **현장중심 부모교육: 이론과 실제**. 경기: 양서원.
김희규, 강정숙, 김은영, 김의정, 김주영, 김형일, 박계신, 오세철, 옥정달, 정동일, 정동훈, 정해진, 채희태, 홍은숙, 황복선(2010). **특수교육학개론**. 서울: 학지사.
박미화, 신수진(2010). 품행장애 중학생에 대한 교사의 대처 및 교육중재 방안에 대한 인식연구. **특수교육 연구**, 17(1), 241-262.
박승희, 김승희, 장혜성, 나수현 역(2011). **지적장애: 정의, 분류 및 지원체계**(*Intellectual Disability: Definition, Classification, and Systems of Supports*(11th ed.)]. AAIDD 저. 서울: 교육과학사. (원저는 2010년에 출판).
박원희, 김기창, 김영일, 김영욱, 이은주, 신현기, 한경근, 이숙정, 김애화, 윤미선, 김은경, 송병호, 이

병인, 김송석, 양경희(2009). **함께하는 사회를 지향하는 특수교육학**. 경기: 과학교육사.

박은혜(1997). 중도장애아를 위한 지역사회 중심의 교수방법. **이화특수교육 학술대회 발표 논문집**. '중도 장애아 교육의 기초와 방법론', 79-101.

박종운(2007). 장애인차별금지법의 주요 내용과 의의. **장애인차별금지법 제정 의의와 장애인정책의 방향 자료집**. 서울: 국가인권위원회

박현순(2000). **공황장애(이상심리학 시리즈5)**. 서울: 학지사.

송미경, 최윤희(2009). **특수아 상담**. 서울: 시그마프레스

수원시지역사회복지협의체(2007). **장애인차별금지법 설명회 자료집**.

신진숙(2010). **지적장애아 교육**. 경기: 양서원.

신현균, 김진숙(2000). **주의력 결핍 및 과잉행동장애(이상심리학 시리즈 28)**. 서울: 학지사.

안병환, 윤치연, 이영순, 이효신, 천성문(2013). **최신 행동수정**. 서울: 시그마프레스.

오경자, 정경미, 송현주, 양윤란, 송원영, 김현수 역(2014). **이상심리학**[*Fundametals of Abnormal Psychiatric Association*]. Comer, R. J. 저. 서울: 시그마프레스. (원저는 2013년 출판).

위영만(2009). **우리아이 틱장애**. 경기: 제이앤씨커뮤니티.

육기환(1998). **소아 · 청소년 정신장애의 종류**. 한국학교보건학회지. 서울: 학지사.

윤여홍(1996). 영재아동의 정서적 특성에 관한 임상연구: 정신 건강을 위한 지도. **영재교육연구**, 6, 53-71.

윤여홍(2000). **영재학생 및 학부모 상담**. 한국과학기술원 과학영재교육센터.

윤점룡, 이상훈, 문현미, 서은정, 김민동, 문장원, 이효신, 윤치연, 김미경, 정대영, 조재규, 박계신 (2017). **정서 및 행동장애아 교육(3판)**. 서울: 학지사.

윤치연, 이영순, 천성문(2006). **특수아 상담 및 치료교육 프로그램**. 서울: 학지사.

이동귀(2016). **상식으로 보는 세상의 법칙: 심리학**. 경기: 북이십일 21세기북스.

이미숙, 구신실, 노진아, 박경옥, 서선진(2017). **예비교사를 위한 특수교육학개론**. 서울: 학지사.

이성봉, 방명애, 김은경, 박지연(2010). **정서 및 행동장애**. 서울: 학지사.

이소영, 심세훈(2012). 불안장애, 외상 후 스트레스 장애. 대한 소아청소년정신의학회, **청소년정신의학** (pp. 175-205). 서울: 학지사.

이소현, 박은혜(2011). **특수아동교육**. 서울: 학지사.

이승기, 김기룡, 백은령, 이계윤, 조윤경, 전혜연, 최복천, 최윤영, 김희진, 류소영(2011). **장애아동에 대한 사회적 복지지원체계 연구**. 서울: 보건복지부.

이승희(2008). 정서 · 행동장애를 지닌 아동의 평가를 위한 과제와 대안모색. 한국정서 · 행동장애아교육학회 제16회 연차학술대회 자료집: 장애인 등에 대한 특수교육법과 정서 · 행동장애(pp. 17-32). 대구: 한국정서 · 행동장애아교육학회.

이승희(2012). 정서 · 행동장애 정의와 출현율의 개념 및 관계에 대한 고찰. **정서 · 행동장애연구**, 28(3), 37-58.

이영식, 김재원(2014). 불안장애. 홍강의 편집, **DSM-5에 준하여 새롭게 쓴 소아정신의학**(pp. 253-267). 서울: 학지사.
이용승(2000). **범불안장애(이상심리학 시리즈4)**. 서울: 학지사.
이장호(1982). **상담심리학 입문(제2판)**. 서울: 박영사.
이정규, 박춘성(2009). 국가별 영재교육정책과 영재성에 대한 비교 연구: 일본 영재교육의 발전 방향. **한국일본교육학연구**, 13(2), 1-18.
이지연, 한수진(2017). **특수교육학개론**. 경기: 양서원.
이현진, 박영식, 김혜리, 정명숙, 정현희(2001). **아동정신병리**. 서울: 시그마프레스.
임영식, 김혜원, 설인자, 조아미, 한상철 역(2005). **청소년 이상심리학**. 서울: 시그마프레스.
전국장애인교육권연대(2007). **「장애인 등에 대한 특수교육법」 해설자료집**.
전덕인(2009). 약물학적 치료. 박원명 외 공저, **양극성장애**(pp. 156-197). 서울: 시그마프레스.
전석균(2015). **정신건강론(2판)**. 경기: 공동체.
정용우, 박태원(2010). 틱장애의 환경적 요인. **소아청소년정신의학**, 21(3), 133-140.
정유숙, 홍현주(2012). 기분장애: 우울장애 · 양극성장애. 대한소아청소년정신의학회 편저, **청소년정신의학**(pp. 206-237). 서울: 시그마프레스.
조수철 외 공저(2014). **생물소아정신의학**. 서울: 시그마프레스.
조수철(2000). **소아정신질환의 개념**. 서울대학교 출판부.
조수철, 고복자, 김봉석, 김붕년, 김재원, 신민섭, 유학인, 이동우, 이준영, 이재원, 정동선, 전성일, 정희연, 홍진표, 황준원, 한성희(2005). **서울시 소아청소년정신장애 유병률조사**. 서울: 서울시 소아청소년 광역정신보건센터.
조수철, 신민섭(2006). **소아정신병리의 진단과 평가**. 서울: 학지사.
조수철, 신윤오(1994). 파탄적 행동장애의 유병률에 대한 연구. **소아청소년정신의학**, 8, 273-286.
조용래(2000). **양극성장애(이상심리학 시리즈3)**. 서울: 학지사.
조용태(2006). **특수아 상담**. 경기: 양서원.
조윤경, 강지현, 이경아(2014). **특수아상담 및 가족지원**. 경기: 공동체.
조윤경, 김수진(2015). **유아교사를 위한 특수아동의 이해**. 경기: 공동체.
조현춘, 송영혜, 조현재(2001). **아동이상심리학**. 서울: 시그마프레스.
최정윤, 박경, 서혜희(2015). **이상심리학(3판)**. 서울: 학지사.
하은혜, 진미경, 김서윤, 이희연 역(2012). **아동기 심리장애와 발달장애의 평가**[*Assenssing childhood psychopathology and developmental disabilities*]. Matson, J. L., Andrasik, F., & Matson, M. L. 저. 서울: 시그마프레스. (원저는 2012년에 출판).
한국보건사회연구원(2017). **2017년도 장애인실태조사**. 서울: 보건복지부.
허묘연(2004). 청소년이 지각한 부모양육 행동척도의 개발 및 타당화 연구. **청소년상담연구**, 12(2), 170-189.

홍강의 외 공저(2014). **소아정신의학**. 서울: 학지사.

홍강의, 이정섭, 김백성(1996). 틱장애 아동의 동반 정신병리와 부모양육태도에 관한 연구. **소아청소년정신의학**, 5, 150-161.

Achenbach, T. M., Conners, C. K., Quay, H. C., Verhulst, F. C., & Howell, C. T.(1989). Replication of empirically derived syndromes as a basis for taxonomy of child/adolescent psychopathology. *Journal of Abnormal Child Psychology, 17*, 299-323.

Adderholdt-Elliott, M.(1987). *Perfectionism: What's so bad about being good?* Minneapolis: Free Spitit Publishing Inc.

Alloy, L. B., & Seligman, M. E. P.(1979). On the cognitive component of learned helplessness and depression. *The Journal of Learning and Motivation, 13*, 219-276.

American Psychiatric Association(APA)(2000). *Diagnostic and statistical manual of mental disorders* (4th ed., text revision). Whasington, DC: Williams & Wilkiins.

American Psychological Association(2013). *Diagnostic and statistical manual of mental disorders: DSM-5*(5th ed.). Washington, DC: American Psychiatric Pub.

Anderson, G. D., & Hoshino, Y.(2005). Neurochemical studies of autism. In F. R. Volkmar, R. Paul, A. Klin, & D. Cohen(Eds.), *Handbook of autism and pervasive developmental disorders: Vol. 2. Assesment, interventions, and policy*(4th ed., pp. 453-472).

Asarnow, J. R., & Asarnow, R. F.(2003). Childhood-onset schizophrenia. In E. J. Mash & R. A. Barkley(Eds.), *Child psychopathology*(2nd ed., pp. 455-485). New York: Guilford.

Asher, S. R., & Gazelle, H.(1999). Loneliness, Peer relationships, and language disorder in childhood. *Topics in Language Disorders, 19*, 16-33.

Baker, J. A., Bridger, R., & Evans, K.(1998). Models of under-achievement among gifted preadolescents: The role of personal, family, and school factors. *Gifted Child Quartely, 42*, 5-15.

Bakken, J. P., & Whedon, C. K.(2002). Teaching text structure to improve reading comprehension. *Intervention in School and Clinic*, 37, 229-233.

Barbe, R. P., Bridge, J. A., Birmaher, B., Kolko, D. J., & Btrnt, D. A.(2004). Lifetime history of sexual abuse, clinical presentation, and outcome in a clinical trial for adolescent depression. *Journal of Clinical Psychiatry, 65*(1), 77-83.

Barkely, R. A.(2006a). Primary symptoms, diagnistic criteria, prevalance, and gender differences. In R. A. Barkely(Ed.), *Attention-deficit hyperactivity disorder. A hand book for diagnosis and treatment.* New York: The Guilford Press.

Barkley, R. A.(2006c). Associated cognitive, development, and health promblems. In. R. A. Barkley (Ed.), *Attention-deficit hyperactivity disorder. A hand book for diagnosis and treatment.* New

York: The Guilford Press.

Barkley, R. A.(2006d). A theory of ADHD. In R. A. Barkley(Ed.), *Attention-deficit hyperactivity disorder. A hand book for diagnosis and treatment*. New York: The Guilford Press.

Barkley, R. A.(2006e). Etiologies. In R. A. Barkley(Ed.), *Attention-deficit hyperactivity disorder. A hand book for diagnosis and treatment*. New York: The Guilford Press.

Barkley, R. A.(2003). Attention-deficit/hyperactivity disorder. In E. J. Mash & R. A. Barkley(Eds.), *Child psychopathology*. New York: The Guilford Press.

Barkley, R. A.(1998). *Attention-deficit Hyperactivity disorder: A handbook for diagnosis and treatment* (2nd ed.). New York: Guilford Press.

Barkley, R. A., Depaul, G. J., & McMurray, M. B.(1990) A comprehensive evaluation of attention deficit disorder with and without hyperactivity. *Journal of Consulting and Clinical Psychology*, 58, 775-789.

Barkley, R. A., & Murphy, K. R.(1998). *Attention-deficit hyperactivity disorder: A clinical workbook* (2nd ed.). New York: Guilford Press.

Barlow, D. H., & Craske, M. G.(2000). *Mastery of your anxiety and panic*(3re ed.). New York, NY: Oxford University Press.

Barrios, B. A., & O'Dell, S. L.(1998). Fears and anxieties. In. E. J. Mash & R. A. Barkley(Eds.), *Treatment of childhood disorders*(2nd ed.). New York: Guilford Press.

Beck, A. T.(1967). *Depression: Clinical, experimental, and theoretical aspects*. New York: Harper & Row.

Beirne-Smith, M., Patton, J. R., & Kim, S. H.(2006). *Mental retardation: An introduction to intellectual disabilities*(7th ed.). Upper Saddle River, NJ: Prentice Hall.

Bello, G. A.(1989). Counseling handicapped students: A cognitive approach. *School Coundelor, 36*, 298-304.

Bender, W. N.(1987a). Behavioral indicators of temperament and personality in the inactive lerner. *Journal of Leraning Disabilities, 20*, 301-305.

Bender, W. N.(1996). *Teaching students with mild disabilities*. Boston: Allyn and Bacon.

Bender, W. N., Bailey, D. B., Stuck, G. B., & Wayne, M. D.(1984). Relative peer status of learning disabled, educable mentally handicapped, low achieving, and normally achieving children. *Child Study Journal, 13*, 209-216.

Bergman, R. L., Piacentini, J., & McCracken, J. T.(2002). Prevalence and description of selective mutism in school-based sample. *Journal of the American Academy of Child & Adolescent Psychiatry, 41*(8), 938-946.

Bernstein, D. K., & Tiegerman, E.(1985). *Language and Communication disorders in children*(2nd ed.).

Columbus, OH: Merrill Macmillan.

Berrelheim, B.(1967). *The empty fortress: Infantile autism and the birth of self.* NY: Free Press.

Biederman, J., Faraone, S. V., & Lapey, K.(1992). Comorbidity of diagnosis in attention-deficit/ hyperactivity disorder. *Child and Adolescent Psychiatric Clinics of North America, 1*, 335-360.

Biglan, A.(1995). Translating what we know about the context of antisocial behavior into lower prevalence of such behavior. *Journal of applied Behavior Analysis, 28*, 479-492.

Blackford, J. U., & Pine, D. S.(2012) Neural substrates of childhood anxiety disorder: A review of neuroimaging findings. *Child and Adolescent Psychiatric Clinics of North America, 21*(3), 501-525.

Blair, C., & Scott, K. G.(2002). Proportion of LD placements associated with low socioeconomic status: Evidence for a gradient? *Journal of Special Education, 36*, 14-22.

Bloch, M. H., Peterson, B. S., Scahill, L., Otka, J., Katsovich, L., Zhang, H., & Leckman, J. F.(2006). Adulthood outcome of tic and obsessive-compulsive symptom severity in children with Tourette syndrome. *Archives of Pediatrics & Adolescent Medicine, 160*(1), 65-69.

Bos, C., & Vaughn, S.(2002). *Strategies, for teaching students with learning and behavioral problems*(5th ed.). Needleham Heights, MA: Allyn and Bacon.

Bower, B.(1995). Criminal intellects: Researchers look at why lawbreakers often brandish low IQs. *Science News, 147*, 232-233.

Bradshaw, J.(2001). *Developmental disorder of the fronto-striatal system.* Philadelphia: Psychiatric Press.

Brent, D. A., & Weersing, R.(2007). Depressive disorder. In A. Martin & F. R, Volkmar(Eds.), *Lewis's child and adolescent psychiatry: A comprehensive textbook*(pp. 503-513). Philadelphia, PA: Lippincott Williams & Wilkins.

Bryan, T. S., Donahue, M. Pearl, R., & Sturm, C.(1981). Learning disabled children's conversational skill-the TV talk show. *Learning Disability Quarterly, 4*, 250-259.

Burns, G. L., & Patterson, D. R.(1990) Conduct problem behaviors in a stratified random sample of children and adolescents: New standardization data on the Eyberg Child Behavior Inventory. *Psychological Assessment, 2*(4), 291-397.

Burns, J. M., & Swerdlow, R. H.(2003). Right orbitofrontal tumor with pedophilia symptom and constructional apraxia sign. *Archives of Neurology, 60*, 437-440.

Catharine, F., & 정현철(2008). **영재교육의 기초**. 서울: 한국교총 영재교육원.

Center, D. B., & Kemp, D.(2003) Temperament and personality as potential factors in the development and treatment of conduct disorders. *Education and Treatment of Children, 26*(1), 75-88.

Chang, K. K. D., Steiner, H., & Ketter, T. A.(2000). Psychiatric phenomenology of child and adolescent bipolar offsping. *Journal of the American Academy of Child and Adolescent Psychiatry, 39.*

Clark, C., Prior, M., & Kinsella, G.(2002). The relationship between executive function abilities, adaptive behavior, and academic achievement with externalizing behaviour prolems. *Journal of Child Psychology and Psychiatry, 43*, 785-796.

Cohn, E. S., Kelley, P. M., Fowler, T. W., Gorga, M. P., Lefkowitz, D. M., Kuehn, H. J., Shaefer, G. B., Gobar, L. S., Hahn, F. J., Harris, D., & Kimberling, W. J.(1999). Clinical studies of families with hearing loss attributable to mutations in the connexin 26 gene(GJB2/DFNB1). *Pediatrics, 103*, 546-550.

Colangelo, N. M.(1991). Counseling gifted students. In N. Colangelo, & G.A. Davis(Eds.), *Handbook of gifted education*(pp.273-284). Boston: Allyn & Bacon.

Coleman, L. J., & Cross, T. L.(2000). Social-emotional development and the personal experience of giftedness. In K. A. Heller, F. J. Monks, R. J. Sternberg & R. P. Subotnik(Eds.), *International handbook of giftedness and talent*(2nd ed., pp. 203-212). New York: Pergamon.

Coleman, M. C., & Webber, J.(2002). *Emotional and behavioral disorders: Theory and practice*(4th ed.). Boston: Allyn and Bacon.

Comings, D. E., Gade-Andavolu, R., Gonzalez, N., Wu, S., Muhleman, D., Blake, H., Chiu, F., Wang, E., Farwell, K., Darakjy, S., Baker, R., Dietz, G., Saucier, G., & MacMurray, J. P.(2000). Multivariate analysis of association of 42 genes in ADHD, ODD, and conduct disorder. *Clinical Genetics, 58*(1), 31-40.

Connor, D. F.(2002). *Aggression and antisocial behavior in children and adolescents: Research and treatment*. New York, NY: The Guilford Press.

Costello, E. J., Egger, H. L., & Angold, A.(2005). 10-Year research update review: The epidemiology of child and adolescent psychiatric disorder: I. Methods and public health burden. *Journal of the American Academy of Child and Adolescent Psychiatry, 44*(10), 972-986.

Crick, N. R., & Grotpeter, J. K.(1995). Relational aggression, gender, and social-psychological adjustment. *Child Development, 66*(3), 710-722.

Crick, N. R., & Zahn-Waxler, C.(2003). The development of psychopathology in females and males: Current progress and future challenges. *Development and Psychopathology, 15*(3), 719-742.

Crick, N. R., Ostrov, J. M., & Werner, N. E.(2006). A longitudinal study of relational aggression, physical aggression, and children's social-psychological adjustment. *Journal of Abnormal Child Psychology, 34*(2), 127-138.

Culinan, D.(2007). *Students with emotional and behavioral disorders: An introduction for theachers and other helping professionals*(2nd ed.). Upper Saddle River, NJ: Pearson Education, Inc.

Cunningham, C. E., McHolm, A., Boyle, M. H., & Patel, S.(2004). Behavioral and emotional adjustment, family functioning, academic performance, and social relationships in children with selective mutism. *Journal of Child Psychology and Psychiatry, 45*(8), 1368-1372.

Dale, E. J.(2000). Technology for individuals with gifts and talents. In J. E. Lindsey(Ed.), *Technology and exceptional individuals*(3rd ed., pp. 375-407).

Dapretto, M., Davies, M. S., Pfifer, J. H., Scott, A. A., Sigman, M., Bookheim S. Y., et al.(2006). Understanding emotions in other: mirror neuron dysfunction in children with autism spectrum disorder. *Nature Neuroscience, 20*, 775-803.

Davis, N. M.(2005). Depression in children and adolescents. *Journal of School Nursing, 21*(6), 311-3317.

Decker, S. N., & DeFries, J. C.(1980). Cognitive abilities in families with reading disabled children. *Journal of Learning Disabilities, 13*, 517-522.

Dell Orto, A. E., & Power, P. W.(2000). *Brain injury and the family: A live and lving perspective*(2nd ed.). Washington, DC: CRC.

Dick, D. M., Li, T. K., Edenberg, H. J., Hesselbrock, V., Kramer, J., Kuperman, S., Porjesz, B., Bucholz, K., Goate, A., Numberger, J., & Foroud, T.(2004) A genome-wide screen for genes influencing conduct disorder. *Molecular Psychiatry, 9*(1), 81-87.

Dishion, T. J., Andrews, D. W., & Crosby, L.(1995). Antisocial boys and their friends in early adolescence: Relationship characteristics, quailty, and interactional process. *Child Development, 66*, 139-151.

Dodge, K. A., & Pettit, G. S.(2003). A biopsychosocial model of the development for chronic conduct problems in adolescence. *Developmental Psychology, 39*, 349-371.

Donelson, K.(1987). Six statements/questions from the censors. *Phi Delta Kappan, 69,* 208-214.

Donnelly, M., & Rapoport, J. L.(1985). Attention deficit disorder. In J. M. Wiener(Ed.), *Diagnosis and psychopharmachology of childhood and adolescent disorders*(pp. 179-197). New York: Wiley.

Donohue, B., DeCato, L. A., Azrin N. H., & Teichner, G. A.(2001). Satisfaction of parents with their conduct-disordered and substance-abusing youth. *Behavior Modification, 25*(1), 21-43.

Douglas, V. O.(1972). Stop, look, and listen: The problem of sustained attention and impulse control in hyperactive and normal children. *Canadian Journal of Behavioural Sceience, 4*, 259-282.

Drawson, G., & Osterling, J.(1997). *Early intervention in autism. The effectiveness of early intervention,* 307-326.

DuPaul, G. J., McGoey, K. E., Eckert, T. L., & VanBrakle, J.(2001). Preschool children with attention-deficit/hyperactivity disorder: Impairments in behavioral, social, and school functioning. *Journal of the American Academy of Child and Adolescent Psychiatry, 40*, 508-509.

Durston, S., Pol, H. E., Schnack, H. G., Buitelaar, J. K., Steenhuis, M. P., Minderaa, R. B. et al.(2004)

Magnetic resonance imaging of boys with attention-deficit/hyperactivity disorder. *Journal of American Academy of Child and Adolescent Psychiatry, 43*, 979-995.

Feingold, B.(1975). *Why your child is hyperactive*. New York: Random House.

Fisher, M. (2003, April 6). Pass/fail. *The Washington Post Magazine,* 14-18, 37-48.

Fleming, J. E., Offord, D. R., & Boyle, M. H.(1989). Prevalence of childhood and adolescent depression in the community: Ontario Child Health Study. *British Journal of Psychiatry, 155*, 647-654.

Folk-Ross, F. C.(2002). *Classroom-based language and literacy intervention: A programs and case studies approach.* Boston: Allyn and Bacon.

Forbes, E. E., May, J. C., Siegle, G. J., Ladouceur, C. D., Ryan, N. D.,Carter, C. S., Birmaher, B., Axelson, D. A., & Dahi, R. E.(2006). Reward-related decision-making in pediatric major depressive disorders: An future study. *Journal of Child Psychology and Psychiatry, 47*(10), 1031-1040.

Forbes, E. E., Shaw, D. S., & DahI, R. E.(2007) Alterations in reward-related decision making in boys with recent and future depression. *Biological Psychiatry, 61*(5), 633-639.

Foreman, P.(2009). *Education of student with intellectual disability: Research and practice.* Charlotte, NC: Information Age Publishing Inc.

Forgatch, M. S., & Patterson, G. R.(2010). Parent management training-Oregon model: An intervention for antisocial behavior in children and adolescents. In J. R. Weisz & A. E. Kazdin(Eds.), *Evidence-based psychotherapies for childres and adolescents*(pp. 159-177). New York: Guilford Press.

Franci, M. M.(2006). *Adapted from Bipolar Disorder, A Guide for Patients and Families*(2nd ed.). reprinted with permission of the Johns Hopkins University Press.

Frick, P. J., & Morris, A. S.(2004). Temperament and developmental pathways to conduct problems. *Journal of Clinical Child and Adolescent psychology, 33*(1), 54-68.

Fuchs, D., Fuchs, L. S., Mathes, P. G., Lipsey, M. W., & Roberts, P. H.(2001). Is "earning disabilities" just a fancy term for low achievement? A meta-analysis of reading differences between low achievers with and without the label. Paper presented at the LD Summit. Washington DC: U. S. Department of Education.

Fuchs, L. S., & Fuchs, D.(2001). Principles for the prevention and intervention of mathmatics disabilities. *Learning Disabilites Research and Practice, 11*(3), 183-192.

Fujiki, M., Brinton, B., Hart, C. H. & Fitzgerald, A. H.(1999). Peer acceptance and friendship in children with specific language impairment. *Topics in Language Disorders, 19,* 34-48.

Gagne, F.(2003). Transforming gifts into talent: The DMGT as a developmental theory. In N. Colangelo

& G. A. Davis(Eds.), *Handbooks of gifted education*(3rd ed., pp. 60-74). Needham Heights, MA: Allyn & Bacon.

Galbraith, J., & Elisle, J.(1996). *The gifted kid's survival guide: A teen handbook.* Free Spirit Publishing.

Garber, D.(2007). Neuoscience: Autism's cause my riside in abnormalities at the synalse. *Science, 17,* 190-191.

Gardner, H., & Hattch, T.(1989). Multiple intelligences go to school: Educational implication of the theory of multiple intelligence. *Educational Researcher, 18*(8), 4-9.

Garguilo, R. M.(2006). *Special education in contemporary society: An introduction to exceptionality.* Belmont, CA: Wadsworth/Thomson Learning.

Garmezy, N.(1987). stress, competence, and development. Continuities in the study of schizophrenic adults, children vulnerble to psychopathology, and the search for stress-resistant children. *American Journal for Orthopsychiaty, 57,* 159-174.

Gelfand,, D. M., & Drew, C. J.(2003). *Understanding child behavior disorders*(4th ed.). Belmont: Thomson.

Gerdes, A. C., Hoza, B., & Pelham, W. E.(2003). Attention-deficit hyperactivity disorderd boy's relationships with their mothers and fathers: Child. mother, and father per-ceptions. *Development and Psychopathology, 15*, 363-382.

Gersten, R., Carnine, D., & Woodward, J.(1987). Direct instruction research: The third decade. *Remedial and Special Education, 8*(6), 48-56.

Graham, S., Harris, K. R., & Larsen, L.(2001). Prevention and intervention of writing difficulties for students with learning disabilities. *Learning Disabilities Research and Practice, 16,* 74-84.

Greene, R. W., Biederman, J., Zerwas, S., Monuteaux, M. C., Goring, J. C. & Fara, S. V.(2002) Psychiatric comorbidity, family dysfunction, and social impairment in referred youth with oppositional defiant disorder. *American Journal of Psychiatry, 159*(7), 1214-1224.

Guerra, N. G., Huesman, L. R., & Spindler, A.(2003). Community violence exposure, social cognition, and aggression among urban elementary school children. *Child Development, 74,* 1561-1576.

Gumpel, T.(1994). Social competence and skills training for persons with metal retardation: An expansion of a behavioral paradigm. *Education and Traning in Mentahl Retardation and Developmental Disabilities, 29*(3), 194-201.

Hallahan, D. P., & Kauffman, J. M.(2003). *Exceptional learners: Introduction to special education*(9th ed.). Boston: Allyn & Bacon.

Hallahan, D. P., Kauffman, J. M., & Lloyd, J. M. W.(1985). *Introduction to learning disabilities.* Englewood Cliffs, NJ: Prentice-Hall.

Hallahan, D. P., Kauffman, J. M., & Pullen(2009). *Exceptional learners: Introduction to special education*(11th ed.). Boston: Allyn and Bacon.

Hallahan, D. P., Lloyd, J. W., Kauffman, J. M., Weiss, M. P., & Martinez, E. A.(2005). *Learning disabilities: Foundations, characteristics, and effective teaching.* Boston: Allyn & Bacon.

Hallahan, D. P., & Kauffman, J. M.(2003). *Exceptional learners: Introduction to special education*(9th ed.). Boston: Allyn & Bacon

Hammen, C.(2009). Children of depressed parents. In. I. H. Gotlib & C. Hammen(Eds.), *Handbook of depression*(pp. 275-297). New York: Guilford Press.

Hankin, B. L., Abramson, L. Y., Moffitt, T. E., Silva, P. A., McGee, R., & Angell, K. E.(1998). Development of depression from preadolescence to young adulthood: Emerging gender differences in a 10-year longitudinal study. *Journal of Abnormal Psychology, 107*(1), 128-140.

Harris, J. C.(2006). *Intellectual disability.* New York: Oxford University Press.

Hart, B., & Risley, R.(1995). Sampling children's developmental experience. In *Meaningful Differences in the everyday experience of young american children*(pp. 21-51). Baltimores: Paulsand.

Harwood, L., Warren, S. F. & Yoder, P.(2002). The importance of responsivity in developing contingent exchanges with beginning communicators. In J. Reichle, D. R. Beukelman & J. C. Light(Eds.), *Exemplary practices for beginning communicators; Implications for ACC*(pp. 59-96). Baltimore: Paul H. Brookes.

Heacox, D.(1991). *Up from under-Achievement.* Minneapolis, MN: Free Spirit Publishing Inc.

Heller, K. A., Monks, F. J., Sternberg, R. J., & Subotnik, R. F.(Eds.)(2000). *International handbook of giftedness and talent*(2nd ed.). New York: Pergamon.

Henderson, H. A., & Fox, N. A.(1998). Inhibited and uninhibited children: Challenges in school settings. *School Psychology Review, 27*, 492-505.

Heward, W, L.(2008). *Exceptional children: An introduction to special education*(9th ed.). Upper Saddle River, NJ: Merrill/Prentice-Hall.

Heward, W. L.(2009). *Exceptional children: An introduction to special education*(9th ed.). Upper Saddle River, NJ: Pearson Education, Inc.

Hinshaw, S. P., Lahey, B. B., & Hart, E. L.(1993). Issues of taxonomy and comorbidity in the development of conduct disorder. *Development and Psychopathology, 5*(1), 31-49.

Huesmann, L. R., Moise-Titus, J., Podolski, C., & Eron, L.(2003). Longitudinal relations between dhildren's exposure to TV violence and their aggressive and violent behavior in young adulthood(pp. 1977-1992). *Developmental Psychology, 39*, 201-221.

Humes, C. W., & Suggs, M. M.(1988). Group counseling with persons who are mentally retarded on work-related behaviors. *Journal of Applied Rehabilitation Counseling, 19*, 33-36.

Jenkins, J. R., & O'Conner, R. E.(2002). Early identification and intervention for young children with reading/learning disabilities. In R. Bradley, L. Danielson & D. P. Hallahan(Eds.), *Identification of learning disabilities: Research*(pp. 99-149). Mahway, NJ: Erlbaum.

Jensen, M. M.(2005). *Introduction to emotional and behavior disorders*. New Jersey: Pearson Prentice Hall.

Johnson, W. R.(1961). Special education for mentally handicapped: A paradox. *Exceptional Children, 19*, 62-69.

Jordan, N. C., & Hanich, L. B.(2000). Mathematical thinking in second-grade children with different forms of LD. *Journal of Learning Disabilities, 33*, 567-578.

Kallman, F. J.(1956). The genetics of human behavior. *American Journal of Psychiatry, 113,* 496-501.

Kamli, M., & McInnis, M. G.(2011). Genetics of mood disorders: General principles and Potential applications for treatment resistant depression. In J. E. Greden, M. B. Riba, & M. G. McInnis (Eds.), *Treatment resistant depression: A roadmap for effective care*(pp. 293-308). Arlington, VA: American Psychiatric Publishing.

Kasari, C., & Bauminger, N.(1998). Social and emotional development in children with mental retardation. In J. A. Burack, R. M. Hodapp, & E. Zigler(Eds.), *Handbook of mental retardation and development*(pp. 411-433). New York: Cambridge University Press.

Kauffman, J. M., & Landrum, T. J.(2009). *Characteristics of emotional and behavioral disorders of children and youth*(9th ed.). Upper Saddle River, NJ: Pearson Education, Inc.

Kauffman, J. M. & Landrum, T. J.(2013). *Characteristics of emotional and behavioral disorders fo children and youth*(10th ed.). Upper Saddle River, N.J.: Person Education, Inc.

Kavale, A. K., & Forness, S. R.(1995). *The nature of learning disabilities: Critical elements of diagnosis and classification*. Mahwah, NJ: Lawrence Erlbaum.

Kavale, A. K., & Forness, S. R.(1996). Social skill deficits and learning disabilities, A meta-analysis. *Journal of Learning Disabilites, 29*(3), 226-237.

Kavale, A. K., & Formess, S. R.(2000). History, Rhetoric and reality: Analysis of the inclusion debate. *Remedial and Special Education, 21*, 279-296.

Kazdin, A. E.(2010). Problem-solving skills training and parent management training or oppositional defiant disorder and conduct disorder. In J. R. Weisz, & A. E. Kazdin(Eds.), *Evidence-based psychoterapies for children and adolescents*(2nd ed., pp. 211-226). New York: Guilford Press.

Kearney, C. A.(2006). *Casebook in child behavior disorders*(3th ed.). Belmont, CA: Wadsworth/ Thomson Learning.

Keogh, B. K.(2003). *Temperament in the classroom: Understanding individual differences*. Baltimore: Brookes.

Kibby, M. Y., & Hynd, G. W.(2001). Neurological basis of learning disabilites. In D. P. Hallahan &

B. K. Keogh(Eds.), *Research and global perspectives in learning disabilites: Essays in honor of William M. Cruickshank*(pp. 25-42). Mahway, NJ: Lawrence Erlbaum Associates.

Kirk, S. A., & Chalfant, J. C.(1984). *Academic and developmental learning disabilities*. Denver: Love Publishing Co.

Klorman, R.(1995). Psychophysiological determinants. In M. Hersen & R. T. Ammerman(Eds.), *Advanced abnormal child psychology*(pp. 59-85). At the schoolhouse door: An examination of programs and policies for children with behavioral and emotional problems. New York: Bank Street College of Education.

Kotimaa, A. J., Moilanen, I., Taanil, A., Ebeling, H., Smalley, S. L., McGough., J. J. et al.(2003). Matermal smoking and hyperactivity in 8-year-old children. *Journal of American Academy of Child and Adolescent Psychiatry, 42*, 826-833.

Lahey, M.(1988). *Language disorders and language development.* NY: Allyn & Bacon.

Last, C. G., & Strauss, C. C.(1990) School refusal in anxiety-disordered children and adolescents. *Journal of the American Academy of Child and Adolescent Psychiatry, 29*(1), 31-15.

Leber, R., Farrington, D. P., Stouthamer-Loeber, M., & Van Kammen, W. B.(1998). Multiple risk factors for multiproblem boys: Co-occurrence of delinquency, substance use, attention deficit, conduck problems, physical aggression, covert behavior, depressed mood, and shy/withdrawn behavior. In R. Jessor(Ed.), *New perspective on adolescent risk behavior*(pp. 90-149). New York: Cambridge University Press.

Lerner, J. W.(2003). *Learning disabilities: Theories, diagnosis, and teaching strategies*(9th ed.). Boston: Houghton Mifflin.

Lerner, J., & Kline, F.(2006). *Learning disabilities and related disorders*. Boston, MA: Houghton Mifflin Co.

Lewinsohn, P. M., Klein, D. N., & Seeley, J. R.(1995). Bipolar disorders in a community sample of older adolescents: Prevalence, Phenomenology, comorbidity, and course. *Journal of the American Academy of Child and Adolescent Psychiatry, 34*(4), 454-463.

Linoila, M.(1997). On the psychobiology of antisocial behavior. In D. M. Stoff, J. Breiling, & J. D. Maser(Eds.), *Handbook of Antisocial Behavior*(pp. 336-340). New York: Wiley.

Livneh, H., & Sherwood, A.(1991). Application of personality theories and sounseling strategies to clients with physical disabilities. *Journal of Counseling and Development, 69*, 525-538.

Lochman, J. E., Powell, N. P., Boxmeyer, C. L., & Jimenez-Camargo, L.(2011). Cognitive-behavioral therapy for externalizing disorders in children and adolescents. *Child and Adolescent Psychiatric Clinics of North America, 20*(2), 305-318.

Loeber, R., Burke, J. D., Lahey, B. B., Winters, A., & Zera, M.(2000) Oppositional defiant and conduct disorder: A review of the past 10 years, Part I. *Journal of the American Academy of Child and Adolescent Psychiatry, 39*(12), 1468-1484.

Loeber, R., Green, S. M. Lahey, B. B., Christ, M. A.. G., & Frick. P. J.(1992) Developmental sequences in the age of onset of disruptive child behaviors. *Journal of Child and Family Studies, 1*(1), 21-41.

Love, R. J., & Webb, W. G.(1986). *Neurology for the speech-language pathologist.* Boston: Butterworths.

Lovett, M. W., Steinbach, K. A., & Frijters, J. C.(2000). Remediating the core deficits of developmental reading disabilities: A double-deficit perspective. *Journal of Learning Disabilities, 33*, 334-358.

Lyon, G. R.(1995). Toward a definition of dyslexia. *Annals of Dyslexia, 45,* 3-27.

Mash, E. J., & Wolfe, D. A.(2010). *Abnormal child psychology*(4th 3ed.). Stanford, CT: Wadsworth/ Cengage Learning.

Masi, G., Millepiedi, S., Mucci, M., Poli, P., Bertini, N., & Milantoni, L.(2004) Generalized anxiety disorder in referred children and adolescents. *Journal of the American Academy of Child and Adolescent Psychiatry, 43*(6), 753-760.

Matthys, W., Cuperus, J. M., & Van Engeland, H.(1999). Deficient social problem-solving in boys with ODD/CD, with ADHD, and with both disorders. *Journal of the American Academy of Child and Adolescence Psychiatry, 38*, 311-321.

Maughan, B., Rowe, R., Messer, J., Goodman, R., & Meltzer, H.(2004) Conduct disorder and oppositional defiant disorder in a national sample: Developmental epidemiology. *Journal of Child Psychology and Psychiatry, 45*(3), 609-621.

Mayer, G. R.(1995). Preventing antisocial behavior in the schools. *Journal of applied Behavior Analysis, 28,* 467-478.

McCord, J.(1978). A thirty-year follow-up of treatment effects. *American Psychologist, 33*(3), 284-289.

McDermott, S., Durkia, M. S., Schupf, N., & Stein, Z. A.(2007). Epidemiology and etiology of mental retardation. In J. W. Jacobson, J. A. Mulick, & J. Rojahn(Eds.), *Handbook of intellectual and developmental disabilities*(pp. 3-40). New York: Springer.

McGee, R., Prior, M., Williams, S., Smart, D., & Sanson, A.(2002). The long-term significance of teacher-reated hyperactivity and reading ability in childhood: Finding from two longitudinal studies. *Journal of Child psychology and Psychiatry, 43*, 1004-1017.

McGuffin, P., Katz, R., Watkins, S., & Rutherford, J.(1996). A hospital-based twin register of the heritability of DSM-Ⅳ unipolar depression. *Archives of General Psychiatry, 53*, 129-136.

McLoughlin, J. A., & Nall, M.(1994). Allergies and Learning/Behavioral Disorders. *Intervention in School and Clinic, 29*(4), 198-207.

Mercer, C. D.(1991). *Students with learning disabilities*(4th ed.). New York: Macmillian.

Mercer, L.(1997). *Personal communication*, September 30, 1997.

Merrell, K. W.(2003). *Behavioral, social, and emotional assessment of children and adolescents*. Mahwah, NJ: Lawrence Erlbaum Associates, Inc.

Mick, E., & Faraone, S. V.(2009). Family and genetic association studies of bipolar disorder in children. *Child and adolescent Psychiatric Clinics of North America, 18*(2), 441-453.

Mick, E., Biederman, J., Prince, J., Fischer, M. J., & Faraone, S. V.(2002). Impact of low birth weight on attention-deficit hyperactivity disorder. *Journal of Developmental and Behavioral Pediatrics, 23*, 16-22.

Milberger, S., Biederman, J., Faraons, S. V., Chen, L., & Jones, J.(1996). Is maternal smoking during pregnancy a risk factor for attention deficit hyperactivity disorder in children?. *American Journal of Psychiatry, 153*, 1138-1142.

Milich, R., & Lorch, E. P.(1994). Television viewing methodology to understand cognitive processing of ADHD children. In T. H. Ollendick & R. J. Prinz(Eds.), *Advances in clinical child psychology* (Vol. 16, pp. 177-292). New York: Plenum.

Milich, R., Balentine, A. C., & Lyname, D. R.(2001). ADHD combined type and ADHD predominantly inattentive type and distinct and unrelated disorders. *Clinical Psychology: Science and Practice, 8*, 463-488.

Montgomery, W.(2001). Creating culturally responsive, inclusive classrooms. *Teaching Exceptional Children, 33*(4), 4-9.

MTA Cooperative Group(1999). A 14-month randomized clinical trial of treatment strategies for attention-deficit/hyperactivity disorder. *Archives of General Psychiatry, 56*, 1073-1086.

Nadder,T. S., Rutter, M., Silberg, J. L., Maes, H. H. & Eaves, L. J.(2002). Genetic effects on the variation and covariation of attention deficit-hyperactivity disorder(ADHD) and oppositional-defiant disorder/conduct disorder(ODD/CD) symptomatologies across informant and occasion of measurement. *Psychological Medicine, 32*(1), 39-53.

Nangle, D. W., Erdley, C. A., Newman, J. E., Mason, C. A., & Carpenter, E. M.(2003). Popularity, friendship quantity, and friend quality: Interactive influences on children's loneliness and depression. *Journal of Clinical Child and Adolescent Psychology, 32*(4), 546-555.

Nigg. J. T., & Hinshaw, S. P.(1998). Parent Personality traits and psychopathology associated with antisocial behaviors in childhood attention-deficit/hyperactivity disorder. *Journal of Child Psychology and Psychiatry, 39*, 145-159.

Nowacek, J.(1994). Students with mental retardation in general education classroom. In D. P. Hallahan & J. M. Kauffman(Eds.), *Exceptional Children*(6th ed., pp. 151-156). Boston: Allyn and Bacon.

Olfson, M., Marcus, S. C., Weissman, M. M., & Jensen, P. S.(2002). National trends in the use of psychotropic medications by children. *Journal of the American Academy of Child and Adolescent Psychiatry, 41*, 514-521.

Orelove, F. P., & Sobsey, D.(1996). *Educationg children with multiple disabilities*(3rd ed.). Baltimore: Paul H. Brookes.

Osher, D., Cartledge, G., Oswald, D., Sutherland, K. S., Artiles, A. J., & Coutinho, M.(2004). Cultual and linguistic competency in disproportionate representation. In R. B. Rutherford, M. M. Quinn, & S. R. Mathur(Eds.), *Handbook of research in emotional and behavioral disorders.* New York: Guilford.

Osteria, T. S.(1982). Maternal nutrition, infant health and subsequent fertility. *Philippine Journal of Nutrition, 35*(3), 106-111.

Own, F. W., Adams, P. A., Forrest, T., Stolz, L. M., & Fisher, S.(1971). Learning disorders in children: Sibling studies. *Monographs of the Society for Research in Child Development, 36*(4, Ser. No.144).

Ozonoff, S., Dawson, G., & McPartland, J.(2002). *A parent's guide to Asperger syndrome and high-functioning autism: How to meet the challenges and help your child thrive.* New York: Guilford.

Penington, B. E.(1995). Genetics of learning disabilities. *Journal of Child Neuroligy, 10,* 69-77.

Penington, B. F.(2002). *The development of psychopathology: Nature and nurture.* New York, NY: The Guilford Press.

Peterson, L., Reach, K., & Grabe, S.(2003). Health-related disorders. In E. J. Mash & R. A. Barkley(Eds.), *Child psychopathology*(2nd ed., pp. 716-749). New York: Cuilford.

Pfeifer, J. C., Welge, J., Strakowski, S. M., Adler, C. M., & DelBello, M. P.(2008). Meta-analysis of amygdald volumes in children and adolescents with bipolar disorder. *Journal of the American Academy of Child and Adolescent Psychiatry, 47*(11), 1289-1298.

Pincus, D. B., Santucci, L. C., Ehrenreich, J. T., & Eyberg, S. M.(2008). The implementation of modified parent-child interaction therapy for youth with separation anxiety disorder. *Cognitive and Behavioral Practice, 15*(2), 118-125.

Pinker, S.(2002). *The blank slate: The modern denial of human nature.* New York: Viking.

Plomin, R.(2005). Finding genes in child psychology and psychiatry: When we are going to be there? *Journal of Child and Adolescent Psychiatry, 46*, 1030-1038.

Popma, A., Jansen, L. M., Vermeiren, R., Steiner, H., Raine, A., van Goozen, S. H., van Engeland, H., & Doreleijers, T. A.(2008). *Hypothalamus pituitary adrenal axis and autonomic activity during stress in delinquent male adolescents.*

Powers, M. D.(2000). What is autism? In M. D. Powers(Ed.), *Childern with astism: A parent's guide* (2nd ed.). Bethesda, MD: Woodbine House.

Price, L., Field, S., & Patton, J. R.(Guest Eds.)(2003). Adults with learning disabilities (Special Issue). *Remidial and Special Education, 24*, 322-382.

Querido, J. G., & Eyberg, S. M.(2005). Parent-child interaction therapy: Maintaining treatment gains of preschoolers with disruptive behavior disorders. In E. D. Hibbs & P. S. Jensen(Eds.), *Psychosocial treatments for child and adolescent disorders: Empirically based strategies for clinical practice* (2nd ed., pp. 575-597). Wachington, D.C.: American Psychological Association.

Raming, P. R., & Shames, G. H.(2002). Stuttering and other dirorders of fluency. In G. H. Shames and N. B. Anderson(Eds.), *Human communication disorders: An introduction*(6th ed., pp. 258-302), Boston: Allyn and Bacon.

Rapoport, J., Buchsbaum, M., Weingartner, H., Zahn, T., Ludlow, C., Bartko, J., Mikkelson, E., Langer, D., & Bunney, W.(1980). Dextroamphetamine: Cognitive and behavioral effects in normal and hyperactive boys and normal adult males. *Archives of General Psychiatry, 37,* 933-946.

Rapport, M. D., & Denney, C. B.(1997). Titrating methylphenidate in children with attention-deficit/hyperactivity disorder: Is body mass predictive of clinical response? *Journal of the American Academy of Child and Adolescent Psychiatry, 36,* 523-530.

Raskind, W.(2001). Current understanding of the genetic basis of reading and spelling disability. *Learning Disability Quarterly, 24*(2), 141-157.

Reingerz, H. Z., Giaconia, M. S., Hauf, R. M., Wasserman, A. M., & Paradis, A. D.(2000). General and specific childhood risk factors for depression ans drug disorders by early adulthood. *Journal of American Academy of Child & Adolescent Psychiatry, 39*(2), 223-231.

Renzulli, J. S.(1986). The three-ring conception of githedness: A developmental model for creative productivity. In R. J. Sternberg & J. E. Davidson(Eds.), *Conceptions of giftedness*. New York: Camnridge University Press.

Rice, F., Harold, G., & Thapar, A.(2002). The genetic etiology of childhood depression: A review. *Journal of Child Psychology and Psychiatry, 43*, 65-79.

Rosenberg, M. S., Westling, D. L., & McLeskey, J.(2011). *Special education for today's teachers: An Introduction*(2nd ed.). Upper Saddle River, NJ: Pearson Education, Inc.

Rosenberg, M. S., Wilson, R. J., Maheady, L., & Sindelar, P. T.(2004). *Educating students with behavior disorders*(3rd ed.). Boston, MA: Pearson Education, Inc.

Rutter, M.(2000). Genetic studies of autism: From the 1970s into millennium. *Journal of Abnormal Child Psychology, 28*(1), 3-14.

Sadock, B. J., Kaplan, H. I., & Sadock, V. A.(2007). *Synopsis of psychiatry*. Philadelphia, PA: Lippocott Williams & Wilkins.

Safer, D. J., & Zito, J. M.(2000). Pharmacoepidemiology of methylphenidate and other stimulants for the treatment of attention deficit hyperactivity disorder. In L. L. Greenhill & B. B. Osman (Eds.), *Ritalin: Theory and practice*(2nd ed., pp. 7-26). Larchmont, NY: Mary Ann Liebert.

Saunders, M. D.(2001). Who's geting the message? Helping your students understand in a verbal world. *Teaching Exceptional Children, 33*(4), 70-74.

Schmitz, C., & Galbraith, J.(1985). *Managing the social and emotional needs of the gifted.* Free Sprit.

Selman, R. L.(1981). The child as a friendship philosopher. In S. Asher & J. Gottman(Eds.), *The development of children's friendships*. Cambridge University Press.

Semrud-Clikeman, M., Steingard, R. J., Filipek, P., Bieferman, J., Bekken, K., & Renshaw, P. F.(2000). Using MRI to examine brain-behavior relationships in males with attention deficit disorder with hyperactivity. *Journal of American Academy of Child and Adolescent Psychiatry, 39,* 477-484.

Shames, G., & Plorance, C.(1982). Disorders, of fluency. In G. Shames & E. Wiig(Eds.), *Human communication disorders*. Columbus, OH: Merrill.

Shames, G. H., Wing, E. H., & Second, W. A.(1994). *Human communication disorders*(4th ed.). NY: Memil/Macmillany.

Shear, K., Jin, R., Ruscio, A. M., Walters, E. E., & Kessler, R. C.(2006). Precalence and correlates of estimated DSM-IV child and adult separation anxiety disorder in the National Comorbidity Survey Replication. *American Journal of Psychiatry, 163*(6), 1074-1083.

Silverman, L. K.(1995). Highly giftedchildren. In J. L. Genshaft, M. Bireley, & C. L. Hollinger(Eds.), *Serving gifted and talented students: A resource for school personnel*(pp. 124-160). Austin, Tx: PRO-ED.

Sliveman, W. K., & Moreno, J.(2005). Specific phobia. *Child and Adolescent Psychiatric Clinics of North America, 14*(4), 819-843.

Smith, D. D.(2004). *Introduction to special education: Teaching in an age of opportunity*(5th ed.). Boston: Allyn and Bacon.

Smith, T. E. C., Polloway, E. A., Patton, J. R., & Dowy, C. A.(2006). *Teaching students with special needs: In inclusive settings*(4th ed.). Boston: Aylln and Bacon.

Smith, T. E., Pollaway, E., Patton, J. R., & Dowdy, C. A.(2004). *Teaching students with special needs in inclusive settings*. Boston: Allyn & Bacon.

Snow, C. E., Scarborough, H. S., & Burns, M. S.(1999). What speech-language pathologists need to know about early reading. *Topics in Language Disorders, 20*, 48-58.

Sowell, E. R., Thompson, P. M., Welcome, S. E., Henkenius, A. L., Togs, A. W., & Peterson, B. S. (2003). Cortical abnormalities in children and adolescents with attention-deficit/hyperactivity disorder. *The Lancent, 362*, 1699-1707.

Sprague, J., & Walker, H.(2000). Early identification and intervention for youth with antisocial and violent behavior. *Exceptional Children, 66*(3), 367-379.

Steiner, H., & Remsing, L.(2007) practice parameter for the assessment anf treatment of children and adolescents with oppositional defiant disorder. *Journal of the American Academy of Child and Adolescent Psychiatry, 46*(1), 126-141.

Sternberg, R. J.(1997). A triarchic view of gifedness: Theory and practice. In N. Colangelo & G.A. Davis(Eds.), *Handbook of gifedness education*(2nd ed., pp.43-53). Boston: Allyn and Bacon.

Stevenson, J.(1992). Genetics. In N. N. Singh & D. L. Beale(Eds.), *Current perspectives in learning disabilities: Nature, theory, and treatment*(pp. 327-351). New York: Springer-Verlag.

Suveg, C., Aschenbrand, S. G., & Kendall, P. C.(2005). Separation anxiety disorder, panic disorder, and school refusal. *Child and Adolescent Psychiatric Clinics of North America, 14*(4), 773-795.

Suzman, K. B., Morris, R. D., Morris, M. K., & Milan, M. A.(1997). Solving deficits in chilren with acquired brain injury. *Journal of Behavior Therapy and Experimental Psychiatry, 28*, 203-212.

Symonds, P. H.(1949). *The dynamics of parent-child relationships*. New York: Columbia University Publication.

Tanner, E. M., & Finn-Stevenson, M.(2002). Nutrition and brain development: Social policy implications. *American Journal of Orthopsychiatry, 72*, 182-193.

Tyler, J. S., & Mira, M. P.(1999). *Traumatic brain injury in children and adolescents: A sourcebook for teachers and other school personnel*(2nd ed.). Austin: PROED.

U. S. Department of Education(2000). *To assure the free appropriate public education of all children with disabilities*. Washington, DC: Author.

VanRiper, C.(1978). *The treatment of stuttering*. Englewood Cliffs, NJ: Prentice-Hall.

Walker, H. M., Ramsey, E., & Gresham, F. M.(2004). *Antisocial Behavior in School: Strategies and Best Practice*(2nd ed.). Pacific Grove, CA: Brooks/Cole.

Warren, S., & Yoder, P. J.(1997). Communication, language, and mental retardation. In W. E. MacLean (Ed.), *Ellis' handbook of mental deficiency, psychological theory, and research*(pp. 379-403). Mahway, NJ: Erlbaum.

Waschbusch, D. A.(2002) A meta-analytic examination of comorbid hyperactive-impulsive-attention problems and conduct problems. *Psychological Bulletin, 128*(1), 118-150.

Waschbusch, D. A., & King, S.(2006) Should sex-specific norms be used to assess attention-deficit/hyperactivity disorder or oppositional defiant disorder? *Journal of Consulting and Clinical Psychology, 74*(1), 179-185.

Webber, J., & Plotts, C. A.(2008). *Emotional and behavioral disorders: Theory and practice*(5th ed.). Boston, MA: Allyn and Bacon.

Webster-Stratton, C., & Reid, M.(2010). The incredible years parents, teachers, and children training series: A multifaceted treatment approach for young chidren with conduct disorders. In. J. R. Weisz & A. E. Kazdin(Eds.), *Evidence-based psychotherapies for children and adolescents*(2nd ed., pp. 194-210). New York: Guilford Press.

Weiner, B.(1992). *Human motivation: Metaphors, theories, and research*. Newsbury Park, CA: Sage.

Weiner, J.(1999). *Time, love, memory: A great biologist and his Quest for the origins of behavior*. New York: Knopf.

Werry, J. S.(1986). Biological Factors. In H. C. Quay & J. S. Werry(Eds.), Biological Factors. In H. C. Quay & J. S. Werry(Eds.), *Psychopathological disorders of childhood*(3rd ed., pp. 294-331). New York: Wiley.

White, D. A., & Breen, A.(1998). Education and the perils of misusing multiple intelligence. *Gifted Child Today, 21*(2), 12-17.

White, J. L., Moffitt, T. E., Caspi, A., Bartusch, D. J., Needles, D. J., & Stouthamer-Loeber, M.(1994) Measuring impulsivity and examining its relationship to delinquency. *Journal of Abnormal Psychology, 103*, 192-205.

Wicks-Nelson, R, & Israel, A. C.(2009). *Abnormal child and adolescent psychology*(7th ed.). Upper Saddle River, NJ: Pearson Education, Inc.

Wicks-Nelson, R., & Allen, C. I.(2003). *Behavior disorders of chidhood*(5th ed.). New Jersey: Pearson Prentice Hall.

Wiig, E. H., & Secord, W. A.(1998). Language disabilities in school-age children and youth. In G. H. Shames, E. H., Wiig & W. A. Secord(Eds.), *Human communication disorders: An introduction*(5th ed., pp. 185-226). Boston: Allyn and Bacon.

Wiig, E.(1982). Language disabilities in the school-aged child. In G. Shames and E. Wiig(Eds.), *Human communication disorders*. Columbus, OH: Merrill.

Wing, L., & Potter, D.(2009). Epidemiology of autism spectrum disorders: Is the prevalence rising? In S. Goldstin, J. A. Naglieri, & S. Ozonoff(Eds.), *Assessment of autism spectrum disorders*(pp. 18-54). New York: Guilford Press.

Wing, L.(1996). Autistic spectrum disorders: No evidence for or againt an increase of prevalence. *British Medicine Journal, 312*, 327-328.

Wodrich, D. L., & Tarbox, J.(2008). Psychoeducation implications of sex chromosome anomalies. *School Psychology Quarterly, 23*(2), 301-311.

Wolf, M., Bowers, P. G., & Biddle, K.(2000). Retrieval, automaticity, vocabulary elaboration, orthography(RAVE-O): A comprehensive, Fluency-based reading intervention program. *Journal of Learning Disabilites, 33*, 375-386.

Yang. C. J., Tan, H. P., & Du, Y. J.(2014). The developmental disruptions of serotonin signaling may involved in autism during early brain development. *Neuroscience, 267,* 1-10.

Yell, M. L., Meadows, N. B., Drasgow, E., & Shriner, J. G.(2009). *Evidence-based practices for educating students with emotional and behavioral disorders.* Upper Saddle River, NJ: Pearson Education, Inc.

Young, K. S., & Rodgers, R.(1997). The relationship between depression and internet addiction. *Cyber Psychology and Behavior, 1*(1), 25-28.

Zion, E., & Jenvey, V. B.(2006). Temperament and social behavior at home and school among typicallt developing chlidren with an intellectual disability. *Journal of Intellectual Disability Research, 50*(6), 445-456.

Zionts, P., Zionts, L., & Simpson, R. L.(2002). *Emotional and behavioral problems.* Thousand Oaks, CA: Corwin Press.

찾아보기

기타

저자소개

이지연

계명대학교 대학원 문학석사
이화여자대학교 대학원 상담심리박사(상담심리전공)
서강대학교 상담교수
이화여자대학교 전임강사
현, 인천대학교 창의인재개발학과 교수, 상담심리 전공주임교수
상담심리사 1급
청소년상담사 1급
상담심리학회 인천대 분회장

한수진

공주대학교 특수교육대학원 교육학석사
인천대학교 일반대학원 교육학박사(상담심리전공)
인천성광유치원 원감
성신통합교육센터 원장
현, 우리아이발달지원센터 원장
인천대학교 강사
가족상담사 1급
유아특수 정교사 2급

[제2판]

특수아 상담

1판 1쇄 발행 2020년 2월 25일
1판 2쇄 발행 2023년 2월 10일
2판 1쇄 발행 2025년 8월 25일

지 은 이 | 이지연 한수진
발 행 인 | 박철용
발 행 처 | 양서원
주 소 | 경기도 파주시 직지길 522 파주출판도시
전 화 | 031-955-8000(代)
팩 스 | 031-955-8005
홈페이지 | www.yswpub.co.kr
이 메 일 | yswgroup@naver.cdom
출판등록 | 1987년 11월 24일 제406-2003-037호

ISBN 978-89-994-1582-1

정가 24,000원